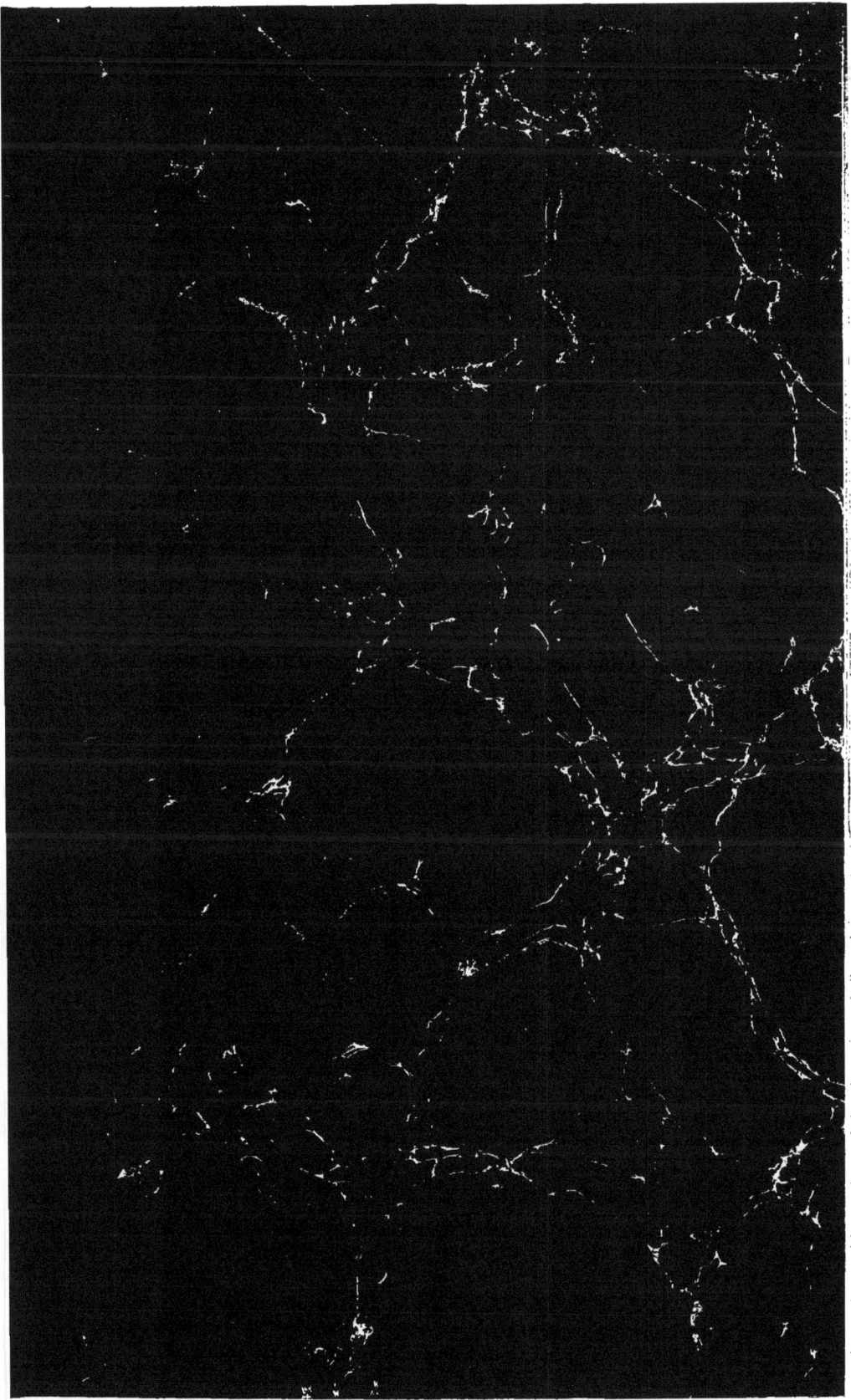

4

DROIT INTERNATIONAL

FRANCE ET SARDAIGNE

(C.)

AIX. — IMPRIMERIE ACHILLE MAKAIRE,
rue Pont-Moreau, 2. — 1859.

DROIT INTERNATIONAL

FRANCE & SARDAIGNE

EXPOSÉ DES LOIS ET TRAITÉS

Concernant : 1° la Délimitation des frontières ; 2° le Droit civil international ;
Jouissance des droits civils, Formalités de justice et Jugements, Exécutions, Codes de
commerce, Propriété littéraire, artistique et industrielle ; 3° le Droit criminel ;
Police et sûreté, Répression, Instruction criminelle, Extradition,
Traite des Noirs ; 4° les Relations commerciales ;
Commerce et Navigation, Douanes, Immunités consulaires, Police sanitaire,
Chemins de fer, Postes, Télégraphes.

PAR

L.-J.-D. FÉRAUD-GIRAUD

CONSEILLER

PARIS

A. DURAND, LIBRAIRE - ÉDITEUR

RUE DES GRÉS, 7

1859

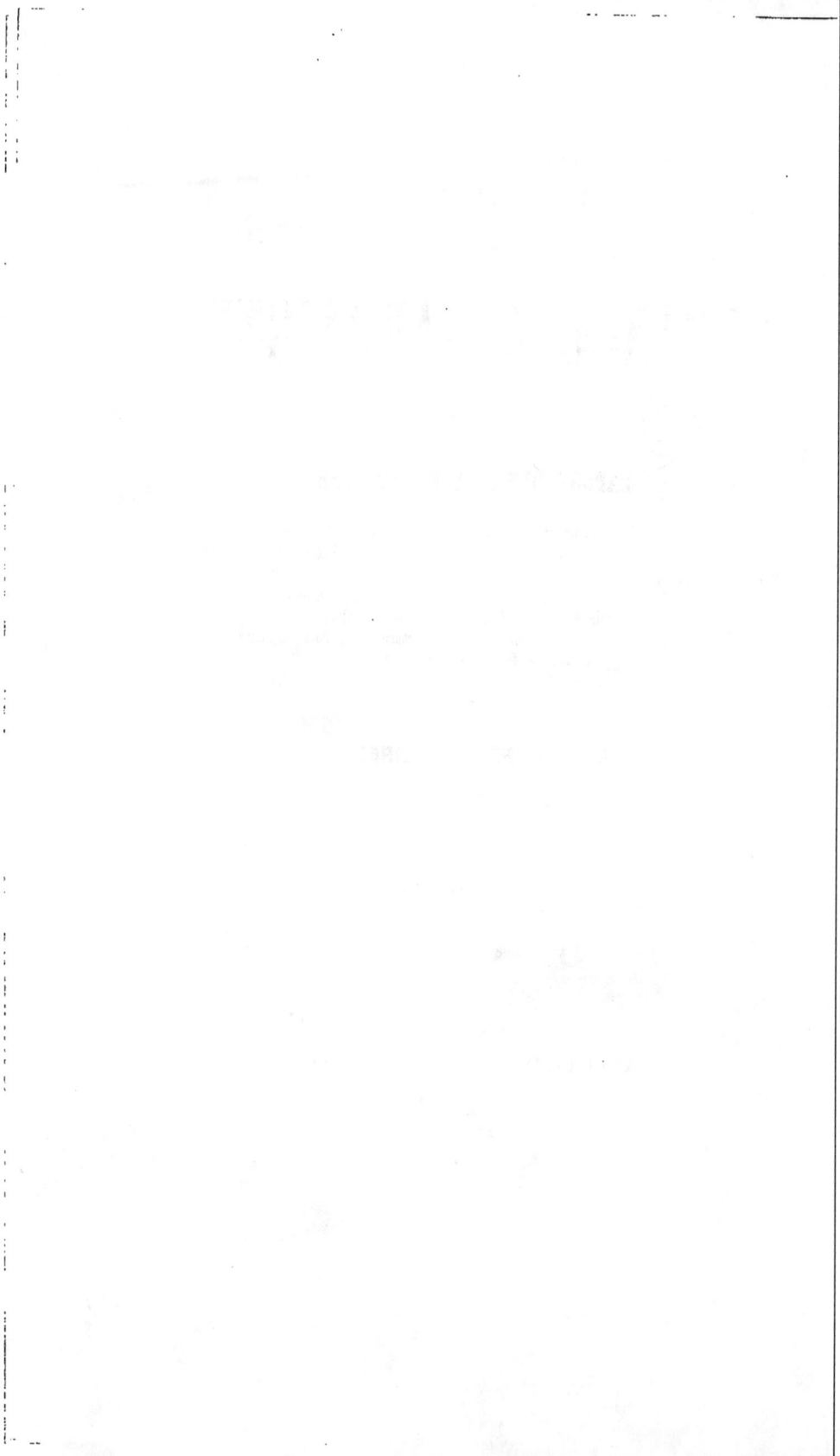

Le travail que je publie n'est point un ouvrage de circonstance. Longtemps avant la Campagne d'Italie j'en avais rassemblé, classé et mis en œuvre les matériaux.

Appelé depuis plusieurs années à prendre part aux travaux de la Cour impériale d'Aix, j'ai étudié d'abord la propre jurisprudence de ma Compagnie et je publiai sous le titre de *Jurisprudence de la Cour impériale d'Aix* le résultat de ces premières études. Plus tard je recherchai les règles de la juridiction française dans le Levant, dont la Cour d'Aix a souvent à faire l'application comme tribunal d'appel des tribunaux consulaires et comme juridiction du premier degré en matière criminelle. C'est la continuation de ces études obscures et patientes, dans lesquelles l'amour du travail et le sentiment du devoir m'ont seuls soutenu, que je livre aujourd'hui à la publicité. On ne trouvera dans ce travail ni des souvenirs sur le passé de l'Italie, ni des appréciations sur le présent, ni des révélations sur l'avenir. Je ne suis point un publiciste, je

voudrais être un jurisconsulte. A la suite des nombreux rapports qui existent entre la France et les
États sardes, des questions de droit international
sont souvent portées devant la Cour, j'ai tâché
d'examiner et de mettre en relief le texte des traités
et des lois sur lesquels le juge doit s'appuyer pour
résoudre les difficultés qui lui sont soumises; et en
coordonnant ces diverses lois, je me suis efforcé de
former, en quelque sorte, un code du droit privé
franco-sarde. Des études semblables faites séparément pour nos autres frontières, dans les Cours
limitrophes, présenteraient un travail d'ensemble
de droit international très-utile et très-important.

Il est résulté des événements dont l'Europe a été
le théâtre dans le 19ᵐᵉ siècle, une sorte de com-
munion civile entre les nations européennes, au
moyen de laquelle les étrangers sont devenus une
portion notable de la population de chaque pays.

Cet état de choses a eu son influence sur les études juridiques; il a donné naissance à un grand
nombre de dissertations et d'ouvrages sur le droit
international, et à côté de l'ancienne école dont
les savants docteurs avaient étudié ce droit surtout
d'une manière théorique, se sont groupés plusieurs

écrivains qui se sont principalement attachés aux études pratiques. Leurs nombreux et savants ouvrages m'ont été souvent utiles, j'aurais même volontiers puisé plus abondamment chez eux, car c'était le plus sûr moyen de donner de la valeur à mon travail; mais il me fallait passer rapidement sur la plupart des grandes questions que présente le droit international. Des développements m'auraient fait dépasser les limites que j'avais dû me tracer, surtout alors que j'avais à examiner ces questions dans une étude comparée entre notre savante législation française et le droit italien, reflet brillant de l'ancien droit romain.

En dehors des travaux de mes devanciers, j'ai consulté avec fruit des communications importantes qu'on a bien voulu me faire; en me servant de ces documents dans le cours de cet ouvrage, je me suis fait un devoir de les citer et d'indiquer les personnes auxquelles je les devais. Qu'elles me permettent de leur exprimer ma reconnaissance pour le précieux concours qu'elles ont bien voulu me prêter.

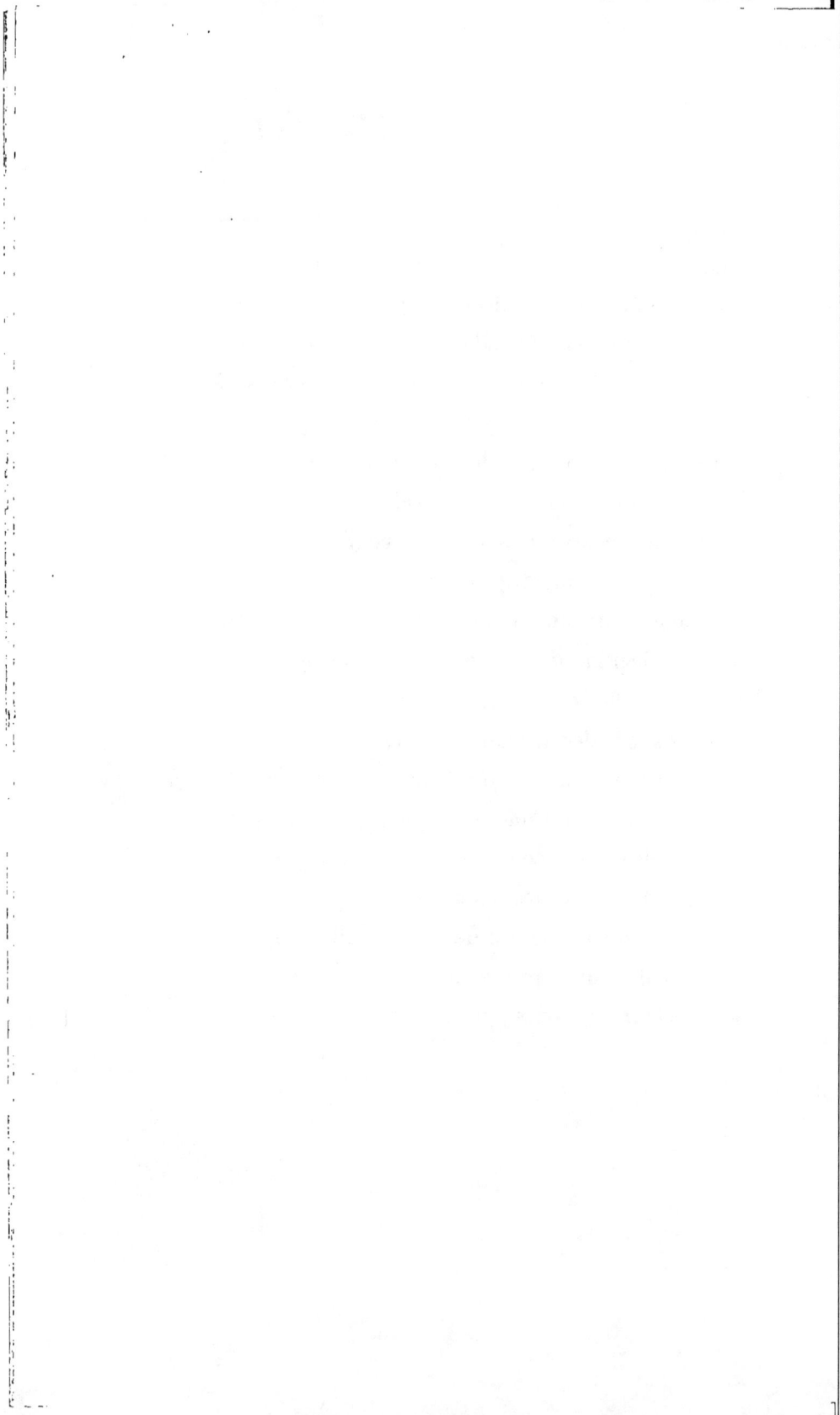

I.

APERÇU HISTORIQUE ET CHRONOLOGIQUE

SUR

LES TRAITÉS

CONCLUS

ENTRE LA FRANCE ET LA SARDAIGNE.

APERÇU

HISTORIQUE ET CHRONOLOGIQUE

SUR

LES TRAITÉS

CONCLUS

ENTRE LA FRANCE ET LA SARDAIGNE.

———

Mon but ne saurait être de retracer ici, même sommairement, l'histoire de la France dans ses rapports avec la Sardaigne ; mais avant d'arriver à l'exposition et à l'étude des règles de droit international qui existent entre ces Etats, je crois devoir indiquer rapidement par leurs dates, certains faits historiques qui ont influé sur la nature des relations qui ont successivement existé entre la France et la Sardaigne.

Dans cet exposé rapide je ne parlerai de l'Italie septentrionale ni dans les derniers moments de l'empire romaine, ni pendant l'invasion des Barbares. Charlemagne, qui plaça sous un même sceptre presque toute l'Europe occidentale , avait dès le début de son règne , porté ses armes victorieuses en Italie et annexé à ses Etats la plus grande partie de la péninsule italique. L'inhabileté et l'impuissance de ses successeurs ne leur permirent pas de conserver dans son intégrité l'empire d'Occident. Démembré de toutes parts, de nombreux Etats naquirent de ses débris.

Le royaume d'Italie, l'un d'eux, fut en proie dès son origine , à tous les maux des discordes civiles et de la guerre étrangère. Othon-le-Grand vint arrêter le mal que causait cette anarchie. Plus tard les grands vassaux italiens repoussèrent l'autorité de ses successeurs. Le Saint-Siége leur opposa une puissance redoutable. Venise, sur laquelle l'empire grec n'avait conservé qu'un patronage honorifique, Gênes et Pise , nées au milieu du chaos dans lequel se trouve jetée l'Italie à la chute de l'empire Carlovingien , se donnèrent des institutions, et indépendantes , tantôt amies, tantôt ennemies , elles portèrent avec éclat leurs armes et leur commerce sur les divers rivages de la Méditerranée.

Dans le douzième siècle nous retrouvons en Italie les empereurs de la maison de Souabe s'efforçant d'y maintenir leur domination et d'y fonder leur autorité. Dès cette époque (1164), naissent ces ligues formées dans le nord de la péninsule et notamment dans la Lombardie pour l'affranchissement de l'Italie. La première eut pour résultat de ramener à Rome le pape Alexandre III, le *propugnateur* de la liberté italienne, et de repousser les impériaux. Nous n'avons pas à assister à ces premiers démêlés de l'Empire avec l'Italie. C'était le Saint-Siége qui défendait alors l'indépendance de ce pays avec cette puissance à la fois invisible et partout présente, contre laquelle se brisèrent bien des fois, au moyen-âge, les entreprises des rois et de l'empire d'Allemagne. Ces luttes, nous n'avons pas à les suivre, et il ne nous est pas permis davantage de retracer le tableau de la grandeur des Républiques italiennes au moyen-âge.

Les différends entre le Saint-Siége et Philippe-le-Bel placèrent en France la résidence des papes, pendant la période que les Italiens ont appelée la captivité de Babylone.

Dans le quatorzième siècle se placèrent les nouvelles expéditions en Italie des princes des maisons impériales de Luxembourg et de Bavière (1311-1314 et 1328-1354), expéditions à la suite desquelles l'Empire acheva de perdre ses droits en Italie et dans le royaume d'Arles. A cette époque la puissance de la maison de Savoie s'était considérablement accrue. « L'origine de cette maison remonte au commencement du onzième siècle, où l'on trouve un

seigneur nommé Berold ou Bertold en possession de la
Savoie, ancienne province du royaume de Bourgogne
ou d'Arles. Le petit-fils de ce Berold épousa Adélaïde de
Suze, fille et héritière de Mainfroi, marquis d'Italie et
seigneur de Suze. Ce mariage procura à la maison de
Savoie des domaines considérables en Italie, tels que le
marquizat de Suze, le duché de Turin, le Piémont et le
val d'Aoste. Humbert II, comte de Savoie, conquit en
1082 la Tarentaise. Thomas, un de ses successeurs, acquit par mariage la baronnie de Faucigny. Amédée V fut
investi par l'Empereur Henri VII de la ville et du comté
d'Asti. Amédée VII reçut en 1388 les soumissions volontaires des habitants du comté de Nice qu'il démem-
bra de la Provence avec les comtés de Tenda et de Beuil,
en profitant des divisions intérieures de ce pays, et du
choc entre les factions de Duras et d'Anjou qui se disputaient la succession au royaume de Naples et au comté
de Provence. Amédée VIII acheta en 1401 d'Othon de
Villars, le Genevois ou comté de Genève, et fut créé duc
de Savoie (1) par l'empereur Sigismond. » (Koch,
Tableau des révolutions de l'Europe, t. 2, p. 212).

    A côté de la maison de Savoie subsistaient encore di-

---

(1) Les premiers princes de la maison de Savoie ont porté le titre
de comtes de Savoie (1000-1391), puis de ducs (1391-1675).

verses maisons princières, dont quelques-unes ont conservé jusque dans ces derniers temps leur pleine souveraineté en Italie, telles que les Aleran, puis les Paléologues à Monferrat et les Grimaldi à Monaco. Mais ces maisons étaient loin d'avoir l'importance des ducs de Savoie, dont la domination solidement fondée prenait chaque jour de l'extension et de l'importance.

Ces princes eurent cependant bien souvent à se plaindre des luttes qui amenèrent en Italie les armes de la France et de l'Autriche ; appelés par les événements à prendre parti tantôt pour l'une, tantôt pour l'autre de ces puissances, ils furent à maintes reprises victimes de la position forcée que leur faisaient les circonstances et que semblait leur commander leurs intérêts. Alors même qu'ils auraient pu et voulu rester neutres, placés sur le passage des troupes qui pénétraient en Italie, à côté et quelquefois au milieu du théâtre de la guerre, ils ne pouvaient que souffrir trop souvent de ces querelles.

Depuis la chute de l'Empire romain, les pays que la conquête avaient placé sous la loi de cet Empire et que les légions romaines maintenaient sous son joug, semblent s'acharner malgré le temps et les siècles à porter sans cesse leurs armes et à imposer leur domination sur le sol jadis habité par leurs maîtres. Ce sol, pendant des siècles envahi par les Barbares, occupé par les Français, les Espagnols,

les Allemands , fatigué de cette multiplicité de maîtres
étrangers, n'a jamais eu que la force de repousser momentanément l'un d'eux en appelant à son secours un
autre qui le remplaçait. Après avoir enlacé dans un même
lien le monde alors connu, l'Italie divisée depuis en maints
États, semble s'user dans une agitation stérile et ne pouvant acquérir une unité qui la vivifierait, elle tend fa-
talement à se démembrer toujours davantage.

Les Alpes, qui semblent la protéger, sont un rempart
trompeur. Ces monts, quelque élevés qu'ils soient, n'ont
jamais arrêté ceux qui ont voulu les franchir, et lorsque
arrivés sur leurs sommets les troupes ennemies se sont pré-
cipitées dans les plaines de l'Italie, rien n'a pu arrêter ces
soldats, parce qu'on n'arrête pas les torrents et surtout les
fleuves qui descendent des montagnes, parce que lorsque
les armées laissent derrière elles les pics et les neiges ,
il n'est pas de retraite possible pour elles, et que les soldats auraient l'héroïsme du désespoir si l'impétuosité de
l'attaque ne leur donnait la certitude de la victoire.

Mais qu'ai-je besoin de présenter ces observations ,
moi qui me suis promis de ne jamais sortir des limites
que me trace mon travail ? Je suis toutefois excusable,
car amelné par mon exposé à rappeler ici les nombreuses expéditions faites en Italie, j'ai pu croire que je
ne sortais pas de mon sujet.

A la fin du moyen-âge et vers les temps modernes , Charles VIII porta ses armes en Italie, dont Blanche , duchesse douairière de Savoie, sa parente, lui avait ouvert les portes, et où les dissensions intérieures de plusieurs Etats l'avaient appelé autant que les désirs de conquête inspirés par une bouillante ardeur de jeunesse. Louis XII à son tour pénétra en Italie ; au milieu de ses succès et de ses revers, il se mêla aux différeud de divers princes dont il fut tantôt l'ennemi, tantôt l'allié, et par suite qu'il attaqua ou défendit suivant les circonstances. Après avoir conquis une seconde fois le Milanais , il marcha sur Naples.

François Ier s'efforça de reconquérir les positions perdues par la France en Italie et notamment dans le Milanais. Dans ces diverses opérations militaires les rois de France n'avaient fait que traverser rapidement le Piémont. François Ier déclara ouvertement la guerre au duc de Savoie Charles III, en revendiquant le comté de Nice. Les troupes françaises occupèrent la Savoie , le duc fut successivement chassé des principales villes de ses Etats, et la trève de dix ans, signée à Nice le 18 juin 1538, ne lui conserva que la ville et le comté de Nice, partageant ses autres provinces entre le Roi et l'Empereur.

Charles III mourut en 1553 ainsi dépouillé de ses Etats. Le traité de Château Cambresis (1559), ne rendit à son fils qu'une partie des territoires que les guerres d'Italie avaient enlevées à ses prédécesseurs ; mais les troubles survenus en France en 1562, forcèrent Charles IX à restituer à la maison de Savoie les places que les Français occupaient en Piémont.

Charles Emmanuel prit même l'offensive, profitant des guerres civiles de religion qui déchiraient la France , il vint disputer la Provence et le Dauphiné au duc de Lesdiguières (1590) ; il revendiqua la couronne de France elle-même comme fils de Marguerite de Valois, et il s'empara de diverses places qui ne furent rendues à la France que par le traité de Vervins (1598).

Une difficulté subsistait au sujet de la possession du marquisat de Saluces. En 1548, la famille du marquis de Saluces s'était éteinte, François Ier s'était emparé de ce marquisat dont la possession lui assurait une entrée facile en Italie ; le duc de Savoie s'en rendit maître en 1588. Deux traités (1600, 1601), conclus à la suite de quelques hostilités, mirent fin à ce différend. La France reçut le Gex , le Valremey et le Bugey, et ne contesta plus au duc de Savoie la possession de Saluces.

Charles Emmanuel Ier, que son esprit entreprenant et la hardiesse de ses tentatives, plus que ses succès, ont fait appeler le Grand , après avoir dirigé son activité contre la France, essaya d'agrandir ses Etats au détriment de Genève, puis de Gênes. Le succès n'ayant pas couronné ces entreprises, il conçut d'autres projets et songea à la conquête du Milanais; à cet effet, il conclut en 1610 un traité d'alliance avec Henri IV ; mais la mort de ce prince vint encore contrarier ces nouveaux projets de conquête.

La mort du duc de Mantoue, en 1612, permit à Charles Emmanuel de renouveler les prétentions de la maison de Savoie sur le Monferrat; il occupa même une partie de ce marquisat, grâce à la protection de la France et malgré l'opposition armée de l'Espagne. Le traité de Pavie (1617) vint un moment consolider la position du duc de Mantoue dans le Mantouan et le Monferrat; mais la mort de Vincent II, dernier duc de Mantoue, décédé sans postérité (1627), fit revivre les espérances du duc de Savoie, il se joignit aux Espagnols pour assurer leur réalisation. La France alors l'abandonna, et il mourut le 26 juillet 1630, en laissant ses Etats envahis par les troupes de cette puissance.

Victor Amédée Ier, son fils et son successeur, allié à la maison de France par son mariage avec la sœur de Louis XIII, se réconcilia avec cette cour, et après la signature des traités de Querasque (1631), il se ligua avec elle contre l'Espagne. Nommé général en chef des troupes françaises envoyées en Italie sous les ordres du

12 TRAITÉS

maréchal de Créqui, Victor Amédée contribua puissamment à leurs succès contre les Espagnols.

A sa mort (1637), la guerre civile déchira les Etats de
Savoie ; plusieurs prétendants se disputaient la régence:
les uns appelèrent l'Espagne pour appuyer leurs droits,
les autres eurent recours à la France. La Savoie eut
cruellement à souffrir de ces dissensions intérieures et
de l'appel fait aux armes étrangères ; enfin le traité des
Pyrénées (1659), lui rendit, avec la paix, ses anciennes
frontières.

En 1672, Charles Emmanuel II tenta encore inutile-
ment de s'emparer de Gênes qui , bombardée quelques
années plus tard par Duquesne (1684) , expiait chère-
ment son alliance avec l'Espagne contre la France.

Victor Amédée , qui avait succédé à Charles Emmanuel II, adhéra à la ligue contre Louis XIV par deux
traités signés l'un avec l'Espagne 3 juin 1690), l'autre
avec l'Empereur (4 juin 1690) ; cependant il n'ouvrait
point les hostilités. Louis XIV ne voulant pas le laisser
dans cet état de neutralité apparente , lui déclara la
guerre, et envoya immédiatement une armée en Piémont.
Catinat ouvrit la campagne par la victoire de Staffarde
(18 août 1690) ; l'armée piémontaise laissa 4000 hommes sur le champ de bataille. Poursuivant en 1691 le
cours de ses victoires , il s'empara des meilleures places

de la Savoie et du Piémont , mais l'arrivée des secours envoyés d'Allemagne sous le commandement du roi de Bavière, permirent au duc de Savoie de prendre l'offensive ; il poursuivit l'armée française jusqu'au delà des Alpes (1672), s'empara d'Embrun et incendia divers pays situés près des frontières. Catinat ne tarda pas à reprendre l'avantage, et à la bataille de la Marsaille (4 octobre 1693) , il anéantit presque l'armée du duc de Savoie. Cette défaite fut décisive ; la Savoie dut se retirer de la lutte. Quelque temps après même (1696), le duc de Savoie se détacha des puissances liguées contre la France. Louis XIV pardonna à son ancien ennemi ; il envoya auprès de lui le comte de Tessé, et le traité de Turin (29 août 1696) rendit à Victor Amédée les places conquises et même Pignerol, acquis par la France lors de la signature du traité de Querasque.

Victor Amédée, nommé généralissime du roi de France, allait marcher contre ses anciens alliés , lorsque la paix de Ryswick (1697) vint suspendre les hostilités.

La guerre recommença dans la haute Italie en 1704. Ses débuts furent marqués par les revers de l'armée française. Le duc de Savoie crut alors devoir entrer de nouveau dans la ligue contre le roi de France. Bientôt les succès du duc de Vendôme firent oublier les premiers échecs , et le duc vit ses Etats occupés derechef par les troupes françaises ; il ne lui restait plus que la ville de Turin assiégée par ces troupes , au moment où le duc d'Orléans vint se mettre à la tête de l'armée. Le prince Eugène arriva au secours de Turin et força les Français à lever le siége (7 septembre 1706) et à repasser les Alpes en laissant un matériel considérable au pouvoir de l'ennemi. Les échecs se succédant la France dut abandonner ses conquêtes en Italie. Le duc de Savoie recouvra ses Etats, et le 13 mars 1707 la Lombardie fut évacuée. Le duc et le prince Eugène pénétrèrent peu après en Provence, mais ils furent bientôt obligés de se retirer après les pertes considérables que leur fit éprouver le maréchal Tessé. Le maréchal de Villars de son côté , avec sa remarquable activité , les empêcha de pénétrer dans le Dauphiné.

L'Empereur entré en Italie y déposséda divers princes qui avaient suivi la fortune de la France ; il accorda au duc l'investiture des Etats , qui lui avaient été promis lors de son accession à la grande alliance, c'est-à-dire les provinces d'Alexandrie, le Monferrat et le pays entre le Tanaro et le Po.

La paix d'Utrecht (1713) assura à Victor Amédée la Savoie et Nice, et lui remit les cinq vallées d'Oulx, Sezane, Pragelas, Bardoneche et Château-Dauphin en échange de l'abandon de la vallée de Barcelonnette faite à la

France. Louis XIV lui garantit la Sicile avec le titre de
Roi, lui confirma la possession des territoires que lui
assignait en Italie le traité de Turin, et lui promit la
succession d'Espagne, à défaut de postérité de Philippe V.

A peine le nouveau roi de Sicile était-il couronné à
Palerme, que la flotte espagnole s'emparait des principales places de l'île (1717), et le traité de Londres lui
donna en compensation la couronne de l'île de Sardaigne, qui fut alors réunie aux Etats de Savoie.

Sous son fils Charles Emmanuel III, la Savoie prit
part aux guerres auxquelles donna lieu la succession de
Pologne (1735 à 1738). Le Piémont de concert avec la
France et l'Espagne, s'efforcèrent ainsi d'amoindrir la
puissance de l'Autriche. Par le traité de Vienne (1738),
qui assurait à l'Espagne les Deux-Siciles, le Milanais fut
conservé à l'Autriche, et la Savoie n'obtint que quelques
concessions de territoire sans importance.

Charles Emmanuel prit ensuite parti pour Marie Thé-
rèse dans la guerre de la succession impériale (1742 à
1748), en mettant en campagne un corps d'armée de
40,000 hommes. Cette alliance, contractée en opposition de la France et de l'Espagne, coûta beaucoup de
sang aux parties belligérantes. Gênes, qui s'était liguée
avec la France et l'Espagne, eut beaucoup à souffrir des

avantages que les combats donnèrent à plusieurs reprises aux troupes austro-sardes. Enfin, les revers des Autrichiens en Allemagne balancèrent leurs succès en Italie ; ils se décidèrent à traiter , et la paix d'Aix-la-Chapelle (1748), en mettant fin aux hostilités, assura au Piémont une partie du Milanais.

Charles Emmanuel , dans la guerre de sept ans , se borna au rôle de négociateur , et il profita de la paix pour améliorer les institutions et les finances de ses Etats. Mort le 20 février 1773 , il eut pour successeur Victor Amédée III. Ce prince, par des alliances de famille, s'était beaucoup rapproché de la cour de France , lorsque éclata la révolution française.

En 1792 la Savoie et le comté de Nice étaient déjà occupés par les troupes françaises devant lesquelles s'étaient retirées sans résistance les troupes sardes , et ces pays réunis à la France formaient de nouveaux départements.

Victor Amédée se mit d'abord sur la défensive avec une armée de 60,000 hommes ; il songeait ensuite à prendre l'offensive, lorsque cent mille Français parurent tout à coup aux sommets des Alpes menaçant le Piémont. Les événements de l'intérieur arrêtèrent un moment leur marche. La Sardaigne, appuyée par les secours reçus d'Allemagne, prenait ses dispositions pour leur opposer une vive résistance, lorsque tout à coup l'armée française, ayant à sa tête le général Bonaparte, franchit les Alpes, força les passages, sépara les Sardes des Autrichiens et arriva sous les murs de Turin. L'effroi et le découragement furent à la Cour et dans l'armée. Le roi Victor Amédée dut demander une suspension d'armes qu'il n'obtint qu'en livrant Coni et Tortone. Par le traité de Paris (1796), il renonça à la Savoie et au comté de Nice, livra ses forteresses et reconnut la suprématie de la République française.

Charles Emmanuel IV, qui lui succédait quelques mois après (1796), fut bientôt obligé d'abdiquer et de se réfugier dans l'île de Sardaigne. L'entrée de Suwarow en Italie ne lui donna qu'un espoir passager ; il vit ses États passer de l'occupation française sous l'occupation autrichienne, et par son abdication il transmit à son frère Victor Emmanuel V des droits dont il n'avait plus l'exercice (1802).

Longtemps l'autorité du nouveau Roi ne s'étendit que sur l'île de Sardaigne, qui jouit sous son règne d'une paix bien précieuse au milieu des guerres de l'Europe. Les événements de 1814 lui rendirent la Savoie et le Piémont et ajoutèrent à ses États le comté de Gênes. Les nouveaux traités qui suivirent les cent jours confirmèrent ces concessions. En 1821 une insurrection força Victor

Emmanuel V à abdiquer en faveur de son frère qui regna jusqu'au 27 avril 1831. Avec Charles Félix s'éteignit la branche aînée de la maison de Savoie.

Le prince de Carignan monta sur le trône sous le nom de Charles Albert. Les cris poussés en 1821, *Guerre à l'Autriche,* répétés avec plus de force en 1848, entraînèrent ce prince en Lombardie. Dans la journée du 25 mars 1849, l'armée piémontaise, sous le commandement de son roi, succomba sous le nombre de ses ennemis, et le lendemain Charles Albert déposait la couronne, confiant à Victor Emmanuel les destinées de ses États et lui léguant le soin d'accomplir son œuvre.

C'est dans le cours de ces événements qu'ont été conclus entre la France et la Sardaigne le grand nombre de traités que je vais rapidement énumérer (1). La plupart

(1) Je n'ai pas cru devoir faire remonter cette nomenclature à une époque antérieure au milieu du seizième siècle. Jusque-là les transactions politiques entre les deux États n'ayant pas eu assez de régularité pour pouvoir être relevées d'une manière exacte et utile. Je me suis puissamment aidé, dans cette partie de mon travail, du recueil publié par ordre du roi de Sardaigne, et présenté à Sa Majesté successivement par le comte Solar de la Marguerite et le chevalier Maxime d'Azeglio, premiers secrétaires d'État pour les affaires étrangères. Ce Recueil, dont j'ai pu me procurer un exemplaire, porte le titre de *Traités publics de la Royale Maison de Savoie avec les puissances étrangères,* avec cette épigraphe : *multis melior pax una triumphis.* Il a été imprimé à l'imprimerie royale de Turin, en 7 vol. in-4°, en 1836, 1844 et 1852. L'exécution de ce travail a été confiée notamment et successivement à M. le ch. Datta, sous-archiviste de la cour de Sardaigne, et à M. le ch. Ad. de Brayer, docteur en droit et sous-secrétaire au ministère des affaires étrangères.

d'entre eux sont le résultat des guerres qui ont tant de fois amené les puissances européennes en Italie ; ce n'est qu'en nous rapprochant des temps modernes et de l'époque contemporaine que les traités destinés à régler les rapports des nations en temps de paix , le commerce , la navigation, les intérêts civils internationaux deviennent plus nombreux. Ce sont presque exclusivement ces traités , récemment conclus entre la France et la Sardaigne , qui règlent les rapports existant entre les deux pays.

Indication chronologique des Traités, Actes et Conventions intervenus soit entre la France et la Sardaigne directement, soit entre la France et les autres puissances , dans lesquels il se trouve des stipulations concernant la Sardaigne.

1559, 3 avril. Château Cambresis. — Traité de paix entre Henri II, roi de France, et Philippe II, roi d'Espagne. Ce traité , dans lequel les ambassadeurs d'Espagne , munis des pleins pouvoirs du duc Emmanuel Philibert de Savoie, à la date du 31 mars 1559, traitent

en son nom , porte restitution au duc de Savoie de ses
Etats. (En français).

Dumont, Corps diplomatique, t. 5, part. 1, pag. 34. Traités publics
de la Royale Maison de Savoie , t. 1, pag. 12. Recueil des Traités ,
t. 2, p. 287. Frédéric Léonard, t. 2, p. 535. Isambert, Recueil, t. 13,
p. 515.

1559, 27 juin. Paris. — Traité de mariage d'Emmanuel Philibert, duc de Savoie, avec Marguerite de France. Ce mariage , dont l'acte que nous rapportons fixe
les conditions, avait été convenu dans le traité de Château Cambresis. D'après le traité de Paris la jouissance
de divers domaines est assurée ou réservée à la future.
(En français).

Archives de la Cour de Turin, mariages, paquet xix, n° 4. Dumont,
t. 5, part. 1, p. 50. Guichenon, Hist. généalog. de la Roy. Maison de
Savoie, preuves, p. 530. Traités publics de la Roy. [Maison de Savoie
t. 1, p. 45.

1560, 3 novembre. Au Valentin. — Articles entre le
roi de France et le duc de Savoie, sur le commerce du
marquisat de Saluces et des cinq places retenues par la
France dans les Etats du duc de Savoie. (En français).

Arch. de la cour de Turin, Traités, paquet ii, add. n° 1. Traités de
Savoie, t. 5, n° 119,

1562, 2 novembre. Fossan. — Traité entre le roi de
France et Emmanuel Philibert , duc de Savoie, sur la
restitution des places occupées en Piémont par S. M.
très-chrétienne. (En français).

Arch. de la cour de Turin, Traités, paquet vii, n° 3. Traités de Savoie, t. 1, p. 59.

1574, 14 décembre. Turin. — Traité entre Henri III, roi de France, et Emmanuel Philibert, duc de Savoie, pour la restitution des villes et places fortes de Pignerol, Savillan et autres. (En français).

Arch. de la cour de Turin, paquet viii, n° 6. Dumont. t. 5 , part. 1 , p. 231. Traités de Savoie. t. 1, p. 110.

1598, 2 mai. Vervins. — Traité de paix entre Henri IV, roi de France, Philippe II, roi d'Espagne, et Charles Emmanuel, duc de Savoie. Les stipulations contenues dans les 22 premiers articles de ce traité sont étrangères à la Savoie. Par les articles suivants, le duc restitue au roi de France le château de Berre, s'en remet pour juger tous différends entre le roi et lui au jugement du pape Clément VIII ; la paix est déclarée définitivement rétablie entre eux, et le sort des sujets et prisonniers de guerre est réglé. (En français).

Arch. de la cour de Turin, Traités, paquet viii, n° 13. Dumont, t. 5. part. 1, p. 561. Lunig. t. 3, col. 1271. Traités de Savoie. t. 1, p. 155. Recueil des Traités, t. 2, p. 616.

1600, 27 février. Paris. — Traité de paix , portant restitution à la France du marquisat de Saluces , entre Henri IV et Charles Emmanuel. 1er, duc de Savoie. (En français).

Arch. de la cour de Turin, Traités, paquet ix , n° 1. Dumont, t. 5, part. 2, p. 3. Guichenon, Hist. généalog., preuves. Traités de Savoie, t. 1, p. 180.

1600, 28 et 30 juillet. Lyon. — Articles présentés à la cour de France par les ambassadeurs du duc de Savoie, sur l'exécution du traité de paix signé le 27 février 1600, et réponses du roi de France. (En français).

Dumont, t. 5, part. 2, p. 5. Lunig, t. 3, col. 1303. Guichenon, Hist. généalog., preuves. Traités de Savoie, t. 1, p. 188.

1601, 17 janvier. Lyon. — Traité entre Henri IV, roi de France, et Charles Emmanuel 1er, duc de Savoie, pour l'échange du marquisat de Saluces avec la Bresse, le Bugey, Varolmey et Gex. (En français).

Arch. de la cour de Turin, Traités, paquet ix, n° 3. Dumont, t. 5, part. 2, p. 10. Lunig, t. 1, col. 794. Guichenon, Hist. généalog., preuves. Traités de Savoie, t. 1, p. 194. Recueil des Traités, t. 3, p. 1.

1601, 16 mars. Lyon. — Convention entre les mêmes pour l'exécution du précédent traité du 17 janvier 1601. (En français).

Arch. de la cour de Turin, Négociations avec la France, paquet vii, n° 16. Traités de Savoie, t. 1, p. 209.

1610. 25 avril. Brusol. — Traité de ligue offensive et défensive entre Henri IV, roi de France, et Charles Emmanuel, duc de Savoie. (En français).

Dumont, t. 5, part. 2, p. 137. De Abreu, part. 1, p. 549. Traités de Savoie, t. 1, p. 280.

1610, 25 avril. Brusol. — Traité entre Henri IV, roi de France, et Charles Emmanuel, duc de Savoie, pour la conquête du duché de Milan. Resté sans effet par suite de la mort de Henri IV, survenue le 14 mai 1610. (En français).

Dumont, t. 5, part. 2, p. 137. De Abreu, part. 1, p. 545. Traités de Savoie, t. 1, p. 284.

1611, 10 mai. Turin. — Traité d'accommodement entre Louis XIII, roi de France, et Charles Emmanuel 1er, duc de Savoie, au sujet des prétentions de la France sur le pays de Vaud. (En français).

Dumont, t. 5, part. 2, p. 166. Traités de Savoie, t. 1, p. 288.

1614, 1 décembre. Asti. — Articles signés par l'ambassadeur du roi de France, le nonce de Sa Sainteté, et le duc de Savoie, pour assurer la paix entre le duc de Savoie et le duc de Mantoue. (En italien).

Arch. de la cour de Turin, Traités, paquet ix, n° 10. Dumont, t. 5, part. 2, p. 263. Traités de Savoie, t. 1, p. 290.

1615, 21 juin. Asti. — Traité entre Louis XIII, roi de France, et Charles Emmanuel 1er, duc de Savoie, sur le désarmement des troupes en Italie et sur l'accommodement avec le gouverneur du duché de Milan, pour l'exécution. (En italien).

Arch. de la cour de Turin, Traités, paquet ix, n° 11. Dumont, t. 5, part. 2, p. 271. De Abreu, part. 1, t. 2. Lunig, t. 1, col. 810. Traités de Savoie, t. 1, p. 295.

1623, 7 février. Paris. — Traité de ligue entre Louis XIII, roi de France, Charles Emmanuel 1er, duc de Savoie, et la République de Venise, pour la restitution de la Valtelline. (En français).

Arch. de la cour de Turin, Traités, paquet ix, n° 18. Dumont, t. 5, part. 2, p. 417. Traités de Savoie, t. 1, p. 324.

1624, 21 octobre. Suse. — Articles arrêtés par le duc Charles Emmanuel 1er, avec le connétable de Lesdiguières, pour l'exécution de l'alliance signée le 7 février 1623, entre la France, la Savoie et Venise. (En français).

Arch. de la cour de Turin, Traités, paquet ix, n° 19. Traités de Savoie, t. 1, p. 330.

1629, 11 mars. Suse.—Traité d'alliance entre Louis XIII, roi de France, Sa Sainteté Urbain VIII, Charles Emmanuel 1er, duc de Savoie, la République de Venise et le duc de Mantoue, contre l'Espagne. (En français).

Arch. de la cour de Turin, Traités, paquet x, n° 1. Dumont, t. 5, part. 2, p. 573. De Abreu, part. 2, t. 2, p. 115. Traités de Savoie, t. 1, p. 339.

1629, 11 mars. Suse. — Traité entre Louis XIII, roi de France, et Charles Emmanuel 1er, duc de Savoie, pour secourir la ville de Casal. (En français).

Arch. de la cour de Turin, Traités, paquet x, n° 2. Dumont, t. 3· part. 2, p. 571. Guichenon, Hist. généalog., preuves. Traités de Savoie, t. 1, p, 344.

1629, 31 mars. Suse. — Articles arrêtés entre le roi de France et le duc de Savoie, pour assurer et régler l'exécution du précédent traité. (En français).

Arch. de la cour de Turin, Traités, paquet x, n° 2. De Abreu, part. 2, t. 2, p. 122. Traités de Savoie, t. 1, p. 350.

1629, 10 mai. Bussolin. — Articles accordés entre le roi de France, le duc de Savoie et le duc de Mantoue, pour l'exécution du même traité de Suse, du 11 mars 1629. (En français).

Arch. de la cour de Turin, Traités, paquet x, n° 3. Dumont, t. 5, part. 2, p. 583. Traités de Savoie, t. 1, p. 352.

1630, 6 mai. Lyon. — Déclaration par laquelle le

roi de France enjoint à tous ses sujets de quitter le service et les Etats du duc de Savoie. (En français).

Léonard, t. 4. Recueil des Traités, t. 5, p. p. 289.

1630, 4 septembre. Rivalta. — Trêve conclue entre les généraux de France, de Savoie, de l'Empire et de l'Espagne, à la médiation du ministre du Pape. (En français).

Dumont, t. 5, part. 2, p. 614. De Abreu, part. 2, t. 2, p. 176. Traités de Savoie, t. 1, p. 357.

1630, 13 octobre. Ratisbonne. — Traité de paix entre le roi de France et l'Empereur, portant cession au duc de Savoie de plusieurs pays du duché de Monferrat. (En latin).

Arch. de la cour de Turin, Traités, paquet IX, n° 8. Guichenon, Hist. généalog. preuves. Dumont, t. 5, part. 2. Lunig, t. 1, col. 195. Traités de Savoie, t. 1, p. 361.

1631, 31 mars. Querasque. — Traité d'alliance entre le roi de France et le duc de Savoie, au sujet d'entreprises à exécuter en Italie. (En français).

Arch. de la cour de Turin, Traités, paquet X, n° 4. Traités de Savoie, t. 1, p. 374.

1631, 31 mars. Querasque. — Traité entre la France et la Savoie, portant échange de la vallée de Pignerol contre les villes d'Alba, Trino et autres terres dans le duché de Monferrat. (En français).

Arch. de la cour de Turin, Traités, paquet X, n° 5. De Flassan, Hist. générale de la dipl. française, t. 2, p. 436. Traités de Savoie, t. 1, p. 381.

1631, 6 avril. Querasque. — Traité entre le roi de France et l'Empereur, pour l'exécution du traité de Ratisbonne sur la paix d'Italie. (En italien).

Arch. de la cour de Turin, Traités, paquet x, n° 6, 7. Dumont , t. 6, part. 1, p. 9. De Abreu. part. 2, t. 2, p. 236. Traités de Savoie , t. 1, p. 390.

1631, 6 avril. Querasque. — Articles secrets, convenus entre le roi de France et le duc de Savoie, pour l'exécution du traité signé le même jour entre le Roi et l'Empereur. (En français).

Arch. de la cour de Turin, Traités, paquet x, n° 9. Traités de Savoie, t. 1, p. 404.

1631, 30 mai. Querasque. — Articles accordés entre le duc de Savoie et les ambassadeurs de France , pour la restitution au Duc des villes de Saluces et Villefranche et de toute la Savoie. (En français).

Arch. de la cour de Turin, Traités, paquet x, n° 12. Dumont, t. 5, part. 1, p. 13. Traités de Savoie, t. 1, p. 407.

1631, 19 juin. Querasque.—Articles signés entre les ambassadeurs du roi de France et de l'Empereur, pour l'exécution du traité du 6 avril 1631. (En italien).

Arch. de la cour de Turin, Traités, paquet x, n° 13. Dumont, t. 6, part. 1, p. 14. Traités de Savoie, t. 1, p. 412.

1631, 19 juin. Querasque. — Articles signés par les ambassadeurs de France et le duc de Savoie , pour la confirmation et l'exécution des traités de Querasque. (En français).

Arch. de la cour de Turin, Traités, paquet x, n° 14. Traités de Savoie, t. 1, p. 421.

1631, 19 octobre (1). Mirefleur. — Traités et articles secrets entre la France et le duc de Savoie, par lesquels S. A. promet à S. M. un libre passage par ses Etats et lui remet en dépôt la ville et château de Pignerol et d'autres forts. (En français).

Arch. de la cour de Turin, Traités, paquet x, n° 15. Dumont, t. 6, part. 1, p. 20. De Abreu, part. 2, t. 2, p. 319. Traités de Savoie, t. 1, p. 424. Léonard, t. 4. Recueil des Traités, t. 3, p. 325.

1632, 5 juillet (2). Turin. — Traités et articles secrets de la cession publique de la ville de Pignerol faite au roi de France par le duc de Savoie. Par les articles secrets le traité lui-même est annulé. (En français).

Arch. de la cour de Turin, Traités, paquet x, n° 17. Dumont, t. 6, part. 1, p. 40. De Abreu, part. 2, t. 2, p. 361. Traités de Savoie, t. 1, p. 436. Léonard, t. 4. Recueil des Traités, t. 5, p. 333.

1635, 11 juillet. Rivoles. — Traité de confédération entre Louis XIII, roi de France, et Victor Amédée, duc de Savoie, pour la conquête du duché de Milan, suivi d'un article secret. (En français).

Arch. de la cour de Turin, Traités, paquet x, n° 19. Dumont, t. 6, part. 1, p. 109. De Abreu, part. 2, t. 1, p. 94. Traités de Savoie, t. 1, p. 445. Léonard, t. 4, p. 84. Recueil des Traités, t. 3, p. 386.

1637, 3 mars. Saint-Germain-en-Laye. — Déclaration du roi de France pour l'exécution des traités de

(1) Dans certains recueils ce traité porte la date du 19 novembre.
(2) Dans certains recueils ce traité porte la date de Saint-Germain-en-Laye, 5 mai 1632.

Querasque avec le duc de Savoie , quoique le traité de Cologne s'y puisse opposer. (En français).

Arch. de la cour de Turin, Traités, paquet x, n° 20. Traités de Savoie, t. 1, p. 453.

1638, 3 juin. Turin. — Traité de ligue offensive et défensive entre Louis XIII, roi de France, et Chrestienne de France, duchesse régente de Savoie. (En français).

Arch. de la cour de Turin, Traités, paquet x, n° 22. Dumont, t. 6, part. 1, p. 162. De Abreu, part. 2, t. 3, p. 235. Traités de Savoie , t. 1, p. 454.

1639, 1 juin. Turin. — Traité entre Louis XIII, roi de France, et Chrestienne de France, duchesse régente de Savoie , pour la restitution des places fortes tenues par S. M. et le roi d'Espagne lorsque la paix se fera, et pour l'entretènement des gens de guerre. (En français).

Arch. de la cour de Turin, Traités paquet x, n° 24. Dumont, t. 6 , part. 1, p. 174. De Abreu, part. 2, t. 3, p. 285. Traités de Savoie, t. 1, p. 460. Léonard, t. 4. Recueil des Traités, t. 3, p. 390.

1639 , 14 août. Turin. — Traité de trève entre la France et la duchesse régente de Savoie , d'une part , et entre l'Espagne et les princes de Savoie , de l'autre. (En italien).

De Abreu, part. 3, t. 3, p. 292. Traités de Savoie, t. 1, p. 466.

1640, 2 décembre. Turin. — Propositions faites par le roi de France au prince Thomas de Savoie, pour son accommodement avec la duchesse régente. (En français).

Dumont. t. 6, part. 1, p. 105. De Abreu, part. 2, t. 3, p. 392. Traités de Savoie, t. 1, p. 471. Léonard, t. 4. Recueil des Traités, t. 3 , p. 405.

1642, 14 juin. Turin. — Traité entre le roi de France et les princes Maurice et Thomas de Savoie , pour l'accommodement de leurs différends avec Madame Royale duchesse régente de Savoie. (En français).

Arch. de la cour de Turin, Tutelles et régences, paquet ıv, nº 5g. Dumont, t. 6, part. ı, p. 253. De Abreu, part. 2, t. 4, p. 134. Traités de Savoie, t. ı, p. 478.

1644, 3 mars. Fossan. — Articles arrêtés entre les commissaires de S. A. R. Madame la duchesse régente de Savoie , et ceux des négociants de Marseille , pour l'exemption du droit de Villefranche en faveur des bâtiments marseillais. (En italien).

Arch. de la cour de Turin, Droit de Villefranche, paquet ııı, nº 16. Traités de Savoie, t. 5, p. 130.

1645, 3 avril. Valentin près Turin. — Renouvellement d'alliance du roi de France avec Chrestienne de France, duchesse régente, et les princes Maurice et Thomas de Savoie. (En frança is).

Arch. de la cour de Turin. Traités, paquet x, nº 2. Traités de Savoie, t. ı, p. 547..

1648, 24 octobre. Munster (dit de Westphalie). Traité de paix entre le roi de France et l'Empereur, dans lequel, par rapport au duc de Savoie, est confirmé le convenu et accordé par les traités de Querasque de l'année 1631. (En latin).

Arch. de la cour de Turin, Traités, paquet nº 1. Dumont, t. 6, part. ı, pr 469. Traités de Savoie, t. ı, p. 552. Recueil des Traités, t. 3, p. 528.

1659 , 7 novembre. Ile des Faisans. — Traité de paix dit des Pyrénées entre le roi de France et le roi d'Espagne. Les articles relatifs au duc de Savoie concernent la restitution de places au Duc par l'Espagne; l'arrangement des différends existant entre la Savoie et Modène, et entre la Savoie et Mantoue ; ils confirment les traités de Querasque , toutefois un article secret, à l'occasion de ces traités, fait des réserves à la France à l'égard de Pignerol. (En français).

Arch. de la cour de Turin, Négociations avec la France , paquet xii, n° 7. Dumont, t. 6, part. 2, p. 264. Traités de Savoie, t. 2, p. 1. Recueil des Traités de paix.

1673, 18 janvier. Saint-Germain-en-Laye. Arrêt du roi de France comme arbitre dans les différends entre le duc de Savoie et la République de Gênes. (En français).

Arch. de la cour de Turin, Traités, paquet 2, n° 18. Traités de Savoie, t. 5, p. 155.

1682, 24 novembre. Turin. — Traité d'alliance défensive entre le roi de France et le duc de Savoie. (En français).

Arch. de la cour de Turin, Traités, paquet 2, n° 19. Traités de Savoie, t. 2, p. 103.

1690, 19 octobre. Vigon. — Traité d'échange et rançons de prisonniers de guerre entre le roi de France et le duc de Savoie. (En français).

Arch. de la cour de Turin, Négociations avec la France, paquet xv, n° 13. Dumont, t. 7, part. 2, p. 270.

1696, 29 août. Turin. — Traité de paix entre Louis XIV, roi de France, et Victor Amé II, duc de Savoie. (En français).

Arch. de la cour de Turin, Traités, paquet xii, n° 29. Dumont, t. 7, part. 2, p. 368. De Abreu, part. 3, t. 3. Traités de Savoie, t. 2, p. 155. Recueil des Traités, t. 4, p. 461.

1597, 20 septembre. Ryswich. — Traité de paix entre la France et l'Espagne. Par ce traité, qui est un de ceux auxquels aboutit le congrès de Ryswich, fut confirmé le traité de Turin du 29 août 1696. (En français).

Arch. de la cour de Turin, Négociations avec la France, paquet xvii. n° 11. Dumont, t. 7, part. 2, p. 408. De Abreu, part. 3, t. 3. Traités de Savoie, t. 2, p. 174.

1701, 6 avril. Turin. — Traité de ligue entre les rois de France et d'Espagne et Victor Amé II, duc de Savoie, pour la conservation de la paix en Italie. (En français).

Arch. de la cour de Turin, Traités. paquet xii, n° 12. Traités de Savoie, t. 2, p. 194.

1707, 16 mars. Milan. — Articles concernant les conditions de l'évacuation des places de la Lombardie par la France et l'Espagne. La ratification du duc de Savoie porte la date du 16 mars. (En français).

Arch. de la cour de Turin, Traités. paquet xv, n° 6. Traités de Savoie, t. 2, p. 249.

1713, 14 mars. Utrecht. — Convention pour une cessation d'armes pleine et entière entre le roi de France et le duc de Savoie. (En français).

Arch. de la cour de Turin, Traités, paquet xv, n° 11. Dumont, t. 8, part. 1, p. 230. Traités de Savoie, t. 2, p. 278. D'Hauterive et de Cussy, t. 3, p. 271.

TRAITÉS

1713, 11 avril. Utrecht. — Traité et article séparé de paix entre Louis XIV et Victor Amé II, duc de Savoie, portant restitution au duc du duché de Savoie et du comté de Nice. (En français).

Arch. de la cour de Turin, Traités, paquet xvi, n° 3. Dumont, t. 8, part. 2, p. 362. Traités de Savoie, t. 2, p. 281.

1718, 4 avril. Paris. — Convention et article secret entre le roi de France et S. M. Victor Amé II, duc de Savoie et roi de Sicile, sur l'exécution de l'article 4 du traité d'Utrecht, concernant le règlement des limites entre la France et la Savoie. (En français).

Arch. de la cour de Turin, Traités, paquet xviii, n° 2. Traités de Savoie, t. 2, p. 347.

1718, 2 août. Londres. — Traité, articles séparés et secrets de la quadruple alliance entre l'Empereur, l'Angleterre, la France et les Etats généraux, portant cession par l'Empereur du royaume de Sardaigne au roi de Sicile, en échange du royaume de Sicile. (En latin).

Arch. de la cour de Turin, Négociat. avec la France, paq. xviii, n° 9. Dumont, t. 8. part. 2, p. 531. Traités de Savoie, t. 2, p. 352.

1718, octobre et novembre. Paris. — Actes d'accession et d'admission du roi Victor Amé II au traité de la quadruple alliance. (En latin).

Arch. de la cour de Turin, Traités, paquet xviii, n° 8. Dumont, t. 8, part. 2, p. 550. Traités de Savoie, t. 2, p. 385.

1720, 2 avril. La Haye. — Traité de suspension d'armes sur mer entre la France, la Sardaigne, l'Empereur, l'Espagne et l'Angleterre. (En latin).

Arch. de la cour de Turin, Traités, paquet 19, n° 7. Dumont, suppl. t. 2, part. 2, p. 156. Traités de Savoie, t. 2, p. 406.

1722, 27 août. Versailles. — Garanties signées par les plénipotentiaires de France et d'Angleterre en faveur du roi Victor Amé , pour le royaume de Sardaigne et pour les autres pays du Milanais, cédés par le traité de Londres en échange du royaume de Sicile. (En français).

Arch. de la cour de Turin, Traités, paquet xx, n° 3. Traités de Savoie, t. 2, p. 416.

1726, 30 novembre. Antibes. — Traité entre le roi de France et le roi de Sardaigne , sur l'exemption du droit de Villefranche, en faveur des bâtiments français, pour vingt ans. (En français).

Arch. de la cour de Turin, Droit de Villefranche, paquet ix, n° 10. Traités de Savoie, t. 5, p. 208.

1733, 26 septembre. Turin. — Traités et articles séparés et secrets d'alliance offensive et défensive entre le roi de France et le roi de Sardaigne , pour empêcher la réalisation des projets ambitieux de la maison d'Autriche. (En français).

Arch. de la cour de Turin, Traités, paquet xx, n° 13. Traités de Savoie, t. 2, p. 444.

1733, 26 septembre. Turin. — Articles accordés entre le roi de France et le roi de Sardaigne , pour le règlement du service de l'armée combinée. (En français).

Arch. de la cour de Turin, Traités, paquet xxi, n° 1. Traités de Savoie, t. 2, p. 456.

1735, 3 octobre. Vienne. — Articles préliminaires de

3

paix entre le roi de France et S. M. Impériale. L'article 4 concerne la Sardaigne. (En français).

Arch. de la cour de Turin, Traités, paquet xxii, n° 2. Wenck, *Codex juris gentium recentissimi*, t. 1, p. 1. Traités de Savoie, t. 2, p. 462.

1736, 11 avril. Vienne. — Convention entre le roi de France et l'Empereur, sur l'exécution des articles préliminaires du traité de paix. (En français).

Arch. de la cour de Turin, Traités, paquet xxi, n° 6. Wenck, t. 1. Traités de Savoie, t. 2, p. 471.

1736, 16 août. Turin. — Accession du roi Charles Emmanuel III de Sardaigne, aux préliminaires de paix signés à Vienne le 3 octobre 1735. (En français).

Arch. de la cour de Turin, Traités, paquet xxi, n° 6. Wenck, t. 1, p. 50. Traités de Savoie, t. 2, p. 486.

1738, 18 novembre. Vienne. — Traité de paix entre S. M. le roi de France et S. M. Impériale. Par l'art. 8 de ce traité sont confirmées les cessions faites à la Sardaigne. (En latin).

Arch. de la cour de Turin, Traités, paquet xxii, n° 2. Wenck, t. 1, p. 88. Traités de Savoie, t. 2, p. 497.

1739, 20 janvier. Paris. — Déclaration des ministres plénipotentiaires du roi de France et de l'Empereur, sur l'interprétation de l'art. 8 du traité général de paix, du 18 novembre 1738, ledit article concernant la Sardaigne. (En français).

Arch. de la cour de Turin, Traités, paquet xxii, n° 1. Venck, t. 1, Traités de Savoie, t. 2, p. 515.

1739, 3 février. Versailles. — Acte d'accession et d'ad-

mission de S. M. le roi de Sardaigne à l'art. 8 du traité
de Vienne, du 18 novembre 1738 , suivant les explications des ministres plénipotentiaires, (En français).

Arch. de la cour de Turin, Traités, paquet xxii, n° 1. Wenck, t. 1.
Traités de Savoie, t. 2, p. 517.

1745, 1 mai. Aranjuez. — Déclaration des plénipo-
tiaires signataires du traité d'alliance signé à Aranjuez
sous la même date, entre la France, la Sardaigne, l'Espagne, Naples et Gênes, sur la navigation et le commerce. (En français).

D'Hauterive et de Cussy; t. 3, p. 272.

1748, 30 avril. Aix-la-Chapelle. — Préliminaires de
paix d'Aix-la-Chapelle , avec un article séparé et secret.
L'article 7 maintient le roi de Sardaigne en possession
de tout ce dont il jouissait anciennement et nouvelle-
ment. (En français).

Arch. de la cour de Turin, Traités. paquet xxv, n° 8. Wenck, t. 2,
p. 310. Traités de Savoie, t. 3, p. 33.

1748 , 21 mai. Aix-la-Chapelle. — Déclaration des
ministres plénipotentiaires au congrès d'Aix-la-Chapelle,
sur l'article 1 des préliminaires de paix. (En français).

Arch. de la cour de Turin, Traités, paquet xxv, n° 8. Wenck , t.
2, p. 318. Traités de Savoie, t. 3, p. 41.

1748 , 31 mai. Aix-la-Chapelle. — Accession du roi
de Sardaigne aux articles préliminaires de paix d'Aix-la-
Chapelle et à la déclaration du 21 mai. (En français).

Arch. de la cour de Turin, Traités, paquet xxv, n° 8. Traités de
Savoie, t. 3, p. 44.

1748 , 31 mai. Aix-la-Chapelle. — Acte d'admission du roi de Sardaigne aux articles préliminaires d'Aix-la-Chapelle et à la déclaration du 21 mai. (En français).

Arch. de la cour de Turin, Traités, paquet xxv, n° 8. Traités de Savoie, t. 3, p. 46.

1748 , 31 mai. Aix-la-Chapelle. — Déclaration des ambassadeurs au congrès d'Aix-la-Chapelle, sur le second des articles préliminaires de paix relatif aux restitutions des conquêtes. (En français).

Arch. de la cour de Turin, Traités, paquet xxv, n° 8. Wenck, t. 2, p. 320. Traités de Savoie, t. 3, p. 48.

1748, 28 juin. Aix-la-Chapelle. — Accession du roi de Sardaigne à la déclaration qui précède. (En français).

Arch. de la cour de Turin, Traités, paquet xxv, n° 8. Traités de Savoie, t. 3, p. 49.

1748, 28 juin. Aix-la-Chapelle. — Admission du roi de Sardaigne à cette déclaration. (En français).

Arch. de la cour de Turin, Traités, paquet xxv, n° 8. Traités de Savoie, t. 3, p. 50.

1748, 18 octobre. Aix-la-Chapelle. — Traités et articles séparés de paix entre l'Empereur et S. M. Britannique d'une part, le roi de France et le roi d'Espagne de l'autre, et leurs alliés et adhérants. Par ce traité, le roi de Sardaigne est maintenu et rétabli dans la possession de tous ses Etats. Il cède la ville et duché de Plaisance à l'Infant D. Philippe. (En français).

Arch. de la cour de Turin, Traités, paquet xxvii, n° 7. Wenck, t. 2, p. 357. Traités de Savoie, t. 3, p. 51.

1748, 7 novembre. Aix-la-Chapelle. — Acte d'accession et d'admission du roi de Sardaigne au traité d'Aix-
la-Chapelle. (En français).

Arch. de la cour de Turin, Traités, paquet xxvii, n° 7. Wenck, t.
2, p. 337. Traités de Savoie, t. 3, p. 73.

1748, 4 décembre. Nice. — Convention entre les ministres plénipotentiaires assemblés à Nice en vertu de
l'article 8 du traité d'Aix-la-Chapelle , pour l'exécution
de ce traité. Cette convention est relative au renvoi des
prisonniers de guerre détenus à Turin; à la remise de la
Savoie aux troupes piémontaises , à celle de Plaisance
aux Espagnols, et à la quotité des impôts des pays faisant
l'objet des cessions entre les parties contractantes. (En
français).

Arch. de la cour de Turin. Traités, paquet xxix, n° 4. Traités de
Savoie, t. 3, p. 76.

1748, 17 janvier. Nice. — Promesse faite à la République de Gênes, par le ministre de Sardaigne au congrès de Nice, de donner exécution à l'art. 14 du traité
d'Aix-la-Chapelle, stipulant en faveur des Génois la rentrée en possession des fonds par eux placés dans les Etats
autrichiens et sardes. (En français).

Arch. de la cour de Turin, Traités, paquet xxix, n° 4. Traités de
Savoie, t. 3, p. 81.

1749 , 21 janvier. Nice. — Convention entre les généraux et les ministres plénipotentiaires assemblés à
Nice, sur le terme des restitutions à faire en Italie. (En
français).

Arch. de la cour de Turin, Traités, paquet xxix, n° 4. Wenck, t. 2, p. 430. Traités de Savoie, t. 3, p. 82.

1749 , 14 février. Nice. — Déclaration des ministres plénipotentiaires au congrès de Nice, sur l'exécution de la convention du **4** décembre **1748**. (En français).

Arch. de la cour de Turin, Traités, paquet xxix, n° 4. Traités de Savoie, t. 3, p. 84.

1753 , 15 décembre. Nice. — Convention entre les commissaires de S. M. le roi de Sardaigne et ceux de la Chambre de commerce de Marseille, autorisée par le roi de France, sur l'exemption du droit de Villefranche en faveur des bâtiments français. (En français).

Arch. de la cour de Turin, Traités, paquet xxxi, n° 1. Traités de Savoie, t. 5, p. 233. D'Hauterive et de Cussy, t. 3, p. 275.

1760 , 24 mars. Turin. — Traité de limites entre la France et la Sardaigne. (En français).

Arch. de la cour de Turin, Traités, paquet xxxi, n° 5. Wenck, t. 3, p. 218. Traités de Savoie, t. 3, p. 166. Mansord, t. 2, p. 299. Blondel, Monographie de l'extradition, p. 300. Walker, Collection d'anciennes lois, etc., t. 3. p. 424. D'Hauterive et de Cussy, t. 2, p. 281. Gaschon, Code diplomatique des Aubains. Ce traité est rapporté *infrà*,

1760 , 29 mai. Turin. — Verbal de limites entre les Etats de S. M. le roi de France et S. M. le roi de Sardaigne. (En français).

Traités de Savoie, t. 3, p. 180. Blondel, Monographie de l'extradition, p. 312. Cette pièce est rapportée *infrà*.

1760, 15 novembre. Pont-Beauvoisin.

1761, 15 avril. Turin.

1761, 4 octobre. St-Pierre-d'Entremont. — Procès-verbal de délimitation générale convenue entre les cours

de Versailles et de Turin, en exécution du traité du 24
mars. (En français).

Arch. de la cour de Turin, Traités, paquet xxxii, nᵒˢ 4, 7. Traités
de Savoie, t. 3, p. 196, 209, 217.

**1761 , 21 décembre. Versailles. — Déclaration des
rois de France et d'Espagne d'indemniser le roi de Sardaigne, pour n'avoir pas obtenu le Plaisantin. (En
français).**

Arch. de la cour de Turin, Traités, paquet i, add. nᵒ 16. Traités de
Savoie, t. 3, p. 241.

**1761 , 10 juin. Paris. — Traités et articles séparés
entre le roi de France, le roi d'Espagne et le roi de Sardaigne, sur la réversibilité du Plaisantin au roi de Sardaigne, dans le cas d'extinction de la lignée mâle de
l'Infant D. Philippe. (En français).**

Arch. de la cour de Turin, Traités, paquet i, add. nᵒ 19. Wenck,
t. 3, p. 445. Traités de Savoie, t. 3, p. 242.

**1763 , 10 juin. Traité par lequel S. M. le roi de
France indemnise le roi de Sardaigne, pour n'avoir pas
obtenu le Plaisantin. (En français).**

Arch. de la cour de Turin, Traités, paquet i, add. nᵒ 18. Traités de
Savoie, t. 3, p. 248.

**1770, 18 avril. Convention entre la France et la Sar-
daigne, pour l'abolition réciproque du droit d'Aubaine.**

**1772 , 3 février. Gênes. — Déclaration pour empê-
cher la contrebande , signée à Gênes en exécution de
l'art. 14 du traité d'alliance signé à Aranjuez en 1745.**

D'Hauterive et de Cussy, t. 3, p. 284.

1773, 1 février. Versailles. — Echange des bénéfices situés en France et dépendants de l'abbaye de St-Michel de la Cluse, contre le décanat et archipresbytérat et toutes les dépendances de l'évêché de Grenoble, en Savoie. (En français).

Arch. de la cour de Turin, Archevêché de Chambéry, paquet IV , n° 5. Traités de Savoie, t. 5, p. 260.

1773 , 8 décembre. Paris. — Acte d'accession des commissaires des rois de France et de Sardaigne , du chapitre de Saint-Michel de la Cluse et du chapitre de l'église épiscopale de Grenoble, à la convention du 1 février 1773. (En français).

Arch. de la cour de Turin, Archev. de Chambéry, paquet IV, n° 6. Traités de Savoie, t. 5, p. 270.

1775 , 8 juillet. Rome. — Bulle par laquelle S. S. Pie VI approuve la convention du 1 février et l'acte du 8 décembre 1773, entre l'évêché de Grenoble et l'abbaye de Saint – Michel de la Cluse, autorisés par les rois de France et de Sardaigne. (En latin).

Arch. de la cour de Turin, Archevêché de Chambéry, paquet IV, n° 7. Traités de Savoie, t. 5, p. 281.

1782 , 6 juin. Versailles. — Traité entre le roi de France et le roi de Sardaigne, pour la pacification de Genève. (En français).

Arch. de la cour de Turin, Traités, paquet I, add. n° 28. Traités de Savoie, t. 3, p. 311.

1782, 6 juin. Versailles. — Déclaration du plénipotentiaire du roi de France , sur le traité de pacification de Genève. (En français).

Arch. de la cour de Turin, Traités , paquet 1, add., n° 28. Traités de Savoie, t. 3, p. 315.

1782 , 16 juin. Châteaublanc. -- Traité entre la France et la Sardaigne , pour la restitution des déserteurs. (En français).

Arch. de la cour de Turin, Traités, paquet 1, add. n°3o. Traités de Savoie, t. 3, p. 316.

1782, 17 juin. Château de Fernex. — Lettre explicative du marquis de Jaucourt, commandant des troupes françaises, au comte de la Marmora, commandant des troupes sardes, sur l'exécution du précédent traité. (En français).

Traités de Savoie, t. 3, p. 318,

1782, 26 juin. Quartier général de Fernex. — Convention entre les plénipotentiaires des rois de France, de Sardaigne et de la République de Berne, pour l'occupation de la ville de Genève. (En français).

Arch. de la cour de Turin, Traités, paquet 1, add. n° 32. Traités de Savoie, t. 3, p. 319.

1782, 13 novembre. Genève. — Lettres des ministres plénipotentiaires des rois de France et de Sardaigne, et de la République de Berne, de transmission de l'édit de pacification aux syndics et conseils de la République de Genève, (En français).

Arch. de la cour de Turin, Traités, paquet xxiv, n° 9. Traités de Savoie, t. 3, p. 324.

1782. — Edit de pacification de la ville de Genève, arrêté entre les plénipotentiaires de LL. MM. les rois de France et de Sardaigne et de la République de Berne. (En français).

Arch. de la cour de Turin, Traités, paquet xxxiv, n° 9. Traités de Savoie, t. 3, p. 331.

1782, 12 novembre. Genève. — Acte de garantie de l'édit de pacification de la ville de Genève, arrêté par les plénipotentiaires de France, de Sardaigne et de Berne. (En français).

Traités de Savoie, t. 3, p. 472.

1782, 12 novembre. Genève. — Traité de neutralité entre la France, la Sardaigne et Berne, pour la conservation et exécution de l'édit de pacification de la ville de Genève. (En français).

Traités de Savoie, t. 3, p. 474. Martens.

1782, 12 novembre. Genève. — Lettre des plénipotentiaires de France, de Sardaigne et de Berne, portant interprétation de l'article 2 du traité de neutralité. (En français).

Traités de Savoie, t. 3, p. 477.

1782, 13 novembre. Genève. — Déclaration par laquelle la France, la Sardaigne et la République de Berne, accordent à la République de Zurich le droit d'accéder à l'édit de pacification. (En français).

Traités de Savoie, t. 3, p. 479.

1789, 10 février. Genève. — Edit de la ville de Genève qui réforme l'édit de pacification de 1782. (En français).

Arch. de la cour de Turin, Traités, paquet 1, add. n° 35. Traités de Savoie, t. 3, p. 5oo.

1789, 9 décembre. Genève. — Acte conclu entre les plénipotentiaires de France, de Sardaigne et de Berne , par lequel sont garantis les articles de l'édit de la ville de Genève qui réforment l'édit de pacification de 1782. (En français).

Arch. de la cour de Turin, Traités, paquet 1, add. n° 35. Traités de Savoie, t. 3, p. 5ao.

1796, 28 avril. Querasque. — Suspension d'armes entre l'armée piémontaise et l'armée française. (En français).

Arch. de la cour de Turin, Traités, paquet xxxvii, n° 5. Martens, t. 6, p. 6o8. Traités de Savoie, t. 3, p. 545.

1796, 15 mai. Paris. — Traité de paix entre la République française et le roi de Sardaigne. (En français).

Arch. de la cour de Turin, Traités, paquet xxxvii, n° 6. Martens, t. 6, p. 611. Traités de Savoie, t. 3, p. 548.

1797, 25 février. Bologne. — Projet d'alliance entre la République française et le roi de Sardaigne, avec un article secret. (En italien).

Arch. de la cour de Turin, Traités, paquet xxxvii. Martens, t. 6, p. 65o. Traités de Savoie, t. 3, p. 555.

1797, 5 avril. Turin. — Traité d'alliance offensive et défensive entre la France et la Sardaigne. (En français).

Arch. de la cour de Turin, Traités, paquet xxxvii, n° 15. Martens, t. 6, p. 6ao. Traités de Savoie, t. 3, p. 56o.

1798, 28 juin. Milan. — Convention entre le commissaire en chef de l'armée française en Italie et le roi de Sardaigne, pour l'occupation provisoire de la citadelle de Turin. (En français).

Arch. de la cour de Turin, Traités, paquet xxxvii, n° 18. Martens, t. 7. p. 272. Traités de Savoie, t. 3, p. 568.

1798, 9 décembre. Turin. — Acte de renonciation de l'exercice de tout pouvoir en Piémont émis par le roi de Sardaigne, et ordre à tous ses sujets, qu'ils puissent être, d'obéir au gouvernement qui va être établi par le général français. (En français).

Martens, t. 7, p. 312. Traités de Savoie, t. 3, p. 572.

1799, 3 mars. Rade de Cagliari. — Protestation du roi de Sardaigne contre l'acte de renonciation à tout pouvoir en Piémont. (En français).

Martens, t. 4, suppl. p. 99. Traités de Savoie, t. 3, p. 576.

1814, 30 mai. Paris. — Traité de paix entre la France et les puissances alliées. (En français).

Martens, suppl. 6, p. 1. Traités de Savoie, t. 4, p. 1.

1814, 10, 12 décembre. Vienne. — Actes divers relatifs à la réunion du duché de Gênes à la Sardaigne. (En français).

Martens, suppl. 6, p. 85. Traités de Savoie, t. 4, p. 25 et suiv.

1814, 17 décembre. Vienne. — Acte d'adhésion des plénipotentiaires de la Sardaigne à la déclaration du congrès de Vienne, du 12 décembre, relative à la réunion des Etats de Gênes au royaume de Sardaigne. (En français).

Martens, suppl. 6, p. 91. Traités de Savoie. t. 4, p. 34.

1815, 19 mars. Vienne.—Règlement sur le rang des employés diplomatiques au congrès de Vienne. (En français).

Martens, suppl. 6, n° 449. Traités de Savoie, t. 4, p. 36.

1815, 26 et 29 mars. Vienne. — Actes sur les cessions faites par la Sardaigne au canton de Genève. (En français).

Martens, suppl. 6, p. 175. De Schœll, t. 8, p. 340. Traités de Savoie, t. 4, p. 45 et 48.

1815, 20 mai. Vienne. — Traité d'accommodement entre la France, la Sardaigne, l'Autriche, la Russie et la Prusse, avec un article additionnel et séparé, entre la Sardaigne et l'Autriche. (En français).

Arch. de la cour de Turin, Traités, paquet xxxviii, n° 3. Martens, suppl. 8, p. 14. De Schœll, t. 8, p. 349. Traités de Savoie, t. 4, p. 63.

1815, 9 juin. Vienne. — Traité entre la France et les puissances alliées, connu sous le nom d'acte final du congrès de Vienne. Les articles 80 à 92 concernent la Sardaigne. (En français).

Arch. de la cour de Turin, Traités, paquet xxxviii, n° 6. Martens, suppl. 6, p. 379. De Schœll, t. 8, p. 1. Traités de Savoie, t. 4, p. 76.

1815, 20 novembre. Paris. — Traité entre la France et l'Autriche, la Grande-Bretagne, la Prusse et la Russie. (En français).

Martens, suppl. 6, p. 682. De Schœll, t. 8, p. 27. Traités de Savoie, t. 4, p. 178.

1815, 20 novembre. Paris. — Convention relative à l'exécution de l'article 5 du traité principal, concernant l'occupation d'une ligne militaire en France par les armées alliées. (En français).

Martens, suppl. 6, p. 695. De Schœll. t. 8, p. 37. Traités de Savoie, t. 4, p. 187.

1815 , 20 novembre. Paris. — Convention relative aux réclamations provenant du fait de la non exécution des articles 19 et suivants du traité du 30 mai 1814 , relatifs à la liquidation des sommes dues par la France dans les pays situés hors de son territoire. (En français).

Martens, suppl. 6, p. 717. De Schœll, t. 8, p. 42. Traités de Savoie, t. 4, p. 195.

1815, 20 novembre. Paris.— Protocole sur la distribution de la somme à payer par la France aux alliés. (En français).

Martens, suppl. 6, p. 676. Traités de Savoie, t. 4, p. 217.

1815, 20 novembre. Paris. — Protocole pour régler les dispositions relatives aux territoires et places cédées par la France et au système défensif de la confédération germanique. Ce qui concerne la Sardaigne est consigné dans les articles 4 et 5. (En français).

Martens, suppl. 6, p. 668. Traités de Savoie, t. 4, p. 226.

1816, 22 novembre. Saint-Pétersbourg. — Acte d'accession du roi de Sardaigne à l'acte final du congrès de Vienne. (En français).

Arch. de la cour de Turin, Traités, paquet xxxviii, n° 6. Traités de Savoie, t. 4, p. 287.

1817, 20 janvier. Paris.— Acte d'acceptation de l'accession du roi de Sardaigne au traité complémentaire du traité de Paris du 30 mai 1814, conclu et signé à Vienne le 9 juin 1815. (En français).

Arch. de la cour de Turin, Traités, paquet xxxviii , n° 17. Traités de Savoie, t. 4, p. 298.

1817, 10 juin. Paris. — Traité entre l'Autriche, l'Espagne, la France, la Grande - Bretagne, la Prusse et la Russie, sur la réversion des duchés de Parme, Plaisance et Guastalla , en exécution de l'article 99 de l'acte du congrès de Vienne du 9 juin 1815. (En français).

Arch. de la cour de Turin, Traités, paquet xxxix, n° 2. Martens, suppl. 8, p. 416. Traités de Savoie, t. 4, p. 312.

1817, 10 et 20 septembre. Vienne. — Acte d'accession du roi de Sardaigne au traité de Paris, du 30 novembre 1815, et acte d'acceptation par les autres puissances. (En français).

Arch. de la cour de Turin, Traités. paquet xxxviii, n° 9. Traités de Savoie, t. 4, p. 367 et 369.

1818, 25 avril. Paris.—Convention entre la France d'une part, et l'Autriche, la Grande-Bretagne, la Prusse et la Russie, d'autre part , portant transaction notamment sur le règlement de diverses réclamations pécuniaires mises à la charge de la France ; suivie de notes et contre notes. (En français).

Arch. de la cour de Turin, Traités, paquet xxxix, n° 1. Martens, suppl. 7, p. 49. Traités de Savoie, t. 4, p. 407.

1818 , 5 et 6 juin. Paris. — Acte d'accession du roi de Sardaigne à la convention du 25 avril 1815 , et acte d'acceptation par les autres puissances. (En français).

Arch. de la cour de Turin, Traités. paquet xxxix, n° 1. Traités de Savoie, t. 4, p. 428 et 430.

1818 , 9 octobre. Aix-la-Chapelle. — Traité entre la France et les puissances alliées pour déterminer la cessation de l'occupation militaire de la France. (En français).

Arch. de la cour de Turin, Traités, paquet xxxix, n° 4. Martens, snppl. 8, p. 549. Traités de Savoie, t. 4, p. 434.

1818 , 21 novembre. Aix-la-Chapelle. — Protocole par lequel les puissances alliées établissent le rang des ministres résidants, accrédités auprès d'elles, et demandent des explications pour combiner un règlement général pour le salut de mer. (En français).

Arch. de la cour de Turin, Traités, paquet xxxix, n° 4. Traités de Savoie, t. 4, p. 438.

1819, 16 janvier, 23 février, 22 mars, 19 août. — Acte d'accession du roi de Sardaigne au traité conclu à Aix-la-Chapelle le 9 octobre 1818. L'acte d'acceptation de la Prusse est du 31 janvier 1819 ; de l'Autriche, du 3 mars 1819 ; de la Russie , du 17 octobre 1819; de l'Angleterre, du 31 décembre 1820. (En français).

Arch. de la cour de Turin, Traités, paquet xxxix, n° 5. Traités de Savoie, t. 4, p. 439.

1819, 25 mars. Paris. — Convention entre la France et la Sardaigne, pour régler la compensation de la dette

inscrite au grand-livre de France au nom de l'université de Turin, et des rentes foncières appartenant à des
hospices civils français, dues par des sujets de S. M. le
roi de Sardaigne, et suivie de diverses annexes. (En
français).

Arch. de la cour de Turin, Traités, paquet xxxix, n° 7. Traités de
Savoie, t. 4, p. 441.

1819, 20 juillet. Francfort. — Recez général de la
commission territoriale rassemblée à Francfort. Les articles 39 et suivants concernent la Sardaigne. (En
français).

Arch. de la cour de Turin, Traités, paquet xxxix , n° 10. Martens,
suppl. 8, p. 604. Traités de Savoie, t. 4, p. 461.

1820, 8 et 10 août. Paris. —Acte d'accession du roi
de Sardaigne envers la France au recez de la commission territoriale de Francfort, arrêté le 20 juillet 1819,
et acte d'acceptation de la part de la France. (En français).
Les actes d'accession envers les autres puissances ont eu
lieu par actes séparés. Les actes d'acceptation de ces diverses puissances ont eu lieu également à diverses dates
en 1820 et 1821.

Arch. de la cour de Turin, Traités, paquet xxxix , n° 13 et 15.
Traités de Savoie, t. 4, p. 499 et 506.

1820, 9 août. Paris. — Traité entre la France et la
Sardaigne, pour l'extradition réciproque des déserteurs.
(En français).

4

Arch. de la cour de Turin, Traités, paquet xxxix, n⁰ 14. Martens, suppl. 9, p. 532. Traités de Savoie, t. 4, p. 501. Blondel, Mon. de l'extradition, p. 325.

1831, 30 novembre. Paris. — Traité entre la France et la Grande-Bretagne , pour la répression de la traite des noirs. L'article 9 de ce traité porte invitation aux autres puissances d'y accéder. (En français).

Arch. de la cour de Turin, Traités, paquet xli, n⁰ 1. Traités de Savoie, t. 5, p. 1.

1833, 22 mars. Paris. — Articles supplémentaires au traité entre la France et la Grande-Bretagne, sur la répression de la traite des noirs, suivis d'instructions pour les croiseurs. (En français).

Arch. de la cour de Turin. Traités, paquet xli, n⁰ˢ 3 et 5. Traités de Savoie, t. 5, p. 12 et 21.

1834, 8 août. Turin. — Traité entre la France, l'Angleterre et la Sardaigne , portant accession par S. M. Sarde au traité et aux articles supplémentaires pour la répression de la traite des noirs. (En français).

Arch. de la cour de Turin, Traités, paquet xli, n⁰ 10. Traités de Savoie, t. 5, p. 56.

1834 , 8 décembre. Turin. — Article additionnel à l'acte d'accession du 8 août 1834 , et protocole de la conférence tenue à Turin entre les plénipotentiaires de France, de Sardaigne et d'Angleterre, sur l'article additionnel du traité pour la répression de la traite des noirs. (En français).

Arch. de la cour de Turin, Traités, paquet xli, n⁰ 11 et 12. Traités de Savoie, t. 5, p. 72 et 75.

1835, 2 août. Turin. — Convention entre la France et la Sardaigne pour régler l'établissement des bacs et bateaux de passage sur les fleuves et rivières limitrophes. (En français).

Arch. de la cour de Turin, Traités, paquet XLI, n° 13. Traités de Savoie, t. 5, p. 78.

1837, 22 avril. — Convention entre la France et la Sardaigne pour l'établissement d'un pont suspendu sur le Rhône au port de la Balme sous Pierre-Châtel. (En français).

Bull. off. des lois de France 526, n° 6976.

1838, 23 mai. Turin. — Convention entre la France et la Sardaigne, pour l'extradition réciproque des malfaiteurs, avec une déclaration datée de Gênes, 29 nov. 1838, faisant suite à cette convention. (En français).

Bull. off. des lois de France 616, n° 7716.

1838, 12 juin. Paris.— Déclaration de l'ambassadeur de Sardaigne à Paris concernant le cas de relâche forcée des bâtiments de commerce français dans les ports des Etats sardes, et déclaration semblable du ministre des affaires étrangères de France, en ce qui concerne le cas de relâche forcée des bâtiments de commerce sardes dans les ports français. (En français).

1838, 27 août. Paris. — Convention entre la France et la Sardaigne pour la transmission des correspondances. (En français).

Bull. off. des lois de France 607, n° 7629.

1840 , 21 juillet. Paris. — Article additionnel à la convention du **27** août **1838** , sur le service postal. (En français).

Bull. off. des lois de France 762, n° 8850.

1843, 28 août. Turin. — Traité de navigation et de commerce entre la France et la Sardaigne, suivi de deux articles additionnels. (En français).

Bull. off. des lois de France 1046, n° 10924.

1843, 28 août. Turin. — Convention entre la France et la Sardaigne, pour la garantie de la propriété littéraire et artistique. (En français).

Bull. off. des lois de France 1046, n° 10925.

1844, 6 décembre. — Convention supplémentaire au traité de commerce et de navigation conclu le **28** août **1843**, entre la France et la Sardaigne, suivi d'un article additionnel. (En français).

Bull. off. des lois de France 1301, n° 12776.

1846, 22 avril. Turin.— Déclaration relative à l'exécution des articles 9 et 11 du traité de commerce du **28** août **1843**, entre la France et le Piémont, arrêtant certaines mesures concernant l'introduction des bestiaux en France. (En français).

1846, 22 avril. Turin. — Convention supplémentaire à la convention conclue le **28** août **1843**, entre la France et la Sardaigne , pour la garantie réciproque dans les deux États de la propriété des œuvres littéraires et artistiques. (En français).

1850, 1ᵉʳ mai. Turin. — Convention pour la prorogation du traité de commerce et de navigation , du 28
août 1843, entre la France et la Sardaigne. (En français).

Bull. off. des lois de France 258, n° 2125, et 270, n° 2195.

1850, 5 novembre. Turin. — Traité de commerce et
de navigation entre la France et la Sardaigne, avec notes
échangées. (En français).

Bull. off. des lois de France 339, n° 2626, et 353, n° 2734.

1850 , 5 novembre. Turin. — Convention pour la
garantie de la propriété littéraire entre la France et la
Sardaigne. (En français).

Bull. off. des lois de France 339, n° 2627.

1850 , 9 novembre. Paris. — Convention de poste
entre la France et la Sardaigne , avec des annexes.
(En français).

Bull. off. des lois de France 354, n° 2737.

1851, 20 mai. Turin. — Convention additionnelle au
traité de commerce et de navigation du 5 novembre
1850, entre la France et la Sardaigne. (En français).

Bull. off. des lois de France 302, n° 3000.

1852, 3 février. Paris. — Convention sanitaire entre
la France , la Sardaigne et les puissances maritimes de
la Méditerranée , suivi d'un règlement sanitaire international. (En français).

Bull. off. des lois de France 46, n° 408.

1852, 4 février. Turin.—Convention consulaire entre

la France et la Sardaigne, suivie d'une déclaration concernant les élèves consuls français et appliqués consulaires sardes. (En français).

Bull. off. des lois de France 523, n° 4005.

1852 , 14 février. Turin. — Traité de commerce et de navigation entre la France et la Sardaigne, suivi du procès-verbal d'échange des ratifications, contenant des explications, déclarations et notes.

Bull. off. des lois de France 538, n° 4108.

1853, 18 mars. Paris. — Convention entre la France et la Sardaigne pour régler la transmission des correspondances télégraphiques. (En français).

Bull. off. des lois de France 39, n° 340.

1854 , 10 avril. Londres. — Convention d'alliance entre la France et l'Angleterre, dans le but de soutenir l'empire Ottoman contre l'agression de l'empire de Russie. (En français).

Bull. off. des lois de France 159, n° 1298.

1855 , 26 janvier. Turin. — Convention militaire entre la France, la Grande - Bretagne et la Sardaigne à l'occasion de la guerre d'Orient. (En français).

Bull. off. des lois de France 273, n° 2436.

1855 , 26 janvier. Turin. — Acte d'accession du roi de Sardaigne à la convention du 10 avril 1854 , et acceptation de cette accession par la France et l'Angleterre. (En français).

Bull. off. des lois de France, 273, n° 2435.

1855 , 29 décembre. Paris. — Convention entre la France, la Belgique, l'Espagne, la Sardaigne et la Suisse, pour régler la transmission des dépêches télégraphiques. (En français).

Bull. off. des lois de France 378, n° 3433.

1856 , 30 mars. Paris. — Traité de paix et d'amitié conclu entre la France , l'Autriche , l'Angleterre , la Prusse, la Russie, la Sardaigne et la Turquie , avec un article additionnel et transitoire et trois annexes. (En français).

Bull. off. des lois de France 381, n° 3467.

1856, 16 avril. Paris. —Déclaration sur divers points du droit maritime , faite par les plénipotentiaires qui ont signé le traité de paix de Paris du 30 mars 1856. (En français).

Bull. off. des lois de France 381, n° 3468.

1858, 19 août. Paris. — Convention entre la France, l'Autriche, l'Angleterre , la Prusse , la Russie , la Sardaigne et la Turquie , pour l'organisation des Principautés de Moldavie et de Valachie. (En français).

Bull. off. des lois de France 639, n° 5949.

1858 , 1 septembre. Berne. — Convention entre la France, la Belgique, les Pays - Bas, la Sardaigne et la Russie, pour régler d'une manière uniforme le service des correspondances télégraphiques. (En français).

1858, 23 novembre. Paris. — Convention entre la France et la Sardaigne, relative au service des douanes sur les chemins de fer internationaux , précédée d'un règlement signé le 15 novembre 1858 par une commission mixte. (En français).

1859, 7 janvier. Turin.— Convention entre la France et la Sardaigne᾽, pour la taxe des dépêches télégraphiques échangées entre les bureaux frontières des deux pays. (En français).

II

TRAITÉS

DE

DÉLIMITATION DES FRONTIÈRES.

TRAITÉS

DE DÉLIMITATION

DES FRONTIÈRES.

L'aperçu historique qui précède indique rapidement les événements politiques qui à diverses époques ont accru ou diminué l'étendue territoriale de la Sardaigne du côté de la France. Il n'est point nécessaire de revenir ici sur ces événements et les traités qui les suivaient et modifiaient suivant les événements de la guerre la ligne de démarcation des frontières. Les principaux de ces actes sur lesquels l'attention doit plus particulièrement se porter, sont : le traité de Lyon, du 17 janvier 1601; les traités de Querasque, de 1631 ; le traité des Pyrénnées, de 1659 ; celui d'Utrecht, de 1713 ; les actes du congrès d'Aix-la-Chapelle, de 1748 et 1749, et principalement le traité de limites du 24 mars 1760.

Les événements qui suivirent la révolution française

entraînèrent l'abrogation de cet acte (1). Le traité de
1814, en conservant à la France l'intégrité de ses frontières, telles qu'elles étaient au 1er janvier 1792, lui
concédait en outre divers territoires dans une partie
de la Savoie ; mais à la suite des événements de 1815,
les nouveaux traités imposés à la France, et qui donnaient à son territoire les limites qu'il avait en 1790,
remirent en vigueur l'acte de 1760 (2).

Voulant aujourd'hui exposer les règles qui régissent
les rapports existant entre la France et la Sardaigne,
on ne s'étonnera pas si je place en tête de cette étude
le traité qui détermine les limites existant entre les
deux États. Je vais donc rapporter le traité de 1760
et les actes complémentaires qui l'accompagnent. Le
traité de 1760, communément appelé Traité de limites,

(1) La réunion des provinces de Terre-Ferme du royaume de Sardaigne a été opérée successivement par le traité de paix du 26 floréal
an IV (15 mai 1796) ; par la renonciation du roi de Sardaigne, en date
du 19 frimaire an V (17 décembre 1798) ; par les décrets de la Convention du 27 novembre 1792 et 4 février 1793, et par les Sénatus-
Consulte organique du 24 fructidor an X (11 septembre 1802). Ces pièces, insérées au Bulletin des lois de France, se trouvent aussi dans
Martens, tomes 6 et 7.

(2) Je ne parle ici de cet acte qu'au point de vue de la délimitation. J'aurai à examiner plus tard à l'occasion de diverses questions,
notamment de l'application des articles 21 et 22, si les autres dispositions de ce traité, en dehors des stipulations concernant la délimitation des frontières, sont également restées en vigueur.

a été fréquemment reproduit. Il contient, en dehors de la fixation des limites des stipulations sur lesquelles nous aurons bien souvent occasion de revenir. Quant aux actes complémentaires je les reproduits également parce qu'on ne les trouve pas dans les recueils , et qu'ils sont l'application des dispositions des traités dont ils précisent et fixent la portée et emplacent les stipulations.

Traité entre le roi de France et le roi de Sardaigne, conclu à Turin le 24 mars 1760.

Au nom de la Très-Sainte et Indivisible Trinité, Père , Fils et Saint-Esprit. Ainsi soit-il.

Les différents Traités qui ont été conclus ci-devant entre la Cour de France et celle de Turin, et nommément celui de Lyon, n'ayant pas fixé d'une manière assez précise les limites des deux États , pour prévenir toutes discussions à cet égard, Sa Majesté le Roi de Sardaigne et Sa Majesté Très - Chrétienne ont vu avec une égale peine les différends qui se sont élevés de temps en temps entre leurs sujets, et qui ont même quelquefois occasionné des voies de fait, aussi contraires à l'intention de Leurs Majestés, qu'aux liens du sang et de l'amitié qui les unissent, et à la parfaite intelligence qu'elles désirent de maintenir et de perpétuer entre les peuples soumis à leur domination. Dans cette vue le Roi Très-Chrétien et le Roi de Sardaigne, animés des mêmes sentiments , ont jugé que rien ne pouvait plus efficacement remplir un si salutaire objet , qu'une fixation exacte, générale et définitive des limites qui devront désormais séparer leurs États et pays respectifs ; laquelle ,

autant que la situation du terrain pourrait le permettre, serait établie par le cours des rivières, ou par les eaux pendantes, et aidée
au besoin par un redressement ou un échange des différentes en-
claves, qui, au préjudice des communications et de l'intérêt des sujets respectifs, se trouvaient dans les limites entre la Provence
et la Comté de Nice ; et pour ne laisser rien en arrière de tout ce
qui serait propre à établir et perpétuer entre les sujets respectifs
l'union et la correspondance la plus parfaite, les deux Souverains
ont également cru, qu'il était bon d'ajouter à cette fixation de
limites tout ce qui pouvait conduire à un point de vue si digne
de leur attention ; Leurs Majestés ont pris en conséqence la résolution de faire lever par des Ingénieurs et des Géographes subor-
donnés aux Commissaires principaux qu'elles avaient choisis, des
plans exacts des territoires, dont la propriété devait être réglée,
ou qui devaient être échangés entre les deux Souverains. Et
n'ayant rien de plus à cœur que de convenir de tous les arrangements, partages, cessions et échanges nécessaires pour consommer
un ouvrage aussi conforme à leur inclination, qu'au repos et au
bonheur de leurs sujets, Elles ont pour cet effet ordonné à leurs
Ministres respectifs, savoir Sa Majesté Très-Chrétienne au Seigneur François Claude Marquis de Chauvelin, Lieutenant Général
de ses armées, Commandeur, et Grand Croix de son Ordre Royal
et Militaire de Saint-Louis, Maître de sa garde-robe, et son Ambassadeur auprès de Sa Majesté le Roi de Sardaigne, et Sa Majesté
le Roi de Sardaigne au Seigneur Chevalier Dom Joseph Ossorio,
Ministre, et premier secrétaire d'Etat pour les affaires étrangères,
de conférer et de convenir entre eux, et en vertu de leurs pleins
pouvoirs, des articles du Traité à conclure ; et lesdits Ministres,
après avoir discuté la matière, et s'être réciproquement communiqués leurs pleins pouvoirs, ont conclu et arrêté les articles
suivants :

Art. 1er. — Le Rhône formant désormais, par le milieu de son
plus grand cours, une limite naturelle et sans enclave entre la
France et la Savoie, depuis la banlieue de Genève jusqu'au confluent du Gujer, la vallée de Chézery avec ses appartenances, depuis

le pont de Grésin jusqu'aux confins de la Franche-Comté, sera incorporée au Royaume de France ; et tout ce que cette Couronne possède sur la rive gauche du même fleuve, consistant dans une portion de la ville de Seyssel avec ses côtes et hameaux qui en dépendent, et dans les lieux et villages d'Aire-la-Ville, Pont d'Arlod, Chanaz, la Balme de Pierre-Châtel avec leurs territoires sera réciproquement réuni à la Savoie. En conséquence de cet arrangement, Sa Majesté Très-Chrétienne déroge à la clause du Traité de Lyon de 1601, qui laissait à la France la propriété de tout le cours du Rhône, depuis la sortie de ce fleuve du territoire de Genève, jusqu'au confluent du Gujer.

Art. 2. — Depuis le confluent du Gujer, la limitation remontera par le milieu du lit principal de cette rivière, jusqu'à la source du Gujer vif ; Sa Majesté le roi de Sardaigne renonçant pour cet effet à tout droit ou prétention quelconque sur la totalité de cette rivière, ainsi que sur le territoire de l'Entre-deux Gujers et de la grande Chartreuse.

Art. 3. — Le Gujer sera assujetti, à frais communs, à couler sous le pont de S.-Génis, suivant la direction la plus naturelle, et la moins préjudiciable aux bords.

Art. 3. — Dès la source du Gujer vif, la limitation continuera par la sommité des montagnes de l'Harpète et de Granier, jusqu'à la Croix du Col du Fraine, d'où elle descendra, de la manière la plus régulière, aux sources du ruisseau de Glandon, qui fera successivement la limite jusqu'à l'Isère, que l'on suivra jusqu'à l'extrémité supérieure du Rideau, qui est au bas de la forêt de Servette, au dessous du village de Hauterive.

Art. 5. — De là traversant l'Isère, l'on tirera une ligne droite au travers de la plaine de Villard-Benoît jusqu'au petit Vallon, qui, en laissant le convent des Augustins du côté de France, se dirige par le mas des vignes entre la hauteur du château de Beauregard qui restera dans la partie de Savoie, et celle qui se trouve vis-à-vis du côté du Dauphiné, jusqu'au torrent de Breda au dessous du pont des Gorges, ainsi qu'il sera plus particulièrement détaillé par les cartes et verbaux de la limitation.

Art. 6. — La limitation remontera ensuite, comme ci-devant, jusqu'à la source de la partie de Breda, qui, dès la montagne du Charnier, coule le long du Vallon de Saint-Hugon, et par ce moyen la paroisse de la Chapelle-Blanche avec la portion de Villard-Benoît, renfermée dans ces limites, sera incorporée à la Savoie.

Art. 7. — Depuis la source de Breda, la limitation actuelle entre le Dauphiné et la Maurienne subsistera, de même que celle qui par l'article quatrième du Traité d'Utrecht, et par la convention du 4 avril 1718 est établie par les Hautes-Alpes entre le Piémont et le Dauphiné, et successivement entre la vallée de Barcelonette et celle d'Entraunas dans la Comté de Nice jusqu'à la montagne de l'Encombrette ; et pour assurer toujours mieux cette limitation les bornes caduques ou manquantes dans toute cette étendue, seront reconnues, réparées, ou établies au besoin, ainsi qu'il sera jugé plus convenable par les Commissaires chargés de l'exécution de ce Traité.

Art. 8. — De la cime de l'Encombrette la limitation suivra par la sommité des montagnes jusqu'à la Croix du Col des Champs, et remontant à la pointe de la Pelonière, elle continuera ensuite par les hauteurs jusqu'à la cime de Forciau, d'où, tirant par l'arête de Peragrossa, elle prendra et descendra ensuite par la crête qui domine la rive droite du vallon de Dalvis jusqu'au Var, vis-à-vis l'embouchure du ruisseau du vallon de Saint-Léger, soit du *Rio du Moulin*, qu'elle remontera jusqu'auprès de la Croix de la Colle, et de là jusqu'à la pointe du rocher d'Urban, d'où elle continuera par les crêtes jusqu'à la cime du Rivet, pour tirer droit au ruisseau du vallon de Parcatte, qu'elle suivra jusqu'au Var.

Art. 9. — Du ruisseau du vallon de Parcatte la limitation descendra par le Var jusqu'au vallon de Valcroue, qu'elle remontera ensuite, et successivement celui de Gourdan, jusqu'à la hauteur la plus convenable pour aboutir par le Col de Rigaudon à la source du ruisseau du vallon de Saint-Pierre, qui formera la limite jusqu'au ruisseau de Riolan, lequel divisera ensuite les deux Etats jusqu'à son confluent dans l'Esteron, qui, dès ce point jusqu'à son embouchure dans le Var, sera mi-parti, comme le Var le sera aussi depuis le confluent de l'Esteron jusqu'à la Mer; ce système de demi-partition devant généralement avoir lieu pour toutes les portions de fleuves, rivières, ruisseaux, isles, ponts, vallons cols et sommités qui restent, ou deviennent limitrophes par ce règlement de limites : et ces ponts seront divisés par des bornes, ou des poteaux placés dans le centre, au revers desquels seront mises d'un côté les armes de France, et de l'autre celles de Savoie.

Art. 10. — Par le dispositif de l'article précédent, la Provence acquiert les terres de Gattieras, Dosfraires (avec les juridictions qui en dépendent), Boyon, Ferres, Consegudes, Aiglum, et portion du village de Rocastéron, et d'autres territoires, qui pour la régularité de la limitation ont été renfermés dans la ligne convenue; et la Comté de Nice acquiert de son côté la ville et territoire de Guillaumes, avec les terres de Dalvis, Auvare, Saint-Léger, la Croix, Puget de Rostan, Quebris (y compris la juridiction de Saume-Longue), Saint-Antonin et la Penne, avec la portion de Saint-Pierre et des territoires voisins renfermés dans cette limitation; et ces terres ainsi échangées passeront à la province, à laquelle elles sont réciproquement unies, libres et exemptes des charges et dettes, tant de l'Etat que de la province, dont elles sont respectivement démembrées.

Art. 11. — Le château de Guillaumes sera démantelé; on en détruira les ouvrages des fortifications anciennes et modernes, sans toucher aux ouvrages et bâtiments civils, et l'on en retirera toutes les munitions de guerre et effets concernant l'artillerie et les fortifications.

Art. 12. — La navigation du Rhône, dans la partie qui fera la limite des deux Etats, sera entièrement libre aux sujets des deux puissances, sans qu'elles puissent exiger de part et d'autre aucun droit ou impôt pour la navigation ou pour le passage de ce fleuve, de même que des autres rivières qui par le présent règlement de limites se trouveront mi-parties.

5

Art. 13. — Pour ne point gêner la liberté de cette navigation, l'on ne fera de part et d'autre aucun ouvrage qui puisse y être contraire, ou embarrasser le tirage, lequel pourra se prendre sans difficulté et sans affectation sur la rive qui en sera plus commodément susceptible, suivant la disposition du terrain et des eaux.

Art. 14. — Pour arrêter la contrebande que la rapidité du Rhône pourrait faciliter, il sera également libre aux deux Souverains d'établir une patache, ou barque armée, sur laquelle des employés des fermes ou gabelles respectives auront droit d'obliger les patrons qui navigueront sur ce fleuve, d'amener leurs bâtiments, et de se soumettre à la visite.

Art. 15. — Les cessions et échanges portés par ce Règlement de limites comprendront sans exception ni réserve tous droits de souveraineté, régale et autres qui peuvent concerner les choses réciproquement cédées, sans préjudice toutefois des droits des communautés, des vassaux, ou des particuliers, auxquels l'on n'entend donner atteinte; et pour établir et perpétuer entre les sujets respectifs l'union que les deux Cours ont particulièrement en vue, elles prendront les mesures les plus convenables pour faire terminer de concert les contestations des communaux, pâturages et autres qui existent entre eux, de même que celles qui pourraient s'élever à l'occasion de cet arrangement de limites.

Art. 16. — Les titres et documents qui peuvent regarder ces mêmes cessions, seront remis de part et d'autre de bonne foi dans le terme de six mois, et l'on en fera de même par rapport à ceux des pays échangés par les Traités d'Utrecht, de Lyon et autres précédents.

Art. 17. — L'abbaye de Chezery, située dans le vallon de ce nom, au moment qu'elle deviendra vacante, sera, à la réquisition des deux Rois, unie à perpétuité à la Mense épiscopale de l'Evêque de Genève, avec tous les droits, revenus et juridictions qui en dépendent, conformément à l'accord fait à ce sujet entre l'Abbé moderne et les Religieux de cette abbaye en l'année 1753.

Art. 18. — Les sujets des deux Cours continueront à jouir réciproquement et sans aucune difficulté, des biens et droits quel-

conques qui leur appartiennent dans les Etats de l'autre , avec
liberté d'en extraire les fruits en provenant , sans être assujettis
au payement d'aucun droit pour ce regard ; mais seulement aux
précautions nécessaires pour prévenir les abus, toutefois sans frais
ni angaries.

Art. 19. — Pour se prêter au besoin du district de la Sémine
en Génevois et des communautés circonvoisines, Sa Majesté Très-
Chrétienne consent qu'elles puissent extraire du Bugey et Valro-
mey (toutefois hors du cas de propre nécessité), jusqu'à la quantité de quinze mille sacs de blé par année , les deux faisant la
charge de mulet, sans payement d'aucun droit de sortie , ou autres ; et cette extraction se fera de la manière et avec les précautions qui seront concertées entre les Intendants de Bourgogne et
de Savoie pour prévenir tout abus et inconvénient.

Art. 20. — La noblesse des provinces de Bresse , Bugey, Val-
morey et Gex continuera à jouir , en tant qu'elle sera domiciliée
dans les Etats de Sa Majesté Très-Chrétienne, de l'exemption de
toutes tailles et autres impositions ordinaires et extraordinaires ,
réelles, personnelles, ou mixtes, pour les biens qui lui appartiennent en propriété dans le Duché de Savoie, et qu'elle possède en
sursoyance dès la Peréquation de 1738 ; et la même exemption
aura réciproquement lieu aux mêmes termes et conditions en faveur de la noblesse de Savoie, pour les biens qu'elle possède dès
la même année dans les provinces susdites.

La même réciprocité d'exemption aura aussi lieu aux conditions
susdites en faveur de la Noblesse des terres respectivement échangées par le présent Traité , et pour les biens qu'elle possède en
franchise à la date d'icelui.

Et pour ce qui regarde la Noblesse du Dauphiné et de Savoie ,
cette réciprocité d'exemption n'aura lieu qu'en faveur de ceux qui
feront preuve de noblesse et de possession successive, dès le commencement de l'année 1600 , bien entendu que cette exemption
ne concerne que les impôts ou tributs royaux , et nullement les
charges locales.

Art. 21. — Pour cimenter toujours plus l'union et la correspondance intime que l'on désire de perpétuer entre les sujets des deux Cours, le droit d'aubaine et tous autres qui pourraient être contraires à la liberté des successions et des dispositions réciproques, restent désormais supprimés et abolis pour tous les Etats des deux Puissances , y compris les Duchés de Lorraine et de Bar.

Art. 22. — Pour étendre la réciprocité qui doit former le nœud de cette correspondance aux matières contractuelles et judiciaires il est encore convenu :

Premièrement , que de la même manière que les hypothèques établies en France par actes publics, ou judiciaires, sont admises dans les Tribunaux de Sa Majesté le Roi de Sardaigne, l'on aura aussi pareil égard dans les Tribunaux de France pour les hypothèques qui seront constituées à l'avenir par contrats publics , soit par ordonnances ou jugements dans les Etats de Sa Majesté le Roi de Sardaigne.

En second lieu, que pour favoriser l'exécution réciproque des décrets et jugements , les Cours suprêmes défèreront de part et d'autre à la forme du droit, aux réquisitoires qui leur seront adressées à ces fins, même sous le nom desdites Cours.

Enfin, que pour être admis en jugement , les sujets respectifs ne seront tenus de part et d'autre, qu'aux mêmes cautions et formalités qui s'exigent de ceux du propre ressort, suivant l'usage de chaque Tribunal.

Art. 23. — Deux Commissaires principaux munis des pleins pouvoirs des Hautes Parties contractantes, ayant été chargés de l'exécution du Traité, il sera immédiatement par eux procédé au plantement des bornes, qui seront jugées convenables pour fixer et constater la limitation convenue, et à tous autres actes et opérations nécessaires pour l'entier accomplissement des articles ci-devant stipulés.

Art. 24. — Ces mêmes Commissaires ayant aussi été chargés de faire lever , sous la direction des Ingénieurs qui les accompagnent , des plans communs du cours du Gujer et du Rhône, pour la portion qui doit faire la limite des deux Etats , ils feront tracer de concert, sur ces mêmes plans, la ligne centrale de mi-partition par le milieu du plus grand cours de ces rivières, en divisant même les isles qui se trouveront sur cette direction, et ils y ajouteront deux lignes latérales qui servent à déterminer l'alignement des ouvrages défensifs, que l'on pourra opposer de part et d'autre aux ravages et débordements de ces rivières ; et quant aux réparations qui existent actuellement, ces mêmes Commissaires sont encore autorisés par le présent Traité, à convenir des changements et redressements à faire pour les réduire aux termes d'une juste défense.

Art. 25. — Ces opérations devant faire la base fondamentale de la limitation ci-dessus convenue, le présent Traité n'aura son entière force et valeur, que lorsqu'elles auront été terminées par le tracement des lignes centrales et latérales, dont on vient de parler, et que de ces plans communs qui devront être signés par les deux principaux Commissaires, et par les Ministres plénipotentiaires qui auront signé au présent Traité, l'un aura été remis entre les mains du Seigneur Duc de Choiseul, et l'autre aura été pareillement remis entre les mains du Seigneur Chevalier Ossorio, le tout par le ministère des Ambassadeurs respectifs résidants aux Cours de Versailles et de Turin ; et on laisse à l'examen des mêmes Commissaires si ces opérations seront nécessaires et praticables en tout, ou en partie, pour les portions limitrophes du Var et de l'Esteron, dont ils traceront la ligne de division de la manière qui leur paraîtra la plus convenable.

Art. 26. — Le présent Traité sera ratifié, et les ratifications expédiées en bonne et due forme en seront échangées dans le terme de six semaines, ou plus tôt, si faire se peut, à compter dès la rémission réciproque des plans communs. Il sera ensuite enregistré dans toutes les Cours supérieures des deux États, pour qu'elles en fassent observer le contenu dans ce qui peut les concerner.

Art. 27. — Les habitants et sujets des districts et lieux ci-dessus réciproquement cédés, sont dispensés, par le présent Traité, des serments de fidélité, foi et hommage, qu'ils ont ci - devant

prêtés à leurs Souverains respectifs, lesquels serments demeureront nuls et de nulle valeur ; et dans le terme de six semaines ,
après que les ratifications auront été échangées, les ordres seront
donnés et les arrangements pris de part et d'autre, pour que chacun des Souverains respectifs entre immédiatement en possession
des districts et lieux ci-dessus réciproquement cédés.

En foi de quoi nous Ministres plénipotentiaires de Sa Majesté
Très-Chrétienne et de Sa Majesté le Roi de Sardaigne avons signé
le présent Traité, et y avons fait apposer le cachet de nos armes.
Fait à Turin, le 24 mars 1760.

CHAUVELIN.

OSSORIO.

Article séparé.

Quoique pour assurer et constater toujours plus la limitation
convenue, on l'ait désignée à toutes meilleures fins sur les cartes
de la négociation, cependant, comme ces mêmes cartes n'ont pu
être exactement levées en mesure, et qu'il pourrait aussi arriver
qu'il y eût quelque différence dans les dénominations , l'on est
convenu, que si dans l'exécution de cette limitation les Commissaires principaux reconnaissaient quelques redressements à faire ,
ou quelques dénominations à rectifier, sans toucher à la base et à
la substance des articles convenus , ils pourront le faire dans les
cartes et verbaux de la limitation, de la manière la plus conforme
à l'esprit de ce règlement de limites, et ils en informeront de concert les Ministres des deux Cours; et ces dites cartes et verbaux
de limitation signés par les deux principaux Commissaires et ensuite par les deux Ministres plénipotentiaires en vertu de leurs
pleins pouvoirs, auront la même force et valeur, que s'ils étaient
insérés dans le Traité.

Quoique par l'article septième du Traité l'on se rapporte à la limitation actuelle entre le Dauphiné et la Maurienne, toutefois, comme cette limitation ne se trouve pas dirigée par les sommités des eaux pendantes entre Vaujani et Saint-Colomban des Villards, elle sera rectifiée et réglée comme celle des Hautes-Alpes, en donnant au Roi de Sardaigne un équivalent ou correspectif équitable pour le droit qu'il a d'avancer sur les eaux pendantes de cette partie de Loisant dépendante du Dauphiné.

Cet article séparé aura la même force que s'il était inséré de mot à 'mot dans le Traité général concernant les limites signé cejourd'hui.

En foi de quoi nous Ministres plénipotentiaires de Sa Majesté Très-Chrétienne et de Sa Majesté le Roi de Sardaigne, avons signé le présent article séparé, et y avons fait apposer le cachet de nos armes. Fait à Turin, le 24 mars 1760.

CHAUVELIN.

OSSORIO.

Verbal de limites entre les Etats de S. M. le Roi de France et ceux de S. M. le Roi de Sardaigne, du 29 mai 1760.

Nous Pierre Bourcet, Maréchal des camps et armées de Sa Majesté Très-Chrétienne, et Directeur général des fortifications et places du Dauphiné, et Jean Joseph Foncet, Baron de Montailleur, Seigneur de la Tour, Conseiller d'Etat de Sa Majesté le Roi de Sardaigne, Commissaires principaux députés par nos Souverains respectifs pour l'entière exécution du règlement général de limites, conclu entre les deux Cours par Traité du 24 mars dernier; déclarons et certifions qu'en vertu des pleins pouvoirs que nous nous sommes réciproquement communiqués sous la date des 6 et 9 février proche-passés, et à teneur de l'article vingt-quatrième dudit Traité, nous avons commencé par faire lever, sous la direction de messieurs les ingénieurs qui nous ont accompagnés, des plans communs du cours du Rhône et du Gujer, pour les portions qui doivent faire la limite des deux Etats, lesquels plans ont aussi été par nous signés et scellés du cachet de nos armes, après y avoir fait tracer par les mêmes ingénieurs les lignes centrales de mi-partition, qui doivent former dans cette partie le point de division, par le milieu du plus grand cours de ces rivières, déjà indiqué par des flèches, et successivement les lignes latérales, qui doivent déterminer l'alignement des ouvrages défensifs qu'il sera loisible de faire de part et d'autre pour la conservation des bords ; le tout sous les explications et modifications suivantes :

Premièrement, que la ligne centrale de mi-partition ayant été fixée par le milieu du plus grand cours actuel de ces rivières, elle deviendra nécessairement sujette aux variations de ce même cours, qui, à teneur des articles 1 et 2 du Traité, doit former désormais la limite naturelle des deux Etats, sans que toutefois ces variations puissent, suivant l'esprit du même Traité, porter atteinte aux droits et possessions des communautés, des vassaux et des particuliers.

En second lieu, quoiqu'en plusieurs endroits les lignes latérales désignent non-seulement la direction, mais encore l'endroit même des réparations à faire de part et d'autre, l'objet principal de ces lignes est néanmoins de déterminer l'allignement, suivant lequel chacun pourra se réparer ; bien entendu que l'on ne pourra travailler de part et d'autre que sur son propre bord ; hors que pour cause de quelques sinuosités, ou pour arrêter et fermer quelques ouvertures, ou irruptions, l'on ne fût obligé d'avancer dans le lit de ces rivières, en le faisant toutefois suivant la direction convenue, et sans détourner ou gêner leur cours naturel.

Troisièmement, quoique ces lignes latérales aient pour objet de déterminer l'allignement des ouvrages défensifs, qui pourront être faits de part et d'autre, si cependant par quelques cas et événements imprévus, ou pour d'autres motifs, une des deux Cours croyait nécessaire, ou plus à propos de se réparer sous une autre direction, l'on pourra suivant les circonstances en traiter et convenir, par le moyen des ingénieurs qui seront à ces fins députés.

Quatrièmement, pour ce qui regarde la partie du Gujer, dès le territoire de Romagnieux jusqu'au Rhône , nous n'avons pas cru déterminer dans cet endroit comme ailleurs la ligne centrale par le milieu du plus grand cours actuel, attendu que, pour la partie supérieure au pont de Saint Genis, l'on est convenu par l'article troisième du Traité, d'assujettir à frais communs le Gujer à couler sous ce pont par le moyen d'un nouveau canal dont nous avons fait tracer le parallèle sur la carte du cours du Gujer, lequel servira en même temps à désigner la direction des ouvrages qu'on pourra être dans le cas de faire dans la suite pour entretenir la rivière sous ce pont , dont la première arcade du côté de Saint-Genis ne peut par sa situation servir à l'écoulement des eaux , et ne devra partant être regardée que comme faisant partie de la culée de ce pont par rapport à sa direction trop oblique, qui occasionnerait une incidence dangereuse sur le bourg de Saint-Genis , et une réflexion également préjudiciable aux bords de France.

Cinquièmement, que pour prévenir les dommages dont est menacée la rive de France au dessous dudit pont , par le prochain entonnement des eaux, il sera loisible de la réparer dans le même temps, suivant la direction de la ligne latérale tracée dans cette partie, et successivement suivant celle de la ligne centrale et commune tirée de là jusqu'au Rhône; bien entendu qu'à la part de Savoie l'on pourra aussi se réparer suivant les mêmes directions.

Sixièmement, comme il a été reconnu que le tirage pour la navigation du Rhône à la hauteur de Hyenne ne peut, par la disposition du terrain , être pris sur la rive de France; et que cette même rive est à couvert de tous dangers par sa solidité, dès l'entrée de la gorge de Pierre - Châtel , jusqu'au dessous du château Bochard, nous n'avons trouvé aucun inconvénient à laisser subsister les digues de Richardon ; et à ce que le Roi de Sardaigne fasse même fermer les brassières de ce nom , s'il le juge nécessaire pour la conservation de la ville et territoire de Hyenne ; en tant cependant que , par la disposition des ouvrages, qu'on ferait construire pour cet objet, la navigation et la liberté du tirage ne se trouveraient point contrariées ni embarrassées.

Septièmement, pour ce qui regarde la partie du Gujer vif, supérieure au pont de Saint-Martin, comme elle n'exige aucune réparation, pour être presqu'entièrement encaissée dans des rochers, nous n'avons pas cru devoir en désigner la direction par des lignes latérales, non plus que pour la portion du cours du Rhône, qui dès l'entrepôt du Parc remonte jusqu'au territoire de Genève.

Et pour ce qui concerne les digues existantes sur ces mêmes rivières, celles qui nous ont paru rebelles et dans le cas de quelques démolitions ou redressements, pour être remises aux termes d'une juste défense, se réduisent aux suivantes :

1° A l'avant-bec lié à la culée du pont des Echelles sur le Gujer à la part de Savoie, qui comme évidemment offensif se trouve dans le cas d'être démoli avec liberté de le rétablir, suivant la direction de la ligne latérale tracée dans cette partie.

2° Dans la visite que nous avons faite du cours du Rhône, nous avons reconnu, que les deux digues faites à la part de Savoie, vis-à-vis le territoire de Cordon, forment aussi dans leurs extrémités des angles saillants qui doivent être rectifiés, en les faisant plier au terrain, et que la digue supérieure forme dès son milieu un rentrant, qui exige, que la ligne inférieure de l'angle soit reculée à son extrémité, de dix à douze toises.

3° En remontant ce fleuve, nous avons aussi reconnu que, dans des bois appartenant à la Chartreuse de Pierre-Chatel sur la rive droite, il se trouve différentes digues, soit réparations rebelles qui dégradent notablement le territoire de la Balme sur la rive gauche, et qui sont partant dans le cas d'être enlevées ou rectifiées.

4° La digue construite à la tête du même village de la Balme nous a aussi paru offensive, et par conséquent dans le cas d'être redressée et collée au terrain.

5° Nous avons trouvé à la hauteur du village de Rive à la part de France deux petites digues, dont l'inférieure doit être redressée et pliée au terrain, de même que l'extrémité supérieure de l'autre, qui couvre le saillant du terrain de ce même village.

Nous n'avons au reste trouvé aucun inconvénient à fermer et unir au continent de Savoie les deux petites isles qui sont au dessous du village de Lucey, et d'en faire de même par rapport à deux autres, qui sont au dessous du susdit village de Rive, et à fermer la petite brassière qui est au dessous du château Bochard, et il nous a paru nécessaire de prendre à la part de Savoie des précautions pour garantir le territoire d'Étein de l'irruption, dont le Rhône le menace entre deux rochers, qui sont à la hauteur de ce village.

6° La nouvelle digue établie près de l'Andaise nous a aussi paru être dans le cas d'être détruite, parce qu'elle se trouve trop en avant de la ligne latérale tracée dans cette partie.

7° La digue qui est au dessous du village de Bourcin à la part de France, comme extrêmement préjudiciable aux terres de la Choutagne, doit être entièrement détruite, aussi bien que le reste d'une autre un peu supérieure à celle-là, et l'on en doit faire de même d'une petite digue déjà en partie démolie, au dessous du village de Picollet à la part de Savoie.

Pour ce qui concerne la grande digue de Choutagne, ayant pris en considération qu'il s'agit d'un ouvrage très - considérable fait depuis plusieurs années, et exécuté sans aucune opposition, nous n'avons pas cru qu'il dût être entamé par la ligne latérale, qui par sa direction dès le Rocher de Picollet jusqu'au Mollard de Vion, ne touche point à cette digue.

Et pour que les redressements et démolitions, dont on est convenu, soient exécutés de concert et d'un pas égal, l'on y procèdera de part et d'autre, dès le premier octobre prochain, temps auquel les eaux sont ordinairement basses, et l'on se réglera pour le rétablissement de ces digues, de même que pour la construction des nouvelles, par la direction des lignes latérales tracées à ces fins sur les cartes susdites.

Après avoir examiné et donné toutes les dispositions relatives au cours du Rhône et du Gujer, nous nous sommes occupés de la limitation convenue par les articles 4 et 5 du Traité, dès la source du Gujer vif jusqu'à la rivière de Breda, et comme les neiges et la rigueur de la saison ne nous ont pas permis de faire prendre en mesure le plan des montagnes de l'Harpette et de Granier, que nous avons envoyé à un temps plus commode, nous nous sommes réduits à faire lever une carte géométrique de la limitation dès le col du Fresne jusqu'à Breda, sur laquelle carte nous avons ensuite fait tracer par MM. les ingénieurs qui en ont eu la direction, la ligne de démarcation convenue dans cette partie; nous réservant d'indiquer dans l'instruction commune qui sera entre nous concertée pour le plantement des bornes, le nombre, la qualité et la position de celles que nous jugerons convenables dans cette partie, de même que sur les ponts du Rhône et du Gujer.

Et sur les représentations qui nous ont été faites par les syndics de Bellecombe, Chaparillan et Apremont, que les bornes plantées en 1673, depuis le col du Fresne jusques à Pierre-Achée, servaient à limiter en même temps la possession des communaux respectifs, nous avons cru qu'on pourrait les laisser subsister pour cet objet seulement, en effaçant toutefois les armoiries qui les pourraient faire confondre à l'avenir avec les limites de souveraineté.

En réservant au reste à ces mêmes communautés, de même qu'à celles de Francin, des Marches et du mandement d'Avallon et autres limitrophes, tous droits de propriété et de possession qui peuvent respectivement leur appartenir conformément à l'article 15 du Traité, nous avons cru devoir déterminer, sur les instances et réquisitions unanimes des communautés intéressées à la Prairie des Mortes, qui passe entièrement sous la souveraineté de Savoie, que cette prairie sera fauchée le premier jour non fêté, après le 10 août, hors que ces mêmes communautés ne jugent plus à propos de convenir chaque année, suivant les saisons, d'un autre jour plus commode; auquel cas elles se rendront le dimanche précédent sur cette même prairie pour s'entendre à cet égard; et en cas de discordance, le jour ci-devant déterminé subsistera sans autre.

Le lit de la rivière de Breda, pour la partie qui coule le long du vallon de Saint-Hugon jusqu'à la montagne du Charnier, étant resserré et invariable, il ne nous a pas paru nécessaire d'en faire lever la carte, et moins encore d'y faire les opérations pratiquées pour les autres rivières de Savoie.

Quant à la limitation actuelle entre le Dauphiné et la Maurienne, comme elle est déterminée par la sommité des Hautes-Alpes, qui sont pour la plupart inaccessibles, et ne forment d'ailleurs aucun point de contestation, à l'exception de celle qui existait entre les territoires de Vaujani et de Saint Colomban, il ne s'agira que de limiter cette partie, conformément à l'article séparé du traité, dès que la saison pourra permettre d'examiner le local et d'en faire lever le plan.

Et pour ce qui concerne la limitation établie par le Traité d'U-trecht et par la convention de 1718 entre le Piémont et le Dauphiné, et successivement entre les vallées de Barcelonnette et d'Entraunas, les neiges qui couvrent cette frontière ne nous ayant pas permis de la parcourir, ni même d'en faire faire la visite par des ingénieurs, dès que cet obstacle sera levé nous nous réservons de donner les dispositions convenables pour faire réparer et rétablir à teneur de l'article 7 du Traité, les bornes caduques ou manquantes dans cette partie qui pourra fournir matière à l'équivalent stipulé par l'article séparé du même Traité.

Des frontières de Savoie nous nous sommes rendus sur celles de Provence et de Nice, et nous avons reconnu par nous-mêmes, et par le rapport des ingénieurs qui nous ont accompagnés, que la limitation convenue dans cette partie par les articles 8 et 9 du Traité, était convenable et régulière à tous égards, de sorte que par l'inspection du local il ne nous a pas paru qu'il y eût aucun redressement ou rectification à faire à ce sujet dans les expressions du Traité; nous réservant d'indiquer pour cette partie, tout comme pour la vallée de l'Isère le nombre et la position des bornes nécessaires pour fixer et constater cette limitation dès la montagne de l'Emcombrette jusqu'au ruisseau du Riolan, et de là jusqu'à l'Esteron.

La carte de l'Esteron et du Var, depuis le Riolan jusqu'à la mer, ayant été levée par les ordres de Sa Majesté le Roi de Sardaigne, il nous a paru qu'elle pouvait servir pour la ligne de mi-partition de ces rivières, que nous y avons partant fait tracer par le milieu de leur plus grand courant, après en avoir fait vérifier les principales positions au moyen de quelques opérations géométriques, lesquelles s'étant trouvées conformes à celles qui avaient été faites pour la levée de ladite carte, nous en ont fait adopter les détails et les expressions dans cette étendue.

Quant aux lignes latérales tendantes à déterminer les ouvrages défensifs qui pourraient être opposés de part et d'autre aux débordements de ces rivières, nous avons observé que, l'Esteron étant bordé d'escarpements qui ne peuvent être entamés par aucune irruption, le motif et l'objet des lignes latérales cessent pour cette partie.

Et pour ce qui concerne le Var, nous n'avons pas cru, que l'on puisse prendre d'autres points de direction plus naturels, pour se réparer contre cette rivière, que le parallèle des rideaux qui la bordent de part et d'autre; et suivant lequel il sera loisible à un chacun de défendre les isles, presqu'isles, ou autres terrains exposés aux ravages du Var; pour regard duquel il ne nous 'a pourtant paru nécessaire, ni même convenable de tracer d'autres lignes latérales.

Après avoir ainsi parcouru et reconnu toutes les parties de la limitation dont la saison et la disposition du terrain nous ont permis l'accès, nous nous sommes transportés dans cette ville pour en rendre compte aux Ministres plénipotentiaires des deux Cours, et pour traiter et convenir sous leur autorité de quelques points relatifs à notre commission, de la manière suivante:

Et premièrement, il a été convenu que pour prévenir toutes discussions sur la perception des revenus, tributs et impôts de l'année courante, chaque Puissance aura la totalité de ceux des terres qu'Elle acquiert par le Traité, en se faisant raison mutuellement pour les parties perçues avant l'échange consommé.

En second lieu, que par rapport aux dettes des communautés échangées, elles se trouvent affranchies par l'article 10 du Traité des dettes communes de la province et de l'État, dont elles sont démembrées; mais comme elles restent dans l'obligation d'acquitter leurs dettes particulières, les Souverains procureront efficacement l'acquit réciproque de ces dettes; et quant à celle de la vallée de Chazery envers la ville de Chambery et la province de Savoie; vu l'insuffisance de ladite vallée, cette dette qui par sentence de la délégation établie à ces fins vient d'être réduite à ll. 40525. 14. 3. de Savoie, sera modérée à ll. 20000 même monnaie, pour l'acquit de laquelle somme seront pris les termes et les mesures les plus convenables pour finir au plus tôt cette affaire.

Troisièmement, que les notaires des communautés échangées seront réciproquement confirmés sans frais, pour pouvoir continuer l'exercice de leur profession dans ces mêmes terres.

Quatrièmement, que les miliciens desdites communautés seront respectivement rendus, et que les particuliers qui jouissent du droit d'asile, seront avertis un mois avant l'exécution de l'échange.

Cinquièmement, que l'époque du commencement du travail commun à faire sur les bords du Gujer pour entonner les eaux sous le pont de Saint-Genis, est fixée au premier octobre prochain pour être terminé dans le terme de deux ans, ou plus tôt, si faire se pourra; et que cet ouvrage sera fait par entreprise, dont l'adjudication sera passée et expédiée en commun par ceux qui seront délégués à ces fins, et que les courvées à bras seront respectivement fournies par les paroisses riveraines, savoir celles qui seront nécessaires à la part de Savoie, par les communautés de ce Duché, et celles de la part du Dauphiné, par les communautés de cette province.

Sixièmement, que l'on nommera de part et d'autre des personnes instruites pour venir reconnaître et recevoir dans les Archives respectives, les titres et documents des pays échangés par ce Traité et par les précédents.

Septièmement, que les cadastres ou parcellaires des communautés échangées seront remis de part et d'autre le plus tôt possible pour la perception des tributs; et quant aux communautés qui souffrent quelques démembrements par l'échange, les mêmes délégués que nous députerons pour la prise de possesison, arbitre-

ront par les voies qui leur paraîtront les plus équitables, et suivant
la qualité et l'étendue des terrains démembrés la portion des tributs qui doit provisionnellement être payée à chaque Souverain,
jusqu'à ce qu'on puisse en venir à cet égard à des opérations et
arrangements plus particuliers.

Huitièmement , quant au passage du Var, dont la facilité et la
sûreté intéressent essentiellement le commerce et les communications que les deux Cours ont également en vue , nous avons pris
connaissance sur les lieux, tant par l'inspection des titres primor-
diaux, que par le contradictoire des consuls de Nice et de Saint-
Laurent , des obligations de cette dernière communauté , laquelle
a même convenu pardevant nous , qu'outre l'entretien d'un hôpital à six lits , elle était en outre tenue à celui d'une barque avec
les gueyeurs nécessaires pour le passage du Var, sans pouvoir rien
recevoir pour ce regard, même à titre d'aumône , conformément à
l'acte d'emphitéose et d'habitation du 16 mai 1468, et à la sentence arbitrale, soit transaction passée avec l'Evêque de Vence en
l'année 1485.

Mais cette communauté nous a représenté dans le même temps,
que les dégats du Var, les malheurs des temps et les droits réservés à l'Évêché de Vence par la même transaction , la mettaient
hors d'état de satisfaire à toutes ces charges.

Sur quoi nous avons considéré , que l'objet le plus urgent et le
plus intéressant pour le bien de cette frontière, étant de faciliter et
d'assurer le passage du Var d'une manière compatible avec les
forces de la communauté de Saint-Laurent suivant l'état présent
des choses, le moyen le plus équitable serait de pourvoir au prompt
rétablissement de la barque dans le plus gros bras, et d'un nombre suffisant de gueyeurs pour le passage des autres, moyennant
un droit modéré qui serait payé par ceux qui voudraient s'en servir, à l'exception toutefois des pauvres et des pèlerins ; et en cas
que l'entretien de la barque et des gueyeurs devint sur ce pied
trop onéreux à cette communauté, au point qu'elle ne pût fournir
aux frais de l'hôpital , elle pourrait , en vérifiant le fait , recourir
pour une équitable réduction de cette charge : sans préjudice tou-

tefois des obligations de l'Évêque de Vence, qui peuvent résulter des titres ci-devant énoncés.

Et ces tempéramens ayant été approuvés par les Ministres plénipotentiaires des deux Cours, nous avons déterminé sous le bon plaisir des Souverains respectifs, pour faire cesser les abus et prévenir les accidents qui surviennent chaque jour par rapport au passage du Var :

1° Que la communauté de Saint-Laurent fera rétablir au plus tôt la barque comme elle existait ci-devant sur le plus grand bras du Var, et dans le cas que les variations de la rivière l'obligeraient à changer la position de la barque, elle en préviendra les consuls de Nice, en les informant de l'endroit où elle croira plus convenable de planter le poteau nécessaire à cet égard, ce qui devra se faire dans le lieu le plus commode pour le passage, et le moins préjudiciable au territoire de Nice.

2° Que ladite communauté nommera, si fait n'a été, douze gueyeurs pour le passage du Var, les plus propres et les plus experts dans cette fonction, parmi lesquels elle choisira le plus capable pour avoir inspection sur les autres, et pour répondre de leur négligence, ou malversations, s'il n'en instruit sur-le-champ les consuls dudit lieu, qui seront chargés de prendre les mesures convenables pour assurer la preuve du délit, et pour faire même arrêter les délinquants dans les cas graves.

3° Lesdits gueyeurs se tiendront sur le passage de la rivière depuis le lever jusqu'au coucher du soleil, au nombre de quatre, savoir deux sur un bord, et deux sur l'autre, pour indiquer fidèlement les gués aux passagers.

4° Ces mêmes gueyeurs seront tenus de sonder les gués de toutes les branches de la rivière chaque matin, et même dans la journée, s'ils peuvent s'apercevoir qu'il soit survenu quelque changement dans le cours d'icelle par la crue des eaux, ou autrement, et après avoir ainsi reconnu les gués, ils y planteront des piquets, auxquels ils attacheront des fascines pour indiquer le passage le plus sûr et le plus commode; bien entendu que la fourniture de ces piquets, des bois et autres choses nécessaires, tant pour la barque, que pour les cabanes qui doivent mettre les gueyeurs à l'abri sur les bords de la rivière, sera à la charge de ladite communauté de Saint-Laurent.

5° Les gueyeurs seront toujours vêtus décemment avec des calçons, ou ceintures, et ne pourront, sous les plus griéves peines, passer les voyageurs, lorsqu'il y aura du danger dont ils seront partant obligés de les avertir, et de rester à ces fins sur les bords de la rivière.

6° Lesdits gueyeurs seront obligés de passer gratuitement les pauvres et les pèlerins, sans pouvoir rien recevoir d'eux, à quel titre, et sous quel prétexte que ce puisse être.

7° Il sera loisible à un chacun de ne pas se servir des gueyeurs, ou d'en prendre tel nombre qu'il désirera, et ceux-ci seront tenus de servir exactement et promptement les voyageurs qui les requerront, moyennant un salaire qui ne pourra excéder six sols argent de France, même dans les plus grandes crues d'eau, pour chaque gueyeur, qui aura été demandé, y compris le passage de la barque, qui doit être gratuit.

Et sur ce qui nous a été représenté par la communauté de Saint-Laurent, qu'elle prétendait avoir droit sur quelques isles et terrains situés en deçà du grand cours actuel du Var, nous avons déclaré, qu'attendu que les arrangements du Traité réservent expressément les droits des Communautés et des particuliers, cette prétention et les titres qui peuvent la regarder, seront examinés de concert par les personnes, qui seront députées pour nous en faire le rapport.

Enfin il a été convenu, que par rapport aux contestations de communaux et pâturages existantes entre les communautés de Montgenèvre et Cézane, Plampinet et Melezet, de même que pour celles qui pourront s'élever à l'occasion de la présente limitation, nous prendrons aussi de concert par nous-mêmes ou par le moyen de nos subdélégués les éclaircissements et les voies convenables pour les terminer conformément à l'article 15 du Traité, afin d'étouffer tout germe de contestation entre les sujets respectifs.

Monsieur l'Évêque de Glandèves ayant obtenu du Roi Très-Chrétien par patentes du 3 décembre 1757, la permission de bâtir un Séminaire auprès de sa maison épiscopale, et d'y réunir des bénéfices de son diocèse, jusqu'à ll. 1000 de revenu, il aurait pour cette fin jeté les yeux sur le prieuré de Guillaume ; mais comme cette ville passe par l'échange sous la domination de Sa Majesté le Roi de Sardaigne, ce projet ne peut être exécuté sans son agrément, et pour l'obtenir il a représenté, que l'établissement dont il s'agit intéresse également les sujets de Sadite Majesté, qui forment même la partie la plus considérable de ce diocèse, et qu'il n'y a pas à la part de France d'autres bénéfices susceptibles de la réunion proposée.

Sur quoi Sadite Majesté, ouï le rapport de cette affaire, s'est montrée favorablement disposée pour les vues de Monsieur l'Évêque, en tant que le service local et paroissial de Guillaume n'en souffrirait pas, ou qu'il ne se trouverait pas réduit par là à un revenu trop modique ; le droit du tiers étant au reste toujours censé réservé.

Au moyen des opérations et des dispositions énoncées dans le présent verbal, nous avons lieu de croire d'avoir pourvu autant qu'il a dépendu de nous à tout ce qui peut regarder l'exécution immédiate du Traité ; et pour ce qui concerne les arrangements ultérieurs à prendre pour le porter à sa finale exécution, nous nous réservons d'y pourvoir, tant par le moyen de l'instruction commune, qui sera concertée pour le plantement des bornes, et la prise de possession des terres échangées, que par les autres voies qui suivant les occurrences nous paraîtront les plus convenables.

Et en foi de ce nous avons signé deux copies authentiques de ce procès-verbal, et y avons fait apposer le cachet de nos armes, afin qu'après l'approbation des Ministres plénipotentiaires, et la ratification des Souverains respectifs, il soit regardé de même que les cartes, auxquelles il se rapporte, comme faisant partie du Traité, pour servir de règle commune et irréfragable pour l'avenir ; à quelle fin nous avons aussi fait faire deux copies desdites cartes par nous signées, et scellées comme dessus, et nous les avons fait coter, savoir celles du cours du Rhône, par les lettres A et B, celle du Gujer par la lettre C , celle de la vallée de l'Isère par la lettre D, et celles de la frontière de Provence et de Nice par les lettres E et F. Fait à Turin le vingt-neuvième mai, mil sept cent soixante.

BOURCET ,

Commissaire Principal de S. M. Très-Chrétienne.

FONCET DE MONTAILLEUR ,

Commissaire Principal de S. M. le Roi de Sardaigne.

Nous Ministres plénipotentiaires, ayant ouï la lecture du présent procès-verbal, en approuvons tout le contenu , aux fins qu'après · avoir été ratifié par les Souverains respectifs , il fasse corps du Traité par nous signé le vingt-quatre mars proche passé, et qu'il ait la même force et valeur, que s'il y était inséré mot à mot. Turin le vingt-neuvième mai mil sept cent soixante.

CHAUVELIN.

OSSORIO.

Ratifié par S. M. le Roi de France le 10 , et par S. M. le Roi de Sardaigne le 13 juillet 1760.

Procès verbal du 15 novembre 1760 , de la limitation générale convenue entre les Cours de Versailles et de Turin, en exécution du Traité du 24 mars.

Nous Jean Bourcet de la Saigne, Chevalier de l'ordre Royal et Militaire de Saint-Louis, Ingénieur en chef des places de Valence. Montélimart et Crest, et Brigadier des Ingénieurs de Sa Majesté Très-Chrétienne, avons été commis et député par M. Bourcet ; Maréchal des Camps et Armées du Roi , Directeur Général des

Fortifications de la Province de Dauphiné, et Commissaire principal du Roi de France pour le règlement de la nouvelle limitation entre la France et les Etats de Sa Majesté le Roi de Sardaigne, et Nous François Berthole, Comte d'Exilles, Commandeur de la Sacrée Religion, et Ordre des Saints Maurice et Lazare, Major d'Infanterie et Ingénieur de Sa Majesté le Roi de Sardaigne, député par M. le Baron Foncet de Montailleur, Seigneur de la Tour, Président et Surintendant des Archives Royales, Commissaire principal du Roi de Sardaigne pour le règlement de la nouvelle limitation entre les Etats de Sa Majesté le Roi de Sardaigne et de Sa Majesté Très-Chrétienne.

En exécution des commissions qui nous ont été données par lesdits Commissaires principaux, après nous être réciproquement communiqués nos pouvoirs, en date du 23 et 30 août, nous nous sommes transportés sur les différents endroits, pour procéder au plantement des bornes nécessaires pour constater la limitation portée par le Traité du 24 mars 1760, suivant les lignes tracées sur les cartes que nous avons dressées.

Nous avons donc commencé sur la ligne droite de Breda, où nous avons fait planter (dans le milieu d'un massif de maçonnerie d'environ un huitième de toise cube, fait avec mortier de chaux que nous avons fait construire dans terre) une borne de pierre de quatre pieds de hauteur, prise sur les lieux, taillée à quatre faces, à laquelle a été gravé sans écusson, en bas-reliefs, les armoiries des deux Souverains, consistant seulement à une simple croix du côté de Savoie, et à une fleur de lys du côté de France, à deux toises au nord du bord de la rive droite de ladite rivière, et à trente toises à l'ouest du rocher de Côtéfrax, au commencement de la vigne de Sébastien Perrin sur le territoire de Villardbénoit, et nous l'avons cotée sur la carte n° 1.

Ensuite nous nous sommes transportés sur le Mas de la vigne du sieur Antoine-Joseph Samuel, où nous avons fait planter (dans le milieu d'un massif de maçonnerie d'environ un huitième de toise cube, fait avec mortier de chaux, que nous avons fait construire dans terre), une borne de pierre de taille à quatre faces, de quatre pieds de hauteur , à laquelle a été sculpté sans écusson , en bas-relief les armoiries des deux Souverains, consistant seulement à une simple croix du côté de Savoie, et à une fleur de lys du côté de France, et cela à 92 toises au sud-ouest de l'angle du château de Beauregard , qui fait face au nord-ouest , et qui est pareillement sur le territoire de Villardbénoit, et nous l'avons cotée sur la carte n° 2.

Nous nous sommes ensuite transportés sur le grand chemin qui communique de la Chapelle blanche à Poucharra , où nous avons fait planter (dans le milieu d'un massif de maçonnerie d'environ un huitième de toise cube, fait avec mortier de chaux que nous avons fait contruire dans terre, et dans l'alignement des deux limites précédentes), une borne de pierre de taille à quatre faces, de quatre pieds trois pouces de hauteur à laquelle a été sculpté en bas-relief, avec écusson, les armoiries complètes des deux Souverains, dont celles de Sa Majesté Très-Chrétienne font face à la France, et celles de Sa Majesté le Roi de Sardaigne font face à la Savoie, la susdite borne est plantée sur le bord de la Berme, à la gauche du chemin, allant de la Chapelle blanche à Poucharra, au bord de la terre d'Antoine Suffier Rat, sur le territoire de Villardbénoit à 42 toises sud-ouest de la grange de M. de Vaujaux, et a été cotée sur la carte n° 3.

Ensuite nous nous sommes transportés sur le penchant du Mas de l'Imberchet, dans la vigne de M. de Vaujaux , où nous avons fait planter (dans le milieu d'un massif de maçonnerie d'environ un huitième de toise cube, fait avec mortier de chaux, que nous avons fait construire dans terre et dans l'alignement des trois limites précédentes), une borne de pierre de taille à quatre faces de quatre pieds de hauteur, à laquelle a été sculpté , en bas-relief, les armoiries des deux Souverains, consistant seulement à une fleur de lys du côté de France , et à une simple croix du côté de Savoie ; ladite borne est à 48 toises à l'Est du Rion de l'Amberchat dit Cuviret, et à 60 toises au sud-est de la Grange de M. de Vaujaux, et sur le territoire de Villardbénoit, et a été cotée sur la carte n° 4.

Nous nous sommes transportés sur le grand chemin qui communique du village des Mollettes à celui de Poucharra, où nous avons fait planter (dans le milieu d'un massif de maçonnerie d'environ un huitième de toise cube, fait avec mortier de chaux, que nous avons fait construire dans terre, et dans l'alignement des quatre limites précédentes) une borne de pierre de taille, à quatre faces, de quatre pieds trois pouces de hauteur, à laquelle a été sculpté en bas-relief avec écusson, les armoiries complètes des deux Souverains, dont celles de Sa Majesté Très-Chrétienne, font face à la France, et celles de Sa Majesté le Roi de Sardaigne, font face à la Savoie; la susdite borne a été plantée sur le bord de la Berme, de la gauche du chemin allant des Mollettes à Poucharra, à cent sept toises au Nord-Est de la tour du couvent des Augustins, et à l'extrémité de la terre du sieur Antoine Constantin qui se trouve au bas du penchant du Mas de Charve sur le territoire de Villardbénoit, et a été cotée sur la carte n° 5.

Ensuite nous nous sommes transportés sur la rive droite de la rivière de Coëstant, où nous avons fait planter (dans le milieu d'un massif de maçonnerie d'environ un huitième de toise cube, fait avec mortier de chaux, que nous avons fait construire dans terre, et dans l'alignement des cinq limites précédentes) une borne de pierre de taille à quatre faces de quatre pieds de hauteur, à laquelle a été sculpté en bas-relief les armoiries des deux Souverains, consistant seulement à une fleur de lys du côté de France, et à une simple croix du côté de Savoie; la susdite borne est sur le bord de ladite rivière dans le pré de sieur Joseph Laurent, et sur le territoire de Villardbénoit, et a été cotée sur la carte n° 6.

Après nous nous sommes transportés sur le grand chemin qui communique de Montmelliant à Poucharra par la forêt de Coïse, où nous avons fait planter (dans le milieu d'un massif de maçonnerie d'environ un huitième de toise cube, fait avec mortier de chaux, que nous avons fait construire dans terre, et dans l'alignement des six limites précédentes) une borne de pierre de taille à quatre faces, de quatre pieds de hauteur, à laquelle a été sculpté en bas-relief, les armoiries des deux Souverains, consistant seulement. à une fleur de lys du côté de France , et à une simple croix du côté de Savoie; ladite borne est placée à droite du grand chemin allant de Montmelliant à Poucharra par la forêt de Coïse, entre le fossé, et ledit chemin sur le territoire de Villardbénoit , et a été cotée sur la carte nº 7.

Nous nous sommes ensuite transportés sur le bord de la rive gauche de la rivière d'Isère, où nous avons fait planter (dans le milieu d'un massif de maçonnerie d'environ un huitième de toise cube, foit avec mortier de chaux, que nous avons fait construire dans terre, et dans l'alignement des sept limites précédentes) une borne de pierre de taille à quatre faces, de quatre pieds de hauteur, à laquelle a été sculpté en bas-relief les armoiries des deux Souverains, consistant seulement à une fleur de lys du côté de France, et à une simple croix du côté de Savoie; la susdite borne a été plantée sur le territoire de Villardbénoit , à la gauche d'un petit chemin qui se trouve sur le bord de la rivière allant des isles de la forêt de Coïse au village de Poucharra , à quatre toises au Sud du bord de l'Isère, et elle a été cotée sur la carte nº 8.

Ensuite de quoi nous avons passé la rivière d'Isère, pour nous transporter sur la rive droite, et sur le grand chemin de Montmelliant à Chaparillan, où nous avons fait planter (dans le milieu d'un massif de maçonnerie d'environ un huitième de toise cube, fait avec mortier de chaux, que nous avons fait construire dans le milieu du ruisseau de Glandon) une borne de pierre de taille à quatre faces , de quatre pieds trois pouces de hauteur , à laquelle a été sculpté en bas-relief avec écusson , les armoiries complètes des deux Souverains , dont celles de Sa Majesté Très-Chrétienne font face à la France , et celles de Sa Majesté le Roi de Sardaigne font face à la Savoie ; la susdite borne est plantée dans le milieu du ruisseau du Glandon sur le territoire de Chaparillan , à la gauche du chemin allant de Montmelliant à Chaparillan , et elle a été cotée sur la carte nº 9.

Après nous nous sommes transportés dans le pré de Monsieur Pizançon , où nous avons fait planter (dans le milieu d'un massif de maçonnerie d'environ un huitième de toise cube, fait avec mortier de chaux, que nous avons fait construire dans le milieu du lit réel du ruisseau du Glandon) une borne de pierre de taille à quatre faces, de trois pieds neuf pouces de hauteur, à laquelle a été sculpté en bas-relief les armoiries des deux Souverains, consistant seulement à une fleur de lys du côté de France, et à une simple croix du côté de Savoie; la susdite borne a été plantée dans le milieu du ruisseau du Glandon, à trente-neuf toises au Sud-Est du moulin de Monsieur Pizançon sur le territoire de Chaparillan, et a été cotée sur la carte n° 10.

Nous nous sommes transportés ensuite sur le grand chemin de Chambéry à Chaparillan, où était anciennement le pont du Gas, dans le ruisseau du Glandon, où nous avons fait planter (dans le milieu d'un massif de maçonnerie d'environ un huitième de toise cube, fait avec mortier de chaux, que nous avons fait construire dans le milieu du ruisseau du Glandon (une borne de pierre de taille à quatre faces, de quatre pieds trois pouces de hauteur, à laquelle a été sculpté en bas-relief avec écusson, les armoiries complètes des deux Souverains, dont celles de Sa Majesté Très-Chrétienne font face à la France, et celles de Sa Majesté le Roi de Sardaigne, font face à la Savoie; ladite borne est plantée dans le milieu du ruisseau du Glandon, à la gauche du chemin, allant de Chambéry à Chaparillan, sur le territoire de Chaparillan, et à soixante-dix-neuf toises au Sud-Ouest du Cellier du nommé Simon, habitant de Chambéry, et elle a été cotée sur la carte n° 11.

Ensuite nous nous sommes transportés sur le Molard de l'Isle des Aigues, où nous avons fait planter (dans le milieu d'un massif de maçonnerie d'environ un huitième de toise cube, fait avec mortier de chaux, que nous avons fait construire sur la sommité la plus élevée dudit Molard) une borne de pierre de taille à quatre faces, de trois pieds neuf pouces de hauteur, à laquelle a été sculpté en bas-relief sans écusson, les armoiries des deux Souverains, consistant seulement à une fleur de lys du côté de France, et à une simple croix du côté de Savoie; la susdite borne est plantée sur le territoire de Chaparillan, à cent trente toises environ à l'Ouest, Nord-Ouest de la principale source du Glandon, et elle a été cotée sur la carte n° 12.

Après nous nous sommes transportés sur le Molard de Grantés, où nous avons fait planter (dans le milieu d'un massif de maçonnerie d'environ un huitième de toise cube, fait avec mortier de chaux, que nous avons fait construire dans terre sur la sommité la plus élevée dudit Molard) une borne de pierre de taille à quatre faces, de trois pieds neuf pouces de hauteur, à laquelle a été sculpté en bas-relief sans écusson, les armoiries des deux Souverains, consistant seulement à une fleur de lys du côté de France, et à une simple croix du côté de Savoie ; ladite borne est plantée sur le territoire de Chaparillan, à quatre-vingt-quinze toises au Nord-Est, quart de Nord du Lac de Froment, et elle a été cotée sur la carte n° 13.

Nous nous sommes transportés ensuite sur le Molard du bois du Grand Crozat, où nous avons fait planter (dans le milieu d'un massif de maçonnerie d'environ un huitième de toise cube, fait avec mortier de chaux, que nous avons fait construire sur un rocher) une borne de pierre de taille à quatre faces, de trois pieds neuf pouces de hauteur, à laquelle a été sculpté en bas-relief sans écusson, les armoiries des deux Souverains, consistant seulement à une fleur de lys du côté de France, et à une simple croix du côté de Savoie ; la susdite borne est plantée sur le territoire de Belle-Combe, à cent soixante-six toises à l'Est-Sud-Est du Lac de Corgnola, et elle a été cotée sur la carte n° 14.

Ensuite nous nous sommes transportés sur un rocher qui se trouve au milieu de la forêt du Grand-Glacier, et sur l'Arrêtte de la Grande-Ruine, où nous avons fait planter (dans le milieu d'un massif de maçonnerie d'environ un huitième de toise cube, fait avec mortier de chaux, que nous avons fait construire sur la sommité la plus élevée dudit rocher) une borne de pierre de taille à quatre faces, de trois pieds de hauteur, à laquelle a été sculpté en bas-relief sans écusson, les armoiries des deux Souverains, consistant seulement à une fleur de lys du côté de France, et à une simple croix du côté de Savoie ; la susdite borne est la dernière plantée, conservant la nouvelle limitation des deux États dans la partie de la vallée de Grézivaudan, et elle est sur le territoire de

Belle-Combe dans l'alignement de la limite plantée sur le Molard du Grand-Crozat n° 14, à celle de la Croix du Frêne ; et elle est à cent soixante-dix toises environ au Sud-Est quart de Sud du Lac Noir, et a été cotée sur la carte n° 15.

Après quoi nous nous sommes transportés sur le pont du village de Saint-Pierre d'Entremont construit en maçonnerie, et d'une seule arche de vingt-huit pieds huit pouces de longueur d'une culée à l'autre, sous lequel coule la rivière du Gujer vif, qui doit servir de limite entre le Dauphiné, et la Savoie pour les deux États, depuis sa source jusqu'à son confluent dans le Rhône, où nous avons fait planter sur ledit pont (au milieu de sa longueur contre le mur de parapet de la droite allant de Savoie en France) une borne de pierre de taille à quatre faces, de deux pieds, neuf pouces de hauteur, à laquelle a été sculpté en bas-relief sans écusson, les armoiries des deux Souverains, consistant seulement à une fleur de lys du côté de France, et à une simple croix du côté de Savoie ; ladite borne ou limite a été posée sur un des voussoirs de la clef de la voûte, dans le même goût, dont on pose ordinairement les chasses roues, et elle a été fixée contre le mur de parapet, avec trois crampons de fer neuf qu'on a scellés en plomb, aux pierres de taille du susdit mur de parapet, pour subvenir à la difficulté qu'on a eu par le peu de largeur qu'a le pont, de la pouvoir planter comme les précédentes, dans un massif de maçonnerie : elle a quatorze pieds quatre pouces à l'Ouest de la culée du côté de Savoie, et à pareille distance à l'Est de la culée du côté de France.

Nous nous sommes ensuite transportés sur le pont de bois des Martinets, qui est pareillement sur la rivière du Gujer vif, qui se trouve placé à trois cent toises en descendant ladite rivière au-dessus du rocher, où est situé le Château d'Entremont appartenant à la Grande Chartreuse, où nous avons fait fixer (sur le milieu de la longueur du pont qui a quarante pieds dix pouces de longueur, d'une culée à l'autre, et sur la gauche allant de Savoie en France) un poteau en bois de sapin de dix pieds de hauteur sur neuf pouces et demi d'écarrissage, à la sommité duquel nous avons

fait fixer avec des boulons à vis, et à écrou , deux plaques de fer
battu, auxquelles sont les armoiries complètes des deux Souverains avec écusson, et relevées en bosse, dont celles de Sa Majesté
Très-Chrétienne font face à la France, et celles de Sa Majesté le
Roi de Sardaigne font face à la Savoie ; ledit poteau ou limite est
situé à vingt-un pieds au Sud de la culée du côté de Savoie, et à
pareille distance au Nord de la culée du côté de France.

Après quoi nous nous sommes rendus au village de Saint-Cris-
tophe qui est à cheval sur la rivière du Gujer vif, et transportés
ensuite sur le pont de Saint-Martin qui lui sert de communication,
lequel est construit en bois sur deux rochers en arc parabolique,
qui lui servent de culée sur les deux rives, distants l'un de l'autre
de vingt-un pieds , où nous avons fait fixer (sur le milieu de la
longueur dudit pont à la gauche, allant de Savoie en France) un
poteau de bois de sapin de dix pieds de hauteur , sur neuf pouces
et demi d'écarrissage, à la sommité duquel nous avons fait fixer
avec des boulons à vis et à écrou , deux plaques de fer battu ,
auxquelles sont les armoiries complètes des deux Souverains avec
écusson et relevées en bosse, dont celles de Sa Majesté Très-Chrétienne , font face à la France , et celles de Sa Majesté le Roi de
Sardaigne font face à la Savoie ; le susdit poteau ou limite est à
dix pieds six pouces au Sud du rocher qui sert de culée du côté
de Savoie , et à pareille distance au Nord du rocher qui sert de
culée du côté de France.

Nous nous sommes ensuite transportés sur le pont des Echelles
(qui est de même que les précédents, sur la rivière du Gujer vif,
composé de huit travées, et de la longueur de cinquante-six toises cinq pieds six pouces, d'une culée à l'autre, dont la construction est en bois de chêne, sur sept principales piles, dont trois du
côté de Savoie sont en maçonnerie, de même que les deux culées,
et les quatre autres sont en charpente , ainsi que six fausses piles
qu'on a construit dans le milieu de six travées pour les soutenir,
eu égard à la grande portée des Longerons) sur lequel nous avons
fait fixer (au milieu de sa longueur, et au garde-fou de la gauche,
allant de Savoie en France) un poteau en bois de sapin de dix pieds

de hauteur, sur neuf pouces et demi d'écarrissage, à la sommité
duquel nous avons fait fixer avec des boulons à vis et à écrou,
deux plaques de fer battu, auxquelles sont les armoiries complètes
des deux Souverains avec écusson, relevées en bosse, dont celles
de Sa Majesté Très-Chrétienne font face à la France, et celles de
Sa Majesté le Roi de Sardaigne font face à la Savoie; ledit poteau
ou limite est à vingt-huit toises deux pieds neuf pouces au Sud
de la culée du côté de Savoie, et à pareille distance au Nord de la
culée du côté de France.

Après quoi nous nous sommes rendus à la ville du Pont de
Beauvoisin, et transportés ensuite sur le pont en maçonnerie d'une
seule arcade, qui est sur la rivière du Gujer, de onze toises de longueur d'une culée à l'autre, au milieu duquel nous avons fait construire (dans l'épaisseur du mur de parapet de la droite allant de
Savoie en France, sur un des voussoirs de la clef de la voûte) un
piédestal de quatre pieds, huit pouces de hauteur, en pierre de
de taille, décoré en architecture, sur lequel a été posée une pierre
pyramidale de cinq pieds dix pouces six lignes de hauteur, y
compris les ornements qui la couronnent, où les armoiries complètes des deux Souverains ont été sculptées en bas-relief avec écusson, dont celles de Sa Majesté Très-Chrétienne font face à la France,
et celles de Sa Majesté le Roi de Sardaigne font face à la Savoie; le
susdit piédestal ou limite est à cinq toises, trois pieds à l'Ouest de
la culée du côté de Savoie, et à pareille distance à l'Est de la culée
du côté de France.

Ensuite nous nous sommes transportés sur le pont en maçonnerie de Saint-Genis d'Aoste de cinq arcades, et qui a quarante
toises quatre pieds de longueur d'une culée à l'autre, où nous
avons fait construire (sur le milieu de la troisième pile du côté de
Savoie, dans l'épaisseur du mur de parapet allant de Savoie en
France) un piédestal de quatre pieds huit pouces de hauteur, en
pierre de taille, décoré en architecture, sur lequel a été posée une
pierre pyramidale de cinq pieds dix pouces six lignes, y compris
les ornements qui la couronnent, où les armoiries complètes des
deux Souverains ont été sculptées en bas-relief avec écusson, dont

celles de Sa Majesté Très-Chrétienne, font face à la France, et celles de Sa Majesté le Roi de Sardaigne, font face à la Savoie; ledit piédestal ou limite est à vingt-quatre toises deux pieds à l'Ouest de la culée du côté de Savoie, et à seize toises deux pieds à l'Est de la culée du côté de France : l'arcade du côté de Saint-Genis étant regardée comme culée à forme du procès-verbal joint au Traité.

Après quoi nous nous sommes rendus à la ville de Seissel en Bugey, et transportés ensuite sur la pile en maçonnerie du pont qui est sur le Rhône, à peu près au milieu de l'intervalle de la longueur dudit pont, où nous avons fait construire (dans le milieu de ladite pile à la gauche, allant de Savoie en France vis-à-vis la chapelle de Notre Dame, construite sur la même pile à la droite, allant pareillement de Savoie en France) un piédestal de cinq pieds neuf pouces de hauteur, en pierre de taille, décoré en architecture, sur lequel a été posée une pierre pyramidale de six pieds de hauteur, y compris les ornements qui la couronnent, où les armoiries complètes des deux Souverains ont été sculptées en bas-relief avec écusson, dont celles de Sa Majesté Très-Chrétienne font face à la France, et celles de Sa Majesté le Roi de Sardaigne, font face à la Savoie; ledit piédestal ou limite est à douze toises trois pieds à l'Ouest quart de Nord-Ouest de la culée de Savoie, et à peu près à la même distance à l'Est quart de Sud-Est de la culée du côté de France.

Nous nous sommes ensuite transportés au pont de Lucey, construit en bois d'une seule travée de vingt-sept pieds de longueur d'une culée à l'autre, lequel est situé sur le Rhône, dans la partie où ce fleuve disparaît, en passant sous des rochers, à peu près dans le milieu de l'espace qu'il parcourt sous terre, où nous avons fait fixer avec des boulons à vis et à écrou (au poinçon de la ferme du garde-foux de la droite allant de Savoie en France, qui doit servir de poteau pour la limite), deux plaques de fer battu, auxquelles sont les armoiries complètes des deux Souverains avec écusson, relevées en bosse, dont celles de Sa Majesté Très-Chrétienne, font face à la France, et celles de Sa Majesté le Roi de

Sardaigne, font face à la Savoie ; ledit poinçon ou limite est à treize pieds six pouces au Nord, Nord-Est de la culée du côté de Savoie, et à pareille distance au Sud, Sud-Est de la culée du côté de France.

Ensuite nous nous sommes transportés sur le pont de Grezin, qui est pareillement sur le Rhône, et le dernier conservant la nouvelle limitation qui soit sur ce fleuve, lequel est construit en bois à deux travées, y ayant dans cette partie un rocher de la même hauteur, que ceux des deux culées, qui sert de pile audit pont, sur lequel nous avons fait planter (dans l'alignement du garde-foux de la droite, allant de Savoie en France) un poteau de bois de sapin de dix pieds de hauteur, sur neuf pouces et demi d'écarrissage, à la sommité duquel nous avons fait fixer avec des boulons à vis et à écrou, deux plaques de fer battu, auxquelles sont les armoiries complètes des deux Souverains avec écusson, relevées en bosse, dont celles de Sa Majesté Très-Chrétienne, font face à la France, et celles de Sa Majesté le Roi de Sardaigne, font face à la Savoie ; ledit poteau ou limite qui est la dernière de la nouvelle limitation sur le Rhône, est à trente-huit pieds, six pouces au nord de la culée du côté de Savoie, et à pareille distance au Sud de la culée du côté de France.

En foi de quoi Nous Ingénieurs des deux Souverains, en vertu de nos commissions et pleins pouvoirs respectifs, avons signé le présent procès-verbal et y avons fait apposer le cachet de nos armes. Fait au Pont de Beauvoisin le quinze novembre mil sept cent soixante.

JEAN BOURCET DE LA SAIGNE.

LE COMTE D'EXILLES.

Procès-verbal, du 15 avril 1761, de la limitation générale convenue entre les Cours de Versailles et de Turin en exécution du Traité du 24 mars 1760.

Pierre Bourcet, Maréchal des Camps et Armées de Sa Majesté Très-Chrétienne, et Général des fortifications des places du Dauphiné, et Jean-Joseph Foncet Baron de Montailleur, Seigneur de la Tour, Président et Sur-Intendant des Archives Royales de Sa Majesté le Roi de Sardaigne, Commissaires principaux députés pour l'entière exécution du Règlement général des limites conclu entre les deux cours.

Par notre procès-verbal du 29 mai de l'année dernière nous avons fixé et déterminé, par relation aux cartes qui en font partie, tous les détails de la limitation convenue entre les deux Cours, dont la saison et la disposition du terrain nous ont permis l'accès; et nous avons renvoyé à un temps commode pour en faire lever les plans, le règlement définitif des montagnes de l'Harpette et de Granier, et celui des territoires de Vaujani et de S. Colomban, de même que le rétablissement, soit redressement de la limitation des grandes Alpes de l'année 1718, dans l'étendue de laquelle nous nous flattions de trouver matière à l'équivalent stipulé par l'article séparé du Traité.¹

Nous avons à ces fins chargé, par des instructions communes, des Ingénieurs géographes, de parcourir avec soin cette limitation, pour en reconnaître les bornes caduques et manquantes, et de se transporter ensuite sur les montagnes d'Olle et de l'Harpette, pour en lever les plans.

Par le compte qu'ils nous ont rendu des divers objets de cette commission, il résulte que pour assurer et constater toujours plus la limitation des grandes Alpes, relativement aux verbaux de 1718, il est nécessaire de rétablir quelques bornes abattues ou endommagées, et d'en ajouter d'autres en certains endroits, pour prévenir des contestations qui pourraient aisément s'élever dans la suite, et que pour le surplus l'on ne pourrait prendre dans cette partie l'équivalent du terrain que la communauté de S. Colomban possède sur les eaux pendantes du Dauphiné, sans s'éloigner du principe de limitation établi par le Traité d'Utrecht, et par la convention de 1718, ainsi que nous le reconnûmes dans nos conférences de Montmeillan, du mois d'octobre dernier.

Et par l'inspection des cartes levées par ces Ingénieurs, nous avons dans le même temps eu lieu de reconnaître, par rapport à la montagne d'Olle, que les divers ruisseaux qui la traversent, pouvaient fournir d'autres points de limitation, qui sans être moins naturels que celui des eaux pendantes, qu'on avait eu en vue, dans l'échange projeté par l'article séparé, seraient même plus directs; mais que pour rendre cette limitation équitable, elle devait être combinée avec les droits et convenances réciproques.

Pour regard de la montagne de l'Harpette, l'étendue de cette dénomination ayant fait naître quelque difficulté sur l'intelligence de l'article 4 du Traité, il nous a paru qu'en vertu du pouvoir qui nous est attribué en pareil cas par la première partie du même article séparé, il s'agissait de concilier sur ce point, les expressions du Traité, avec l'état antérieur et avec la bienséance de la limitation, pour la lier ainsi depuis les sources du Gujer vif jusqu'à la Croix du Col du Fresne.

Sur le rapport que nous avons fait à Messieurs les Ministres Plénipotentiaires de l'état des choses, et des moyens qui nous paraissaient les plus propres, pour les porter au point d'une juste conciliation, afin de consommer par là le grand ouvrage de la limitation générale et définitive entreprise et poursuivie avec tant de succès, ils en ont approuvé l'idée, et nous ont en conséquence chargé de proposer les lignes de démarcation qui, sur ce système, nous paraîtraient convenables pour l'un et l'autre objet, sans oublier ce qui pouvait concerner les intérêts des communautés, à teneur de l'article 15 du Traité.

En exécution de ces ordres, et après avoir pris tous les éclaircissements possibles, tant sur les droits et intérêts réciproques,

7

que sur les convenances des points de limitation dont il s'agit ;
nous avons cru devoir en projeter et proposer les plans de la manière ci-après exprimée, relativement aux cartes qui en désignent
et démontrent plus particulièrement la direction ; et le tout ayant
été présenté à ces Ministres qui en ont rendu compte aux Souverains respectifs et rapporté leur approbation, nous avons en conséquence été chargés d'en dresser procès-verbal, par suite et continuation de celui qui est annexé au Traité ; aux fins, qu'après a-
voir été aussi confirmé et autorisé par la signature des mêmes
Ministres, il soit censé en faire corps, et avoir la même force et
valeur que s'il y était inséré.

Et partant Nous Commissaires principaux, tant en vertu des
pouvoirs énoncés dans notre précédent verbal, qu'en conséquence
des ordres susdits, avons fixé et déterminé la limitation de la montagne d'Olle, et en même temps celle des territoires de S. Colomban et de Vaujani, de la manière suivante, savoir : la ligne de division qui subsiste sans difficulté, dès le Col de la Croix jusqu'à la
cime du rocher de la Combe, continuera par cette même cime jusqu'à l'endroit le plus à portée, pour descendre par le rieu du Pin,
et successivement par le nant de Billiant dans le ruisseau d'Olle,
que l'on suivra jusqu'au confluent du rieu blanc, pour remonter
jusqu'à la source de ce même rieu, et de là par la serrière de la
Lauze jusqu'à la cime du roc de la Balme, soit à la Croix des Pi-
cheaux ; d'où l'on reprendra l'ancienne limitation, par l'Éguille
noire et autres alpes qui ont toujours séparé les deux États ; et au
moyen de cet arrangement, dicté par une connaissance plus particulière du local, celui qui avait été projeté par l'article séparé
du Traité, sera regardé comme non avenu, et demeurera sans
effet.

Et pour ce qui regarde les montagnes de l'Harpette et de Granier, la limitation convenue par l'article 4 du Traité, se dirigera
suivant la ligne tracée sur la carte particulière dressée pour ce regard, depuis la source du Guyer vif jusqu'à la sommité de l'Harpette que l'on suivra jusqu'au Col de Valfroide, d'où en descendant par l'arête désignée sur la même carte, au roc de Barbabil-

lion, on suivra ensuite la cime des rochers de l'Arc et des Lanches jusqu'à la Dent de Granier et à la Croix du Col du Fresne, où commence la limitation de la vallée de Grésivaudan.

Dès que la saison pourra le permettre il sera procédé par les mêmes Ingénieurs au plantement des bornes et autres opérations qui seront jugées nécessaires pour constater les susdites limitations, et pour le rétablissement de celle des grandes Alpes de l'année 1718, à teneur des commissions et instructions qui leur seront expédiées à ces fins ; et à leur passage sur les frontières du Mont Genévre et de Césane, ils mettront en exécution, sous l'autorité de Messieurs les Subdélégués de Brançon et d'Oulx, les arrangements que nous avons concerté entre ces deux communautés, de la manière portée par le résultat de nos conférences de Montmeillan.

Et afin de prévenir les difficultés qui pourraient survenir, pour la fixation des tributs des terrains que les communautés de S. Colomban et de Vaujani acquièrent et perdent réciproquement par cette nouvelle limitation, il a été convenu que pour éviter toutes autres opérations et discussions sur cet objet, la communauté de Vaujani lèvera sur le terrain qu'elle acquiert sur la droite de l'eau d'Olle, tant pour tributs royaux que pour charges provinciales et locales, la même somme qu'elle abandonnera à la communauté de S. Colomban, pour raison du terrain que cette dernière acquiert sur la gauche de la même rivière ; tous autres droits des Communautés intéressées à ce règlement de limites restant dans leur force et valeur, suivant l'esprit du Traité.

Enfin sur le doute qui s'est élevé de la part des particuliers et des communautés limitrophes, qui ont réciproquement des bois hors de la Souveraineté dont ils relèvent, si la liberté d'extraction stipulée par l'article 18 du Traité les affranchit de la nécessité d'obtenir les permissions qui sont d'usage, pour l'extraction des bois suivant les lois de chaque Etat, il a été convenu que pour concilier sur ce point la commodité des intéressés avec l'ordre qui doit être observé dans cette matière, il suffira de recourir chaque année à l'Intendant de la Province où sont situés les bois, pour

en obtenir sans frais, et avec les seules précautions nécessaires
pour prévenir les abus, les permissions de les couper et de les extraire.

Au moyen des dispositions portées par le présent et par notre
déclaration du 30 octobre dernier, dont la teneur est insérée ci-
après, nous avons lieu de croire d'avoir conduit à sa fin le règlement général et définitif, que les deux Cours avaient en vue, pour
établir entre leurs états des limites stables, naturelles et propres
à en assurer à jamais la tranquillité ; et pour ce qui regarde quelques articles subalternes qui restent encore à remplir, l'on se donne
de part et d'autre tous les soins possibles, pour en accélérer l'entière exécution.

Teneur de déclaration signée à Montmeillan le 30 octobre 1760.

Lorsque les deux Souverains sont convenus par l'article 3 du
Traité des limites du 24 mars dernier, d'assujettir à frais communs
le Guyer à couler sous le pont de Saint-Genis, ils n'ont entendu
faire en commun que les premières dépenses nécessaires, tant
pour entonner les eaux sous le pont, que pour former le canal de
direction nécessaire à cet effet, tel qu'il serait jugé convenable ; et
ils n'ont point eu l'intention de s'engager à perpétuité à entretenir en commun cette direction.

En conséquence, Nous Commissaires principaux, à ce particulièrement autorisés par les Ministres Plénipotentiaires, avons stipulé en explication dudit article 3, que si le torrent sortait du nouveau lit qui lui aura été assigné, et abandonnait le pont de Saint-
Genis, ce cas n'apporterait aucun changement à la limitation établie par le milieu de ce pont ; de manière que la ligne de mi-partition, tant dudit pont que du canal de direction servira, dans tous
les temps, de ligne de démarcation, pour déterminer et fixer la limite dans cet intervalle.

Stipulons en outre que les Souverains ayant fait une seule fois la dépense nécessaire, tant pour l'entonnement des eaux du Guyer, sous le pont de Saint-Genis, que pour la formation du canal de direction, les Communautés tant de Savoie que de France, seront obligées à l'entretien journalier des ouvrages de leurs rives respectives ; lequel entretien est d'autant plus convenable, que les soins peu dispendieux qu'on prendra de part et d'autre, pour la conservation de ces ouvrages, sont le moyen le plus efficace de prévenir les grandes excursions du Guyer, qui pourraient devenir pernicieuses à l'une ou à l'autre des deux rives, etc.

Et en foi de ce, nous avons signé deux copies de ce procès-verbal, et y avons fait apposer le cachet de nos armes ; afin qu'après l'approbation des Ministres Plénipotentiaires il soit regardé comme faisant partie du Traité : à quelle fin nous avons aussi fait faire deux copies desdites par nous signées et scellées comme dessus, et les avons fait coter, savoir celle de la montagne d'Olle par la lettre G, et celle de l'Harpette par la lettre H ; et n'ayant pas été possible de nous réunir pour la signature du présent, nous l'avons signé séparément, après en avoir arrêté et concordé tout le contenu; savoir Nous Commissaire principal de Sa Majesté Très-Chrétienne à Versailles, le quatre avril mil sept cent soixante-un ; et Nous Commissaire principal de Sa Majesté le Roi de Sardaigne à Turin, le vingt-quatre mars même année.

BOURCET.

FONCET DE MONTAILLEUR.

Nous Ministres Plénipotentiaires ayant pris lecture de ce procès-verbal définitif, en approuvons et confirmons le contenu, déclarant qu'il aura la même force et valeur que celui du vingt-neuf mai de l'année dernière, dont il fait la suite et la conclusion.

A Turin, le 15 avril 1761.

CHAUVELIN.

OSSORIO.

Verbal du 4 octobre 1761, de limitation générale convenue entre les commissaires de S. M. le Roi de France et S. M. le Roi de Sardaigne en exécution du Traité du 24 mars 1760.

Nous François Potain, ingénieur géographe de Sa Majesté Très-Chrétienne, et Antoine Durieu, ingénieur topographe de Sa Majesté le Roi de Sardaigne, députés pour le plantement des bornes à faire ensuite de la limitation convenue entre nos Souverains par le Traité du 24 mars 1760, et par le procès-verbal définitif de messieurs les Commissaires principaux, approuvé par messieurs les ministres plénipotentiaires le 15 avril 1761, de même que pour le rétablissement de la limitation des grandes Alpes de l'année 1718, à teneur de nos commissions insérées au bas du présent, avons divisé notre opération en trois parties, dont la première a pour objet la frontière entre Nice et la Provence avec partie de Barcelonnette; la seconde entre le Piémont et partie de Barcelonnette et du Dauphiné; et la troisième entre le restant du Dauphiné et la Savoie.

Et commençant par la première partie, nous avons observé que depuis la mer jusqu'au ruisseau de Rioland, la limitation se trouvant établie dans le Traité susdit par le milieu du plus grand cours du Var et de l'Esteron, il n'est besoin d'aucune borne pour la constater dans cette partie que sur les ponts de Rocasteron et de Cigale sur l'Esteron, et successivement sur ceux de Rioland; et nous conformant à cet égard à la disposition de l'art. 9 dudit Traité, nous avons fait poser dans le centre dudit pont de Rocasteron, qui est partie en bois et partie en pierre; et sur la gauche d'icelui, allant de France à la comté de Nice, un poteau de bois de chêne, sur lequel nous avons fait apposer et dûment assurer les armes des deux Rois, relevées en bosse sur des plaques de fer battu, lesquelles armes, de même que celles des bornes suivantes, sont la fleur de lys à la part de France, et la croix blanche à la part de Savoie, en déclarant qu'à teneur de l'article 9 du Traité, cette borne, de même que celles qui ont été posées sur les autres ponts, énoncées dans ce verbal, n'ont d'autre objet que d'indiquer le point de division de ces mêmes ponts, sans influer sur la limitation des rivières qui coulent au dessous d'iceux, lesquelles à teneur du même Traité doivent toujours se diviser par le milieu de leur plus grand cours.

De là nous nous sommes rendus sur le pont de Cigale, qui est tout en maçonnerie, dans le centre duquel, et du côté gauche, allant de France dans la comté de Nice, nous avons fait planter une borne de pierre gravée aux armes des deux Souverains, comme dessus.

De là nous nous sommes transportés sur les ponts du Rioland, tous les deux en maçonnerie, et commençant par celui qui est plus proche de son confluent dans l'Esteron, nous y avons fait poser une borne de pierre, gravée comme dessus dans le centre d'icelui, et sur la gauche, allant de France à la comté de Nice ; et quant à l'autre pont tendant de Cigale à Salagrifon, son état ruineux et sa petitesse n'ayant pas permis d'y placer une borne, nous avons fait graver les armes des deux Rois sur deux rochers fixes, qui se trouvent, l'un sur la rive droite, et l'autre sur la rive gauche dudit ruisseau, en prenant pour point central la clé de la voûte dudit pont.

De là la limitation suit, à forme de l'art. 9 du Traité, par le même ruisseau jusqu'à la rencontre de celui de Chanan, successivement de celui du vallon de Saint-Pierre, jusqu'à sa source, et de là tend à la Roche de Beaumont, où nous avons fait planter une borne gravée comme dessus ; et de là la limitation suit en droite ligne sur le Col de Rigaudon, où nous avons fait planter une autre borne comme dessus, d'où la limitation se continue en ligne droite jusqu'à celle que nous avons fait planter en gordant à 15 pieds de Roi de l'angle supérieur de la bastide Josserandi qui reste sur la comté de Nice.

De cette dernière borne la limitation descend en ligne droite jusqu'au point de réunion des deux sources ou branches du ruisseau de Gordans, d'où suivant ce même ruisseau jusqu'à la rencontre de celui de Valcoue, elle continue ensuite par ce dernier jusqu'à son confluent dans le Var ; la rapidité de ce torrent, et la quantité de pierres qu'il entraîne n'ayant pas permis de faire planter une borne dans le milieu de son cours, nous avons cru devoir en faire placer une sur chaque bord, à la droite du chemin tendant d'Entrevaux au Puget de Teniers, et à égale distance du milieu dudit torrent, pour indiquer que ce milieu doit être regardé comme le point de division des deux États jusqu'au Var.

De là remontant le Var jusqu'à l'embouchure du ruisseau du vallon de Parcates, nous avons, par la même raison que dessus, jugé à propos de faire planter, ainsi que nous avons fait, sur les deux rives de ce ruisseau, deux autres bornes, à égale distance du milieu d'icelui.

De là la limitation remontant par ce même ruisseau jusqu'à sa naissance le long du vallon, elle vient aboutir à la sommité d'Aurefol, lieu dit la cime du Collet de Thibau, où nous avons fait planter une autre borne gravée comme dessus.

De là la limitation descend en droite ligne sur le col des Lacs à la cime du vallon des Rivets, où nous avons fait planter une borne gravée comme dessus, d'où la limitation suit par les cimes et crêtes dudit vallon des Rivets jusques sur la plus haute sommité du rocher d'Urban, sur lequel nous avons fait graver les armes des deux Rois, avec le millésime de 1764.

De la sommité du rocher d'Urban la ligne des limites tire droit aux terres du Clot, du col de Saint Léger, et dans cet endroit nous avons fait placer deux bornes, l'une sur ledit col de Saint Léger, et comme elle ne pouvait se voir depuis le rocher d'Urban, nous en avons fait poser une intermédiaire à la distance de 115 toises en avant de celle dudit col de Saint Léger.

De cette dernière borne plantée à 20 toises de distance de la source du ruisseau du vallon de Saint Léger, la limitation continue par le cours du même ruisseau jusqu'à son confluent dans le Var, qu'elle traverse et tire de là en ligne droite à la sommité du collet des Charbons, et dans cet espace nous avons établi trois bornes : la première sur deux rochers fixes que nous avons fait graver aux armes des deux Rois sur la gauche du chemin tendant d'Entrevaux à Guillaume, pour indiquer que la ligne de division prend dans cet endroit par le milieu de la distance de 9 pieds 6 pouces, qu'il y a de l'une à l'autre de ces armoiries ; la seconde borne a été plantée dans le mas de Champaillayre, et dans une pièce de terre appartenant à Joseph Malavard, et à 13 toises du ravin de la Lauve ; et la troisième sur la plus haute sommité du collet des Charbons.

De cette dernière borne la limitation descend par les crêtes et sommités des eaux pendantes, d'où elle remonte par le sommet du collet de la Ramillière, et suivant les crêtes elle tombe ensuite sur le col appelé le Pas de Saint Martin, et remontant par les hauteurs de Martiniac, et suivant toujours les crêtes, elle vient tomber sur le col de Saint Pons, où après avoir traversé la pièce de terre d'Antoine Robin, elle vient aboutir à la borne que nous avons fait planter sur ledit col de Saint Pons, à la droite du chemin allant de France à la Comté de Nice.

De là la limitation continue par les crêtes passant ensuite par le Pas de Bellons jusque sur le plateau appelé le Clot de Guerin, au pied d'un grand penchant et au dessus de la fontaine du même nom, où nous avons fait planter une borne gravée comme les précédentes, et de là la limitation remonte par les crêtes jusque sur la Serre de la Latte au dessus du pré du Clot de la Latte, où nous avons fait aussi planter une autre borne comme dessus ; et de là la limitation continuant par les sommités de la montagne de Peragrossa jusque sur le Serre, soit Serrière du même nom, nous y avons fait planter une autre borne.

De là la ligne des limites descendant et passant par la basse de Melline suivant les eaux pendantes, elle remonte ensuite par les crêtes jusque sur le rocher appelé la Cime de l'Erigier, d'où continuant par les sommités, elle monte jusque sur la cime de

Varmonette, soit de Peragrossa, où nous avons fait planter une autre limite , d'où la ligne de division descendant le long de la crête, remonte ensuite sur la cime de Forciau, où nous avons fait graver sur un rocher fixe les armes des deux Souverains , pour tenir lieu de limitation.

Du centre de la distance qu'il y a entre ces deux armoiries ; la limitation descend par les crêtes des rochers jusque sur celui du Clot de Dourmilliouse, sur lequel nous avons aussi fait graver les armes des deux Souverains, avec le millésime pour la même fin que dessus ; et de là la limitation continuant par les crêtes des rochers, vient tomber sur le Pas de Sangary, où nous avons aussi fait graver les armes des deux Rois à la gauche du chemin allant de France à la Comté de Nice.

De là la limitation continuant par les crêtes, et remontant jusque sur les plus grandes hauteurs, descend ensuite sur le Pas , soit Col de Robines, où nous avons fait graver les armes des deux Rois, comme dessus, sur un rocher fixé à la droite du chemin , allant de France à la Comté de Nice.

De là la ligne des limites continuant par les crêtes de rochers inacessibles, passe par les sommités du Puis, du Grand Caira des Heurres de Pellens, et successivement de rocher en rocher jusque sur la pointe, soit cime de Pellonière, d'où suivant les crêtes et sommités des eaux pendantes, elle vient tomber sur les hauteurs du Col des Champs, et sur un petit Serre, qui se trouve au dessus de la Cabanne de ladite montagne du Col des Champs, qui reste sur la Comté de Nice, sur lequel Serre nous avons fait planter une borne comme dessus ; dès laquelle la limitation suit par les eaux pendantes en tournant autour de ladite Cabanne jusque sur une Serrière basse, où nous avons fait planter une autre borne à 5 toises de l'angle inférieur de ladite Cabanne.

De là la ligne des limites suit la direction des eaux pendantes, et la sommité de la susdite Serrière basse jusqu'au Col des Champs, où nous avons fait planter une autre borne à la droite du chemin tendant de Colmars à Saint-Martin.

De cette borne , la limitation suit les eaux pendantes , et

au travers d'une petite plaine jusqu'à une autre que nous avons fait planter sur une petite hauteur à la gauche du chemin tendant de Colmars au village d'Entraunas, à 50 toises de distance de la précédente borne ; et de là la limitation continue par la crête et sinuosité des eaux pendantes, et remonte ensuite jusqu'au sommet du Serre de Bonnefont, où nous avons fait planter une autre borne gravée comme dessus.

De là la ligne des limites continue par les crêtes des rochers en passant par la sommité de Testa Bolona, et par les crêtes des rochers inaccessibles jusqu'à la pointe de la montagne de l'Encombrette, où se termine la limitation de 1718, et de là elle continue par les crêtes des eaux pendantes de la manière exprimée par les verbaux de plantement des bornes de la même année, aux détails desquels nous avons cru devoir nous rapporter dans toute l'étendue de la frontière limitée par ces mêmes verbaux, c'est-à-dire depuis ladite pointe de l'Encombrette jusqu'au Col de Valmenier, attendu que notre commission se réduit, pour ce regard, au rétablissement des bornes caduques ou manquantes ; et pour y satisfaire nous avons parcouru exactement toute cette partie de la frontière, et avons observé qu'il était à propos de planter, ainsi que nous avons fait, une borne sur le Col de la Calliole, à la droite du chemin allant de France dans la Comté de Nice, et suivant de là au travers de la montagne du Col de la Calliole, et par les sinuosités que forment les eaux pendantes jusque sur un gros rocher fixe, nous y avons, en signe de limitation, fait graver les armes des deux Rois ; et suivant toujours les eaux pendantes, nous avons trouvé un autre rocher élevé de dix à douze pieds, au dessus de terre, sur la surface horizontale duquel nous avons fait graver les armes des deux Rois comme dessus ; et à 56 toises 4 pieds de là, allant du midi au nord, nous avons trouvé la borne plantée en 1718 sur le Col de la Calliole, à la droite du chemin allant de France à la Comté de Nice, laquelle borne n'étant point solide, nous l'avons fait rassurer.

De là suivant la frontière jusque sur le Col de la Gippière, et à la droite du chemin allant de France à la Comté de Nice, nous avons cru devoir y faire graver les armes des deux Souverains sur un rocher qui s'y trouve avantageusement placé pour cet objet, d'où nous étant transportés sur le col de Sanguinière qui sépare le territoire de Fours dans la vallée de Barcelonnette, de celui d'Entraunas dans la Comté de Nice, nous y avons aussi fait graver les dites armoiries pour la même fin.

De là passant au col de la Braise, soit de Sanguinerette, nous avons cru devoir y faire planter une borne à la droite du chemin allant de Fours et d'Entraunas à Saint Dalmas le Sauvage, d'où nous étant ensuite rendus sur le col de l'Escuissier, soit de la Moutière, qui sépare ledit territoire de Fours de celui de Saint Dalmas le Sauvage, nous avons fait graver les mêmes armoiries sur un rocher qui s'est trouvé à fleur de terre, à la gauche du chemin tendant dudit Fours au même Saint Dalmas.

De là nous avons passé au col de la Bonnette, où nous avons cru devoir faire planter une borne gravée comme dessus, à la droite du chemin allant de France à la Comté de Nice, d'où nous nous sommes rendus sur le col de Vermillion, où nous avons trouvé la borne plantée en 1718, en mauvais état, et presque effacée, pour être de pierre ardosine, et faute d'en avoir pu trouver d'autre de meilleure qualité, nous avons fait refaire la gravure des armes, et rétabli cette borne dans son aplomb naturel, et dans sa vraie position.

De là nous avons passé au col de Pelousette, où nous avons cru devoir faire planter une borne gravée oomme dessus à la droite du chemin allant de France à la Comté de Nice, et de là jusqu'à l'extrémité de la frontière de cette même Comté, la limitation suivant par les crêtes et eaux pendantes qui sont pour la plupart d'un accès impraticable jusqu'à la pointe dite la Tour du Pré ou le rocher des Quatre-Evêques, nous n'avons pas trouvé convenable ni même praticable d'y placer aucune borne, de sorte que nous avons terminé par là la limitation de la Comté de Nice avec la Provence, et partie de la vallée de Barcelonnette qui fait la première partie de nos opérations.

Passant à la seconde, qui a pour objet la limitation entre le

Piémont et la France, et nous rapportant pour les détails, soit pour la description de cette partie de la frontière aux verbaux de 1718, nous nous sommes bornés, suivant notre commission, au rétablissement des bornes caduques, et à l'addition des manquantes, dans les endroits susceptibles de quelque contestation, et nous nous sommes rendus d'alpe en alpe jusque sur les hauteurs du col de la Magdeleine, et dans l'endroit appelé le Pré de Saint-Antoine, où nous avons fait planter une borne gravée comme dessus dans le col, soit crête, qui fait la séparation desdites hauteurs d'avec le serre de la Parc.

De là la limitation suit par la sommité des crêtes jusque sur la hauteur du serre de la Parc, où nous avons fait planter une autre borne comme dessus, d'où la limitation se repliant du côté du levant, et passant par la cime des prés nommés la Gavia, jusque sur le serre du même nom, nous y avons fait planter une autre borne.

De là la ligne des limites se repliant du côté de septentrion va en droite ligne à la borne plantée en 1718 sur la plaine du col de la Magdeleine, que nous avons trouvée mutilée avec les armes effacées, ce qui nous a obligé d'y en placer un autre gravée comme dessus à la droite du chemin allant de France en Piémont, d'où la limitation traversant la plaine dudit col en droite ligne jusqu'au bas du coteau appelé le Moure de Bargemont, où était la borne plantée en 1718 en très-mauvais état, nous y en avons substitué une autre gravée comme dessus.

De là la limitation suit par les crêtes dudit Moure de Bargemont jusque sur le Moure de la Magdeleine appartenant à l'Ordre de Malte, où nous avons cru devoir faire planter une autre borne gravée comme dessus dans les prés appartenant audit Ordre, d'où la limitation se repliant du côté du septentrion suit en ligne droite, et au travers des prés procédés d'Antoine Donaud, jusqu'à la fontaine de la Blave, et successivement jusqu'à la pointe du rocher appelé la Vieille Cabanne du Berger de la Blavette, sur lequel nous avons fait graver les armes des deux Rois.

De là la ligne des limites suit en ligne droite jusqu'à la cime de la Platasse, d'où tournant par le côté du Levant, et passant par les crêtes de la montagne de Pied Roussin et de l'Amortis, elle descend suivant les eaux pendantes au col de Ruburent ou de Rif-bruyant, sur lequel col, divisé par sa sommité, nous avons trouvé la borne plantée en 1718, à laquelle par rapport à sa caducité et mauvais état, nous avons été obligés d'en substituer une autre dans le même endroit, et d'en faire de même par rapport à celle qui fut aussi plantée en 1718 à mi-côté sur le penchant dudit col de Ruburent, qui donne la direction au rocher fixe, sur lequel furent gravées en 1718 les armes des deux Rois sur la plus haute sommité dudit col de Ruburent, que nous avons trouvé en bon ordre et laissé dans le même état.

De là la ligne des limites doit, aux termes du verbal de 1718, continuer à travers des cimes et crêtes des rochers de la montagne d'Oronaye jusque sur les cimes et crêtes et sommité du col des Monges, sans qu'on doive partant avoir égard à ce qui peut avoir été énoncé ou projeté différemment dans notre verbal de visite de l'année dernière, et ayant trouvé que les armes de la borne plantée sur ledit col des Monges en l'année 1718 étaient effacées, nous les avons fait graver de nouveau.

De là nous avons suivi la frontière jusqu'au col de Sauteron, où nous avons cru devoir faire planter une nouvelle borne à gauche du chemin allant de France en Piémont ; et nous étant ensuite rendus sur la cime du vallon dit Vallonet, nous avons aussi cru devoir y faire graver en signe de limitation les armes des deux Rois sur un rocher horizontal, et nous avons été obligés d'en faire de même sur un rocher du col de Maurin, à la gauche du chemin allant de France en Piémont, attendu que les armoiries qui y avaient été gravées en 1718 étaient presque entièrement effacées.

De là suivant toujours la frontière, nous nous sommes rendus sur le col de l'Altaret, où nous avons cru devoir faire planter une nouvelle borne à la gauche du chemin tendant de France en Pié-mont, d'où nous nous sommes transportés sur le col de Longet, où avaient été gravées en 1718 les armes des deux Rois sur deux rochers à neuf pieds de distance l'un de l'autre ; et comme celles de France étaient sur une pierre ardoisine presque entièrement effacées, nous y avons fait substituer dans la même direction une borne de pierre de taille aux armes de France seulement, avec le millésime, pour indiquer que le point de division prend par le centre de la distance qu'il y a entre cette même borne, et les armes gravées en 1718 sur l'autre rocher, que nous nous sommes contentés de rafraîchir.

De là la limitation suit en ligne droite jusqu'à la borne plantée en 1718 sur le col du Longet à la droite du chemin allant de Piémont en France, que nous avons trouvé et laissé en bon état, et de là passant au col de l'Agnière, nous avons cru devoir y faire planter une borne à la gauche du chemin allant de France en Piémont, et venant ensuite au col de Saint-Veran, nous avons fait graver sur un gros rocher, à la gauche du chemin tendant de France en Piémont, les armes des deux Rois.

De là nous avons passé au col de l'Agnelle, où par rapport au chemin fort fréquenté tendant de France en Piémont, nous avons cru devoir faire planter une nouvelle borne gravée comme dessus à la gauche, et à 4 toises dudit chemin, d'où suivant la frontière, nous nous sommes ensuite rendus sur le col de la Traversette, où nous avons trouvé un rocher à la droite du chemin allant de Piémont en France, sur lequel nous avons fait graver les armes des deux Rois.

De là nous nous sommes rendus sur le col de la Croix, où, par rapport à un chemin allant de France en Piémont, nous avons cru devoir faire planter une nouvelle borne à la gauche dudit chemin, gravée comme dessus; d'où passant au col d'Urine, où nous avons trouvé un autre chemin tendant de Piémont en France, nous avons aussi cru à propos d'y faire planter, ainsi que nous avons fait, une nouvelle borne à la droite dudit chemin.

De là passant au col de Mallaure, soit de Mallorde, où est un autre chemin tendant de France en Piémont, nous y avons fait placer une autre borne à la gauche du même chemin, d'où nous étant rendus sur le col Bouchier, nous y en avons fait planter une autre gravée comme dessus, à la gauche d'un chemin tendant de France en Piémont.

De là passant au col de Saint-Martin, soit de Prales, nous avons cru devoir y faire planter une nouvelle borne à 7 toises, et à la droite d'un chemin tendant de France en Piémont ; d'où nous nous sommes ensuite rendus sur le col de la Mayte, et à la gauche d'un autre chemin allant de France en Piémont, où nous avons aussi fait planter une borne gravée comme les précédentes.

De là passant au col des Thurres, nous avons fait planter une nouvelle borne à la gauche du chemin allant de France en Piémont, d'où suivant toujours la frontière jusqu'à mi-côte du penchant du col de Chabaud, nous avons cru y devoir faire planter une nouvelle borne que les Consuls et Communiers des Servières en France et des Thurres en Piémont, ont en même temps regardé comme divisoire de leurs communaux respectifs ; et de cette borne la limitation suit en ligne droite jusqu'à celle qui fut plantée en 1718 sur ledit col de Chabaud, soit de la Molle, par le moyen d'un pillier de maçonnerie qui se dépérissait chaque jour, ce qui nous a obligé de substituer une borne de pierre à côté dudit pillier et dans la même direction à la droite du chemin allant de France en Piémont.

Nous avons cru devoir en faire de même par rapport aux autres pilliers, soit de maçonnerie, qui furent construit en 1718 au pied de la montagne dite la Fournière ; sur le sommet du serre de l'Alpet, sur le serre de Lareille, sur le bas du serre de Saurel attenant le col de Servierette, et sur le serre de Saurel, soit sur les crêtes froides ; et dans ces cinq endroits nous avons fait planter des bornes de pierre gravées comme dessus sur la même direction des anciens dés, pour assurer toujours plus la limitation dans cette partie.

De là passant sur la cime de Saurel, nous avons fait graver les armes des deux Rois sur un rocher que nous avons trouvé sur la plus haute sommité, formant la division des communautés des Servières en France et de Césane et Bousson en Piémont ; d'où nous étant rendus sur le col de Gimont, nous y avons fait planter une nouvelle borne comme dessus, à la droite du chemin allant de France en Piémont.

De là suivant toujours la frontière, nous nous sommes rendus à mi-côté du penchant de la Loubattière, dans un endroit appelé *le petit Clot de la Pullia*, où nous avons fait planter une nouvelle borne; d'où la limitation tend en droite ligne à la borne plantée en 1718 au pied de ladite montagne de la Loubattière ou de la Plane, lieu dit aux Saignes de Giavelly, dont il ne restait que l'ancien socle, à côté duquel nous avons fait planter une autre borne.

De cette borne la limitation avait été désignée en 1718 par le moyen d'un fossé au travers de la plaine du mont Genèvre, lequel se trouvant présentement comblé, nous avons cru la devoir constater à perpétuité, par le moyen de deux nouvelles bornes que nous avons substitué audit fossé, l'une dans le pré de Charmet-Sèche, et l'autre sur la côte de Graret à la gauche du sentier tendant du mont Genèvre aux Clavières, et tirant en droite ligne à la borne plantée en 1718 sur une petite hauteur, qui se trouve dans le milieu de la plaine du mont Genèvre nommé le Graret, dont il ne restait plus que le socle, au côté duquel nous avons été obligés de faire planter une autre borne, laquelle, avec les quatre précédentes, forme une ligne droite jusques à la pointe de la Loubattière.

De cette dernière borne la limitation revient en droite ligne sur une autre plantée en 1718 sur la gauche du grand chemin tendant de France en Piémont, dans le champ dit derrière le Collet, dont il ne restait que le socle, sur lequel nous avons fait graver le nombre 1718, de même que sur les socles précédents et suivants, et nous avons fait planter à côté de ce dernier une autre borne gravée comme dessus, laquelle borne divise par moitié la distance de 1116 toises, qu'il y a du village de mont Genèvre à celui de Clavières, suivant la convention et la limitation de 1718.

De cette dernière borne la limitation suit en ligne droite jusque sur le serre de Peyara, où nous avons cru devoir faire planter une nouvelle borne gravée comme les précédentes ; d'où suivant toujours la frontière, nous sommes arrivés sur le serre de l'Infernet, au-dessus du col des Acles, où nous avons trouvé la borne de

pierre de tuf plantée en 1718, dont la partie supérieure a été cul-
butée au bas dudit serre, pour arracher le fer et le plomb qui
l'unissait avec le socle ; et pour prévenir pareil inconvénient dans
la suite, nous avons fait planter une autre borne de tuf, mais d'une
seule pièce, à côté dudit socle et dans la même direction, gravée
comme les précédentes ; et de là passant sur la hauteur ou serre
du Laus, nous avons trouvé la borne qui y fut plantée en 1718
dans le même état que la précédente, et y en avons fait substituer
une autre de la même manière.

De là passant au col des Acles, nous avons trouvé un rocher fixe
à la droite, et à quatre toises du chemin allant de France en Piémont ; et nous y avons fait graver les armes des deux Rois, pour
indiquer aux passants la division des deux Etats dans cet endroit-
là, comme dans tous les autres passages où nous avons pratiqué
la même chose ; et la ligne de limitation nous ayant conduits au
col de l'Echelle à l'endroit nommé la Croix ou le Serre des parties,
nous y avons trouvé la borne plantée en 1718, renversée et cul-
butée dans sa partie supérieure, et le socle fendu, ce qui nous a
obligé d'en faire planter une autre d'une seule pierre dure et de
bonne qualité, gravée comme les précédentes avec le millésime de
1761.

De là passant au lieu de la Sea dans la montagne des Tures,
nous y avons fait planter une nouvelle borne de pierre de tuf dans
l'endroit où la limitation se replie ; et de là nous nous sommes
rendus sur la plaine de l'Alpe des Tures, où nous avons trouvé la
borne de tuf plantée en 1718, brisée comme les précédentes dans
sa partie supérieure, ce qui nous a obligé d'en faire planter une
autre d'une seule pièce à côté de l'ancien socle, à la droite du chemin allant de France en Piémont, et vis-à-vis le lac inférieur qui
reste sur le Piémont.

De là nous nous sommes rendus sur les hauteurs de l'Alpe des
Tures et dans l'endroit où la limitation se replie, où nous avons
cru devoir faire planter une nouvelle borne de pierre dure, gravée
comme dessus ; de là continuant par les hauteurs de l'Alpe des
Tures, toujours suivant les eaux pendantes, nous avons trouvé le

socle de la borne plantée en 1718 à l'endroit nommé la Petite Cotte, vis-à-vis le lac supérieur dit *Belletis* qui est également sur le Piémont, sur lequel socle qui reste d'une hauteur suffisante, nous avons cru qu'il convenait de faire graver les armes des deux Rois.

Et pour terminer le rétablissement de la limitation de 1718, nous nous sommes rendus sur le col de Laval soit du Chardonnet, où nous avons trouvé les armes des deux Rois, qui avaient été gravées sur un rocher en 1718, presque effacées, nous les avons fait réparer et rafraîchir avec les millésimes de 1718 et 1761. Et au moyen de ce nous avons terminé la seconde partie de notre opération, qui sans s'écarter aucunement de la limitation de 1718, ne tend qu'à la perpétuer et constater toujours mieux.

La troisième partie concernant la frontière entre la Savoie et partie du Briançonnais et du Dauphiné, commence par le rocher qui est au couchant du col de Valmeynier, et qui fait le confin entre le Briançonnais, le Piémont et la Savoie ; et de là la limitation suit entre la Maurienne et le Dauphiné par la sommité des eaux pendantes et des Glaciers de la Muande ou de l'Encochette, et ensuite par la plus haute pointe du rocher de l'Eguille noire, d'où se repliant au midi elle tombe sur le col des Rochilles, et remontant à la pointe de la Portette, elle descend sur le col de ce nom, et ensuite sur celui de la Poussonnière, et remontant de nouveau par la cime des glaciers de la Glapière, à la grande pointe du Galibier, elle descend sur le haut col de ce nom, où il y a une croix de bois à la droite du chemin allant de France en Savoie ; et à la gauche du même chemin, nous y avons fait planter une borne de pierre gravée aux armes des deux Rois, chacune du côté de leur Souveraineté, avec le millésime de la présente année, ce qui a été également pratiqué pour les bornes suivantes.

De là nous nous sommes rendus sur le bas col du dit Galibier, où nous avons aussi cru devoir faire planter une autre borne de pierre gravée comme dessus à la droite du chemin de France allant en Savoie, d'où suivant toujours la frontière d'Alpe en Alpe jusque sur les hauteurs de la montagne de Tiraquaz, en commençant

par le Plateau dit le Gros Crest , nous y avons fait planter une borne comme dessus , pour prévenir par là et par les suivantes les difficultés qui se pouvaient élever dans cette partie; et par cette raison nous avons cru devoir en faire planter une autre sur le col de
Tiraquaz ou Tirecohé , et encore une autre sur une petite hauteur
dite vers les Viés ; d'où suivant les sommités des eaux pendantes ,
nous avons aussi cru devoir en faire planter une autre au plan de
la Gouille , d'où descendant , suivant les sinuosités des eaux pendantes , nous sommes arrivés à la petite plaine , qui est au dessus
du col des Perties , soit des perches , où nous avons fait planter
une autre borne gravée comme dessus.

De là descendant suivant les eaux pendantes sur ledit col des
Perties , ou des Perches , nous y avons fait planter une autre borne
à la droite , et au bord du chemin allant de France en Savoie ; d'où
suivant la frontière par les crêtes des eaux pendantes , et par la cime de la montagne de la Lauze ou de la Faïsse , où se trouve une
croix de bois , nous sommes descendus sur le col de Ferrent , lieu
dit le Plan de la Frutière , où nous avons fait planter une autre
borne gravée comme les précédentes, à la gauche du chemin allant
de Savoie en France.

De là la limitation suivant toujours la cime des rochers et glaciers
par les sinuosités des eaux pendantes jusque sur la cime de l'E-
guille noire , descend de là par les crêtes sur la cime de la Balme ,
soit de la Croix de Pichaux , où se trouve une croix de bois , et de
là par les crêtes soit serrière de la Lauze , ce qui nous a conduit à
la limitation convenue par le Procès verbal définitif de messieurs
les Commissaires principaux de l'année courante pour la Montagne
d'Olle entre les communautés de Vaujany en Dauphiné et de Saint
Colomban des Villars en Maurienne.

Et pour exécuter cette partie de limitation , nous avons commencé par faire planter une borne gravée comme dessus sur la
serrière de la Lauze ; d'où descendant aux sources du Rieu blanc
formée par un ravin qui présente trois branches, nous avons , pour
nous conformer à la carte relative audit Procès verbal, pris pour
ligne de limite la branche, soit source du milieu , qui nous a d'ail-

leurs paru la plus abondante , et dans l'alignement de cette même branche à la précédente borne , nous y en avons fait planter une autre à quelque distance au dessus de ladite source , d'où la limitation descendant par ledit Rieu blanc , et remontant ensuite par le ruisseau d'Olle jusqu'au confluent de Nant de Billian , nous avons cru devoir faire planter sur les deux bords dudit Nant , et à égale distance du milieu d'icelui , deux bornes , l'une à droite , et l'autre à gauche du chemin tendant de France en Savoie , pour indiquer que le milieu de ce Nant forme la division des deux Etats , n'ayant , à ces fins , fait graver , sur chacune desdites bornes , de même que sur celles des Nants de Valcroue , et de Parcate , dans la frontière de Nice , et encore sur celles du pont des Gorges , dont sera parlé ci-après , que les armes du Souverain , sur l'Etat duquel se trouvent respectivement lesdites bornes.

La limitation remontant ensuite par ledit Nant de Billian , et successivement par le Rieu du Pin , continue par les crêtes de rochers inaccessibles jusqu'à la cime de celui de la Combe , et continuant toujours par les crêtes elle vient tomber sur le Col de la Croix ; et ayant trouvé dans le milieu de ce passage un rocher fixe , nous avons fait graver sur la face horizontale d'icelui les armes des deux Rois , avec le millésime en signe de limitation.

De là la limitation suit par les eaux pendantes , et les crêtes jusqu'à la sommité du haut Pont , d'où descendant sur le Col Merlet elle remonte à la cime des glaciers du grand Charnier , d'où continuant toujours par les cimes , et crêtes elle vient tomber sur le Col de la Bourbière , où nous avons fait planter une borne de pierre à la gauche du chemin allant de Savoie en France , d'où la ligne des limites se repliant du côté du Nord , et continuant le long du ruisseau des Balmettes jusqu'aux sources de la rivière du petit Breda , soit de Bens , elle suit par le Vallon de Saint Hugon , et par le milieu de cette rivière , qui après avoir coulé sous trois différents ponts de planches amovibles , et non susceptibles de limitation , passe ensuite sous le pont du Sarret au-dessus de la Chartreuse de Saint Hugon , sur le centre duquel pont , qui est d'un seul arc de pierre , nous avons fait planter une borne de pierre gravée comme les précédentes sur la gauche allant de France en Savoie.

De là nous nous sommes rendus sur le grand pont de Saint Hugon, qui est sur la même rivière, et d'un seul arc de maçonnerie, dans le milieu duquel nous avons aussi fait planter une borne sur le parapet de la droite allant de Savoie en Dauphiné, d'où suivant le cours de la même rivière, qui passant sous les ponts de Bens, et de Barret qui sont en trop mauvais état pour être limités, vient ensuite se jeter dans le gros Breda, par le plus grand cours duquel la limitation continue passant ensuite sur le pont de bois des Millières, qui est aussi de planches comme les deux précédents, de même que celui des Gorges, qui est au-dessous, tous également peu propres à être limités; cependant pour indiquer aux passagers que ledit pont des Gorges, qui est le plus fréquenté est limitrophe, nous avons fait planter deux bornes, une sur chaque côté d'icelui, et à égale distance du milieu.

De ce pont la limitation suit par le cours de la même rivière jusqu'à la rencontre de la ligne droite établie par le Traité, et par la limitation de l'année dernière au travers de la Vallée de Gresivaudan, soit de l'Isère jusqu'à la rivière de ce nom, qu'elle remonte jusqu'à l'embouchure du Glandon, et de là jusqu'à la source de ce ruisseau, et successivement par les abîmes jusqu'à la Croix du col Dufrêne, où commence l'interruption, soit lacune qu'on fut obligé de laisser dans la limitation de l'année dernière, jusqu'à la source du Gujers vif, par rapport aux difficultés qui n'ont été aplanies que par le procès verbal définitif de Messieurs les Commissaires principaux de la présente année; en exécution duquel, après avoir fait réparer le soubassement de la borne, et de la croix de pierre, établies sur ledit Col Dufrêne en 1673, nous avons suivi la ligne convenue par ledit procès verbal, et par la carte y relative, par la Dent de Granier, et de telle pointe elle suit tout le long des rochers inaccessibles de Granier jusqu'à la pointe visant entre midi et couchant, d'où elle descend suivant les crêtes sur le goulet de l'Arc, soit de l'Harpette de Bellecombe, où nous avons fait planter une borne gravée comme les précédentes, à la droite du chemin allant de France en Savoie.

De là la limitation suivant les sommités des rochers de la grande

Roche du Truc, des Lanches, de l'Arc, et de Barbabillon, continue par les cimes jusqu'au Goulet de la Maye, où nous avons fait graver les armes des deux Rois sur un rocher fixe et vertical, à la gauche du chemin allant de France en Savoie, et comme les deux armes regardent la Souveraineté de Savoie, nous avons fait planter, à une toise de la sommité dudit rocher, une borne de pierre sans armoiries.

De la cime dudit rocher la limitation suit par les sommités de rochers inaccessibles jusqu'à la crête qui se trouve entre les montagnes de Valfroide, et de l'Arc, au midi de la grange du Sieur Carpinel, où nous avons fait planter dans le trou d'un rocher une autre borne ; d'où la limitation suit par la sommité des eaux pendantes entre la montagne de l'Arc sur France, et celle de Valfroide en Savoie jusqu'à une autre borne, que nous avons fait planter sur la même crête, gravée comme la précédente, aux armes des deux Rois.

De là la ligne des limites remontant, suivant celle des eaux pendantes sur la cime du pré dit de l'Échaux ou du Cré de l'Arc, nous y avons fait planter une autre borne comme dessus ; et passant de là, à 65 toises et 5 pieds de Roi, de distance de ladite borne, et descendant par le penchant dudit pré, sur le Col de la Croix de l'Arc, ou de Valfroide, nous avons fait planter une autre borne à 9 pieds de distance d'une croix de bois de sapin, qui se trouve sur France, et ladite borne est plantée à la gauche du chemin allant de Savoie en Dauphiné.

De ladite borne la limitation remonte par le cours de 32 toises, jusqu'à un rocher fixe qui se trouve à la droite du Goulet de Charnin allant de Savoie en France, sur lequel nous avons fait tirer une ligne droite pour marquer la division des deux États avec les armes des deux Souverains séparées par ladite ligne ; d'où la limitation remontant par les crêtes des rochers, qui sont à la tête du Vallon de Valfroide, et tombant ensuite sur le petit goulet de Valfroide ; et remontant par les cimes des rochers de la Rousse, elle continue par les crêtes de Valfroide jusque sur la cime du pré de l'Harpette, où nous avons fait graver les armes des deux Rois séparées par une ligne divisionnelle comme dessus.

De là la limitatiou descend par ledit pré suivant les eaux pendantes sur une espèce de plateau à peu près dans le milieu de la longueur dudit pré, où nous avons fait planter une autre borne ; d'où la limitation descend par la sommité du pré de l'Harpette suivant les eaux pendantes, jusqu'à peu-près au bas dudit pré, entre les Haberts, soit Challets de Monsieur le Marquis de Marcieu, et des habitants de Saint Même en Savoie, nous y avons fait planter une autre borne gravée comme dessus.

De là la ligne des limites se repliant entre midi et couchant, continue en ligne droite jusqu'à une autre borne que nous avons fait planter à la croisée des chemins qui conduisent aux montagnes de l'Harpette, et du haut Seuil, et à la gauche du chemin allant de France en Savoie, laquelle borne est gravée comme les précédentes aux armes des deux Rois du côté de leur Souveraineté respective ; et de cette dernière borne la limitation se repliant entre Nord et Couchant, tend en droite ligne à la source du Gujers vif, d'où elle suit jusqu'au Rhône, et de là jusqu'au territoire de Genève, suivant les articles 1 et 2 du traité.

Et comme les ponts du Gujers, et du Rhône furent limités l'année dernière, dans le même temps que la Vallée de Grésivaudan, par messieurs les officiers ingénieurs à ce députés, leur procès verbal étant joint au présent, forme l'entière limitation des États des deux Souverains, depuis la mer Méditerranée jusqu'au territoire de Genève, en conformité, et en exécution dudit Traité, et du procès verbal définitif de Messieurs les commissaires principaux ; à teneur desquels, et des cartes y relatives nous déclarons avoir procédé au susdit plantement, et rétablissement de bornes dès le 4 juillet, que nous avons planté la borne du pont de Roccasteron jusqu'au 3 du courant inclusivement, sans interruption.

Nous avons au reste notifié aux Communautés intéressées le resultat de nos opérations par le moyen des consuls, ou autres qui y ont assisté de leur part ensuite des avis que nous leur en avions donné, et les avons chargés d'en informer leurs Communautés respectives, afin qu'elles veillent à la conservation desdites bornes et qu'elles soient attentives à donner avis des atteintes, ou variations.

qui pourraient les altérer de quelle manière que ce puisse être, et en soumettant le contenu de ce procès verbal à l'examen, et approbation de Messieurs les commissaires principaux, nous en avons signé deux exemplaires conformes. A Saint Pierre d'Entremont le 4 octobre 1761.

FRANÇOIS POTAIN, }
ANTOINE DURIEU, } *Ingénieurs.*

Nous soussignés Commissaires principaux chargés par nos souverains de l'entière exécution du traité de limites entr'eux conclu le 24 mars 1760, ayant pris lecture du présent procès verbal de plantement, et rétablissement de bornes, l'avons approuvé, et confirmé, en tant que de besoin, pour tous les points de limitation portés par icelui, de même que pour regard de la déclaration faite par les ingénieurs respectifs, à l'occasion de la première borne dudit procès verbal plantée sur le pont de Roccasteron, au sujet de laquelle ils se sont expliqués que toutes les bornes posées sur les ponts limitrophes, n'ont d'autre objet, que d'indiquer le centre, soit point de division de ces mêmes ponts, à teneur de l'article 9 du traité susdit, sans influer sur la limitation des rivières qui coulent sous lesdits ponts, et qui suivent le même traité doivent toujours se diviser par le milieu de leur plus grand cours; ce qui doit être pareillement sous-entendu dans le verbal de limitation des ponts du Guyers, et du Rhône fait par messieurs les Officiers Ingénieurs à ce députés, et daté du 15 novembr 1670. Et en foi de ce Nous avons signé, savoir Nous Commissaire principal de Sa Majesté Très-Chrétienne à Versailles le 11 août 1752, et Nous Commissaire principal de Sa Majesté le Roi de Sardaigne à Turin le 11 du même mois.

BOURCET.

FONCET DE MONTAILLEUR.

Traité définitif entre l'Autriche, la Grande - Bretagne, la Prusse et la Russie d'une part, et la France d'autre part, en date à Paris du 20 novembre 1815.

Article 1er. — Les frontières de la France sont telles qu'elles étaient en 1790, sauf les modifications de part et d'autre qui se trouvent indiquées dans l'article présent.

1° ......

2° ......

3° ......

4° Des frontières du canton de Genève jusqu'à la Méditerranée, la ligne de démarcation sera celle qui en 1790 séparait la France de la Savoie et du comté de Nice. Les rapports que le Traité de Paris, de 1814, avait rétabli entre la France et la principauté de Monaco, cesseront à perpétuité, et ces mêmes rapports existeront entre cette Principauté et Sa Majesté le Roi de Sardaigne.

5° Tous les territoires et districts enclavés dans les limites du territoire français, telles qu'elles ont été déterminées par le présent article, resteront réunis à la France.

6° Les hautes puissances contractantes nommeront, dans le délai de trois mois après la signature du présent traité, des Commissaires pour régler tout ce qui a rapport à la délimitation des pays de part et d'autre ; et aussitôt que le travail de ces Commissaires sera terminé, il sera dressé des cartes et placé des poteaux qui constateront les limites respectives.

Protocole pour régler les dispositions relatives aux territoires et places cédées par la France, en date à Paris du 20 novembre 1815.

Art. 5. — Pour faire participer Sa Majesté le Roi de Sardaigne dans une juste proportion aux avantages qui résultent des arrangements présents avec la France, il est convenu que la partie de la Savoie qui était restée à la France en vertu du Traité de Paris, du 30 mai 1814, sera réunie aux États de Sa dite Majesté, à l'exception de la commune de Saint-Julien, qui sera remise au canton de Genève.

Sa Majesté le Roi de Sardaigne recevra en outre, sur la partie de la contribution française destinée à renforcer la ligne de défense des États limitrophes, la somme de dix millions de francs, laquelle doit être employée à la fortification de ses frontières, conformément aux plans et règlements que les puissances arrêteront à cet égard.

Il est convenu, etc.

Recez général de la Commission territoriale rassemblée à Francfort le 20 juillet 1819.

Art. 39. — La partie de la Savoie qui était restée à la France en vertu du Traité de paix de Paris, du 30 mai 1814, et qui a été rétrocédée par le Traité du 20 novembre 1815, est restituée à Sa Majesté le Roi de Sardaigne, pour être possédée en toute souveraineté et propriété par lui, ses héritiers et successeurs, et les frontières entre la Savoie et la France seront telles qu'elles existaient en 1790.

La commune de Saint-Julien reste exceptée de cette restitution. Elle a été donnée à la Confédération suisse, qui en a rétrocédé à Sa Majesté Sarde la portion dans laquelle le chef-lieu est situé.

III

DROIT CIVIL.

Jouissance des droits civils.
Formalités de justice et jugements.— Exécutions.
Codes de commerce. — Propriété littéraire,
artistique et industrielle.

DROIT CIVIL.

Je vais m'occuper dans la troisième partie de cette étude des matières qui font plus spécialement l'objet du droit international privé. J'aurai à rechercher à quelles conditions les citoyens des deux pays sont réciproquement admis à la jouissance des droits civils ; comment, en cas de difficultés, ils peuvent faire valoir leurs droits en justice dans les deux Etats ; quels sont les moyens d'exécution des jugements et actes ; j'aurai à rapporter quelques règles concernant plus spécialement le droit commercial, et à faire ensuite connaître les résolutions adoptées entre les deux puissances pour garantir réciproquement la propriété littéraire, artistique et industrielle.

SECTION I⁰

JOUISSANCE DES DROITS CIVILS.

Loi Française.

L'étranger jouira en France des mêmes droits civils que ceux qui sont accordés aux Français par les traités de la nation à laquelle cet étranger appartiendra (C. Nap., art. 11).

L'étranger qui aura été admis par l'autorisation de l'Empereur à établir son domicile en France, y jouira de tous les droits civils, tant qu'il continuera d'y résider (C. Nap., art. 13).

Loi Sarde.

L'étranger qui voudra jouir de tous les droits civils appartenant au sujet, devra fixer son domicile dans les Etats, obtenir le privilége de la naturalisation et prêter serment de fidélité au Roi.

A défaut, il ne jouira que de ceux de ces droits qui sont accordés aux sujets du Roi dans l'état auquel appartient cet étranger, sauf les exceptions portées par des traités ou conventions diplomatiques.

Néanmoins l'étranger ne pourra jamais invoquer la réciprocité, pour jouir de droits plus étendus ou autres que ceux dont les sujets jouissent dans les Etats ; et cette réciprocité ne pourra s'appliquer aux cas pour lesquels la loi a spécialement disposé d'une autre manière (C. civ., art. 26).

Telles sont les règles générales posées par les deux législations en ce qui concerne la jouissance des droits civils. Nous allons en suivre les développements et l'application en ce qui concerne ces divers droits, mais avant qu'on nous permette quelques observations.

Il résulte des dispositions des deux lois que la position de l'étranger dans les deux États est différente suivant qu'il a été autorisé à établir son domicile en France, et qu'il a été naturalisé en Sardaigne, ou qu'il n'a rempli aucune de ces conditions.

Non autorisé ou naturalisé, l'étranger est placé sous le régime de la réciprocité dans les deux pays et sous l'empire des traités particuliers. Il est de doctrine et de jurisprudence constantes en France que le principe de la réciprocité ne peut être invoqué par l'étranger qu'autant que l'admission du Français dans le pays de cet étranger, à l'exercice d'un droit civil déterminé, dérive des traités diplomatiques, et non lorsqu'elle dérive seulement d'une loi ou d'un usage du pays. Cette interprétation peu libérale de notre loi est une conséquence forcée de son texte. La loi sarde n'admet pas une pareille distinction ; elle proclame la réciprocité d'une manière générale, peu importe dès lors la source d'où découle l'exercice du droit.

On a souvent essayé de soutenir en France qu'en dehors de cette règle de réciprocité, il était des droits dont l'exercice ne pouvait être refusé à l'étranger, et on a soutenu et jugé même plusieurs fois en cassation, que les étrangers jouissaient chez nous sans condition des droits civils dérivés du droit des gens. Je dirai avec MM. Delisle et Demolombe que c'est là une règle arbitraire, très-vague, repoussée en dernier lieu par la Cour de cassation elle-même (14 août 1844, Guesnot C. Rowland and son), et qui posée ainsi d'une manière abstraite, est peu utile dans la pratique.

Quant aux droits politiques et aux fonctions publiques, les Sardes sont aussi inhabiles à les exercer en France que les Français en Sardaigne, d'après les lois politiques et constitutionnelles des deux Etats.

Il s'est élevé diverses questions au sujet de la validité d'actes qui impliquent un certain exercice d'autorité de la part de leurs auteurs ; ainsi on s'est demandé si des étrangers pouvaient être arbitres; pour l'arbitrage forcé, on a répondu généralement non, en France, mais on a admis assez communément qu'ils pouvaient être arbitres volontaires. La loi sarde ne fait d'exception que pour les personnes qui ne sont pas domiciliées dans les Etats (C. pr. civ. sarde, art. 1066).

Mais les étrangers dans les deux Etats, et sans exception en faveur des sujets respectifs, ne peuvent être pourvus d'offices, ni exercer comme avocats.

Je viens de dire que l'étranger autorisé à établir son domicile en France, y acquiert des droits civils. Qu'on me permette, avant d'entrer dans l'examen de l'exercice de ces droits, de rappeler quelques règles sur la nationalité, la naturalisation et l'autorisation d'établir son domicile en France.

§ 1.—*Nationalité; naturalisation; autorisation pour l'étranger d'établir son domicile en France.*

Voici les dispositions que renferment les Codes français et sardes réglant la manière d'acquérir ou de perdre la qualité de Français ou de Sarde.

Loi Française.

Tout enfant né d'un Français en pays étranger est Français.— Tout enfant , né en pays étranger d'un Français qui aurait perdu la qualité de Français , pourra toujours recouvrer cette qualité , en remplissant les formalités prescrites par l'article 9 (C. Nap., art. 10).

Loi Sarde.

L'enfant né, en pays étranger, d'un père qui jouit dans les états, des droits civils inhérents à la qualité de sujet est aussi sujet, et il en exerce tous les droits (C. civ., art. 19).

L'enfant né, en pays étranger, d'un père qui a perdu la jouissance des droits civils appartenant au sujet, est réputé étranger. Il acquerra cependant la qualité et les droits de sujet, si avant l'expiration de l'année qui suivra l'époque de sa majorité , il déclare , dans le cas où il résiderait dans les états qu'il veut y fixer son domicile : et, dans le cas où il résiderait en pays étranger , qu'il veut rentrer dans les états et s'y établir d'une manière permanente, et si, de fait, il y fixe son domicile dans l'année à compter de l'acte de déclaration. Cette déclaration sera faite par l'individu qui se trouve dans les états, au sécrétariat du sénat; et, hors du territoire , elle pourra être faite par-devant les ambassadeurs ou les agents diplomatiques ou consu-laires du roi qui en transmettront copie à la secrétairerie d'Etat pour les affaires étrangères (C. civ., art. 20).

L'étrangère qui aura épousé un Français , suivra la condition de son mari (C. Nap., art. 12).

L'étrangère qui aura épousé un sujet suivra la condition de son mari (C. civ., art. 21).

L'enfant dont le père n'est pas légalement connu suit la condi-tion de sa mère, soit qu'il naisse, dans les états, d'une mère étran-gère , soit qu'il naisse , en pays étranger , d'une mère sujette (C. civ., art. 22).

Si la mère elle-même n'est pas connue , l'individu né dans les états sera présumé sujet (C. civ., art. 23).

Tout individu né en France d'un étranger pourra, dans l'an-née qui suivra l'époque de sa ma-jorité, réclamer la qualité de *Fran-çais* ; pourvu que, dans le cas où il résiderait en France, il déclare que son intention est d'y fixer son domicile, et que, dans le cas où il résiderait en pays étranger, il fasse sa soumission de fixer en France son domicile, et qu'il l'y établisse dans l'année, à compter de l'acte de soumission (C. Nap., art. 9).

L'individu né en France d'un

L'enfant né , dans les états , d'un étranger qui y a établi son domicile avec l'intention de s'y fixer à perpétuelle demeure est considéré comme sujet. — A défaut de preuve contraire , l'intention de se fixer à perpé-tuelle demeure sera toujours pré-sumée , lorsque l'étranger aura conservé son domicile dans les états, pendant dix années entières et consécutives. — La résidence dans les états , pour affaires de commerce, lors même qu'elle aura étranger sera admis, même après l'année qui suivra l'époque de sa majorité, à faire la déclaration prescrite par l'article 9 du C. Nap. s'il se trouve dans l'une des deux conditions suivantes : — 1° S'il sert ou s'il a servi dans les armées de terre ou de mer : — 2° S'il a satisfait à la loi du recrutement sans exciper de son extranéïté (Loi du 22-25 mars 1849, article unique).

Est Français tout individu né en France d'un étranger qui lui-même y est né, à moins que, dans l'année qui suivra l'époque de sa majorité, telle qu'elle est fixée par la loi française, il ne réclame la qualité d'étranger par une déclaration faite, soit devant l'autorité municipale du lieu de sa résidence, soit devant les agents diplomatiques ou consulaires accrédités en France par le gouvernement étranger (L. 22-29 janvier, 7-12 février 1851, art. 1).

L'article 9 du Code Napoléon est applicable aux enfants de l'étranger naturalisé, quoique nés en pays étranger, s'ils étaient mineurs lors de la naturalisation. — A l'égard des enfants nés en France ou à l'étranger qui étaient majeurs à cette même époque, l'article 9 du Code Napoléon leur

été prolongée au-delà de dix ans, ne pourra suffire pour faire présumer l'intention de perpétuelle demeure (C. civ., art. 24).

est applicable dans l'année qui suivra celle de la naturalisation (L. 22-29 janv., 7-12 fév. 1851, art. 2).

La qualité de Français se per-dra, 1° par la naturalisation ac-quise en pays étranger ; 2° par l'acceptation non autorisée par l'Empereur, de fonctions publi-ques conférées par un gouverne-ment étranger ; 3° enfin par tout établissement fait en pays étran-ger, sans esprit de retour. — Les établissements de commerce ne pourront jamais être considérés comme ayant été faits sans esprit de retour (C. Nap., art. 17.

Le sujet qui obtient des lettres de naturalisation en pays étran-ger, ou qui s'y établit sans es-prit de retour, perd la jouissance des droits civils inhérents à la qualité de sujet.—Il conserve né-anmoins personnellement le droit de succéder et de transmettre, même par acte de dernière volon-té, lorsque la naturalisation ou l'établissement en pays étranger a eu lieu avec l'autorisation du Roi.—La seule translation de do-micile en pays étranger, quelle qu'ait été la durée de ce domicile, ne suffira point pour faire preuve qu'il n'y a pas esprit de retour.— Les établissements de commerce ne seront jamais considérés com-me faits sans esprit de retour (C. civ., art. 34).

Le Français qui, sans autorisa-tion de l'Empereur, prendrait du service militaire chez l'étranger, ou s'affilierait à une corporation militaire étrangère, perdra sa qualité de Français.—Il ne pour-ra rentrer en France qu'avec la permission de l'Empereur, et re-couvrer la qualité de Français qu'en remplissant les conditions

Le sujet qui, sans autorisation du Roi, prend du service dans les armées étrangères, ou accepte des fonctions publiques d'un autre gouvernement, est assimilé à ce-lui qui, sans autorisation, s'est fait naturaliser à l'étranger : il encourt la perte des mêmes droits, sans préjudice des peines établies par les lois à l'égard des sujets

imposées à l'étranger pour devenir citoyen; le tout sans préjudice
des peines prononcées par la loi
criminelle contre les Français qui
ont porté ou porteront les armes
contre leur patrie (C. Nap., art.
21).

qui portent les armes contre l'E-
tat (C. civ., art. 35).

Les individus mentionnés dans
les deux articles précédents, ceux
même qui, avec l'autorisation du
Roi, auraient pris du service dans
les armées étrangères, ou accepté
des fonctions publiques d'un autre gouvernement, devront rentrer dans les états, dans le terme
qui leur sera fixé, lorsqu'on leur
en intimera l'ordre, soit indivi-
duellement, soit au moyen d'une
proclamation générale. — Sont
seuls exceptés de la disposition
du présent article, ceux qui auraient obtenu leur naturalisation
en pays étranger avec l'autorisation du Roi (C. civ., art. 36).

Si les sujets ainsi rappelés ne
rentrent pas dans le délai fixé, ils
seront privés non-seulement de
la jouissance des droits civils inhérents à la qualité de sujet,
mais encore du droit de posséder
et d'acquérir, à quelque titre que
ce puisse être, des biens dans les
états, ainsi que du droit d'en disposer : en cas de décès leur succession s'ouvrira *ab intestat*. Les
biens possédés par les individus
qui, après avoir été rappelés, ne
seraient pas rentrés, seront provisoirement séquestrés, et les parents successibles demeurant dans

les états pourront obtenir l'envoi en possession, conformément à l'article 49, à moins que, pour des motifs de sûreté publique et afin d'empêcher que les biens de celui qui n'aura point obéi à l'ordre de rentrer, ne soient employés au préjudice de l'Etat, le gouvernement ne juge convenable d'accorder la continuation du séquestre. En ce cas il sera pourvu, au moyen des revenus, à l'entretien de la femme, des enfants et descendants qui résideront dans les états.— Lorsque par l'effet d'un empêchement auquel ils n'auraient donné lieu ni par leur fait, ni par leur faute, les individus rappelés, comme il est dit ci-dessus, ne seront pas rentrés dans les états au terme fixé, ils pourront être réintégrés dans leurs droits, en justifiant devant le sénat, dans le ressort duquel ils ont eu leur dernier domicile, des motifs qui les ont empêchés de rentrer. La demande sera faite en contradictoire de l'avocat général (C. civ., art. 37).

La femme qui suivra son mari, les enfants nés sujets du Roi, qui suivront leur père à l'étranger, dans les cas prévus ci-dessus, conserveront la jouissance des droits civils pendant la vie de leur mari et père, et même pendant

Loi Française. Loi Sarde.

trois ans après son décès, ou a-
près leur majorité, s'ils n'y par-
viennent que depuis ce décès ;
mais si, à l'expiration de ce terme, ils ne sont pas rentrés dans
les états, ils seront soumis aux
dispositions des articles précédents, sans préjudice toutefois
des obligations qui leur seront
imposées par les lois sur la levée
militaire (C. civ., art. 38).

Le Français qui aura perdu sa
qualité de Français, pourra toujours la recouvrer en rentrant en
France avec l'autorisation de l'Empereur, et en déclarant qu'il veut
s'y fixer, et qu'il renonce à toute
distinction contraire à la loi française (C. Nap., art. 18).

Le sujet qui aura perdu la jouissance des droits civils, pourra
être admis à la recouvrer, si, rentrant dans les états avec l'autorisation du Roi, il déclare, dans la
forme prescrite par l'article 20,
qu'il veut s'y fixer et s'il y établit en effet son domicile dans
l'année à compter de l'autorisation qu'il aura obtenue (C. civ.,
art. 39).

Une femme française qui épou-
sera un étranger, suivra la condition de son mari.—Si elle devient
veuve, elle recouvrera la qualité
de Française, pourvu qu'elle réside en France, ou qu'elle y rentre avec l'autorisation de l'Empereur, et en déclarant qu'elle veut
s'y fixer (C. Nap., art. 19).

La femme sujette qui épouse
un étranger suit la condition de
son mari.—Si elle devient veuve,
elle recouvre les droits civils inhérents à la qualité de sujet, pourvu qu'elle réside dans les états,
ou qu'elle y rentre avec l'autorisation du Roi, et s'y établisse
réellement dans l'année à compter de cette autorisation (C. civ.,
art. 40).

Les individus qui recouvreront
la qualité de Français, dans les

Ceux qui, dans les cas prévus
par les articles 20, 39 et 40, au-

cas prévus par les articles 10, 18 et 19, ne pourront s'en prévaloir qu'après avoir rempli les conditions qui leur sont imposées par ces articles, et seulement pour l'exercice des droits ouverts à leur profit depuis cette époque (C. N., art. 20).

ront acquis ou recouvré les droits civils inhérents à la qualité de sujet, ne pourront s'en prévaloir, qu'après avoir rempli les condicions qui leur sont imposées par ces articles et seulement pour l'exercice des droits ouverts à leur profit depuis cette époque (C. civ., art. 41).

Les étrangers qui auront obtenu le bénéfice de la naturalisation, en seront déchus, si leur absence des états se prolonge au-delà d'une année sans la permission du Roi (C. civ., art. 42).

En dehors des règles que nous venons d'indiquer d'après les lois des deux Etats sur l'acquisition ou la perte de la qualité de Français ou de Sarde, le changement de nationalité peut résulter des cessions et réunions de territoire.

Il est du droit des gens actuel en Europe, que les habitants des pays réunis n'ont pas une condition inférieure à celle des habitants du pays auquel ils sont réunis par la conquête comme par les conventions diplomatiques, et Pothier disait déjà avant 89 (*Traité des personnes,* part. 1, tit. 2, sect. 1) « par suite, lorsque des réunions de territoire ont lieu, leurs habitants doivent être regardés comme *Français naturels* (1) , soit qu'ils y soient nés avant ou après la réunion. »

Réciproquement en cas de séparation de territoires , le jour de l'échange des ratifications , les habitants des provinces cédées ont cessé d'être Français , et ils sont devenus sujets ou citoyens des pays auxquels le territoire de leur habitation a été incorporé.

Les habitants des provinces réunies à la France , de 1791 à 1814, sont devenus Français en vertu de cette réunion, et ils ont perdu cette qualité, lorsque les traités de 1814 et 1815 ont incorporé à d'autres Etats ces pays précédemment réunis à la France.

Ces règles sont applicables à la Sardaigne dont les Etats de Terre-Ferme, réunis à la France successivement par le traité du 26 floréal an IV (15 mai 1796), par la renonciation du Roi de Sardaigne , en date 19 frimaire an v (9 décembre 1798), par les décrets de la Convention des 27 novembre 1792 et 4 février 1793, et par le sénatus-consulte organique du 24 fructidor an XII (11 septembre 1802) , en ont été séparés par les traités de 1814 et 1815 , par lesquels « la France renonce à tous droits de souveraineté, de suzeraineté et de possession

(1) La loi du 11 ventôse an VI (1 mars 1798) , sur la réunion de Mulhouse à la France, disait : *Citoyens Français nés*.

sur tous les pays et districts, villes et endroits quelconques situés hors de la frontière qui lui est assignée. »

La Cour de cassation de France, le 10 mars 1858, a fait application de ces principes dans la cause du sieur Rachel fils, en décidant « que Rachel père , né en Savoie et y étant décédé en 1806 , n'avait pu transmettre à son fils la qualité de Français qu'au même titre qu'il la possédait lui-même, et que cette qualité prenant son origine dans l'acte politique de 1796, qui avait réuni la Savoie à la France, devait disparaître par l'effet des dispositions du traité de 1814 , qui a rendu à la Savoie son ancienne nationalité. » Des décisions semblables sont intervenues à l'encontre d'un autre Savoisien, le nommé Depraz Depland (arrêt de rej. du 9 juillet 1844), et d'un Piémontais (arrêt de Grenoble, 18 février 1831, Chamb. réunies, affaire Pierre Savoie, Savoisien, et Ordonn. du Conseil d'Etat du 15 juillet 1835, de Gregory, Sarde).

L'usage veut qu'en cas de séparation de territoire, un terme soit accordé aux habitants des pays ainsi réunis ou séparés , pendant lequel ils peuvent les quitter. L'article 17 du traité de 1814, reproduit, à l'exception des derniers mots, par l'article 7 du traité de 1815 , et qui était applicable aux provinces de Terre-Ferme restituées à la Sardaigne, portait : « Dans tous les pays qui doivent ou devront changer de maîtres, tant en vertu du présent traité que des arrangements qui doivent être faits en conséquence, il sera accordé aux habitants naturels et étrangers, de quelque condition et nature qu'ils soient, un espace de six ans à compter de l'échange des ratifications, pour disposer, s'ils le jugent convenable, de leurs propriétés acquises, soit avant, soit après la guerre actuelle. et se retirer dans tel pays qu'il leur plaira choisir. »

Il résulte de l'application généralement faite par les tribunaux français, de la loi du 14 octobre , destinée à assurer l'exécution de cette disposition des traités et à faciliter aux habitants qui avaient fait partie, par l'annexion, du territoire français , le maintien de cette qualité par la délivrance des lettres de naturalité ; que les citoyens des pays rétrocédés qui veulent conserver la qualité de Français, soit qu'ils se rendent en France, soit qu'ils y résident déjà , ne peuvent se prévaloir d'une simple résidence et qu'ils doivent en outre, pour ne pas devenir sujets des nouveaux souverains , remplir les conditions imposées par la loi du 14 octobre 1814.

Les descendants des habitants originaires des provinces détachées, dont les pères bien que résidant en France n'ont pas rempli les formalités prescrites par la loi du 14 octobre 1814, ne sont pas réputés de plein droit citoyens français ; ils doivent solliciter et obtenir des let-

tres de naturalité ou suivre les prescriptions de l'article
9 du Code Napoléon.

Ce que nous disons des descendants s'applique à la
femme d'origine française dont le mari, au moment du
mariage, Français par la réunion de son pays d'origine
à la France, est redevenu étranger par suite de la séparation des territoires, sans avoir profité de la faculté que
lui ouvrait les traités. Cela a été jugé notamment par la
Cour de Paris le 24 août 1844, à l'égard de la dame
Meurice, française d'origine, qui avait épousé en 1811
le sieur Lusardi, Italien, né dans le duché de Parme, que le sénatus-consulte du 24 mai 1808, avait
incorporé à l'Empire. Lusardi avait étudié à la faculté
de médecine de Montpellier et y avait pris ses grades ;
il avait continué à habiter le sol français après les traités de 1814, qui ont séparé le duché de Parme de la
France, mais sans remplir les formalités prescrites par
la loi du 14 octobre 1814. En 1843, la dame Lusardi a formé contre son mari une demande en séparation de corps devant le tribunal de la Seine ; Lusardi a
décliné la compétence en se fondant sur sa qualité d'é-
tranger, et son exception a été accueillie par le tribunal
et sur appel par la Cour.

Je joints à cette espèce l'indication d'autres affaires
dans lesquelles les tribunaux français ont fait à des su-

jets sardes l'application des principes que je viens de
poser.

Pierre Savoie, né à Compiglia (Piémont), s'était établi
à Bourg-d'Oisans (Isère) en 1808, alors que le Piémont
avait été réuni à la France ; il s'y était marié et avait eu
un fils le 1er mars 1811. En 1831, le fils Savoie , qui
habitait toujours la France avec son père , fut désigné
pour faire partie du contingent militaire. Savoie fils cite
le préfet de l'Isère devant le tribunal de Grenoble pour
faire déclarer que comme étranger il n'est pas soumis
au recrutement. Le tribunal repousse sa demande sur le
motif que Savoie fils étant né en France d'un père alors
Français , a conservé cette qualité , quelque soient les
événements postérieurs ; mais sur appel la Cour a rendu
l'arrêt suivant , le 18 février 1831 , sur les conclusions
de M. de Royer, avocat général :

Attendu que d'après les dispositions de la loi du 14 octobre
1814, les étrangers dont le pays a été momentanément réuni à
la France, et qui y ont fixé leur résidence, ne pouvaient avoir et
obtenir la qualité de Français qu'en accomplissant certaines conditions indépendantes de la réunion à la France ou de la résidence
en France ;

Attendu que le père de Joseph Savoie n'a accompli aucune de
ces conditions ; que, par suite, il est resté étranger à la France ,
et que son fils mineur suit la condition de son père et ne pouvait
devenir Français qu'en faisant, après sa majorité, la déclaration
exigée par l'art. 9 du Code civil, déclare que Joseph Savoie est
étranger. .

La Cour de Lyon, dans l'affaire du Savoisien Pacout, qui se présentait dans des circonstances identiques, avait rendu, le 2 août 1827, un arrêt conforme à celui que rendait quatre ans plus tard la Cour de Grenoble. La Chambre des requêtes de la Cour de cassation a rendu elle-même, le 9 juillet 1844, une décision semblable sur les conclusions conformes de M. Delangle : il s'agissait d'un Savoisien qui réclamait la qualité de Français pour être maintenu sur les listes électorales du département de l'Eure. L'arrêt de la Cour porte :

Attendu qu'il résulte des pièces du procès et de l'arrêt attaqué que le père du demandeur en cassation, né en Savoie en 1759, s'est marié en France postérieurement à l'époque où ce pays en a fait partie; que lui-même, demandeur, est né en France le 5 floréal an VI (14 mai 1798) ; que, par conséquent, au mois de mai 1814, époque où la Savoie a été rendue à son ancien souverain, il était mineur ;

Attendu qu'étant alors mineur, il suivait la condition de son père ;

Attendu que ce dernier, qui pouvait continuer d'être Français en remplissant les conditions qui lui étaient imposées par la loi du 14 octobre 1814, n'a point exécuté cette loi ; qu'il en résulte qu'il n'a transmis à cet égard aucun droit à son fils ;

Attendu que, d'un autre côté, celui-ci qui aurait pu devenir Français, en se conformant dans l'année de sa majorité aux dispositions de l'article 9 du Code civil, n'a pas non plus rempli les obligations qui lui étaient imposées par cet article.

La Cour de Lyon, le 25 février 1857, a encore fait

l'application de ces principes, par les motifs suivants qui signalent les circonstances exceptionnelles de l'affaire qu'elle avait à juger.

Considérant que par le décret de 1796 , qui a réuni la Savoie à la France , et par le traité de 1814 , qui a opéré la séparation de cette province, les familles dont la population de ces pays était composée, ont successivement acquis et perdu la nationalité française ;

Considérant que Rachel, né en 1801 de parents d'origine savoisienne, mais devenus Français, a dû subir le sort commun et supporter les conséquences du traité de séparation, s'il ne s'est trouvé dans l'un des cas prévus et réglés par la loi ;

Considérant qu'il a été objecté en vain que Rachel étant né Français, cette qualité s'était irrévocablement fixée en lui par cette circonstance que son père était mort en 1806, dans la plénitude du droit de citoyen français ;

Que Rachel père n'a pu transmettre à son fils la qualité de Français qu'au même titre qu'il la possédait lui-même , et que la nationalité dont ils étaient alors l'un et l'autre en possession n'ayant d'autre origine que l'acte politique de 1796, devait cesser avec sa cause et ne pouvait résister à la disposition générale du traité de 1814 ;

Considérant que les parties ne sont pas d'accord sur l'époque où Rachel est venu résider en France ; que la femme Rachel prétend, sans en administrer la preuve, qu'il avait quitté la Savoie avant la date du traité de séparation ; mais que ce fait est démenti par Rachel ; que d'ailleurs Rachel étant alors en état de minorité, avait conservé son domicile en Savoie auprès de sa mère, qui était sa tutrice légale, et que sa résidence en France n'aurait pu , dans de telles conditions, lui conserver le titre de citoyen français ;

Considérant d'ailleurs que Rachel n'a rempli aucune des formalités prescrites par la loi du mois d'octobre 1814 ; qu'il a refusé de satisfaire en France à la loi du recrutement ; qu'il a été porté

10

sur les listes de son pays d'origine ; qu'il n'est point établi qu'il se
soit fixé en France sans esprit de retour ; qu'ainsi et sous tous les
rapports, il est justifié que Rachel n'est pas Français.

Par ces motifs, la Cour se déclare incompétente pour
statuer sur une demande en séparation de corps portée
devant elle par la femme Rachel contre son mari. On
s'est pourvu contre cet arrêt devant la Cour de cassation,
qui a rejeté le pourvoi par son arrêt du 10 mars 1858.

Pour éviter ici toute erreur, il est utile de faire remarquer que la solution ne serait plus la même si l'enfant
était *né en France* d'un père devenu Français par la
réunion de son pays à la France et mort en France avant
la séparation. Dans ce cas la séparation n'a pu dépouiller le père de la qualité de Français qu'il possédait au
moment de son décès, et le fils étant né Français sur le
territoire français, et n'ayant pu perdre sa nationalité
par suite du changement de nationalité de son père,
puisque ce dernier n'existait plus au moment de la séparation de son pays d'origine, a conservé sa qualité de
Français. C'est ce qui a été jugé par arrêt de cassation
de la Chambre civile, le 13 janvier 1845, sur les conclusions de M. Delangle, mais dans une affaire qui con-
cernait des plaideurs d'origine belge.

De là il résulte que la nationalité de l'enfant né pendant la réunion, change s'il est né dans un pays réuni,

et même s'il est né en France d'un père originairement étranger et encore en vie au moment de la séparation , mais que cette nationalité ne change pas s'il perd son père avant cette séparation.

Le Sarde qui avait fixé sa résidence en France avant la réunion des Etats de Terre-Ferme, et qui par suite des lois de 1790, 1791 et 1793 avait acquis la qualité de citoyen français avant cette réunion , ne peut être tenu de remplir les formalités exigées par la loi du 14 octobre 1814 , pour conserver sa qualité de français après la séparation. En effet, ne recevant pas cette qualité de la réunion , mais des circonstances et des lois antérieures, il ne peut la perdre par la séparation ; celle-ci ne peut influer que sur les effets de la réunion qu'elle fait cesser , et dans ce cas , on n'a pas à remplir les formalités imposées par la loi de 1814, pour conserver la qualité de Français. Cela a été ainsi jugé : 1° par la Cour de Montpellier, le 12 novembre 1827, à l'égard du sieur Sallin, né en Savoie, qui s'était établi en France avant la réunion de la Savoie et y avait acquis le titre et les droits de citoyen français en remplissant les formalités prescrites par la loi de 1790 et par les constitutions de 1791 et 1793 ; 2° par la Cour de Lyon , dans les mêmes circonstances , le 10 novembre 1827, à l'égard du sieur Casati, originaire de

Molina en Lombardie, et du sieur Jay , né à Samoens en Savoie ; 3° par la Cour d'Aix, le 3 avril 1834, entre le préfet du Var et le sieur Coste, originaire de Nice.

En dehors des diverses lois concernant la naturalisation collective et déclarant citoyens ou sujets les étrangers résidant sur le territoire et se trouvant dans certaines conditions , et outre les réunions de territoire, nos lois ont admis des naturalisations individuelles et ont autorisé le gouvernement à faire jouir par des actes distincts certains étrangers qui se trouvent dans des conditions déterminées et qui en font la demande, du bénéfice de la naturalisation.

La première lettre de naturalisation en France fut donnée à Paris en 1397 à un Gênois.

La législation française en ces matières a été fixée par la loi du 3 décembre 1849, qu'il faut combiner en ce qui concerne l'exécution de la loi du 14 octobre 1814 , avec les dispositions de cette loi dont elle a modifié l'application.

D'après la loi de 1849, le pouvoir exécutif statue sur les demandes en naturalisation après une enquête relative à la moralité de l'étranger et sur avis favorable du Conseil d'Etat.

L'étranger doit en outre réunir les deux conditions suivantes :

1° Avoir, après vingt-un ans accomplis, obtenu l'autorisation d'établir son domicile en France, conformément à l'art. 15 du C. Nap. — 2° Avoir résidé pendant dix ans en France depuis cette autorisation.

Le délai de dix ans peut être réduit à une année en faveur des étrangers qui ont rendu à la France des services importants et qui ont apporté en France soit une industrie, soit des inventions utiles, soit des talents distingués, ou qui ont formé de grands établissements.

La loi du 14 octobre 1814 relevait les habitants des départements réunis à la France depuis 1791 de la nécessité de la déclaration préalable, à la charge par eux de faire connaître, dans un délai de trois mois, leur intention de se fixer en France ; ce délai avait été regardé comme comminatoire, et les habitants des départements réunis qui avaient, depuis leur majorité, résidé pendant dix ans en France, avaient continué dans la pratique à être admis à ce bénéfice. L'article 4 de la loi de 1849, porte : « Les dispositions de la loi du 14 octobre 1814, concernant les habitants des départements réunis à la France, ne pourront plus être appliquées à l'avenir. »

La loi du 7 février 1851, en confirmant ces règles, fait une faveur aux enfants mineurs nés hors de France de l'étranger naturalisé et avant sa naturalisation, en déclarant que l'article 9 du Code Napoléon leur est applicable.

La naturalisation en France ne donne pas le droit d'éligibilité politique, ce droit ne peut être accordé que par une loi en vertu de lettres de grande naturalisation.

En 1854, il y a eu en France 40 demandes de naturalisation ; 5 ont été rejetées, 35 admises.

En 1855, sur 70 demandes, 4 ont été rejetées , 66 admises.

En 1856, il a été présenté 38 demandes , dont une rejetée et 37 admises.

Nous avons rappelé que d'après l'article 26 du Code civil sarde , l'étranger qui veut jouir de tous les droits civils appartenant au sujet, doit fixer son domicile dans les Etats, obtenir le privilége de la naturalisation et prêter serment de fidélité. Le Code Napoléon , par l'article 13, confère la jouissance de tous les droits civils à l'étranger qui aura été admis par l'autorisation du gouvernement à établir son domicile en France pour tout le temps qu'il continuera à y résider.

Lorsqu'un étranger demande l'autorisation d'établir son domicile en France , la permission est donnée par décret ; elle peut, suivant les circonstances, être accompagnée de modifications et restrictions. (Avis du Conseil d'Etat du 18 prairial an xi).

Le gouvernement peut même révoquer l'autorisation qu'il a donnée et dépouiller ainsi l'étranger des droits qu'il lui avait concédés. C'est ce que la Cour de Paris a reconnu le 25 mars 1834 à l'encontre du napolitain Vecchiarelli, et cette règle admise par tous les auteurs et appliquée par l'ordonnance du 18 septembre 1833, ne pourrait être repoussée par les Sardes.

Accordée à un chef de famille l'autorisation ne produit pas d'effets pour sa femme et ses enfants s'ils n'y sont pas compris formellement ou tout au moins tacitement.

La perte du domicile entraîne la déchéance de l'autorisation.

L'étranger ne pourrait acquérir en France sans autorisation un domicile légal de nature à lui concéder la jouissance des droits civils. On a essayé de défendre l'affirmative, et on a soutenu que même sans autorisation l'étranger résidant pouvait être réputé domicilié ; mais si cette opinion a eu de nombreux défenseurs, et si elle a été adoptée par des tribunaux, elle a été justement combattue par MM. Pardessus, Duranton, Coin Delisle, Troplong, Demolombe, et repoussée par plusieurs arrêts comme contraire aux dispositions formelles de l'article 13 du Code Napoléon, et à l'avis du Conseil d'État du 18-20 prairial an XI.

J'indiquais tantôt le nombre des naturalisations demandées en France en 1854 , 1855 et 1856 , voici en
ce qui concerne les admissions à domicile , pendant ces
années , les mêmes renseignements.

1854 : 265 demandes, dont 252 admises , 13 rejetées.
1855 : 168   —   132   —   36   —
1856 : 181   —   167   —   14   —

§ 2. — *Droits de famille; Etat civil; mariage; adoption ;
puissance paternelle ; tutelle et minorité; interdiction.*

Appelé à examiner quelle est la position juridique
des Français et des Sardes dans les deux États, au point
de vue de l'exercice des droits civils, je diviserai cette
partie de mon travail en deux parties, l'une concernant
les personnes ou soit les droits de famille , l'autre les
choses ou soit les droits de propriété. Ce serait peut-
être ici le cas d'entrer dans quelques explications sur
les principes qui régissent le statut personnel et le statut
réel; mais pour le faire avec fruit et utilité, il faudrait
entrer dans des détails que ne comporte pas cette étude.
Je me borne dès lors à me réserver de rappeler ces principes, le cas échéant, lorsque dans leur application, je
pourrai être dans le cas de m'en prévaloir.

ＡＣＴＥＳ ＤＥ Ｌ'ＥＴＡＴ ＣＩＶＩＬ.

Loi Française.	Loi Sarde.
Tout acte de l'état civil des Français et des étrangers, fait en pays étranger, fera foi, s'il a été rédigé dans les formes usitées dans ledit pays (C. Nap., art. 47).	Relativement aux actes de naissance, de mariage et de décès, faits en pays étrangers, on observera la disposition de l'article 1418 (C. civ., art. 64).
Tout acte de l'état civil des Français en pays étranger sera valable, s'il a été reçu, conformément aux lois françaises, par les agents diplomatiques ou par les consuls (C. Nap., art. 48).	Les actes et contrats passés en pays étrangers, suivant les formes qui y sont prescrites, ont la même force que celle qui est accordée dans ces pays aux actes et contrats passés dans les Etats (C. civ. art. 1418).

Les étrangers mâles et majeurs, d'après l'avis de la majorité des auteurs, peuvent être témoins en France dans les actes de l'état civil.

Le mode suivant lequel les registres de l'état civil doivent être tenu en France, fait l'objet de dispositions nombreuses du Code Napoléon; en Sardaigne il est déterminé par un règlement spécial approuvé par des lettres patentes.

Le Code français a réglé lui-même tout ce qui concerne les actes de l'état civil concernant les militaires hors du territoire de l'empire, en se fondant sur la règle : Là où est le drapeau, là est la France, il a chargé divers officiers de l'armée de remplir les fonctions d'officiers de l'état civil, en se conformant aux règles qu'il a posées.

154 DROIT CIVIL.

MARIAGE.

LOI FRANÇAISE.

LOI SARDE.

Les fiançailles ne produiront une action civile qu'autant qu'elles seront faites par acte public, ou par acte sous seing-privé. — Les contractants devront en outre obtenir le consentement des père et mère, ou tout au moins du père ; si celui-ci est décédé ou empêché, il suffira du consentement de la mère : à défaut du père et de la mère on exigera celui des ascendants paternels les plus proches. — Lorsque les petits enfants seront sous la puissance de l'aïeul paternel, le consentement de ce dernier tiendra lieu de celui du père. — En cas de minorité des contractants, s'il n'existe aucun des ascendants ci-dessus désignés, qui puisse donner son consentement, il y sera suppléé par celui du conseil de famille. — Le consentement requis dans les cas énoncés ci-dessus, devra résulter de l'acte public ou privé des fiançailles, ou de tout autre acte authentique (C. civ., art. 106.

Lorsque le juge ecclésiastique a déclaré les fiançailles valables, ou que la validité n'en est contestée par aucun des contractants, si l'un d'eux refuse d'accomplir

Loi Française.	Loi Sarde.
	sa promesse, l'autre pourra, quand d'ailleurs les fiançailles auront été contractées conformément à ce qui est prescrit par l'article précédent, réclamer, par-devant le tribunal de judicature-mage, les dommages qu'il aura réellement soufferts; dans ce cas, on n'aura égard ni aux dommages éventuels, ni aux clauses pénales qui auraient été stipulées (C. civ., art. 107).
L'homme avant dix-huit ans révolus, la femme avant quinze ans révolus, ne peuvent contracter mariage (C. Nap., art. 144).	La célébration du mariage a lieu suivant les règles et avec les solennités prescrites par l'Eglise catholique, sauf ce qui est établi ci-après relativement aux sujets non catholiques et aux juifs (C. civ., art. 108).
Néanmoins il est loisible à l'Empereur d'accorder des dispenses d'âge pour des motifs graves (C. Nap., art. 145).	
Il n'y a pas de mariage lorsqu'il n'y a point de consentement (C. Nap., art. 146).	Les enfants mâles de tout âge, qui se marieraient contre le gré de l'ascendant, dont le consentement est requis par la disposition de l'art. 106, ne pourront le contraindre qu'à la prestation des aliments strictement nécessaires; ils conservent cependant leur droit à une part légitime sur la succession de cet ascendant, qui pourra même les en priver, s'ils se marient sans son consentement, ou à son insu, avant l'âge de 30 ans accomplis (Cod. civ., art. 109).
On ne peut contracter un second mariage avant la dissolution du premier (C. N., art. 147).	
Le fils qui n'a pas atteint l'âge de 25 ans accomplis, la fille qui n'a pas atteint l'âge de 21 ans accomplis, ne peuvent contracter mariage sans le consentement de leurs père et mère : en cas de dissentiment, le consentement du père suffit (C. Nap., art. 148).	
Si l'un des deux est mort, ou	Les femmes qui se marieraient sans le consentement de l'ascen-

est dans l'impossibilité de manifester sa volonté, le consentement de l'autre suffit (C. N., art. 149).

Si le père et la mère sont morts, ou s'ils sont dans l'impossibilité de manifester leur volonté, les aïeuls et aïcules les remplacent ; s'il y a dissentiment entre l'aïeul et l'aïcule de la même ligne, il suffit du consentement de l'aïeul. —S'il y a dissentiment entre les deux lignes, ce partage emportera consentement (C. N. art. 150).

Les enfants de famille ayant atteint la majorité fixée par l'article 148, sont tenus, avant de contracter mariage, de demander, par un acte respectueux et formel, le conseil de leur père et de leur mère, ou celui de leurs aïeuls et aïeules, lorsque leur père et leur mère sont décédés, ou dans l'impossibilité de manifester leur volonté (C. Nap., art. 151).

Depuis la majorité fixée par l'article 148 jusqu'à l'âge de 30 ans accomplis pour les fils, et jusqu'à l'âge de 25 ans accomplis pour les filles, l'acte respectueux prescrit par l'article précédent, et sur lequel il n'y aurait pas de consentement au mariage, sera renouvelé deux autres fois, de mois en mois ; et un mois après le troisième acte, il pourra être passé outre

dant ci-dessus désigné, ne pourront exiger de lui que les aliments strictement nécessaires et seulement dans le cas où leur mari ne serait pas à même de fournir à leur entretien, tout droit à une part légitimaire ou à une dot leur est cependant réservée après le décès de l'ascendant, qui pourra les en priver si elles se marient sans son consentement, ou à son insu, avant l'âge de 25 ans accomplis (C. civ., art. 110).

Le mariage sera tenu pour contracté sans le consentement des ascendants, lorsque ceux-ci n'étant intervenus ni aux fiançailles, ni au mariage, nieront y avoir consenti, et que les enfants ne fourniront pas la preuve de ce consentement (C. civ., art. 111).

Les dispositions énoncées ci-dessus, et les peines qui y sont portées, ne seront pas applicables lorsque les enfants justifieront pardevant le sénat, que le refus des ascendants est dénué de motifs légitimes.

Ces contestations seront, sur les représentations respectives des parties, examinées et jugées à huis clos, sans formalités d'actes, avec la plus grande célérité, et eu égard à la seule vérité des faits (C. civ., art. 112).

Loi Française.

à la célébration du mariage (C. Nap., art. 152).

Après l'âge de 30 ans, il pourra être, à défaut de consentement sur un acte respectueux, passé outre, un mois après, à la célébration du mariage (C. Nap., art. 153).

L'acte respectueux sera notifié à celui ou ceux des ascendants désignés en l'article 151, par deux notaires, ou par un notaire et 2 témoins; et, dans le procès verbal qui doit en être dressé, il sera fait mention de la réponse (C. Nap., art. 154).

En cas d'absence de l'ascendant auquel eût dû être fait l'acte respectueux, il sera passé outre à la célébration du mariage, en représentant le jugement qui aurait été rendu pour déclarer l'absence, ou, à défaut de ce jugement, celui qui aurait ordonné l'enquête, ou, s'il n'y a point eu encore de jugement, un acte de notoriété délivré par le juge de paix du lieu où l'ascendant a eu son dernier domicile connu. Cet acte contiendra la déclaration de quatre témoins appelés d'office par ce juge de paix (C. Nap., art. 155).

Les officiers de l'état civil qui auraient procédé à la célébration des mariages contractés par des

Loi Sarde.

Ceux qui, sans avoir observé les solennités prescrites par l'Eglise, auraient surpris ou cherché à surprendre le curé, à l'effet de célébrer leur mariage en sa présence, seront passibles des peines portées par les lois. Les mêmes peines seront applicables à leurs père et mère, s'ils ont participé à cette fraude, ainsi qu'à tous autres fauteurs ou complices (C. civ., art. 113).

Nonobstant toute possession d'état, nul ne peut réclamer le titre d'époux ni les effets civils du mariage, s'il ne représente l'acte constatant que la célébration a eu lieu conformément à l'article 108, ou si, à défaut, il n'en fournit une preuve équivalente (C. civ., art. 114).

Le mariage déclaré nul produit néanmoins, lorsqu'il a été contracté de bonne foi, les effets civils à l'égard des enfants, conformément à l'art. 162. — Il peut également produire les effets civils à l'égard des époux ou de l'époux qui aura été de bonne foi (C. civ., art. 115).

Les fiançailles et les mariages entres personnes qui professent un culte toléré dans l'Etat, sont régis par les usages et les règlements qui les concernent.

LOI FRANÇAISE.

fils n'ayant pas atteint l'âge de 25 ans accomplis, ou par des filles n'ayant pas atteint l'âge de 21 ans accomplis, sans que le consentement des pères et mères, celui des aïeuls et aïeules, et celui de la famille, dans le cas où ils sont requis, soient énoncés dans l'acte de mariage, seront, à la diligence des parties intéressées et du procureur impérial près le tribunal de première instance du lieu où le mariage aura été célébré, condamnés à l'amende portée par l'article 192, et, en outre, à un emprisonnement dont la durée ne pourra être moindre de six mois (C. Nap., art. 156).

Lorsqu'il n'y aura pas eu d'actes respectueux, dans les cas où ils sont prescrits, l'officier de l'état civil qui aurait célébré le mariage, sera condamné à la même amende, et à un emprisonnement qui ne pourra être moindre d'un mois (C, Nap., art. 157).

LOI SARDE.

On observera, au surplus, par rapport à ces fiançailles et à ces mariages, ainsi que pour les effets qui en dérivent, toutes les dispositions contenues dans le présent titre (art. 106 à 150), qui peuvent s'y appliquer (C. civ., art. 150).

.... A l'égard des mariages que les sujets du Roi auraient contractés en pays étranger, on devra justifier qu'ils ont été célébrés conformément aux lois de l'église catholique, à moins qu'il ne s'agisse de sujets non catholiques (C. civ., art. 64).

Les dispositions contenues aux articles 148 et 149, et les dispositions des articles 151, 152, 153, 154 et 155, relatives à l'acte respectueux qui doit être fait aux père et mère dans le cas prévu par ces articles, sont applicables aux enfants naturels légalement reconnus (C. N., art. 158).

L'enfant naturel qui n'a point été reconnu, et celui qui, après l'avoir été, a perdu ses père et mère, ou dont les père et mère ne peuvent manifester leur volonté, ne pourra, avant l'âge de 21 ans révolus, se marier qu'après avoir obtenu le consentement d'un tuteur *ad hoc* qui lui sera nommé (C. N., art. 159).

S'il n'y a ni père ni mère, ni aïeuls ni aïeules, ou s'ils se trouvent dans l'impossibilité de manifester leur volonté, les fils ou filles mineurs de 21 ans ne peuvent contracter mariage sans le consentement du conseil de famille (160).

En ligne directe, le mariage est prohibé entre tous les ascendants et descendants légitimes ou naturels, et les alliés dans la même ligne (161).

En ligne collatérale, le mariage est prohibé entre le frère et la sœur légitimes ou naturels, et les alliés au même degré (162).

Le mariage est encore prohibé entre l'oncle et la nièce, la tante et le neveu (163).

Néanmoins, il est loisible à l'Empereur de lever, pour des causes graves, les prohibitions portées par l'article 162 aux mariages entre beaux-frères et belles-sœurs, et par l'article 163, aux mariages entre l'oncle et la nièce, la tante et le neveu (164).

Le mariage sera célébré publiquement, devant l'officier civil du domicile de l'une des deux parties (165).

Les deux publications ordonnées par l'article 63, au titre *des Actes de l'Etat civil,* seront faites à la municipalité du lieu où chacune des parties contractantes aura son domicile (166).

Néanmoins, si le domicile actuel n'est établi que par six mois de résidence, les publications seront faites en outre à la municipalité du dernier domicile (167).

Si les parties contractantes, ou l'une d'elles, sont, relativement au mariage, sous la puissance d'autrui, les publications seront encore faites à la municipalité du domicile de ceux sous la puissance desquels elles se trouvent (168).

Il est loisible à l'Empereur ou aux officiers qu'il préposera à cet effet, de dispenser, pour des causes graves, de la seconde publication (169).

Le mariage contracté en pays étranger entre Français, et entre Français et étrangers, sera valable, s'il a été célébré dans les formes usitées dans le pays , pourvu qu'il ait été précédé des publications prescrites par l'article 63, au titre *des Actes de l'État civil*, et que le Français n'ait point contrevenu aux dispositions contenues au chapitre précédent (170).

Dans les trois mois après le retour du Français sur le territoire de l'Empire , l'acte de célébration du mariage contracté en pays étranger sera transcrit sur le registre public des mariages du lieu de son domicile (171).

Le droit de former opposition à la célébration du mariage, appartient à la personne engagée par mariage avec l'une des deux parties contractantes (172).

Le père, et à défaut du père, la mère, et à défaut de père et mère, les aïeuls et aïeules, peuvent former opposition au mariage de leurs enfants et descendants, encore que ceux-ci aient 25 ans accomplis (173).

A défaut d'aucun ascendant, le frère ou la sœur, l'oncle ou la tante, le cousin ou la cousine germains, majeurs, ne peuvent former aucune opposition que dans les deux cas suivants :—1° Lorsque le consentement du conseil de famille, requis par l'article 160, n'a pas été obtenu ;—2° Lorsque l'opposition est fondée sur l'état de démence du futur époux , cette opposition , dont le tribunal pourra prononcer main-levée pure et simple, ne sera jamais reçue qu'à la charge, par l'opposant, de provoquer l'interdiction, et d'y faire statuer dans le délai qui sera fixé par le jugement (174).

Dans les deux cas prévus par le précédent article, le tuteur ou curateur ne pourra , pendant la durée de la tutelle ou curatelle, former opposition qu'autant qu'il y aura été autorisé par un conseil de famille, qu'il pourra convoquer (175).

Tout acte d'opposition énoncera la qualité qui donne à l'opposant le droit de la former ; il contiendra élection de domicile dans le lieu où le mariage devra être célébré ; il devra également , à moins qu'il ne soit fait à la requête d'un ascendant, contenir les motifs de l'opposition : le tout à peine de nullité, et de l'interdiction de l'officier ministériel qui aurait signé l'acte contenant opposition (176).

Le tribunal de première instance prononcera dans les dix jours sur la demande en main-levée (177).

S'il y a appel, il y sera statué dans les dix jours de la citation (178).

Si l'opposition est rejetée, les opposants, autres néanmoins que les ascendants, pourront être condamnés à des dommages-intérêts (179).

Le mariage qui a été contracté sans le consentement libre des deux époux, ou de l'un d'eux, ne peut être attaqué que par les époux, ou par celui des deux dont le consentement n'a pas été libre. — Lorsqu'il y a eu erreur dans la personne, le mariage ne peut être attaqué que par celui des deux époux qui a été induit en erreur (180).

Dans le cas de l'article précédent, la demande en nullité n'est plus recevable, toutes les fois qu'il y a eu cohabitation continuée pendant six mois depuis que l'époux a acquis sa pleine liberté ou que l'erreur a été par lui reconnue (181).

Le mariage contracté sans le consentement des père et mère, des ascendants, ou du conseil de famille, dans les cas où ce consentement était nécessaire, ne peut être attaqué que par ceux dont le consentement était requis, ou par celui des deux époux qui avait besoin de ce consentement (182).

L'action en nullité ne peut plus être intentée ni par les époux, ni par les parents dont le consentement était requis, toutes les fois que le mariage a été approuvé expressément ou tacitement par ceux dont le consentement était nécessaire, ou lorsqu'il s'est écoulé une année sans réclamation de leur part, depuis qu'ils ont eu connaissance du mariage. Elle ne peut être intentée non plus par l'époux, lorsqu'il s'est écoulé une année sans réclamation de sa part, depuis qu'il a l'âge compétent pour consentir par lui-même au mariage (183).

Tout mariage contracté en contravention aux dispositions contenues aux articles 144, 147, 161, 162 et 163, peut être attaqué

11

soit par les époux eux-mêmes, soit par tous ceux qui y ont intérêt, soit par le ministère public (184).

Néanmoins le mariage contracté par des époux qui n'avaient
point encore l'âge requis, ou dont l'un des deux n'avait point atteint cet âge, ne peut plus être attaqué, 1° lorsqu'il s'est écoulé
six mois depuis que cet époux ou les époux ont atteint l'âge compétent ; 2° lorsque la femme qui n'avait point cet âge, a conçu
avant l'échéance de six mois (185).

Le père, la mère, les ascendants et la famille qui ont consenti
au mariage contracté dans le cas de l'article précédent, ne sont
point recevables à en demander la nullité (186).

Dans tous les cas où, conformément à l'article 184, l'action en
nullité peut être intentée par tous ceux qui y ont un intérêt, elle
ne peut l'être par les parents collatéraux, ou par les enfants nés
d'un autre mariage, du vivant des deux époux, mais seulement
lorsqu'ils y ont un intérêt né et actuel (187).

L'époux au préjudice duquel a été contracté un second mariage,
peut en demander la nullité, du vivant même de l'époux qui était
engagé avec lui (188).

Si les nouveaux époux opposent la nullité du premier mariage,
la validité ou la nullité de ce mariage doit être jugée préalablement (189).

Le procureur impérial, dans tous les cas auxquels s'applique
l'article 184, et sous les modifications portées en l'article 185,
peut et doit demander la nullité du mariage, du vivant des deux
époux, et les faire condamner à se séparer (190).

Tout mariage qui n'a point été contracté publiquement, et qui
n'a point été célébré devant l'officier public compétent, peut être
attaqué par les époux eux-mêmes, par les père et mère, par les
ascendants, et par tous ceux qui y ont un intérêt né et actuel,
ainsi que par le ministère public (191).

Si le mariage n'a point été précédé des deux publications requises, ou s'il n'a pas été obtenu des dispenses permises par la loi,
ou si les intervalles prescrits dans les publications et célébrations

n'ont point été observés, le procureur impérial fera prononcer contre l'officier public une amende qui ne pourra excéder trois cents francs; et contre les parties contractantes, ou ceux sous la puissance desquels elles ont agi, une amende proportionnée à leur fortune (192).

Les peines prononcées par l'article précédent seront encourues par les personnes qui y sont désignées, pour toute contravention aux règles prescrites par l'article 165, lors même que ces contraventions ne seraient pas jugées suffisantes pour faire prononcer la nullité du mariage (193).

Nul ne peut réclamer le titre d'époux et les effets civils du mariage, s'il ne représente un acte de célébration inscrit sur le registre de l'état civil; sauf les cas prévus par l'article 46, au titre *des Actes de l'état civil* (194).

La possession d'état ne pourra dispenser les prétendus époux qui l'invoqueront respectivement, de représenter l'acte de célébration du mariage devant l'officier de l'état civil (195).

Lorsqu'il y a possession d'état, et que l'acte de célébration du mariage devant l'officier de l'état civil est représenté, les époux sont respectivement non recevables à demander la nullité de cet acte (196).

Si néanmoins, dans le cas des articles 194 et 195, il existe des enfants issus de deux individus qui ont vécu publiquement comme mari et femme, et qui soient tous deux décédés, la légitimité des enfants ne peut être contestée sous le seul prétexte du défaut de représentation de l'acte de célébration, toutes les fois que cette légitimité est prouvée par une possession d'état qui n'est point contredite par l'acte de naissance (197).

Lorsque la preuve d'une célébration légale du mariage se trouve acquise par le résultat d'une procédure criminelle, l'inscription du jugement sur les registres de l'état civil assure au mariage, à compter du jour de sa célébration, tous les effets civils tant à l'égard des époux, qu'à l'égard des enfants issus de ce mariage (198).

Si les époux ou l'un d'eux sont décédés sans avoir découvert la fraude, l'action criminelle peut être intentée par tous ceux qui ont intérêt de faire déclarer le mariage valable , et par le procureur impérial (199).

Si l'officier public est décédé lors de la découverte de la fraude, l'action sera dirigée au civil contre ses héritiers, par le procureur impérial, en présence des parties intéressées, et sur leur dénonciation (200).

Le mariage qui a été déclaré nul, produit néanmoins les effets civils, tant à l'égard des époux qu'à l'égard des enfants, lorsqu'il a été contracté de bonne foi (201).

Si la bonne foi n'existe que de la part de l'un des deux époux, le mariage ne produit les effets civils qu'en faveur de cet époux et des enfants issus du mariage (202).

C'est aux articles 170 et 171 du Code Napoléon qu'il faut se rapporter pour reconnaître à quelles conditions le mariage peut être contracté en pays étranger entre Français et entre Français et étrangers. Toutefois ces articles ne doivent pas être appliqués trop rigoureusement. On a soutenu , il est vrai , et on a même jugé bien des fois que l'inexécution des conditions sous lesquelles l'article 170 valide le mariage contracté en pays étranger par des Français, doit le faire annuler. Cela a été jugé notamment dans le cas où le mariage n'avait pas été précédé de publications. La doctrine a généralement repoussé cette application rigoureuse de notre article, et la jurisprudence de nos jours, laissant au juge l'appréciation des circonstances, admet que le mariage n'est pas nul de

plein droit pour défaut de publications et d'actes respectueux , et que la nullité ne doit être prononcée que
lorsque l'omission de ces formalités a eu lieu à dessein
et dans l'intention de faire fraude à la loi française.

Le défaut de transcription sur les registres de l'état
civil, conformément à l'article 171 du Code Napoléon ,
ne saurait non plus entraîner la nullité du mariage :
c'est ce qu'a toujours reconnu la Cour suprême ; seulement d'après une circulaire du garde des sceaux, du 7
mai 1822, après le délai de trois mois, la transcription
ne pourrait plus se faire qu'après avoir été autorisée par
un jugement.

Le mariage des Français à l'étranger doit être célébré
devant le fonctionnaire local compétent. Dans les pays
régis par la loi canonique il peut être célébré par le curé
ou autre prêtre compétent ; et enfin lorsqu'il s'agit d'un
mariage à l'étranger d'un Français et d'une Française ,
les agents diplomatiques ou consuls français ont également qualité pour y présider et le constater.

Telles sont les principales règles qui résultent de nos
lois en ce qui concerne le mariage contracté par un Français en pays étranger.

Quelques mots sur les mariages contractés en France
par des étrangers.

Nos lois sont muettes à ce sujet.

Lors de la discussion de la loi sur le mariage, le premier consul demanda pourquoi on ne s'expliquait pas sur les mariages contractés en France par des étrangers. M. V. Réal se borna à répondre : « C'est parce que un article déjà adopté par le conseil (art. 3, C. N.) décide en général que les étrangers résidant en France sont soumis aux lois françaises ; l'officier de l'état civil 'ne peut en connaître d'autres. » On se borna à cette observation générale.

Il résulte de la nature de cet acte qu'on ne saurait contester la légalité de sa célébration en France.

D'après les divers principes généraux admis en ces matières, ces actes, quant à la forme , dépendent des lois françaises ; quant à leur validité intrinsèque et à la capacité des contractants , ils sont régis par la loi du statut personnel.

Ce n'est pas que l'officier de l'état civil devant lequel se présenteront les conjoints ait à demander d'autres justifications que celles qui sont exigées par la loi française ; mais l'étranger en rentrant chez lui pourra voir rompre une union contractée en violation des lois de son pays. Pour éviter un si fâcheux résultat et empêcher des régnicoles de contracter avec des étrangers des mariages qui peuvent être ainsi annulés, M. le garde des sceaux, par sa circulaire du 4 mars 1831, exigeait que tout étranger non naturalisé qui voudrait désormais se marier en France, justifiât par un certificat des autorités du lieu de sa naissance ou de son dernier domicile dans sa patrie, qu'il était apte, d'après la loi de son pays , à contracter mariage avec la personne qu'il se proposait d'épouser. En cas de contestations , les tribunaux compétents étaient appelés à statuer. Cette instruction, dictée surtout dans le but d'assurer la validité de mariages contractés de bonne foi par des femmes françaises avec des Suisses, Badois, Bavarois, etc., a été considérée par les tribunaux comme ajoutant aux prescriptions de la loi et ne pouvant être appliquée par eux. La circulaire du 16 février 1855, conforme à celle du 11 avril 1844, s'est bornée à prescrire aux officiers de l'état civil d'exposer aux parties les dangers qu'elles courent , leur enjoignant de passer outre si elles persistent.

Au surplus , ce n'est point à l'occasion des mariages avec les Sardes que ces instructions avaient été données. En ce qui concerne les Sardes , le garde des sceaux , dans une lettre au procureur du roi près le tribunal de la Seine, du 12 décembre 1831, reproduite dans la circulaire transmise par ce magistrat aux maires de son ressort , disait au contraire formellement que « le certificat exigé par la circulaire du 4 mars 1831, était sans objet à l'égard des sujets du roi de Sardaigne suivant la législation qui les régit. La lettre ajoutait toutefois :

Les mariages des Sardes, pour être valables, doivent être autorisés par le droit canonique, et de plus être célébrés avec toutes les formalités du culte qu'ils professent ; mais comme la loi française ne permet pas que le mariage religieux précède le mariage civil', il suffira désormais, à l'égard des sujets sardes qui désireraient se marier, de constater leur capacité légale d'après le droit canonique, et de prévenir en outre les futurs des conditions requises par la législation étrangère. »

Cette lettre ministérielle qui n'a été transmise qu'au procureur du roi près le tribunal de la Seine, donne plutôt des instructions et des conseils aux maires qu'elle ne leur fait des injonctions. Quels moyens auront-ils pour constater la capacité légale des Sardes ? — Comment la plupart d'entre eux pourront-ils prévenir les futurs des conditions requises par la législation étrangère ?

Un avis du Conseil d'Etat du 20 décembre 1823 , par application de l'article 167 du Code Napoléon, décide que « Les étrangers majeurs qui n'ont pas acquis de domicile en France par une résidence de plus de six mois, sont tenus de faire faire à leur dernier domicile à l'étranger les publications préalables à la célébration de leur mariage. Ces publications doivent avoir lieu suivant les formes usitées dans chaque pays, et leur accomplissement doit être constaté par un acte émané des autorités locales. »

Les étrangers qui se marient en France peuvent suppléer par des actes de notoriété à ceux qu'ils ne peuvent produire (L. 14 sept. 1793; C. Nap., art. 70; Lettre min. du 30 frim. an XII, et Circ. min. du 7 juin 1806).

L'administration qui est désarmée lorsque l'étranger se présente en France pour y contracter mariage , en remplissant toutes les conditions voulues par la loi française, est armée d'un droit d'examen plus étendu lorsque l'étranger est dans un des cas où le mariage ne peut avoir lieu qu'après avoir obtenu des dispenses du gouvernement. Dans ce cas, les dispenses ne sont accordées que lorsque l'étranger, ayant complètement satisfait aux lois de son pays, contracte une union indissoluble. On exige même que les dispenses soient accordées à l'étranger par son propre gouvernement. C'est ce qu'a décidé la circulaire ministérielle du 26 février 1840 , aux termes de laquelle les regnicoles auraient seuls qualité pour invoquer certaines exceptions introduites dans la loi civile. Une décision ministérielle du 4 juillet 1844 porte formellement qu'un Sarde doit se pourvoir préalablement auprès de son gouvernement pour obtenir les dispenses nécessaires pour pouvoir épouser en France sa belle-sœur. Et de pareilles dispenses ne sont accordées par le gouvernement sarde que lorsqu'elles ont été obtenues du Saint-Siége, après avoir été demandées par l'évêque du diocèse et par voie d'exequatur des dispenses délivrées par la Cour de Rome (Let. min. du 23 mai 1857).

D'après la loi sarde, les mariages devant être célébrés conformément aux lois de l'église catholique, à moins qu'il ne s'agisse de sujets non catholiques ; il y a donc lieu d'indiquer quelles sont ces lois, je le ferai très-rapidement et en me bornant à rappeler les règles principales, c'est aux traités spéciaux et aux ministres du culte que l'on devra recourir en cas de difficultés.

L'âge requis pour contracter mariage est l'âge de puberté, fixé d'après l'ancienne législation et le droit romain que l'on a pris pour règle pour déterminer un âge certain, à quatorze ans révolus pour les garçons et douze ans révolus pour les filles.

Le consentement des parties est de l'essence du mariage, il peut être détruit par la violence et l'erreur.

Le consentement des parents n'est pas requis par la loi canonique à peine de nullité, mais la loi sarde a puni par la perte de droits successifs, les enfants qui manqueraient à la déférence et au respect qu'ils doivent à leurs parents en se mariant contre leur gré.

La polygamie successive est autorisée, en ce sens que

l'époux survivant peut passer à un nouveau mariage; la polygamie simultanée est formellement prohibée.

En ligne directe, la parenté légitime ou naturelle à quelque degré que ce soit est un empêchement de mariage.

En ligne collatérale, le mariage est prohibé entre parents jusqu'au quatrième degré inclusivement.

L'affinité qui provient d'un mariage ou d'un commerce illicite est, d'après la loi canonique, un empêchement dirimant en ligne directe et en ligne collatérale ; l'empêchement résultant de l'affinité, s'étend jusqu'au quatrième degré, si elle provient d'une union légitime : il s'arrête au deuxième degré, si l'affinité provient d'un commerce illicite.

Le mariage est interdit entre l'adoptant et l'adopté et les alliés au même degré, même entre l'adopté et les enfants de l'adoptant, tant que subsiste l'adoption.

La loi canonique admet encore comme empêchement : la parenté spirituelle, la disparité du culte, l'honnêteté publique, le crime, la clandestinité pour défaut de présence du propre curé, le vœu, l'ordre.

Des dispenses peuvent être accordées dans les divers cas d'empêchement ; les lois canoniques ont déterminé quels sont ces cas et réglé à qui elles devaient être demandées et par qui elles devaient être accordées.

Pendant certaines époques de l'année (l'Avent et le

Carême), il est défendu de procéder à la célébration des mariages.

La célébration doit être précédée de trois publications faites dans l'église paroissiale de chacun des futurs époux. L'évêque peut accorder des dispenses même pour les publications, et l'omission de ces publications n'entraîne pas la nullité du mariage.

Les deux parties déclarent devant leur propre curé, et en présence de deux témoins au moins, leur volonté de se prendre pour mari et femme. Cette formalité est substantielle ; sans son accomplissement le mariage est nul.

C'est ce qu'ont jugé la Cour d'Aix, le 27 juin 1838, et la Cour de Montpellier, le 15 janvier 1839, ne fesant que se conformer rigoureusement aux prescriptions du Concile de Trente et à l'avis unanime des docteurs.

Lorsque les parties ne sont pas de la même paroisse, il suffit que la déclaration soit faite en présence de témoins devant le curé de l'une d'elles.

C'est le curé qui a reçu la déclaration des futurs, ou le prêtre délégué par lui, qui procède à la bénédiction du mariage. Au surplus, la bénédiction n'est pas une formalité substantielle, et le refus du prêtre de la donner, ou des parties de la recevoir, ne saurait entraîner de nullité.

Il en est de même de la constatation de la déclaration

des parties sur les registres tenus à l'église , elle a lieu *probationis causâ* seulement; c'est aussi avec beaucoup de raison que la Cour de Bordeaux, 4 août 1831, a jugé que le mariage contracté par un Français dans un pays régi , quant à la solennité des mariages par le Concile de Trente, était valable bien que l'acte de célébration ne fût signé ni par les parties, ni par le prêtre célébrant; la même règle, se trouve appliquée dans l'arrêt de rejet du 16 juin 1829.

La loi sarde, comme nous l'avons vu dans son texte, ne défend point de se marier à l'étranger ; elle indique seulement par l'article 64 du Code civil, à quelles conditions est subordonnée la validité de ce mariage : conditions qui doivent être religieusement accomplies , car elles sont édictées dans des matières qui font partie du statut personnel accompagnant le Sarde sur le sol français.

Le mariage doit avoir lieu devant le propre curé , mais par propre curé il faut entendre celui du domicile réel ou putatif de l'une des parties; il suit de là que rien ne s'oppose à ce qu'un sujet sarde contracte valablement mariage devant le curé de la paroisse à laquelle appartient son conjoint; donc le mariage contracté à l'étranger devant le propre curé du conjoint étranger est valable. Ce mariage sera encore valable lorsque le propre

curé Sarde, après avoir fait les publications , aura consenti à la célébration du mariage par le curé qui y a
procédé, car ce dernier serait alors son délégué. Enfin,
le mariage serait encore valable si le sujet sarde avait
acquis dans le pays étranger un domicile bien antérieur
au mariage (Fœlix, *Traité du droit international*, édit.
de 1856, p. 454 et 482).

Il n'était pas sans intérêt d'entrer dans ces détails sur
les conditions de la validité des mariages contractés par
des Francais et des Sardes en Sardaigne et en France ,
car ils sont très-fréquents ; je ne citerai à ce sujet que
le document suivant que me fournissent les comptes-
rendus des travaux de la société de St François-Régis ,
qui prête un secours si actif et si louable aux mariages
des indigents et des personnes dont les relations équivoques ont besoin d'être régularisées.

*Mariages célébrés par les soins de la société de St François-
Régis, à Marseille.*

NATIONALITÉ DES CONJOINTS.	De l'époque de la fondation de la Société à 1850.	En 1851	En 1852	En 1853
Entre Français et Françaises . .	1631	279	225	246
Entre Français et Sardes. . . .	141	25	23	24
Entre Sardes et Français. . . .	291	43	35	43
Entre Sardes et Sardes. . . . ,	366	43	50	45
Entre Français et div. nations .	79	32	17	25
Entre étrangers de div. nations	133	11	6	12
Totaux.	2661	433	356	395

En m'occupant ici des droits de famille, qu'on me permette d'entrer dans quelques détails sur des questions qui se rapportent, il est vrai, plutôt aux droits de propriété, mais qui ont une si intime liaison avec le mariage, que j'ai bien quelque raison de les placer ici. Je veux parler des intérêts civils qui naissent du mariage, ou soit des contrats nuptiaux.

Dans ces matières les futurs étant libres d'adopter les conditions qu'ils jugent convenable de choisir pour déterminer leurs intérêts civils, les tribunaux, en cas de difficultés, doivent, pour fixer le régime auquel les époux se sont soumis, rechercher leur commune intention. Je ne redirai pas ici toutes les espèces dans lesquelles ce principe a été appliqué ; je me borne à indiquer certaines affaires dans lesquelles on l'a proclamé alors qu'il s'agissait de mariages contractés entre des Français et des Sardes, encore ne citerai-je que les espèces les plus récentes.

En 1821 le sieur Raibaldi et la demoiselle Vatticone tous deux originaires de Gênes et domiciliés depuis longtemps en France, se marient à Toulon sans contrat de mariage. La femme Raibaldi meurt en 1832 laissant plusieurs enfants ; l'un d'eux, seul survivant en 1853, forme à cette époque contre son père une demande en partage de la communauté qui aurait existé aux termes

de l'article 1393 du Code Napoléon entre ledit Raibaldi
et sa femme. Raibaldi père s'oppose à ce que cette demande soit accueillie, se fondant sur ce que, sa femme et
lui étant étrangers et n'ayant jamais été naturalisés, leur
mariage était régi par le statut génois et les lois sardes,
qui n'admettent point le régime de la communauté de
biens dans le cas de mariage sans convention matrimo-
niale.

Le tribunal de Toulon repousse cette exception en posant en principe, que lorsque des étrangers, quoique non
naturalisés, mais domiciliés en France, y contractent
mariage sans régler par acte leurs conventions matrimoniales, la communauté légale a lieu entre les personnes.

Raibaldi se pourvoit contre ce jugement devant la Cour
d'Aix ; suivant lui, les lois personnelles suivent les citoyens en quelque lieu qu'ils se trouvent, et par suite son
état et sa capacité étaient régis par la loi sarde qui n'admet pas la communauté légale. Arrêt du 27 novembre 1854, ainsi conçu :

Attendu qu'à défaut de stipulations écrites, les effets du mariage
de deux étrangers établis et domiciliés en France au moment de
leur union se règlent, quant aux biens, par la convention tacite
qui est présumée leur avoir fait adopter le régime de notre communauté légale, *alors surtout que d'autres circonstances viennent confirmer cette présomption;* attendu que l'intention qu'ont
eue les époux Raibaldi, en se mariant à Toulon, loin de leur do-

micile respectif, d'adopter la communauté qui règle en France l'association conjugale formée sans contrat de mariage, ne saurait être douteuse en présence des faits de sa cause, tels qu'ils sont exposés dans les qualités du jugement dont est appel; attendu que Raibaldi l'a ainsi reconnu lui-même, d'une manière formelle, dans plusieurs actes et déclarations émanés de lui, à la suite du décès de son épouse, et notamment dans un exploit du 11 janvier 1853, par lequel il a actionné sa fille aujourd'hui décédée, devant le tribunal, à l'effet d'entendre ordonner le partage des biens meubles et immeubles composant la communauté légale ayant existé entre lui et la dame Vattuone son épouse.

Autre espèce : Fraix, sujet sarde, né à Plancherine en Savoie, s'établit à Paris en 1810 pour y exercer la profession de commissionnaire; il se marie sans contrat en 1842 à Paris avec la demoiselle Lesigne, française.

En 1848 Fraix qui n'était ni naturalisé, ni autorisé à établir son domicile en France, est compris dans l'arrêté d'expulsion rendu le 19 mars à l'encontre de tous les étrangers, et il est obligé de quitter la France, où il revient plus tard et meurt le 29 mars 1854. Il s'agit de liquider sa succession : sa veuve soutient qu'elle se trouve mariée de plein droit et par l'effet de la loi française, sous le régime de la communauté légale, les héritiers Fraix demandent qu'on leur applique la loi sarde; ils échouent en première instance et en appel; ils se pourvoyent en cassation où ils sont encore déboutés le 4 mars 1857 par l'arrêt de rejet ainsi conçu :

12

Attendu que l'arrêt attaqué, a, dans sa première partie reconnu et décidé que Fraix, savoisien, et Lesigne, française, mariés le 14 juillet 1842 à Paris, sans avoir fait de contrat de mariage, devaient, à raison d'un ensemble de circonstances qui révélaient leur volonté commune, et notamment à raison de la fixation de leur domicile matrimonial en France, être réputés avoir adopté le régime de la communauté légale, tel qu'il est réglé par le Code Napoléon.

Attendu que si, en général, la soumission des intérêts civils des époux à tel ou tel régime dépend de leur volonté qu'il appartient aux juges de reconnaître lorsqu'elle n'a point été exprimée dans leur contrat de mariage, les demandeurs prétendent qu'il n'en pouvait être ainsi dans l'espèce, par le motif que Laurent Fraix, étant resté sujet sarde, aurait été, d'après le principe consacré par l'article 3 du Code Napoléon, enchaîné même en France par la prohibition du Code civil du royaume de Sardaigne qui défend, article 1573, de contracter une communauté universelle de biens autre que celle des acquêts.

Attendu que, pour apprécier ce moyen, il importe de rechercher si comme le prétendent les demandeurs, l'article précité du Code sarde forme un de ces statuts qui ayant pour objet de régler l'état et la capacité générale des personnes suivent partout celles qui en sont affectées, ou s'il ne rentre pas plutôt dans la catégorie des statuts réels, qui, s'occupant principalement des biens, s'arrêtent dans leurs effets aux limites de la souveraineté dans laquelle ils sont établis.

Attendu que le statut dont il s'agit, qui se combine dans le Code sarde avec l'institution du régime dotal, n'a pas pour objet de régler la capacité ou l'incapacité générale des personnes, puis qu'il ne leur interdit qu'une espèce de convention, celle de la communauté conjugale par rapport à une classe de biens seulement; qu'il a pour objet de fixer le sort de ces biens, d'empêcher qu'ils cessent d'être propres à l'un des époux exclusivement à l'autre et par là d'en assurer la conservation dans la même famille; qu'ainsi la prohibition établie par l'article 1573 du Code civil de la Sardaigne constitue un statut réel qui n'aurait pu avoir de force obligatoire que relativement aux biens situés dans les Etats Sardes, au cas où Laurent Fraix y aurait conservé des propriétés; d'où il suit qu'en donnant effet à la communauté conjugale adoptée par les époux Fraix en France, l'arrêt attaqué s'est conformé aux principes de la matière et n'a violé ni l'article 3 du Code Napoléon, ni aucune autre loi.

L'application de ces principes a été faite plus récemment encore par le tribunal de la Seine le 16 février 1859. Par son jugement, ce tribunal a encore reconnu que le choix du régime auquel doivent être soumis les intérêts civils des étrangers qui se marient en France dépend de leur volonté, qu'en l'absence du contrat, il appartient au juge de rechercher.

Le sieur Despras-Desplace, savoisien, marié en France en 1824 sans contrat de mariage, est mort en 1857 laissant des biens en Piémont et en France; quant aux premiers, d'après sa veuve, ils devaient être régis exclusivement par la loi sarde pour déterminer la quotité revenant aux ayants droit : quant aux biens qui se trouvaient en France, la veuve prétendait que, s'étant mariée sans contrat, elle devait être considérée comme commune en biens et prendre à ce titre la moitié de ces valeurs. On lui répondait : les époux sont sardes, leur statut personnel est le statut sarde; c'est la loi sarde qu'il faut appliquer pour déterminer le régime auquel ils sont soumis.

Jugement qui repousse ce dernier système.

Attendu en droit que le choix du régime auquel doivent être soumis les intérêts civils des époux dépend de leur volonté, qu'il appartient aux juges de reconnaître quand elle n'a pas été manifestée par un contrat de mariage;

Attendu que peu importe si les époux sont étrangers alors qu'il résulte des circonstances qu'ils ont entendu fixer leur domicile en France et accepter par cela même le régime de la communauté établi par la loi de ce domicile;

Attendu qu'il n'y a pas lieu de s'arrêter d'avantage à l'objection tirée de cette circonstance que l'établissement du domicile en France n'aurait pas été autorisé par le gouvernement. Qu'en effet cette autorisation a uniquement pour objet de conférer à l'étranger tous les droits civils appartenant aux nationaux, droits qui ne lui sont pas nécessaires pour le règlement des conventions matrimoniales, purement du droit des gens;

Attendu qu'il est constant en fait que les époux Despraz-Desplaces étaient déjà domiciliés en France lorsque leur mariage a été, sans contrat préalable, célébré le 6 janvier 1824 à Paris, que le mari n'a pas cessé de demeurer depuis dans ladite ville avec sa femme, qu'il y a formé un établissement de loueur de voitures, établissement qu'il a exploité jusqu'au 10 août 1857, jour de son décès;

Attendu que ces circonstances démontrent suffisamment que les deux époux avaient bien entendu fixer leur domicile matrimonial en France et soumettre leurs intérêts civils à la communauté légale établie par la loi française;

Qu'il y a donc lieu d'ordonner qu'il sera tout à la fois procédé à la liquidation tant de la succession de Despras-Desplaces que de la communauté ayant existé entre lui et sa veuve.

C'est encore cette intention qu'il faut consulter si le mariage était contracté par un Français en Sardaigne. Ainsi en 1852, Prost, négociant à Caluire près Lyon, se marie à Aix-les-Bains en Savoie avec la demoiselle Rous-

seau, et le contrat rédigé à Aix chez un notaire du lieu
porte une communauté d'acquêts, une constitution de
dot de 105,000 fr., et pour le reste les futurs s'en réfèrent
aux dispositions du Code civil. De quel Code civil a-t-
on entendu parler ; est-ce du Code civil français ou du
Code civil sarde? Telle était la question soumise au tribunal de Lyon; il fut répondu par jugement du 10 mars
1859, que Prost étant un négociant français établi à
Lyon, et Louise Rousseau devenant Française par son
mariage, et les époux ayant l'intention arrêtée de fixer
leur domicile en France, peu importait que le contrat eût
été rédigé devant un notaire sarde, toutes les circonstances se réunissant pour démontrer que les conjoints a-
vaient voulu se soumettre à la loi française, c'était cette
loi qui régissait leurs intérêts.

Il faut donc dans tous les cas s'en référer à la commune intention des parties pour déterminer la loi qui
règle l'association conjugale. Les futurs se sont-ils mariés avec l'intention de demeurer dans le pays où le mariage a eu lieu ; c'est à défaut de contrat le régime en
vigueur dans ce pays sous lequel les époux se trouveront
placés (*sic* pour un mariage contracté en Toscane par
un Français, Cass. 11 juillet 1855, Giovanetti). A-t-on
quitté le pays où le mariage a été contracté immédiatement après sa célébration pour retourner dans le pays

auquel appartient le futur et alors que ce retour était convenu entre les parties au moment du mariage, c'est la loi du pays du futur qu'il faudra suivre. C'est ce qu'ont enseigné Pothier, Toullier, Duranton, Rodière et Pont etc. Ces derniers auteurs ajoutent que s'il y a doute sur l'intention commune, la femme est censée avoir a-dopté la loi personnelle du mari dont elle a voulu suivre les destinées.

Lorsque les époux ont contracté sous l'empire d'une loi à laquelle ils ont entendu se soumettre, ils ne peuvent modifier leur régime conjugal en changeant leur domicile et le plaçant dans un pays soumis à une législation différente; c'est ce qu'a jugé la Cour de Cassation, notamment le 30 janvier 1854.

Du moment où il est reconnu que le Sarde en se mariant en France sans contrat de mariage a entendu se soumettre à la loi française ; pendant la durée de l'association conjugale les époux pourront valablement faire tous les actes autorisés par la loi française. Cela a été jugé dans l'affaire Fraix, que nous indiquions tantôt; ajoutons ici que Fraix, Sarde, après s'être établi en France en 1810 et s'y être marié en 1842 sans contrat de mariage, avait par acte notarié du 6 août 1844 fait à sa femme un acte de donation de l'usufruit de tous les biens qu'il laisserait à son décès; le même acte

constatait une donation réciproque de la femme en faveur du mari; au décès de ce dernier la femme avait
demandé le partage de la communauté et elle avait demandé à profiter de la donation de 1844; j'ai déjà dit
qu'on avait contesté la demande en partage sur le motif
que Fraix, sujet Sarde, était soumis à défaut de conventions matrimoniales à la loi sarde qui n'admettait pas
la communauté; exception qui avait été repoussée. J'a-
joute que l'on contestait également la validité de la donation en se fondant sur ce qu'elle violait les dispositions
du Code civil sarde. Cette seconde prétention a aussi été
repoussée en première instance, en appel et même en
cassation. Voici à cet effet comment s'exprime la Cour
suprême dans son arrêt du 4 mars 1857 :

Attendu que les hoirs Fraix soutiennent, que l'arrêt attaqué qui
accorde également effet à la donation entre vifs faite par Laurent
Fraix de l'usufruit de ses biens à sa femme, par acte passé devant
un notaire à Paris le 6 août 1844, présenterait une violation de
l'article 3 du Code Napoléon et par suite, de l'article 1185 du Code
civil de la Sardaigne, lequel ne permet pas aux époux de se faire
des libéralités pendant le cours du mariage, si ce n'est par acte de
dernière volonté, dans les formes et suivant les règles prescrites
pour ces actes;

Attendu qu'en admettant, comme le prétendent les demandeurs,
que la prohibition de l'article 1185 du Code civil sarde ait pour objet de restreindre la disponibilité des biens entre époux afin d'en
assurer la conservation aux héritiers du sang, elle ne constituerait
encore qu'un statut réel en harmonie avec le statut prohibitif de la

communauté conjugale, empreint du même caractère et circonscrit quant à son application dans les mêmes limites. D'où il suit qu'en décidant que la donation dont il s'agit recevrait son effet sur les biens délaissés en France par Laurent Fraix, l'arrêt attaqué, s'est conformé aux principes de la matière et n'a violé ni l'article 3 du Code Napoléon, ni aucune autre loi.

Les principes que nous venons de poser sont admis par Mansord : « La femme, nous dit-il (t. 2, p. 26), sait en se mariant qu'elle passe sous la puissance maritale et que son époux sera le chef de la maison. C'est donc à lui qu'elle rapporte toutes ses pensées, toutes ses affections; c'est donc aux lois qui doivent le régir, et par conséquent aux lois de son domicile qui sera aussi le sien, qu'elle entend se soumettre, et qu'elle se soumet effectivement, par-là même qu'elle s'oblige d'habiter avec lui, et qu'elle lui promet obéissance. Telle est la nature de ce contrat, à raison de l'avenir qu'il a en vue et de la longue durée qui en est l'espérance; qu'on ne doit pas tant considérer le lieu où il peut avoir été reçu transitoirement, que celui dans lequel les époux se proposent de fixer leur résidence habituelle, et d'établir leur commerce, leur industrie, leur collaboration commune. *Nec enim*, dit le jurisconsulte Ulpien dans la loi 65 *ff. de judic.; id genus contractus est, ut et eum locum spectari opporteat, in quo instrumentum dotis factum est, quum eum in cujus domicilium et ipsa mulier per conditionem matrimonii erat reditura.* Et quoique dans le cas où le mariage est contracté dans l'intention que le mari ira s'établir dans le lieu où l'épouse est domiciliée, on doive suivre les lois de ce domicile, ainsi que l'enseigne le président Favre, *Cod. def.* 3, *alleg.* 9 *de legib. et const.* Cela ne change rien à la chose, parce que ce lieu n'est pas considéré comme domicile de la femme, qui ne peut avoir que celui de son époux, mais comme domicile du mari : et ceci confirme la proposition, bien loin d'y déroger. Aussi les auteurs sont-ils demeurés presque généralement d'accord que la loi du domicile matrimonial détermine l'état de la femme ».

Mansord ajoute, comme nous le disions tantôt, que ce régime une fois établi d'après la commune intention des parties, est définitivement fixé et ne saurait varier s'il plait plus tard aux futurs époux de changer de domicile ; mais il va ensuite plus loin et il considère ces matières comme régies par le statut personnel, opinion que nous n'avions pas admise et qui, comme le reconnaît Mansord lui-même, *n'a pas réuni l'assentiment de tous les jurisconsultes, ni le suffrage de tous les tribunaux* (1).

(1) **Voy.** t. 2, pag. 25. Les développements donnés par Mansord à toutes les questions se rapportant aux matières sur lesquelles porte actuellement notre examen.

Qu'en sera-t-il aujourd'hui des mariages contractés en Sardaigne dans des pays réunis momentanément à la France et pendant cette réunion ? Aux termes du Code Napoléon, les mariages contractés dans ces provinces sans contrats, étaient régis au moment où ils ont été célébrés, par la communauté légale. Or, il résulte de divers arrêts du sénat de Chambéry, dont Mansord adopte complètement la jurisprudence, que la communauté légale, quoique dérivant d'une loi qui a cessé, continue à produire tous ses effets sous la loi actuelle, bien que cette loi ne produise pas communauté.

J'aurai à m'occuper des principales difficultés que peuvent soulever les demandes en séparation de corps, en étudiant les questions de compétence.

ADOPTION.

Quelques auteurs ont soutenu que l'adoption pouvait être conférée par un Français à un étranger (1) ; mais le plus grand nombre des auteurs et les tribunaux français sont au contraire d'avis qu'un étranger ne peut

(1) Valette sur Proudhon, t. 1, p. 177. Demangeat, sur Fœlix, t. 1, p. 87, n° 36, notes, et *Condition des étrangers*, p. 362 ; Taulier, t. 1, p. 457, E. Jay, *de la jouissance des droits civils*, p. 83 : Zachariæ, édit. de Massé et Vergé, t. 1, p. 81 ; Serrigny, *Droit public*, t. 1. p. 242 et 246.

adopter un Français, et réciproquement qu'un Français ne peut adopter un étranger qu'autant que l'étranger adoptant ou adopté jouit en France des droits civils , ou qu'il existe entre la France et la nation à laquelle il appartient, des traités qui autorisent l'adoption (1).

Suivant Mansord la question présente également des difficultés et donne lieu à controverse en Sardaigne ; il est cependant d'avis (t. 1, p. 71, § 79) qu'un sujet peut adopter un Français, et il s'appuie notamment sur une thèse soutenue à Turin le 19 juin 1817, dans laquelle je lis : *Cum autem penes nos unice fuit adoptio per rescriptum Principis, qui solit per litteras patentes , supremæ Curiæ committere causæ cognitionem, verendum non est, ne illæ ingruant mala, quæ publici juris scriptores adeo reformidant.* Mais je ne vois pas que le Code civil sarde ait conservé ces formalités.

(1) Merlin, *Quest.*, v° *Adoption*, § 2 ; Duranton, t. 3, p. 287 ; Grenier, n° 34 ; Favard, vis *Adoption*, sect. 2, § 1, n° 5, et *Succession*, sect. 3, § 4, n° 7 ; Legat, *Code des étrangers*, p. 406 ; Gaud, *Code des étrangers*, p. 299 ; Guichard, *Droit civil*, p. 12 ; Coin Delisle , sur l'art. 11, p. 30, n° 9 ; Mailher de Chassat, *des Statuts*, n° 225 ; Rolland de Villargues, v° *Adoption*, n° 13 ; Odillon Barrot, *Encycl. du droit*, v° *Adoption*, n° 31 ; Marcadé, sur l'art. 346, n° 2 , Alauzet, *Dict. de l'Adm.*, v° *Etranger*, Delisle , *de l'interprét. des lois*, t. 1, p. 514 ; Fœlix, t. 1, p. 87. n° 36, et 97, n° 42 ; Aubry et Rau sur Zachariæ, t. 4, p. 6 ; Massé et Vergé sur Zachariæ, t. 1, p. 81, note ; Demolombe, t. 1, p. 294, n° 245, et t. 6, p. 29, n° 48 ; Besançon , 18 janvier 1808 ; Cass., 5 août 1823, 22 nov. 1825, 7 juin 1826 ; Aix, 17 avril 1832.

La loi française (C. Nap. art. 375 et suiv.), comme la loi sarde (C. civ. art. 214 et suiv.), autorisent les père et mère à faire détenir leurs enfants mineurs qui leur donnent de sujets graves de mécontentement par les désordres de leur conduite. M. Demolombe dit avec beaucoup de raison (t. 6, p. 269, n° 357) : « C'est une question assurément très-délicate que celle de savoir si les père et mère étrangers, lorsqu'ils n'ont pas été autorisés à établir leur domicile en France, peuvent invoquer ces dispositions pour faire détenir leurs enfants. » Il ajoute : « Régulièrement les lois personnelles françaises ne régissent que les Français ; or, les articles qui organisent le pouvoir correctionnel des père et mère appartiennent à l'ordre des lois personnelles. » Mais poursuivant l'examen de la question, le savant professeur termine ainsi : « Les lois de police et de sûreté sont applicables à tous ceux qui habitent le territoire ; et sous cette dénomination il faut comprendre non pas seulement les lois répressives des crimes et délits qualifiés, mais toutes les lois qui ont pour but l'ordre public du pays, le bon ordre des familles et de l'Etat.

« Or, les articles 375 et suivants n'ont-ils pas ce

caractère? Ne peut-il pas être parfois nécessaire de faire renfermer un enfant indisciplinable, afin de prévenir peut-être des délits qualifiés, afin de garantir la sûreté du père et même la tranquillité publique. Je suis porté à penser que ces motifs sont assez graves pour qu'on accorde aux père et mère étrangers l'exercice de ce pouvoir correctionnel. »

Lorsqu'il s'agira des Sardes en France, des Français en Sardaigne, cette règle devra être suivie avec d'autant moins de difficulté qu'elle n'est que l'application à la fois des lois territoriales et des lois personnelles.

Les deux lois (C. Nap. art. 384 et suiv., C. civ. sarde art, 224 et suiv.), par des dispositions diverses, accordent aux père et mère certains droits sur les biens de leurs enfants légitimes. Les immeubles possédés par les étrangers étant régis par la loi du lieu où ils se trouvent, les attributions d'usufruit faites par ces lois aux père et mère devront sortir à effet dans les deux pays. En règle générale, on a voulu subordonner l'application de la loi française à la condition pour le père de justifier qu'en principe son statut personnel lui assurait l'exercice de la puissance paternelle, sauf à la loi française à régler ensuite l'étendue de son application sur les biens sis en France ; mais en ce qui concerne les Sardes cette justification résultant du Code civil de Sardaigne, ils doivent être admis à bénéficier des dispositions de la loi française à raison des biens que leurs enfants mineurs possèdent en France.

DE LA MINORITÉ ET DE LA TUTELLE.

La loi française et la loi sarde , par une disposition conçue dans les mêmes termes, ont appelé mineur, l'individu de l'un et de l'autre sexe qui n'a point encore l'âge de 21 ans accomplis (C. Nap. art. 388, C. civil sarde , art. 244), et en fixant à 21 ans accomplis l'âge de la majorité accomplie et l'époque à laquelle on était capable de tous les actes de la vie civile à quelques rares exceptions près (C. Nap. art. 488, C. civ. sarde, art. 367), elles ont placé le mineur sous la direction et la surveillance d'un tuteur, d'un subrogé-tuteur ou pro-tuteur et d'un conseil de famille, dont la nomination et les devoirs sont réglés dans les articles 389 et suivants du Code Napoléon, et 245 et suivants du Code sarde.

Par cela seul que les deux lois fixent à la même époque l'âge de la majorité , disparaissent un très - grand nombre de difficultés qui se présentent journellement , lorsque le même accord n'existe pas entre les deux législations. Qu'importe en effet qu'il s'agisse ici d'un statut personnel accompagnant le Français en Sardaigne, et réciproquement, puisque d'après la loi sarde , comme d'après la loi française, ce sera au même moment que cessera l'incapacité.

Au surplus, quant à l'incapacité du mineur de vingt-un ans , qui en l'absence de ses parents aurait souscrit des obligations pour dépenses d'aliments et de loyers pendant son séjour en France, les tribunaux sont peu faciles pour la proclamer, et nous les avons vu souvent valider de pareilles obligations malgré la minorité des engagés (Bordeaux, 23 déc. 1828, et Paris, 19 mars 1830 , 19 oct. 1854 et 6 janv. 1855).

Quant à l'organisation de la tutelle aux droits et devoirs du tuteur, en général, ils restent réglés par le statut personnel, et le tuteur nommé dans la patrie du mineur a pleine capacité pour défendre ses intérêts en France , comme le tuteur français désigné pour gérer les biens du mineur français, est bien venu à défendre en sa qualité en Sardaigne les intérêts de son pupile (Mansord, t. 1 , p. 128 et suiv. et 166 et suiv.).

La tutelle d'un mineur étranger peut appartenir ou être déférée à un étranger du même pays, résidant comme le mineur en France : mais le tuteur ainsi désigné ne peut être forcé à accepter cette charge s'il s'y refuse , la loi française ne donnant aucun moyen pour le contraindre (Gand, *Code des étrangers*, n° 498, p. 318).

Le tuteur peut être pris parmi les Français, mais il ne sera tenu d'accepter que si étant parent, la tutelle lui est imposée comme charge de famille (Gand, id. n° 496 , p. 347.)

Mais pourrait-on nommer à un mineur français un tuteur étranger, alors même que ce dernier consentirait à remplir ces fonctions. Il est quelques auteurs qui ont répondu affirmativement (1) , mais la majorité d'entre eux se sont prononcés pour la négative , parce que la tutelle est un droit civil qui ne peut être exercé que par ceux qui jouissent des droits civils (2). On a même dit qu'il ne suffirait pas en bonne règle d'être autorisé à établir son domicile en France pour jouir de ce droit, parce que cette qualité est une dépendance de l'état politique, en ajoutant toutefois que dans la pratique on admettait en fait une personne dûment autorisée à établir son domicile en France à remplir les fonctions de tuteur d'un Français (3).

La question s'était présentée devant la Cour , qui dé-

(1) E. Jay, *De la jouissance des droits civils au profit des étrangers*, p. 86. — Demangeat, *Hist. de la condition civ. des étrangers* , p. 365. Valette sur proudhon, p. 177.

(2) Demolombe, t. 1, n° 245, p. 295. Delisle , *De l'interprétation des lois*, t. 1. p. 533. Merlin, Rép. v° *Tutelle*, sect. 3, p. 272. Les traducteurs de Zachariæ. Alauzet, *Dict. de l'Adm. franç.*, v° *Etranger*.

(3) Demolombe, t. 1, p. 331, n° 267. Vergé et Massé sur Zachariæ, t. 1, p. 82, note 8.

clara, le 25 juillet 1817, qu'un étranger ne pouvait être tuteur d'un Français en France. Elle s'est représentée devant la Cour de Bastia qui, le 5 juin 1838, a rendu l'arrêt suivant :

Attendu que des pièces versées au procès, il résulte que Pierre Rossi, nommé tuteur, est étranger, et, qu'en cette qualité, il a obtenu d'être dispensé du service militaire ; attendu que, tant aux termes de la loi romaine, que de l'ensemble des dispositions du Code civil, la tutelle étant une charge publique, le droit de l'exercer ne peut compéter aux étrangers qui, comme Pierre Rossi, n'ont pas en France la jouissance des droits civils, soit en vertu des traités de la nation à laquelle ils appartiennent, soit par suite d'une autorisation accordée par le Roi d'établir leur domicile en France.

Il y a même raison de décider en ce qui concerne le subrogé-tuteur.

Le mineur, français ou sarde, peut être émancipé ou habilité dans les cas prévus et en la forme prescrite par les articles 476 et suivants du Code Napoléon, 353 et suivants du Code sarde ; ces dispositions règlent alors leur capacité.

INTERDICTION.

Ce qui concerne l'interdiction et la dation d'un conseil judiciaire, est réglé par les articles 489 à 515 du Code Napoléon, 368 à 396 du Code civil sarde.

D'après la rigueur des principes l'individu interdit dans son pays et par suite déclaré incapable d'admi—

13

nistrer sa personne et ses biens, est frappé d'incapacité quelque soit le pays où il se trouve et où le suit son statut personnel. Il y a même plus; c'est que en force de ces principes, ce serait même aux juges nationaux de l'individu à interdire, qu'il y aurait lieu de s'adresser pour prononcer l'interdiction, sauf les mesures provisoires ou d'intérêt public, qui à cause de leur urgence ou de leur nature pourraient être prises dans le pays où se trouverait l'étranger dans le cas d'être interdit.

Ces règles consacrées par les travaux des jurisconsultes des diverses nations (1), et qui seraient en vigueur en Sardaigne d'après ce que nous atteste Mansord (t. 1, p. 130, § 171), est cependant contestée dans son application. On se fonde notamment sur ce que l'interdiction étant prononcée par jugement et les jugements étrangers n'étant en vigueur en France que lorsqu'ils y ont été déclarés exécutoires, jusque là l'étranger, interdit dans son pays, est en France *integri status*. La Cour de Paris, dans son arrêt du 16 janvier 1836, concernant le duc de Brunswick a consacré ce système. On a bien dit que la Cour s'était décidée dans cette affaire par des considérations toutes exceptionnelles, mais enfin elle n'en a pas moins refusé de reconnaître comme interdit un in-

(1) *Sic* Boullenois, Denisart, Christin, Voet, Hommel, Glück, et MM. Eichhorn, Rocco, Pardessus, Massé, Günther, Demangeat cités par Fœlix. *Droit international*, t. 1, p. 188.

dividu contre lequel l'interdiction avait été très-régulièrement prononcée dans son pays par les tribunaux compétents.

Je le répète, la doctrine semble admettre en France
que les lois et actes sur la capacité des personnes, formant le statut personnel, suivent l'étranger dans notre
pays, mais dans l'application cette règle est sans cesse
éludée par les tribunaux. Je viens d'en donner un exemple en ce qui concerne l'interdiction. J'ai indiqué plus
haut comment on considère comme illégales des instructions qui soumettraient l'étranger qui veut se marier en
France à justifier de sa capacité d'après la loi de son
pays, j'aurai encore à revenir sur ces difficultés lorsqu'il
s'agira d'examiner la question de capacité d'une manière générale sous la rubrique des *Contrats et Conventions*.

2. *Droits de propriété ; — de la propriété ; successions et
donations; contrats et conventions; prescription.*

DE LA PROPRIÉTÉ.

Le droit pour les étrangers de posséder des meubles
et même des immeubles en France et en Sardaigne résulte implicitement des articles 16 du Code Napoléon, 32
du Code civil sarde et formellement des articles 3 et 12
des mêmes Codes.

Toutefois l'article **28** du Code civil sarde porte :

Les étrangers ne pourront, sous peine de nullité du contrat, acquérir, prendre en antichrèse, ou à bail comme fermier ou colon partiaire des biens immeubles dans les Etats à une distance moindre de 5 kilomètres des frontières. Les immeubles situés dans ce rayon ne pourront être adjugés à aucun étranger en payement de ses créances; ils devront toujours être vendus aux enchères, et l'étranger n'aura que le droit de se faire payer sur le prix en provenant. Les dispositions du présent article ne dérogent point aux plus amples prohibitions portées par des lois spéciales à l'égard de quelques Etats étrangers.

Les immeubles possédés par des étrangers sont régis par les lois de l'Etat dans lequel ils se trouvent placés (C. Nap. art. 3, Code civ. sarde art. 12). Ce sont ces mêmes lois qui régissent les droits, obligations et charges attachées à la possession des immeubles et qui fixent le régime des démembrements de la propriété.

Quant aux meubles corporels comme incorporels, la règle générale est qu'ils sont gouvernés par le statut personnel; *Mobilia sequuntur personam : mobilia ossibus inhærent.* Nous verrons comment cette règle s'applique lorsqu'il s'agit de successions, testaments, donations etc. et quels sont les cas nombreux où les meubles n'ayant pas un rapport intime avec la personne de l'étranger, cette règle cesse d'être applicable; par exemple, lorsqu'il s'agit d'une propriété réclamée et con-

testée, lorsqu'on veut exercer un privilége, etc., etc.
M. Fœlix qui, après tant d'autres, la rappelle dans son
Traité du droit international privé (t. 1, p. 111, N°
61), dit que MM. Mühlenbruch, Eichorn et de Wœchter
sont les seuls qui refusent de la reconnaître, tandis
qu'elle est proclamée par Dumoulin, Chopin, Bretonnier,
D'Argentré, Brodeau, Lebrun, Poullain du Parc, Bur-
gundus, Rodenburg, Abraham à Wesel, Paul Voet, Jean
Voet, Sande, Christin, de Mean, Gail, Carpzov, Wer-
nher, Mevius, Franzké, Boullenois, Cochin, Bouhier,
Pothier, Struve, Leyser, Huber, Hert, Hommel, Argou,
Danz, Glück, Thibaut, Merlin, et par MM. Mittermaier,
Seuffert, De Wening-Ingenheim, Hauss, Meier, Favard,
Duranton, Kent, Story, Wheaton, Rocco, Burge, Tau-
lier, Valette et Schœfner (1).

Un établissement public étranger peut-il posséder des
immeubles en France ?

D'après un avis récent du Conseil d'État (2) tout établissement d'utilité publique étranger constituant régulièrement une personne civile a qualité pour recevoir en

_____

(1) Si l'on veut remonter aux sources on trouvera dans l'ouvrage de
M. Fœlix, t. 1, p. 113 et 114, l'indication des passages des œuvres de
ces auteurs où ils ont indiqué ou développé cette règle.

(2) Cet avis se trouve rapporté notamment dans la *Revue critique
de législation et de jurisprudence*, t. 4. p. 557, et dans l'*École des
communes*, 1854, p. 30.

dons et legs, des biens meubles ou immeubles situés en France; mais ces dons et legs ne peuvent sortir à effet qu'autant qu'ils ont été autorisés par le gouvernement français

Cet avis est conforme à la solution que ces questions avaient reçu de la Cour impériale d'Aix le 17 mai 1843 dans un arrêt de confirmation d'un jugement du tribunal civil d'Aix, affaire Gianotti contre Louis Ollivier , arrêt qui intervint à la suite d'une contestation au sujet d'un legs fait par le sieur Ollivier, français, à un établissement public situé en Piémont.

M. Serrigny, qui rapporte l'avis du Conseil d'Etat, se demande ensuite si un établissement public étranger a l'aptitude nécessaire pour acquérir et posséder des immeubles sis en France au moyen d'un contrat de vente, et il se prononce sans hésitation pour l'affirmative. Puis se posant la question de savoir s'il est nécessaire que ces établissements ou villes obtiennent à cet effet préalablement une autorisation du gouvernement français, il répond affirmativement, en se fondant principalement sur les lois qui soumettent à cette formalité les établissements publics en France et sur la nécessité de prévenir les inconvenients que pourrait présenter l'accaparement des propriétés par des établissements qui font passer ces propriétés dans la classe des biens de main-morte.

Ces inconvenients qui dans le 18ᵐᵉ siècle étaient à craindre et qui motivèrent fort bien l'édit de 1749, ne me paraissent plus à redouter aujourd'hui; et quant aux lois françaises qui exigent une autorisation préalable pour que des établissements publics français puissent acheter ou vendre des immeubles, leurs dispositions sont écrites à un point de vue de tutelle administrative et dans un intérêt de bonne gestion des biens de ces établissements, tutelle que le gouvernement n'a pas à exercer et gestion qu'il n'a pas à apprécier ni contester lorsqu'il s'agit d'établissements situés à l'étranger et dont l'autorité locale seule a à surveiller l'administration. Ainsi les villes suisses qui font beaucoup de placements en France et qui en cas d'expropriation sont souvent devenues adjudicataires d'immeubles considérables, pas plus que les autres établissements étrangers, formant une personne morale, qui achèteraient des immeubles en France, ne me paraissent avoir besoin d'une autorisation du gouvernement français.

S'il en est autrement pour les dispositions à titre gratuit, c'est que l'intervention du gouvernement en pareil cas, comme le dit fort bien le Conseil d'État dans son avis précité, en indiquant la portée de l'article 910 du Code Napoléon, « est non seulement l'exercice du droit de tutelle qui appartient à l'autorité supérieure à l'égard des établissements charitables et des autres établissements d'utilité publique qui existent en France; mais aussi la consécration d'un droit de souveraineté en vertu duquel il appartient au chef de l'Etat d'annuler ou de diminuer toute libéralité faite au profit d'un établissement quelconque s'il l'a jugée susceptible de porter atteinte soit à l'intérêt des familles, soit à l'intérêt de l'Etat ».

Je crois donc que les établissements publics étrangers peuvent posséder en France des immeubles par suite d'achats sans autorisation préalable. Ce qui n'empêcherait pas dans le cas où l'intérêt public viendrait à l'exiger et dans le cas où des sociétés établies en France et non autorisées viendraient à éluder la loi, que le gouvernement par mesure réglementaire, politique ou législative ne pût arrêter ces abus. Dans le second cas les tribunaux eux-mêmes pourraient, par application des lois en vigueur, réprimer la fraude.

La solution que je propose cesse d'être applicable si au lieu d'une simple personne civile, il s'agit d'un gouvernement étranger lui même.

Successions et Donations.

Mansord (t. 1, p. 55), définit le droit d'aubaine un droit souverain qui confisque au profit de l'Etat les biens des étrangers morts dans son territoire et qui les rend incapables d'y succéder ou recevoir par actes de dernière volonté.

La France a été le pays où le droit d'aubaine a été dans le temps, le plus développé (1). Il fut formellement aboli ainsi que le droit de détraction par la loi du 18 août 1790. Le Code Napoléon publié en 1803 restreignant les effets de cette abolition, avait disposé que l'étranger n'était admis à succéder aux biens que son parent étranger ou français possédait dans le territoire de l'empire, que dans le cas et de la manière dont un français succédait à son parent possédant des biens dans le pays de cet étranger, conformément aux dispositions de l'article 11 au titre *De la jouissance et de la privation des droits civils* (art. 726); et qu'on ne pourrait disposer

---

(1) M. L. Volpicella, jurisconsulte napolitain, fait cette remarque dans son Traité sur le droit d'aubaine, publié à Naples en 1843 (*Del diritto di albinaggio*), il félicite sa patrie de n'avoir jamais connu le droit d'aubaine. Je crois qu'il va un peu loin, car si des circonstances particulières ont pu rendre l'exercice de ce droit moins rigoureux dans les Deux-Siciles, les dispositions formelles des lois récentes qui en prononcent l'abolition dans ce royaume, indiquent suffisamment que le droit d'aubaine n'y était pas inconnu. Un autre napolitain, M. Nicolas Rocco, référendaire à la Consulte générale du royaume, dans son ouvrage publié en 1839 *(Dell' uso e autorità delle leggi del regno delle Due Sicilie, considerate nelle relazioni con le persone e col territorio degli stranieri)*, a fait connaître d'une manière exacte comment ce droit s'exerçait autrefois dans ce pays.

au profit d'un étranger que dans le cas où cet étranger
pourrait disposer au profit d'un français (art. 912). La
loi du 14 juillet 1819 renversant ces restrictions a aboli
le droit d'aubaine et de détraction et abrogé les articles
726 et 912 du Code Napoléon. Cette loi porte :

Art. 1ᵉʳ. Les articles 726 et 912 du Code civil sont abrogés: en
conséquence les étrangers auront le droit de succéder, de disposer
et de recevoir de la même manière que les Français, dans toute l'é-
tendue du Royaume.

2. Dans le cas de partage d'une même succession entre des cohéritiers étrangers et français, ceux-ci prélèveront sur les biens situés en France une portion égale à la valeur des biens situés en
pays étranger dont ils seraient exclus, à quelque titre que ce soit,
en vertu des lois et coutumes locales.

En Sardaigne les articles 26, 27, 705 et 922 du Code
civil règlent le droit en cette matière : j'ai déjà donné le
texte de l'article 26 en m'occupant d'une manière générale de la jouissance des droits civils. Voici le texte des
autres :

Article 27. Les étrangers qui ne résident pas dans les états, et
ceux qui y résident sans avoir obtenu le privilège de la naturalisation, seront inhabiles à succéder aux sujets du roi, soit *ab intestat*,
soit en vertu des dispositions de dernière volonté, à moins que la
réciprocité des successions n'ait été établie par des traités passés
entre l'état et la puissance à laquelle ces étrangers appartiennent.

Art. 705. Sont incapables de recevoir par testament.....

Enfin l'étranger en conformité de ce qui est porté aux articles
26 et 27.

Art. 922. Les personnes incapables ou indignes de recevoir par testament pour les causes énoncées au chapitre 2 *De la capacité de disposer et de recevoir par testament,* titre des *Successions testamentaires,* sont pareillement incapables ou indignes de succéder *ab intestat.....*

Longtemps avant que le droit d'aubaine eût été aboli en France à l'égard de tous les étrangers, il avait été aboli entre la France et la Sardaigne par divers traités. Le traité des limites du 24 mars 1760, article 21 (1), supprime entre les deux puissances ce droit et tous autres qui pourraient être contraires à la liberté des successions et des dispositions réciproques.

Le traité du 30 mai 1814 a sanctionné par son art. 28 ces anciens traités, puisqu'il dispose que l'abolition des droits d'aubaine, de détraction et autres de même nature, dans les pays qui l'ont réciproquement stipulé avec la France ou qui lui avaient précédemment été réunis, est expressément maintenue.

Cette abolition, en ce qui concerne la France et la Sardaigne, était si impérieusement exigée dans l'intérêt des deux pays par suite des relations qui ont toujours existé, que dès le 8 décembre 1666 le Conseil d'Etat, contrairement à l'arrêt du parlement de Grenoble, du 11 août 1661, avait décidé dans l'affaire Beaumont-Rivoire,

(1) *Suprà.* pages 67 et 68.

que les habitants de la Savoie jouiraient à l'avenir de tous leurs biens, seraient reçus à successions et possède- raient tous bénéfices en Dauphiné, à la charge de la ré- ciprocité dans la Savoie en faveur de ceux du Dauphiné. Chorier va plus loin dans son *Histoire du Dauphiné*; il dit ·(1), que les Savoisiens n'étant pas du nombre des é- trangers, la déclaration de 1543 relative au droit d'au- baine ne leur était pas applicable.

Cependant on ne peut se dissimuler que la disposition finale de l'article 2 a porté atteinte dans une certaine mesure à ces traités, et Mansord (t. 2, p. 251) deman- dait même à ce sujet si cet article était applicable aux sujets des puissances qui antérieurement avaient traité avec la France pour l'abolition du droit d'aubaine et la successibilité réciproque, l'un des souverains n'ayant pas le droit de rompre à l'insu et contre la volonté de l'autre leurs conventions particulières; mais Mansord répond lui-même que quelque regrettable que cela puisse être, et bien que le prélèvement qui doit avoir lieu d'après la loi nouvelle qui modifie la condition de l'étranger et la détériore, il est à croire que la loi de 1819 est applicable aux puissances qui avant cette loi avaient des traités avec la France et par suite à la Sardaigne. Les raisons

(1) T. 2, p. 555.

en sont : 1° Que la loi de 1819 est générale et absolue et
ne fait pas de distinction ; 2° que si les lois intérieures et
purement civiles ne dérogent pas aux conventions diplomatiques, cette règle perd son application à l'égard
d'une loi politique, constitutive d'un système nouveau,
applicable aux étrangers ; 3° que l'intention positive et
la volonté formelle de la loi ne peut être douteuse ; dans
les discours qui ont précédé son vote, il a été question
des traités antérieurs avec certaines puissances étrangères et on a clairement manifesté l'intention de modifier
l'exécution de ces traités dans le sens de la loi ; 4° que
si cela a été dit formellement pour le traité de la France
avec l'Angleterre, cela est applicable par les mêmes motifs au traité entre la France et la Sardaigne ; 5° que le
Garde des Sceaux en présentant la loi, a dit lui-même :
Ce n'est pas par un mouvement de générosité que nous
voulons effacer les différences relatives aux succes-
sions et aux transmissions des biens ; c'est par calcul.
S. Ex. avait évidemment en vue toutes les nations lorsqu'il indiquait ainsi le but de la loi ; 6° enfin qu'il s'agit
d'une espèce de traité ou convention, qui, de sa nature,
devant subsister tant qu'il est exécuté de part et d'autre,
trouve dans son inexécution la mesure de son temps et
de sa durée, plutôt qu'une véritable rupture, suivant le
principe : *Do ut des, facio ut facias ; pendant que vous*

ferez je ferai, aussi longtemps que..... D'où la conséquence que la loi nouvelle a pu, sans violer le traité,
introduire un système nouveau, sauf aux puissances, à
prendre de leur côté et dans leur intérêt telles mesures
ou dispositions qu'elles croiront convenables.

Mansord, auquel nous empruntons ces observations ,
ajoute cependant page 255 : « Tous les traités concernant
l'exemption du droit d'aubaine et la successibilité réciproque, sont dissous par l'effet de cet article second : ce
qui est évidemment prouvé par-là même que l'étranger
qui se trouvera en France en concours avec un Français,
sera tenu de lui abandonner peut – être toute sa part ;
tandis qu'auparavant il recueillait franchement ce qui lui
revenait dans sa patrie, plus sa part de ce qui lui revenait sur le territoire français. Dès ce moment , plus de
traité ; et s'il n'y a plus de traité, il n'y a non plus aucun
moyen à un Français de succéder à son parent étranger décédé dans un pays où les lois n'admettent les étrangers à succéder aux Français que lorsqu'il y a traité ,
par exemple, les Etats de S. M. Sarde. Il n'y aura pas
même espoir au Français d'y succéder à son parent français, puisque le système *quod quisque juris*, comme celui de la réciprocité, est anéanti par l'effet des dispositions de l'article 2 ; et la prévoyance de cet article sera
éludée par un moyen bien simple, celui de la renon-

ciation de l'étranger à la part de l'hoirie ouverte en France pour garder, seul, toute celle ouverte dans son pays. Chaque Souverain, tout au moins, aura bien droit d'user de représailles dans son territoire et d'accorder à ses sujets un prélèvement pareil à celui que cet article accorde en France aux sujets français. » Et notre auteur indique divers cas où l'avoir de la succession en France n'étant pas aussi considérable que l'avoir à l'étranger, ces représailles pourront avoir lieu.

Mansord est bien sévère pour la loi de 1819. Voir dans une loi qui abolit l'aubaine, l'abolition des traités particuliers qui ont prononcé cette abolition, ne me paraît pas rigoureusement exact, car ce n'est en quelque sorte que confirmer plus amplement ces traités par une loi intérieure. Mais, dit-on, l'article 2. A quoi je réponds, la loi de 1819 a abrogé l'article 726 du Code Napoléon; or, d'après cet article, à quelles conditions l'étranger pouvait-il succéder ? Il fallait d'abord qu'il existât entre la France et la nation à laquelle appartenait cet étranger un traité qui établît la réciprocité du droit de succession, et il fallait en second lieu : 1° que l'étranger fût capable de recueillir, d'après la loi française, la succession dont il s'agissait ; et 2° qu'un Français fût capable de recueillir, d'après la loi étrangère, cette succession dans le pays auquel l'étranger appartenait. L'article 726

disait en effet : « Un étranger n'est admis à succéder
aux biens que son parent, étranger ou Français, possède
dans le territoire de l'Empire, *que dans le cas et de la
manière dont un Français succède à son parent possédant des biens dans le pays de cet étranger....* » C'est-
à-dire que outre la réciprocité diplomatique de nation à nation, il exigeait la réciprocité légale de personne
à personne, de cohéritiers à cohéritiers, c'est ce qu'établissent Merlin, *Rép.* v° *Succession*, sect. 1. § 2, art. 2.
Toullier, t. 2, n° 102. Duranton, t. 6, n° 82. Demangeat, *De la condition civile des étrangers*, p. 286, et
M. Demolombe, *Des successions*, t. 1, p. 277, n° 191,
qui les cite et qui indique également les arrêts de la Cour
de cassation des 24 août 1808, 1 février 1813, 9 février
1831. Dès lors dire que la loi de 1819 est venue *détè-
riorer* la position des étrangers en France, ne me paraît
pas acceptable.

Qu'a fait la loi de 1819 ; une chose à la fois bien
naturelle et bien libérale. Elle n'a pas abrogé le droit
d'aubaine; elle n'avait pas à décréter une abrogation déjà
prononcée en 1760 par une loi non rapportée ; l'application de l'article 726 du Code Napoléon était trop
dure et trop sévère ; elle éloignait les étrangers de la
France et ils portaient ailleurs leurs capitaux et leurs industries. Dans l'intérêt même de notre pays on a voulu

être plus libéral pour eux et la loi de 1819 a été promulguée comme une charte qui leur serait octroyée et qui, améliorant leur position, devait les attirer chez nous avec leurs richesses et leur industrie.

Mais la loi de 1819, en les assimilant aux nationaux, et certes il ne pouvait y avoir de concession plus large et plus complète, n'a pas importé en France le régime de toutes les lois étrangères; les immeubles sont restés régis par l'art. 3 du Code Napoléon, soit par la loi française, et la loi de 1819 a dit : Les étrangers auront le droit de succéder, de disposer et de recevoir *de la même manière que les Français.* Dès lors plus de condition de traité, de réciprocité d'état à état, ni d'individu à individu. L'étranger succède en vertu de la loi française comme le français, il tient d'elle son titre, en vertu de cette loi il prendra la part qui lui revient sans distinctions de sexe, de primogéniture et sans aucune des règles de préférence que la loi française n'a point entendu mettre en vigueur en France.

Mais il est possible, et ici j'arrive à l'article 2, que la succession à partager se compose de biens situés en France et des biens situés en pays étranger. Serait-il juste que l'héritier étranger vint au bénéfice de la loi française prendre sa part sur les biens situés en France et que le cohéritier français fût exclu du partage des

14

biens sis à l'étranger en vertu de lois, dispositions ou coutumes locales, et que le Français perdît une partie des
biens sis en France au profit de l'étranger sans compensation sur les biens sis à l'étranger ? Tout le monde lors de
la présentation et du vote de la loi de 1819 trouva que ce
serait là une injustice flagrante, et si la France dans ses
relations de gouvernement à gouvernement a pu à toutes les époques de notre histoire faire preuve d'un che-
valeresque désintéressement, il ne lui était pas permis à
l'occasion d'une loi destinée à régler d'homme à homme
des intérêts matériels exclusivement privés de dépouiller un
Français au profit d'un étranger; aussi s'est-on rapproché
par l'art. 2 du principe de réciprocité en déclarant qu'en
cas de partage d'une même succession entre des cohéritiers étrangers et français, ceux-ci prélèveront sur les
biens situés en France une portion *égale à la valeur des
biens situés en pays étrangers dont ils seraient exclus
à quelque titre que ce soit en vertu des lois ou coutumes locales.*

Ce qui bien entendu ne porte pas atteinte au droit
qu'a l'étranger de disposer, comme il l'entend, de ses
biens, à condition que l'avantage qui résultera de ses dispositions ne soit pas contraire à la loi française ; la loi
de 1819 voulant faire cesser les inégalités qui naîtraient
pour les Français des dispositions des lois étrangères qui

viendraient le dépouiller des droits que lui attribuent la loi française et nullement des libéralités volontaires par lesquelles un étranger, dans les limites que lui confèrent nos lois, aurait réparti la portion disponible de ses biens. Si la disposition de dernière volonté valable d'après la loi étrangère était illégale, d'après la loi française il y aurait lieu à l'application de notre article 2. Car cet avantage excessif serait nul d'après la loi française, et on ne pourrait en demander la réalisation qu'en invoquant la loi ou coutume étrangères.

Après ces observations peut-être un peu trop générales sur la loi de 1819, mais qu'on nous pardonnera parce qu'elles se justifient par l'importance de cette loi en cette matière, parcourons quelques espèces où il s'est agi de difficultés entre Français et Sardes à l'occasion des successions, puis nous essaierons de poser quelques règles générales sur les successions entre les deux pays en indiquant ensuite les dispositions des deux lois réglant la matière.

Une espèce jugée par la Cour de Cassation le 9 vendémiaire an x, me conduit à faire remarquer immédiatement que l'état de guerre n'apporte aucun changement ni interruption dans la capacité de l'étranger. Fondé en effet sur la loi française, le droit de l'étranger ne pourrait souffrir des événements qui peuvent modifier les relations internationales. Cette opinion ne peut être contestée : elle est énoncée par M. Rossi dans l'*Encyclopédie du droit*, v° *aubaine*, par M. Demangeat dans son *Traité de la condition civile des étrangers*, p. 283-284, et par M. Demolombe dans son *Cours du Code Napoléon, traité des successions*, t. 1, p. 280, n° 195. Voici l'espèce jugée par la Cour de cassation : Françoise Fassi, meurt en France le 13 frimaire an IV, Fassi Antoine, plus proche parent régnicole, s'était mis en possession de la succession, lorsque Beraud, parent au même degré, mais Piémontais, vient réclamer la moitié de la succession ; au moment de la mort de Françoise Fassi, la guerre existait entre la France et la Sardaigne, toutefois quelque temps avant que Beraud eût porté sa demande devant les tribunaux français un armistice avait été conclu entre les deux puissances. Le tribunal de l'Isère et sur appel le tribunal du Montblanc avaient sanctionné les prétentions de Beraud, Antoine Fassi se pourvut en cassation en se fondant sur ce que aux termes de diverses lois et notamment de celle du 17 nivôse an II, art. 59, le sujet d'une puissance ennemie ne pouvait succéder en France. Arrêt du 3 vendémiaire an X, section civile, au rapport de M. Malleville.

Attendu que la loi qui confère aux étrangers la faculté de succéder en France n'a pas distingué le temps de paix ou de guerre;

Attendu que l'article 59 de la loi du 17 nivôse an II, ne refuse aux étrangers en état de guerre que la facilité de recueillir les avantages résultant de l'effet rétroactif de cette loi.

Rejette la demande en cassation.

L'arrêt de la Cour de cassation du 9 février 1831 me paraît digne d'être rapporté bien qu'il ait été rendu sous l'empire de l'article 726 du Code Napoléon et non sous celui de la loi du 14 juillet 1819. Cet arrêt posant des principes encore applicables de nos jours, et fesant une appréciation du traité de 1760.

Jean Raggio, sujet sarde, est mort dans le duché de Gênes en 1816, laissant deux enfants, un fils, Louis Raggio, sujet sarde comme son père, et une fille, Louise Raggio, devenue Française par son mariage avec le nommé Cecconi. La succession du père Raggio se composait de biens situés les uns en France, les autres dans le duché de Gênes. En vertu des lois de ce pays, le fils Raggio s'empare de tous les biens qui s'y trouvaient et il demande le partage des biens situés en France, par application du traité de 1760 qui, suivant lui, admettait les Français et les Sardes à l'exercice réciproque du droit de successibilité.

Les hoirs de la dame Cecconi alors décédée excipèrent des dispositions des articles 726 et 11 du Code Napo-

léon, et soutinrent que, d'après ces articles, dès qu'ils
étaient exclus des biens du père commun sis à Gênes,
Louis Raggio devait par réciprocité être exclu des biens
sis en France.

18 mai 1826 jugement du tribunal de Bastia qui admet
le système des hoirs Cecconi. Appel; arrêt du 12 mars
1827 qui confirme la décision des premiers juges. Pourvoi en cassation; arrêt de rejet du 9 février 1831 ainsi
conçu :

Considérant qu'aux termes de l'article 726 du Code civil un
étranger ne peut succéder en France que dans les cas et de la manière dont un Français succède dans le pays de cet étranger : que
de ces mots dans *le cas et de la manière*, il résulte que la réciprocité établie par l'article, n'est pas, comme le prétend le demandeur, une réciprocité d'état à état, laquelle dans son système, aurait l'effet de favoriser un héritier étranger au préjudice de l'héritier français; mais que cette réciprocité a été établie, comme le dit
l'arrêt attaqué d'individu à individu, autrement de cohéritier à
cohéritier, et a pour effet nécessaire d'exclure l'étranger d'une succession ouverte en France , dans le cas et de la manière dont le
Français est exclu d'une succession dans le pays de cet étranger;
qu'il suit de ce principe que la dame Cecconi ayant été privée du
droit de succéder concurremment avec Lazare Raggio, son frère,
aux biens que leur père a laissés dans le duché de Gênes, réciproquement, Lazare Raggio doit être privé du droit de succéder, concurremment avec sa sœur, aux biens que leur père avait en Corse;
Considérant que le traité de 1760 ne renferme aucune stipulation contraire au principe de réciprocité individuelle, établi par
l'article 726 du Code civil;
Attendu que l'arrêt attaqué ayant justement décidé que Raggio

n'était pas successible èn France, la Cour royale, a· dû, comme elle l'a fait, lui refuser les meubles qu'il demandait à titre d'héritier.

Sur ce second point, la Cour royale dont la Cour de cassation adopte les motifs, avait dit : Raggio fils n'étant pas successible en France , non–seulement ne peut invoquer la maxime *mobilia sequuntur domicilium personœ*, mais encore il n'a aucun droit à prétendre sur les meubles qui existent en France, ni d'après les lois du domicile du père défunt , ni d'après celles du lieu où ils sont matériellement situés. La maxime invoquée et la maxime de Voet au livre I, titre 4, 2ᵉ partie *De statutis*, n'est applicable qu'au cas où les meubles sont situés dans divers lieux sous la même souveraineté, et où la capacité des parties est la même, si la loi territoriale ne s'y oppose pas. Telle est aussi l'opinion de Merlin, *Rép.*, au mot *Jugement*; elle a été adoptée par la Cour de Cassation. Or dans l'espèce, Lazare, fils de feu Jean, est inhabile à recueillir en France, et la loi française accordant à l'héritier légitime la saisie de tous les biens du défunt, il s'ensuit nécessairement que les meubles et immeubles dont est procès, doivent être régis par la loi du lieu de leur situation.

Il est donc établi dans l'arrêt qui précède, que la réciprocité qu'exigeait l'article 726 du Code Napoléon n'était pas seulement une réciprocité d'état à état, mais encore une réciprocité de cohéritier à cohéritier. Voici une espèce dans laquelle la Cour de cassation a déclaré, à cause des circonstances particulières de l'affaire, qu'il n'y avait pas lieu de rechercher si la réciprocité d'individu à individu existait.

Le sieur Tagliabo décède en France le 27 juin 1817, laissant plusieurs héritiers filles et garçons ; deux des filles ont épousé les gênois Carmusso et Euriti. La succession reste indivise ; enfin le 10 janvier 1839, une des filles, la dame Marinetti forme une instance en partage, de laquelle elle veut faire écarter les dames Carmusso et Euriti , parce que le père Tagliabo est mort avant la loi de 1819, et qu'étant devenues gênoises par leur mariage, et les filles étant à Gênes exclues par les garçons, elles ne pouvaient recueillir en France une succession qu'elles ne seraient pas admises à recueillir dans leurs pays. Jugement du tribunal de Sartene du 9 août 1844, qui repousse cette prétention. Appel; arrêt de Bastia du 13 août 1849 qui confirme. La dame Marinetti se pourvoit en cassation ; elle voit sa prétention de nouveau repoussée par l'arrêt suivant :

Attendu que la succession de Tagliabo s'étant ouverte en 1817, doit être régie par l'article 726 du Code civil et par l'article 28 du traité de Paris du 30 mai 1814. qui stipule que l'abolition du droit d'aubaine, dans les pays qui avaient été précédemment réunis à la France, est expressément maintenu ; attendu que, de la combinaison de ces deux articles il résulte dans les successions une double réciprocité de nation à nation et de cohéritier à cohéritier, en ce sens que l'étranger est exclu d'une succession ouverte en France, et de la manière dont le Français est exclu d'une succession dans le pays de cet étranger. Attendu que la réciprocité de cohéritier à cohéritier ne peut être mise en doute que dans le cas où les biens de la succession en question se trouvant situés dans les deux pays, il y a lieu d'appliquer dans le pays étranger un statut local qui exclut certains héritiers au bénéfice des autres , parce que , dans ce cas, ce statut successoral pourrait avoir pour effet de favoriser un héritier étranger au préjudice de l'héritier français ; mais qu'il ne peut en être ainsi lorsque la succession ne se compose que de biens situés en France , parce qu'alors il existe une réciprocité complète entre les héritiers. Attendu que l'arrêt attaqué constate que Tagliabo, Français, est décédé en France, ne laissant que des biens situés en France , et qu'en décidant que ses deux filles , quoique devenues étrangères par des mariages avec des sujets de Sardaigne, devaient être admises à la succession par suite du principe de réciprocité, loin d'avoir violé l'article 726 du Code civil et l'article 28 du traité de Paris, en ont fait une juste application.

Dans les espèces qui précèdent les principes ont été posés en faisant l'application de l'article 726 du Code Napoléon ; dans les suivantes il s'agissait de l'application de la loi de 1819, qui l'a remplacé.

En 1836, Louis Chauten, sujet sarde, meurt en Savoie laissant des biens situés , partie en France , partie en Savoie. Louis Chauten avait plusieurs enfants : sept sujets sardes, un huitième, François Chauten, naturalisé français en 1831.

De son vivant Chauten père avait disposé d'une partie de ses biens envers quelques-uns de ses enfants. Le
12 janvier 1828, par acte notarié passé en France et non
revêtu en Savoie de la formalité de l'homologation par le
juge-mage, exigée par l'article 1123 du Code civil sarde,
il avait donné par préciput à Chauten, déjà naturalisé
français, un huitième de ses biens. En mariant quelques-
uns de ses autres enfants, il leur avait fait en valeurs mobilières, des avantages excédant leur légitime; enfin, en
mourant, Chauten père laissait un testament instituant
Joseph Chauten, l'un de ses enfants sardes, son légataire universel, et réduisant tous ses autres enfants à leur
légitime.

La quotité disponible, d'après la loi sarde, lorsque le
défunt laisse plusieurs enfants, pouvant s'étendre à la
moitié de la succession, il s'ensuivait que François Chauten, héritier français, devait subir, d'après la loi sarde,
une réduction plus importante sur la donation de 1828
que celle à laquelle conduisait l'application de la loi française. Pour se couvrir de cette perte, François Chauten
intenta en France une demande en partage de la succession du père commun, et voulant bénéficier de l'article
2 de la loi du 14 juillet 1819, il demanda que l'on fît
une masse de tous les biens sis en France et en Sardaigne, et que sa légitime fût fixée sur cette masse, d'après

la loi française, c'est-à-dire un huitième des trois quarts, au lieu d'un huitième de la moitié ; que ce huitième des trois quarts fût prélevé par lui sur les immeubles de la succession sis en France, et qu'on lui attribuât un autre huitième à titre de préciput sur la masse entière en vertu de la donation de 1828, avec prélèvement sur les immeubles de France.

Les hoirs Chauten, à l'exception de Joseph, ont demandé que le prélèvement que François Chauten exerçait sur les biens de France pour obtenir sa légitime, ne porta que sur la part de Joseph Chauten, puisque c'était le legs universel fait à ce dernier qui entamait seul cette légitime.

Ils ont demandé la nullité de la donation de 1828 pour omission d'une formalité essentielle prescrite par la loi sarde, alors que la donation émanait d'un Sarde.

Enfin, ceux d'entre eux qui avaient reçu du père commun, en contrat de mariage des libéralités excédant leurs légitimes, ont demandé à ce que les rapports des avantages qui leur avaient été ainsi constitués fussent, à titre de valeurs mobilières, attribués à la succession de Savoie. Sur ces difficultés nombreuses intervint un arrêt de la Cour de Grenoble, du 25 août 1848, ainsi conçu :

LA COUR; — Attendu que Louis Chauten premier, de la succession duquel il s'agit, était sujet sarde; que son domicile, lors de son décès, était en Savoie, et qu'il laisse des biens situés, partie en France, partie en Savoie; — Attendu que la loi du 14 juillet 1819, art. 1er, en abolissant les art. 726 et 912, Cod. civ., a rétabli le droit, en faveur des étrangers, de succéder en France de la même manière que les Français; — Attendu que l'art. 2 de cette loi porte que, dans le cas de partage d'une même succession entre des cohéritiers étrangers et français, ceux-ci prélèveront sur les biens situés en France une portion égale à la valeur des biens situés en pays étranger dont ils seraient exclus, à quelque titre que ce soit, en vertu des lois et coutumes locales; — Attendu qu'il résulte de là : 1° la reconnaissance du point de droit, d'ailleurs incontestable, que la portion de la succession située en pays étranger sera régie par la loi étrangère, et que la portion située en France doit être régie par la loi française, du moins quant aux immeubles, conformément à l'art. 3, Cod. civ., même quand le défunt était domicilié en pays étranger; 2° la nécessité de former fictivement une masse des deux successions régies séparément par les lois du pays où les biens sont situés, à cette fin seulement de déterminer la valeur dont l'héritier français a été privé en vertu des lois et coutumes locales, pour qu'il puisse obtenir un prélèvement équivalent sur les biens de France;

En ce qui concerne François Chauten seul, celui-ci étant naturalisé Français avant le décès de son père, tandis que les autres héritiers sont Savoisiens ; — Attendu que le droit qu'a François Chauten de prélever sur les biens de France une valeur égale à celle dont il a été exclu sur les biens de Savoie par suite de la plus grande étendue que donnent les lois sardes à la disponibilité paternelle, ne doit porter que sur la portion qu'aura dans les biens de France celui au profit duquel le père a fait l'application de cette extension de disponibilité, sans pouvoir préjudicier aux droits des autres héritiers, qui, quoique étrangers, sont, par l'art. 1er de la même loi, appelés à recueillir dans la succession située en France une portion dont la quotité devra être déterminée d'après les lois françaises; qu'on ne pourrait pas agir autrement sans empiéter sur la réserve légale que ces lois leur assurent, ce qui serait d'autant plus injuste qu'eux-mêmes ont également à souffrir dans leurs intérêts de la constitution d'héritier faite dans toute l'étendue des lois sardes, au profit de Joseph Chauten, sans pouvoir, en leur qualité d'étrangers, demander le prélèvement de l'art. 2; — Attendu que la demande de François Chauten tendant à lui faire conserver les biens compris dans la donation de 1828, jusqu'à concurrence de toute la portion préciputaire qui lui a été donnée, calculée sur la masse de la succession de France et de Savoie, tendrait à violer les principes ci-dessus exposés, et à donner une extension abusive à l'art. 2 de la loi de 1819, en méconnaissant les dispositions qui résultent de l'art. 1er au profit de réservataires et des donataires antérieurs; — Attendu que, quoique ceux-ci soient obligés d'agir par voie de retranchement sur la donation de 1828, le seul moyen de concilier leurs droits et ceux de François, c'est d'effectuer le partage réel des biens de Chauten premier, selon la situation des biens, conformément à l'art. 3, Cod. civ., et d'après les lois de chaque pays sur les successions; que, dès lors, quant aux biens situés en France, le partage doit s'effectuer de la même manière que si Chauten premier n'avait pas laissé d'autres biens, sauf la part de Joseph qui devra rester affectée au prélèvement de François; — Que François, de son côté, n'aura pas à en souffrir autrement qu'en ce qui touche sa réserve, puisque sa donation préciputaire; étant antérieure au testament du père commun, aura effet sur les biens de Savoie;

Attendu qu'à la vérité, il serait possible que cette donation, faute d'avoir été faite d'après les formes déterminées par les lois sardes, fût annulée en ce qui touche les biens de Savoie, mais que c'est là un inconvénient contre lequel François ne peut être garanti par la loi de 1819; — Qu'en effet, cette loi, dans sa lettre et dans son esprit, n'a pas eu d'autre but que celui de garantir autant que possible l'héritier français des pertes qu'il éprouverait sur les biens situés en pays étranger, par suite de la différence du droit de disponibilité accordé par les lois du pays, en créant en sa faveur un droit de prélèvement sur les biens de France, et non pas de rattacher ce prélèvement aux vices des actes au moyen desquels les libéralités auraient été constituées; — Attendu, conséquemment, que la part de Joseph dans les biens de France étant la seule chose dont François puisse demander le prélèvement à son profit, et ce prélèvement n'étant contesté ni par Joseph, ni par les autres héritiers, il est complètement inutile de faire fictivement la composition de masse des successions réunies de France et de Savoie;

Attendu, d'ailleurs, qu'en l'état, les élémens pour faire cette composition, quant aux biens de Savoie, manquent, quoiqu'un rapport d'experts produit au procès ait donné la valeur des immeubles et du mobilier proprement dit;

Attendu, en effet, que Louis Chauten étant décédé dans son domicile de Savoie, toutes les valeurs mobilières lui appartenant, soit qu'elles dérivent des rapports à faire par les enfans, soit qu'elles résultent de la vente opérée par Joseph de la maison de Voiron et du commerce de toile, soit qu'elles proviennent du compte qu'il peut avoir à rendre par suite de la procuration à lui passée par son père, font partie de la succession de Savoie, ce qui ne peut être raisonnablement contesté, l'art. 110, Cod. civ., aussi bien que la loi sarde, rattachant l'ouverture de la succession au domicile, et le principe que la succession mobilière est régie par les lois du lieu de l'ouverture de la succession ne pouvant être nié; que c'est notamment ce qu'enseigne Duport, dans ses *Questions de droit*, en traitant de ce qui s'observait à cet égard entre la France et la Savoie, tom. 6, v° *Succession*, quest. 852, pag. 291; que la chose est d'autant plus certaine dans le procès actuel, que ces valeurs mobilières sont situées en Savoie, ou doivent être rapportées ou comptées par des sujets sardes;

Attendu qu'une grande partie de ces valeurs étant incertaine quant à la quotité, ou étant contestée sans que la contestation soit en état d'être vidée, il est impossible de déterminer le chiffre de la succession de Savoie, et, par conséquent, celui du préjudice qui a été éprouvé par François, par suite de la différence des législations française et sarde, mais qu'il suffit qu'il soit constant que ce préjudice existe; que ce sont les dispositions au profit de Joseph, lesquelles ont porté à moitié de la succession de Savoie la portion disponible qui ne pouvait être que du quart, d'après la loi française, qui l'ont occasionné, en diminuant la réserve légale à laquelle il avait droit et le réduisant à une légitime; il suffit que le seul moyen qui s'offre dans la cause de réparer en tout ou en partie ce préjudice, soit de prononcer provisoirement le maintien en possession de François dans la portion de Joseph sur les biens de France, pour qu'en le prononçant ainsi, on fasse en l'état ressortir à son profit tout l'effet de l'art. 2 de la loi du 14 juillet 1819, sauf à Joseph, s'il y a lieu, à venir ensuite prouver que ce prélèvement aurait dû être moindre;

Attendu que, ce premier point décidé, il ne s'agit plus que de déterminer la quotité de la succession située en France et de fixer les droits des diverses parties sur cette succession, etc...;

Attendu, en ce qui concerne la donation faite à François Chauten, le 12 janv. 1828, qu'il n'y a pas lieu de statuer sur la demande en nullité de ladite donation, précisée dans les conclusions des mariés Millioz, quant aux immeubles situés en Savoie et quant à toutes les valeurs mobilières pour défaut d'état estimatif, tout ce qui est relatif à la succession mobilière et aux immeubles de Savoie devant être régi par les lois sardes et rentrant dans la compétence des tribunaux savoisiens;

Attendu, au surplus, quant aux biens de France, que la donation de 1828 ayant été faite en France, conformément aux formes établies par les lois françaises, est valide en ce qui les concerne; — Qu'on ne peut voir, dans l'homologation exigée par l'art. 1123 du Code sarde, pour qu'une donation hors mariage puisse sortir à effet, la création d'une incapacité radicale qui devrait constituer un statut personnel et suivre la personne de l'incapable en quelque lieu qu'il agisse ou qu'il contracte, mais une simple forme accessoire de la faculté de disposer par donation, reconnue primordialement en sa faveur; que c'est un mode de secours introduit contre les donations abusives, et non pas une constatation d'incapacité; qu'aussi cet article est placé sous la rubrique des formes à suivre pour les dona-

tions faites en Savoie , et que, dès lors, il ne peut recevoir son application, quant aux donations faites en France, par rapport aux
biens qui y sont situés, d'après la maxime *Locus regit actum*;

Attendu, d'autre part, que Chauten père, n'ayant donné à titre
de préciput que le huitième de ses biens, plus 6,000 fr., pouvait
encore disposer le 12 janv. 1828, sans excéder la quotité disponible, d'un huitième entier au profit de François Chauten, la loi
sarde, d'une part, autorisant une plus ample disposition préciputaire, et les 6,000 fr. de Louis Chauten 2°, d'un autre côté, devant
se prélever sur la succession mobilière, et faisant partie de la suc-
cession de Savoie;

Attendu qu'il en serait de même dans le cas où la déclaration
faite dans la donation de 1828, au sujet des 6,000 fr. à lui constitués dans son contrat de mariage, devrait être considérée comme
une donation déguisée, ce qui est loin d'être prouvé en l'état;

Attendu, enfin, que François Chauten étant en possession des
biens situés en France , par suite de la donation ci-dessus, et ne
pouvant être dépossédé que par voie de retranchement, il suffit que
les autres enfans trouvent de quoi se remplir de leur réserve légale
intacte sur la valeur de ces biens, pour qu'ils n'aient pas le droit de
se plaindre;

Attendu que de tout ce qui précède, il résulte que François,
ainsi que les représentants de Louis 2°, a droit, sur le prix des
biens licités et autres accessoires formant la succession ouverte en
France, à un 1/8 par forme de préciput, un autre 1/8 des 3/4 pour
sa réserve légale, sans compter le 1/8 des 3/4 qui doit encore lui
être accordé provisoirement du chef de Joseph par voie de prélèvement, chacun des autres enfans de Chauten premier devant aussi
recevoir un semblable 1/8 des 3/4...;

Sans s'arrêter à la demande tendant à faire considérer Louis 2ᵐᵉ
comme donataire déguisé d'une somme de 15,000 fr., non plus qu'à
la demande en nullité formée contre la donation du 12 janv. 1828.
ainsi qu'aux demandes en rapport respectivement faites, ordonne
que les biens de France et de Savoie laissés par Chauten premier
seront partagés comme s'il s'agissait de deux successions différen-

tes; dit que toutes les questions de rapport à succession, n'ayant trait qu'à des valeurs mobilières, de même que toutes questions relatives à l'actif ou au passif mobilier, appartiennent à la succession de Savoie;

Par suite, ordonne entre les parties le partage, suivant les droits de chacun, des immeubles de France ou du prix qui les représente en capital et intérêts, y compris la restitution des fruits due par François Chauten, et le prix en capital et intérêts reçu par François, du terrain vendu pour le cimetière de Miribel; dit et prononce que les enfants de Louis Chauten 2ᵐᵉ prélèveront, à titre de préciput, 1|8, et recevront en outre 1|8 des 3|4 à titre de réserve légale :

Ordonne que François Chauten conservera 1|8 à titre de préciput et 1|8 des 3|4 à titre de réserve légale; qu'en outre, par application du prélèvement admis par l'art. 2 de la loi du 14 juill. 1819, il retiendra provisoirement le 1|8 des 3|4 revenant à Joseph Chauten, sauf à ce dernier à prouver, à la suite du partage des biens de Savoie, que ce prélèvement est plus fort que la perte éprouvée par François par suite de l'application des lois et coutumes locales; dit et prononce que chacun des autres enfans de Chauten premier, recevra 1|8 des 3|4, à titre de réserve légale, etc.

J'ai fait connaître avec détails cet arrêt , parce que dans la pratique les questions qu'il juge peuvent se représenter souvent entre Français et Italiens. Je dois ajouter que François Chauten a cru devoir se plaindre d'une partie de cette décision et l'a déférée à la censure de la Cour suprême. Suivant lui la Cour avait violé la loi , lorsqu'après avoir fait une masse de biens sis en France et à l'étranger, pour calculer d'après la loi française la quotité disponible., il avait ensuite admis une division entre les éléments dont cette masse se composait en fai-

15

sant porter le prélèvement dû à l'héritier François uniquement sur la part que prenaient en France les héritiers avantagés, au lieu de faire porter ce prélèvement sur
l'ensemble de tous les biens sis en France.

Il se plaignait de ce que l'arrêt avait jugé que sa part
devait être déterminée sur les biens situés en France, sans
égard à la perte qu'il supporterait en Savoie de sa donation de biens sis à l'étranger, donation qui serait déclarée nulle d'après la loi étrangère, alors qu'elle était
valable en France où elle avait été constatée et où la loi
française devait assurer son effet.

Enfin il se plaignait encore de ce que la Cour avait
refusé de comprendre les meubles situés en France dans
la catégorie des biens sur lesquels le Français peut exercer le prélèvement autorisé par l'article 2 de la loi de
1819.

La Cour de cassation, par son arrêt du 27 août 1850,
sous la présidence de M. le premier président Portalis et
les conclusions conformes de M. l'avocat général Nouguier, a rejeté le pourvoi en ce qui concerne les premiers moyens, mais elle l'a admis en ce qui concerne
la disposition relative aux meubles.

Attendu que les demandeurs prétendent qu'en ordonnant le
partage des biens de France et de Savoie, comme s'il s'agissait de
deux successions différentes, l'arrêt attaqué a préjudicié aux droits

de leur auteur, tant comme héritier à réserve que comme donataire par préciput ;

Attendu qu'en sa qualité d'héritier à réserve, François Chauten
avait droit à un huitième de la portion disponible, formée, d'après
la loi française, des trois quarts des biens laissés par le défunt, et,
d'après la loi sarde, de la moitié seulement ; d'où il suit que, dans
le partage des biens de Savoie, sa part se trouverait diminuée d'un
32me, s'il n'était pas indemnisé de cette différence sur les biens de
France, ou, en d'autres termes, si, dans le partage des biens de
France, on ne tenait aucun compte des effets du partage des biens
de Savoie, opéré d'après les lois sardes ;

Attendu qu'en relevant les étrangers des incapacités que laissait
subsister contre eux ce qui restait de l'ancien droit d'aubaine, la
loi de 1819 a ordonné que, dans le cas du partage d'une même
succession entre des étrangers et des Français, ceux-ci prélèveront sur les biens situés en France une portion égale à la valeur
des biens situés en pays étranger dont ils seraient exclus, à quelque titre que ce fût, en vertu des lois et coutumes locales ;

Attendu que cette loi a été rendue dans une intention de justice
et d'égalité ; qu'elle a voulu empêcher que l'étranger, au moment
même où il était appelé à jouir du bénéfice de la loi française, ne
profitât de la faveur de la loi étrangère pour grossir sa part héréditaire au détriment de son cohéritier français : que cette volonté
de maintenir l'égalité entre cohéritiers, nonobstant les législations
et coutumes étrangères, n'est pas compatible avec un prélèvement
qui s'opererait sur la part de ceux des héritiers étrangers qui ne
reçoivent, en vertu de la loi de leur pays, qu'une part moindre que
celle que la loi française leur attribuerait ;

Attendu que, parmi les cohéritiers de François Chauten, tous
étrangers, un seul, Joseph Chauten, légataire de la portion disponible, est destiné à profiter, dans le partage des biens de Savoie,
de la différence existant entre les lois de France et de Savoie ; et
que la part de tous les autres héritiers étrangers se trouve, au
contraire, diminuée par cette différence ;

Attendu qu'en décidant, dans ces circonstances, que le prélèvement ouvert au profit de François Chauten, sur les biens de France, ne s'exercera que sur la part afférente à Joseph Chauten dans ces biens, et non sur celle des autres héritiers, l'arrêt attaqué a fait une juste application de la loi du 14 juillet 1819, et n'a aucunement violé les dispositions du Code civil sur les successions ;

Attendu, en ce qui touche les droits de François Chauten comme donataire d'un huitième en préciput, que l'article 2 de la loi de 1819, a voulu indemniser l'héritier français des exclusions qui, résultant contre lui des lois et coutumes étrangères, borneraient sa capacité de succéder et de recevoir, et ne laisseraient pas à cette capacité toute l'étendue de celle qu'il tiendrait des lois françaises ; mais qu'il n'a pas eu pour objet de détruire l'effet des nullités ou des vices dont les actes particuliers peuvent se trouver entachés ;

Attendu que, s'il arrive que la donation de 1828 ne réunisse pas les conditions nécessaires, pour qu'elle soit réputée valide en Savoie, c'est là une question de validité d'acte et non de capacité légale du donataire ; que François Chauten ne peut imputer qu'à lui-même, ou tout au moins qu'à son propre titre, les conséquences attachées à l'inaccomplissement des formalités exigées par la loi sarde ; et qu'en lui refusant, de ce chef, toute indemnité sur les biens de France, l'arrêt attaqué n'a violé ni la loi du 14 juillet 1819, ni les dispositions du Code civil sur les donations ;

Attendu qu'il suit de ce qui précède, qu'en ordonnant que les biens de France et les biens de Savoie seraient partagés distinctement, l'arrêt attaqué n'a en rien préjudicié aux droits de François Chauten, soit comme héritier, soit comme donataire, et n'a violé aucune loi ; — Rejette ;

Mais sur le troisième moyen :

Vu l'article 2 de la loi du 14 juillet 1819 ;

Attendu que l'article 2 de la loi du 14 juillet 1819 a attribué à l'héritier français, dans les cas qu'il prévoit, un prélèvement sur les biens situés en France ;

Que, par l'expression générique de biens, on doit entendre les meubles comme les immeubles ;

Attendu que l'esprit de la loi de 1819 n'autorise pas plus que son texte une distinction entre les meubles et les immeubles, et qu'il n'existe aucun motif pour priver de sa protection l'héritier français, dont l'auteur n'a laissé en France que des biens mobiliers;

Que la loi, lorsqu'elle a parlé des biens situés en France, s'est attachée, quant aux meubles comme quant aux immeubles, à leur situation réelle et de fait, et qu'il n'y a pas lieu, en cette matière, à appliquer la fiction de droit, en vertu de laquelle les meubles sont réputés suivre la personne de leur propriétaire, et avoir leur assiette au lieu d'ouverture de la succession ;

Attendu qu'aux termes de la déclaration, en fait, de l'arrêt attaqué, il est constaté par les baux que ce ne sont point des capitaux de bestiaux qui ont été remis aux fermiers des biens de France, mais 300 fr. pour chaque domaine, à titre de command ; et que ces sommes forment des capitaux mobiliers,

Attendu que lesdites sommes sont des biens situés en France, entre les mains des fermiers des deux domaines de Miribel, et qu'en ordonnant que les 600 fr. avancés à titre de command, et rentrant dans l'actif mobilier, devront être rapportés à la succession de Savoie, l'arrêt attaqué a violé la loi précitée ; — Casse, etc.

Le 21 mars 1855 la Cour de cassation, par arrêt de rejet, mais cette fois-ci dans une espèce que je ne fais qu'indiquer, où des citoyens français et des sujets russes étaient en concours, décidait encore que le prélèvement autorisé par l'article 2 de la loi du 14 juillet 1819, au cas d'une succession comprenant des biens situés en France et en pays étranger, sur des biens de France au profit des héritiers français exclus d'une portion des biens étrangers, par les dispositions de la loi étrangère, peut s'exercer non-seulement sur les immeubles, mais encore sur les meubles situés en France.

Cet arrêt juge même spécialement qu'il peut s'exercer sur les valeurs payables en pays étranger quand les titres de ces créances ont été laissés en France par le défunt.

Je me borne à ces citations d'espèce, et je vais indiquer d'une manière générale et sommaire, d'après les auteurs et la jurisprudence, quelles sont les règles générales à suivre en ces matières :

I. L'étranger décédé à l'étranger, ou en France où il n'était que de passage, ne laisse que des biens mobiliers en France.

Ils doivent être partagés et attribués d'après la loi personnelle de l'étranger, et non d'après la loi française (1).

(1) Dans l'indication de ces diverses hypothèses, je suis l'ordre adopté par M. le professeur A. Rodière dans un article inséré dans la *Revue de législation*, 1850, t. 1, p. 180 et suiv., me bornant à poser les règles qui d'après moi doivent être suivies. Je crois devoir accompagner chacune de ces solutions de l'indication de l'avis des auteurs, pour qu'on puisse connaître l'état de la question dans la doctrine et la jurisprudence et la controverse à laquelle elle peut donner lieu. C'est ainsi que je cite à l'appui de cette première solution que j'indique presque tous les anciens jurisconsultes, et de plus parmi les auteurs modernes: Merlin, *Rép*, v° *Loi*, § 6, n° 3, qui avait soutenu d'abord l'opinion contraire, v° *Jugement*, § 7 *bis*; Duranton, t. 1, n° 90; Zachariæ, t. 1, p. 56, § 31 ; Taulier, t. 1, p. 57 ; Fœlix, *Droit intern.*, t. 1, n°s 61 et suiv., p. 111 et suiv.; Demangeat, p. 385 ; Rodière, *Revue de législ.* t. 1, 1850, p. 181 ; Demolombe, t. 1, n° 94. Cet auteur fait toutefois certaines distinctions. Paris, 1 février 1836, 3 février 1838, 13 mars 1850. *Contrà*, Marcadé sur l'article 3 du Code Napoléon , et *Revue critiq. de jurisp.*, t. 1, p. 79 ; Lagrange , *Examen crit.*, p. 32 ; Ducaurroy sur l'art. 3 du Code Napoléon ; Rouen, 25 mai 1813 ; Riom, 7 avril 1835.

II. L'étranger qui meurt domicilié à l'étranger laisse des immeubles en France.

Les lois sur la transmission des biens, *ab intestat*, sont des lois réelles ; l'article 3 du Code Napoléon déclarant que les immeubles, même ceux possédés par des étrangers, sont régis par la loi réelle française , il s'ensuit que la transmission *ad intestat* des immeubles appartenant à des étrangers, doit être régie par la loi française ; peu importerait que les successibles fussent étrangers, le partage et la dévolution devrait se faire par application de la loi française (1).

III. Un étranger , légalement domicilié en France, y meurt en laissant des meubles ou des immeubles.

Quant aux immeubles qu'il délaissera , il ne peut se présenter de difficulté , puisqu'ils sont régis par la loi française, alors même que l'étranger n'a aucun domicile en France et qu'il décède dans son pays.

En ce qui concerne les meubles , c'est encore la loi française qu'il faudra suivre , parce que l'étranger, en

---

(1) *Sic*. Duranton, t. 1, n° 84; Marcadé, sur l'article 3 ; Demangeat. p. 337 ; Demolombe, p. 1, n° 90 ; Rodière, *loc. cit.*, p. 182 ; Cass., 14 mars 1837.— *Contrà*, Fœlix, t. 1. n° 60 et 61, p. 107 et suiv., qui ne repousse pas cependant complètement l'application de notre principe, et Zachariæ, t. 1, p. 56.

fixant en fait son domicile en France , et en demandant
en droit l'autorisation d'établir son domicile chez nous,
alors même que d'après les lois de son pays, il ne per-
drait pas sa nationalité, manifeste son intention d'abandonner sa patrie pour s'établir en France et y placer ses
biens sous le régime des lois françaises (1).

IV. L'étranger sans avoir obtenu l'autorisation d'établir son domicile en France, y avait à son décès un établissement.

La succession immobilière sera régie par la loi française.

En ce qui concerne les meubles , si la résidence de
l'étranger en France a eu pour résultat de lui faire perdre
sa nationalité , comme il faut bien admettre qu'une loi
positive doit régler la dévolution de sa succession et que
la loi de son pays n'aura plus d'effet par suite de la
perte de sa nationalité, il faudra lui appliquer la loi de
son domicile (2).

Bien que l'étranger en fixant sa résidence en France
n'ait pas perdu sa nationalité d'après les lois de son

---

(1) *Sic.* Marcadé. sur l'article 3 ; Chabot, *Succession*, sur l'article
726 ; Rodière p. 185 et 186 ; V. Hennequin, *Revue de législ.*, 1852, t.
2, p. 93 ; Demangeat sur Fœlix, t. 1, p. 119, notes ; Cass. 7 nov. 1826 ;
Riom, 7 avril 1835 ; Paris, 25 mai 1852.

(2) Demolombe, t. 1, p. 180, n° 172 , Rodière, p. 187.

pays, s'il a formé en France un établissement sans esprit de retour , il faudra encore admettre que c'est la loi française qui sera applicable (1).

Si l'étranger, en fondant en France un établissement, en a conservé un à l'étranger, que sa résidence soit partagée entre l'un et l'autre, qu'il ne résulte pas des faits qu'il ait entendu renoncer à son domicile primitif dans son pays, c'est la loi étrangère qui régira la succession mobilière (2).

V. L'étranger qui a laissé des biens en France n'a que des successibles français.

Cette position particulière ne saurait modifier en rien les solutions que nous venons d'indiquer. La loi est le testament présumé du défunt ; c'est donc la loi du défunt qu'il faut suivre et non celle de ses héritiers , peu importe la nationalité de ces derniers (3).

VI. L'étranger en mourant laisse des successibles français et des successibles étrangers.

Le même principe est applicable. Il faudra avoir égard à la position du défunt et non à celle des héritiers pour déterminer la loi qui régira la succession si c'est au statut personnel qu'on doit se rapporter; si c'est au statut réel,

---

(1) Rodière, p. 188.
(2) Rodière, p. 188 ; Fœlix, t. 1, p. 121, n° 63.
(3) Rodière, p. 188.

ce sera la loi de la situation des immeubles qu'il faudra appliquer , et dans aucun cas la nationalité des héritiers ne pourra servir à déterminer cette loi.

Dans la pratique , de nombreuses difficultés peuvent naître de l'application de l'article 2 de la loi du 14 juillet 1819 , dont nous avons reproduit le texte. Cet article donne au Français en concours avec un étranger dans une succession , le droit de prélever sur les biens situés en France une portion égale à la valeur des biens situés en pays étranger, dont ils seraient exclus à quelque titre que ce soit.

Ce droit de prélèvement existe et doit être appliqué dans le cas où les Français sont exclus par la loi étrangère en leur qualité de Français comme dans celui où ils seraient exclus par tout autre motif: par exemple, un privilége d'aînesse ou de race, ou par une préférence dans les lignes successibles, repoussée par la loi française (1) , ou par l'effet d'une disposition testamentaire conforme à la loi du pays étranger, mais contraire à la loi française (2).

L'exercice du droit de prélèvement peut dans certains cas absorber complètement les immeubles sis en France, mais pourrait-il atteindre les valeurs mobilières alors

(1) Rodière , p. 191.
(2) Cass. 17 août 1850 et 29 décembre 1856.

que l'étranger ayant conservé sa nationalité, ces meubles placés sous l'empire du statut personnel semblent devoir être régis par le statut personnel? On est généralement d'avis que s'il faut admettre que les meubles possédés en France par un étranger sont soumis à la loi de son domicile ou soit à la loi étrangère, il n'y a pas lieu de tenir compte de cette fiction lorsqu'il s'agit d'appliquer la loi de 1819, cette loi autorise le prélèvement sur les biens de France sans distinction et on ne peut l'empêcher par des fictions, d'atteindre le but juste et équitable qu'elle se propose (1).

Il a été jugé à l'égard de la Suisse que l'existence d'un traité n'empêchait pas l'application de la loi de 1819 en ce qui concerne le prélèvement et alors même que des jugements rendus à l'étranger par les juges de la nation avec laquelle existent les traités y porteraient obstacle, ces décisions appliquant des lois contraires à l'égalité des partages proclamée par la loi française n'étant pas exécutoires en France (Paris, 9 août 1858).

Le prélèvement ne doit avoir lieu que sur les portions

---

(1) Demolombe, t. 1, n° 94, p. 103 ; Demangeat, p. 403 ; Massé et Vergé sur Zachariæ, t. 2, § 354, p. 242 ; Rossi, *Encyclop. du droit*, v° *Aubaine*, n° 19 ; Trib. de la Seine, 14 mai 1835 ; Paris, 1 fév. 1836; Cass. 9 fév. 1831, 16 fév. 1842, 27 août 1840, 21 mars 1855, 29 déc. 1856. *Contrà*, Rodière, p. 189 ; Grenoble, 25 août 1848, mais cet arrêt a été cassé.

des héritiers avantagés à l'étranger par la loi étrangère (Rej. 27 août 1850).

Le prélèvement ne peut avoir lieu pour couvrir les Français des pertes qu'ils supporteraient à raison des dispositions faites par le défunt en faveur d'un cohéritier français et qui valables en France seraient nulles d'après la loi étrangère pour n'avoir pas été soumises à certaines formalités (même arrêt).

Le droit de prélèvement n'appartient qu'aux Français: il ne peut être exercé par les étrangers exclus par la loi de leur pays des biens sis dans ce pays (Rossi, *Encyclopédie du droit,* v° *Aubain,* N° 20).

Il n'existe pas pour le cas où les héritiers admis à succéder à l'étranger sont seulement empêchés par les lois du pays d'exporter les biens.

Les biens laissés en France par un étranger décédé sans parents au degré successible, enfant naturel, ni conjoint ne sont pas dévolus au souverain du pays de cet étranger; ils restent acquis à la France par droit de souveraineté (Paris 15 novembre 1833, Rej. 28 juin 1852, Bordeaux 17 août 1853).

La convention consulaire conclue entre la France et la Sardaigne contient certaines dispositions à l'égard des successions des Français en Sardaigne et réciproquement. Ces dispositions qui méritent d'être consultées en ce qui concerne les mesures à prendre au moment du décès des étrangers se trouveront rapportées au titre des relations commerciales, où doit trouver sa place la convention consulaire.

Qu'on me permette quelques observations sur les droits de mutations auxquels sont soumis les biens des étrangers en France et je reproduirai ensuite les dispositions qui règlent l'ordre des successions en France et en Sardaigne.

Les étrangers admis à succéder en France sont soumis au paiement des droits de mutation comme les Français eux-mêmes (Rej. 27 juillet 1819).

Lorsqu'une succession ou communauté se compose partie de biens situés en France et partie de biens situés à l'étranger, les biens situés en France sont considérés pour la perception des droits comme formant une succession ou communauté à part (Rej. 14 nov. 1838, Cass. 8 déc. 1840, Rej. 12 déc. 1843, Cass. 3 avril 1844, 11 nov. 1844, Rej. 15 juin 1847, Cass. 29 août 1848).

Les immeubles sis en pays étranger, qu'ils fassent partie de la succession d'un étranger ou d'un Français mort en France, ne sont pas soumis au droit, alors même qu'ils seraient dévolus à un Français, mais les immeubles délaissés en France par un étranger alors même qu'ils passeraient à un étranger, sont soumis au droit de mutation.

Les créances qu'un étranger possédait en France sur des Français sont également soumises au droit de mutation par décès, alors même que la succession de laquelle elles dépendent, s'est ouverte en pays étranger, au lieu du domicile de cet étranger (Avis du Conseil d'Etat du 11 février 1829, arrêts de la Cour de cassation des 27 juillet 1819, 16 juin 1823, 29 août 1837).

Le droit de mutation est exigible sur un legs fait à l'étranger par un étranger en faveur d'un autre étranger s'il porte sur des sommes dues en France (Cass. 16 juin 1823).

Réciproquement les valeurs mobilières situées en pays étranger, même dépendant d'une succession ouverte en France ne sont point passibles du droit de mutation (Délibération de la Régie du 10 avril 1835).

Il n'est dû aucun droit de mutation pour la transmission par décès de titres ou obligations créés en vertu d'emprunts contractés par des gouvernements étrangers, ces valeurs ayant leur siége dans les états emprunteurs, seuls débiteurs de ces emprunts, peu importe qu'ils soient négociables et payables en France (Rej.

31 mai 1848, 23 janvier 1849, 2 juillet 1849) (1).

Les effets mobilièrs délaissés par un étranger en France sont soumis aux droits; mais les meubles corporels situés en pays étrangers en sont exempts.

Loi Française. **Code Napoléon.** CHAPITRE III. DES DIVERS ORDRES DE SUCCESSION. SECTION Ire. Dispositions générales.	Loi Sarde. **Code civil.** LIVRE III , TITRE III. Des Successions *ab intestat*. Dispositions générales.
731. Les successions sont déférées aux enfans et descendans du défunt, à ses ascendans et à ses parens collatéraux, dans l'ordre et suivant les règles ci-après déterminés. 732. La loi ne considère ni la nature ni l'origine des biens pour en régler la succession. 733. Toute succession échue à des ascendans ou à des collatéraux, se divise en deux parts égales; l'une pour les parens de la ligne paternelle , l'autre pour les	914. La succession est déférée *ab intestat,* en tout ou en partie, lorsqu'il n'y a pas de testament , ou que celui qui existe est nul ; lorsque le défunt n'a pas disposé de tout son patrimoine ; lorsque les héritiers institués ne peuvent ou ne veulent accepter ; enfin , lorsqu'il y a plusieurs cohéritiers entre lesquels il n'y a pas lieu à accroissement. 915. La loi défère la succession aux descendants, aux ascendants, aux parents collatéraux, aux en-

(1) Les règles, qui résultent de ces décisions conformes à celles qui ne soumettaient pas au droit proportionnel la cession en France de rentes inscrites sur les gouvernements étrangers (ainsi jugé à l'égard de rentes inscrites sur le grand livre de la dette publique de Sardaigne , par arrêt de rejet du 21 avril 1828), se trouvent modifiées par la loi du 15 mai 1850, et par la loi du 23 juin 1857.

parens de la ligne maternelle. Les
parens utérins ou consanguins ne
sont pas exclus par les germains;
mais ils ne prennent part que
dans leur ligne, sauf ce qui sera
dit à l'article 732. Les germains
prennent part dans les deux lignes. — Il ne se fait aucune dévolution d'une ligne à l'autre, que
lorsqu'il ne se trouve aucun ascendant ni collatéral de l'une des
deux lignes.

734. Cette première division
opérée entre les lignes paternelle
et maternelle, il ne se fait plus
de division entre les diverses branches; mais la moitié dévolue à
chaque ligne appartient à l'héritier ou aux héritiers les plus proches en degrés, sauf le cas de la
représentation, ainsi qu'il sera dit
ci-après.

735. La proximité de parenté
s'établit par le nombre de générations; chaque génération s'appelle un *degré*.

736. La suite des degrés forme
la ligne: on appelle *ligne directe*
la suite des degrés entre personnes qui descendent l'une de l'autre; *ligne collatérale*, la suite
des degrés entre personnes qui
ne descendent pas les unes des
autres, mais qui descendent d'un
auteur commun. — On distingue

fants naturels, au conjoint et au
fisc, dans l'ordre et d'après les
règles ci-après établies.

916. Pour régler la succession,
la loi considère la proximité de
parenté; elle n'a égard à la pré-
rogative de la ligne et à l'origine
des biens que de la manière et dans
les cas spécialement prévus.

917. La proximité de parenté
s'établit par le nombre de générations.

918. Chaque génération forme
un degré.

919. La suite des degrés forme
la ligne : on appelle ligne directe
la suite des degrés entre personnes qui descendent l'une de l'autre ; ligne collatérale, la suite des
degrés entre personnes qui ne descendent pas les unes des autres,
mais qui descendent d'un auteur
commun.

On distingue la ligne directe,
en ligne directe descendante et ligne directe ascendante.

La première est celle qui lie le
chef avec ceux qui descendent de
lui ; la deuxième est celle qui lie
une personne avec ceux dont elle
descend.

920. En ligne directe, on compte autant de degrés qu'il y a de
générations, non compris l'auteur commun.

la ligne directe, en ligne directe descendante et ligne directe ascendante. — La première est celle qui lie le chef avec ceux qui descendent de lui: la deuxième est celle qui lie une personne avec ceux dont elle descend.

737. En ligne directe, on compte autant de degrés qu'il y a de générations entre les personnes: ainsi le fils est, à l'égard du père, au premier degré; le petit-fils, au second; et réciproquement du père et de l'aïeul à l'égard des fils et petits-fils.

738. En ligne collatérale, les degrés se comptent par les générations, depuis l'un des parens jusques et non compris l'auteur commun, et depuis celui-ci jusqu'à l'autre parent. — Ainsi, deux frères sont au deuxième degré; l'oncle et le neveu sont au troisième degré; les cousins germains au quatrième; ainsi de suite.

SECTION II.
De la Représentation.

739. La représentation est une fiction de la loi, dont l'effet est de faire entrer les représentans dans la place, dans le degré et dans les droits du représenté.

740. La représentation a lieu à l'infini dans la ligne directe descendante. — Elle est admise dans

921. En ligne collatérale, les degrés se comptent par les générations, depuis l'un des parents, jusques et non compris l'auteur commun, et depuis celui-ci jusqu'à l'autre parent.

922. Les personnes incapables ou indignes de recevoir par testament, pour les causes énoncées au chap. II *de la Capacité de disposer et de recevoir par testament,* titre *des Successions testamentaires,* sont pareillement incapables ou indignes de succéder *ab intestat.*

Sont aussi incapables de succéder, comme indignes, les personnes qui auraient empêché le défunt de tester.

Les enfants et descendants de l'indigne, pour les causes mentionnées ci-dessus, ne sont point exclus de la succession par la faute de leur père, lors même qu'il serait vivant, s'ils y viennent de leur chef; mais, s'ils ne peuvent y être admis qu'avec le secours de la représentation, ils n'auront droit qu'à la part légitimaire qui aurait compété à l'indigne. Celui-ci ne peut, en aucun cas, réclamer l'usufruit ni l'administration des biens de cette succession; il ne peut même, quant à ces biens, succéder *ab intestat* à ses enfants

16

tous les cas, soit que les enfans du défunt concourent avec les descendans d'un enfant prédécédé, soit que tous les enfans du défunt étant morts avant lui, les descendans desdits enfans se trouvent entre eux en degrés égaux ou inégaux.

741. La représentation n'a pas lieu en faveur des ascendans; le plus proche, dans chacune des deux lignes, exclut toujours le plus éloigné.

742. En ligne collatérale, la représentation est admise en faveur des enfans et descendans de frères ou sœurs du défunt, soit qu'ils viennent à sa succession concurremment avec des oncles ou tantes, soit que tous les frères et sœurs du défunt étant prédécédés, la succession se trouve dévolue à leurs descendans en degrés égaux ou inégaux.

743. Dans tous les cas où la représentation est admise, le partage s'opère par souche : si une même souche a produit plusieurs branches, la subdivision se fait aussi par souche dans chaque branche, et les membres de la même branche partagent entre eux par tête.

744. On ne représente pas les personnes vivantes, mais seule-

ou descendants, conformément à ce qui est prescrit par les articles 711 et 741.

923. À l'égard des personnes qui appartiennent à des ordres monastiques ou à des corporations religieuses, tant régulières que séculières, leur capacité ou incapacité de recueillir ou revendiquer les successions *ab intestat*, est déterminée d'après les règles établies pour les successions et dispositions testamentaires, par les articles 714, 715 et 716.

924. L'effet de la représentation est de faire entrer les représentants dans la place, dans le degré et dans les droits du représenté.

925. La représentation a lieu à l'infini dans la ligne directe descendante. Elle est admise dans tous les cas, soit que les enfants du défunt concourent avec les descendants d'un autre enfant prédécédé, soit que, tous les enfants du défunt étant décédés avant lui, les descendants de ces enfants se trouvent entre eux en degrés égaux ou inégaux, et lors même que, les enfants étant en degrés égaux, le nombre n'en serait pas le même dans chaque souche.

926. La représentation n'a pas

Loi Française.

ment celles qui sont mortes naturellement ou civilement. — On peut représenter celui à la succession duquel on a renoncé.

SECTION III.
Des successions déférées aux Descendans.

745. Les enfans ou leurs descendans succèdent à leurs père et mère, aïeuls, aïeules, ou autres ascendans, sans distinction de sexe, ni de primogéniture, et encore qu'ils soient issus de différens mariages. — Ils succèdent par égales portions et par tête, quand ils sont tous au premier degré et appelés de leur chef : ils succèdent par souche, lorsqu'ils viennent tous ou en partie par représentation.

SECTION IV.
Des Successions déférées aux Ascendans.

746. Si le défunt n'a laissé ni postérité, ni frère, ni sœur, ni descendans d'eux, la succession se divise par moitié entre les ascendans de la ligne paternelle et les ascendans de la ligne maternelle. — L'ascendant qui se trouve au degré le plus proche, recueille la moitié affectée à sa ligne, à l'exclusion de tous autres. — Les ascendans au même degré succèdent par tête.

Loi Sarde.

lieu en faveur des ascendants : le plus proche exclut le plus éloigné.

927. En ligne collatérale, la représentation est admise en faveur des enfants et descendants de frères ou sœurs du défunt, soit qu'ils viennent à sa succession concurremment avec des oncles ou tantes, soit que, tous les frères ou sœurs du défunt étant prédécédés, la succession se trouve dévolue à leurs descendants en degrés égaux ou inégaux.

928. Dans tous les cas où la représentation est admise, le partage se fait par souche.

Si une même souche a produit plusieurs branches, la subdivision se fait aussi par souche dans chaque branche, et les membres de la même branche partagent entre eux par tête.

929. On ne représente pas les personnes vivantes, à moins qu'il ne s'agisse de celles qui sont absentes ou qui ont encouru la perte des droits civils.

Leurs enfants et descendants sont admis à les représenter dans les cas prévus et suivant les règles établies aux articles 925 et 927.

Les enfants et descendants des exclus pour cause d'indignité, ou de ceux qui ont été exhérédés,

747. Les ascendans succèdent, à l'exclusion de tous autres, aux choses par eux données à leurs enfans ou descendans décédés sans postérité, lorsque les objets donnés se retrouvent en nature dans la succession. — Si les objets ont été aliénés, les ascendans recueillent le prix qui peut en être dû. Ils succèdent aussi à l'action en reprise que pouvait avoir le donataire.

748. Lorsque les père et mère d'une personne morte sans postérité lui ont survécu, si elle a laissé des frères, sœurs, ou des descendans d'eux, la succession se divise en deux portions égales, dont la moitié seulement est déférée au père et à la mère, qui la partagent entre eux également. — L'autre moitié appartient aux frères, sœurs ou descendans d'eux ainsi qu'il sera expliqué dans la section V du présent chapitre.

749. Dans le cas où la personne morte sans postérité laisse des frères, sœurs ou des descendans d'eux, si le père ou la mère est prédécédé, la portion qui lui aurait été dévolue conformément au précédent article, se réunit à la moitié déférée aux frères, sœurs ou à leurs représentans, ainsi

peuvent aussi les représenter, mais seulement dans les cas et suivant les règles déterminés aux articles 711, 744 et 922.

930. On peut représenter celui à la succession duquel on a renoncé.

CHAPITRE PREMIER.
DES DIVERS ORDRES DE SUCCESSIONS.

SECTION PREMIÈRE.
Des Successions déférées aux descendants.

931. Les enfants légitimes ou leurs descendants succèdent à leur père et mère ou autres ascendants, sans distinction de sexe et encore qu'ils soient issus de différents mariages.

Ils succèdent par tête, quand ils sont tous au premier degré ; ils succèdent par souche, lorsqu'ils viennent tous ou en partie par représentation.

932. Sont compris sous la dénomination d'enfants légitimes, les enfants légitimés par mariage subséquent ou par rescrit du Roi, ainsi que leurs descendants, pourvu que le rescrit ait été obtenu sur la demande du père, sauf toutefois les modifications qui y seraient insérées.

933. Les enfants adoptifs et

qu'il sera expliqué à la section V du présent chapitre.

SECTION V.
Des successions collatérales.

750. En cas de prédécès des père et mère d'une personne morte sans postérité, ses frères, sœurs ou leurs descendans sont appelés à la succession, à l'exclusion des ascendans et des autres collatéraux. — Ils succèdent, ou de leur chef, ou par représentation, ainsi qu'il a été réglé dans la section II du présent chapitre.

751. Si les père et mère de la personne morte sans postérité lui ont survécu, ses frères, sœurs ou leurs représentans ne sont appelés qu'à la moitié de la succession. Si le père ou la mère seulement a survécu, ils sont appelés à recueillir les trois quarts.

752. Le partage de la moitié ou des trois quarts dévolus aux frères ou sœurs, aux termes de l'article précédent, s'opère entre eux par égales portions, s'ils sont tous du même lit; s'ils sont de lits différens, la division se fait par moitié entre les deux lignes paternelle et maternelle du défunt; les germains prennent part dans les deux lignes, et les utérins ou consanguins chacun dans leur ligne seu-

leurs descendants succèdent aussi à l'adoptant, suivant les règles ci-devant établies, même concurremment avec les enfants nés en mariage ou légitimés dès l'adoption, et avec leurs descendants; mais ils demeurent étrangers à tous les autres parents de l'adoptant.

SECTION II.
Des Successions déférées aux ascendants.

934. Si le défunt n'a laissé ni postérité, ni frères ni sœurs du même lit, ni descendants d'eux, la succession est dévolue, par égale part, au père et à la mère; et, en cas de prédécès de l'un d'eux, elle est dévolue en entier au survivant.

235. Lorsque la personne décédée sans postérité n'a laissé ni père ni mère, ni frères ni sœurs du même lit, et que les ascendants survivants sont tous au même degré, la succession se divise par moitié entre les ascendants de la ligne paternelle et les ascendants de la ligne maternelle, sans égard à l'origine des biens, sauf dans le cas prévu par l'article 937.

Si les ascendants ne sont pas au même degré, la succession est déférée au plus proche, sans distinction de ligne.

lement: s'il n'y a de frères ou sœurs que d'un côté, ils succèdent à la totalité, à l'exclusion de tous autres parens de l'autre ligne.

753. A défaut de frères ou sœurs ou de descendans d'eux, et à défaut d'ascendans dans l'une ou l'autre ligne, la succession est déférée pour moitié aux ascendans survivants; et pour l'autre moitié, aux parents les plus proches de l'autre ligne. — S'il y a concours de parents collatéraux au même degré, ils partagent par tête.

754. Dans le cas de l'article précédent, le père ou la mère survivant a l'usufruit du tiers des biens auxquels il ne succède pas en propriété.

755. Les parents au-delà du douzième degré ne succèdent pas. — A défaut de parents au degré successible dans une ligne, les parents de l'autre ligne succèdent pour le tout.

CHAPITRE IV.

DES SUCCESSIONS IRRÉGULIÈRES.

SECTION Iʳᵉ.

Des Droits des Enfants naturels sur les biens de leur père ou mère, et de la succession aux Enfants naturels décédés sans postérité.

756. Les enfants naturels ne sont point héritiers; la loi ne leur accorde de droit sur les biens de

936. Si avec les père et mère, ou avec l'un d'eux seulement, ou, à leur défaut, avec un autre ascendant, le défunt a laissé des frères ou sœurs du même lit, ils seront tous admis à succéder par tête, de manière cependant qu'en aucun cas la portion dévolue à l'ascendant ou aux ascendants ne puisse être moindre du tiers de la succession.

Si avec les ascendants du défunt il y a aussi des descendants d'un frère ou d'une sœur du même lit prédécédés, ces descendants succèderont par droit de représentation, soit qu'ils viennent seuls à la succession, soit qu'ils y viennent concurremment avec leur oncle ou leur tante.

937. Le père et la mère, ainsi que les autres ascendants survivants recueillent, à l'exclusion de tous autres, les biens par eux donnés à leurs enfants ou descendants décédés sans postérité, lorsque ceux-ci n'en ont pas disposé, et que les objets donnés se retrouvent en nature dans la succession. Ce droit appartient au père, à la mère ou aux autres ascendants, lors même qu'ils ne seraient pas appelés à succéder aux donataires, ou qu'ils auraient renoncé à la succession.

leur père ou mère décédés, que lorsqu'ils ont été légalement reconnus. Elle ne leur accorde aucun droit sur les biens des parents de leur père ou mère.

757. Le droit de l'enfant naturel sur les biens de ses père ou mère décédés, est réglé ainsi qu'il suit : — Si le père ou la mère a laissé des descendants légitimes, ce droit est d'un tiers de la portion héréditaire que l'enfant naturel aurait eue s'il eût été légitime; il est de la moitié lorsque les père ou mère ne laissent pas de descendants, mais bien des ascendants ou des frères ou sœurs; il est de trois quarts lorsque les père ou mère ne laissent ni descendants ni ascendants, ni frères ni sœurs.

758. L'enfant naturel a droit à la totalité des biens, lorsque ses père ou mère ne laissent pas de parents au degré successible.

759. En cas de prédécès de l'enfant naturel, ses enfants ou descendants peuvent réclamer les droits fixés par les articles précédents.

760. L'enfant naturel ou ses descendants sont tenus d'impute' sur ce qu'ils ont droit de prétendre, tout ce qu'ils ont reçu du père ou de la mère dont la suc-

Si ces biens ont été aliénés, les ascendants recueillent le prix qui peut en être dû. Ils succèdent aussi à l'action en reprise que pouvait avoir l'enfant ou le descendant donataire.

Ils seront cependant tenus de concourir au payement des dettes et charges de la succession, en proportion des biens recueillis.

Les disposiïions de cet article ne feront point obstacle à l'exécution des conventions contraires portées par l'acte de donation, et elles auront lieu sans préjudice de la part qui pourrait appartenir à l'ascendant donateur dans les autres biens de la succession.

SECTION III.

Des Successions collatérales.

938. Si la personne décédée sans postérité n'a laissé ni père, ni mère, ni autre ascendant, les frères ou sœurs du même lit, ainsi que leurs enfants ou descendants, sont appelés à succéder par tête ou par souche, conformément aux articles 927 et 928.

939. A défaut de frères ou sœurs du même lit, ou d'enfants et descendants d'eux, la succession est dévolue aux frères et sœurs consanguins et utérins du défunt, et à leurs enfants et descendants par tête ou par souche,

cession est ouverte, et qui serait sujet à rapport, d'après les règles établies à la section II du chapitre VI du présent titre.

761. Toute réclamation leur est interdite, lorsqu'ils ont reçu, du vivant de leur père ou de leur mère, la moitié de ce qui leur est attribué par les articles précédents, avec déclaration expresse, de la part de leur père ou mère, que leur intention est de réduire l'enfant naturel à la portion qu'ils lui ont assignée. — Dans le cas où cette portion serait inférieure à la moitié de ce qui devrait revenir à l'enfant naturel, il ne pourra réclamer que le supplément nécessaire pour parfaire cette moitié.

762. Les dispositions des articles 757 et 758 ne sont pas applicables aux enfants adultérins ou incestueux. — La loi ne leur accorde que des aliments.

763. Ces aliments sont réglés, eu égard aux facultés du père ou de la mère, au nombre et à la qualité des héritiers légitimes.

764. Lorsque le père ou la mère de l'enfant adultérin ou incestueux lui auront fait apprendre un art mécanique, ou lorsque l'un d'eux lui aura assuré des aliments de son vivant, l'enfant ne pourra

suivant la règle précédemment établie.

940. Si la personne morte sans postérité n'a laissé ni père, ni mère, ni ascendants, ni frères, ni sœurs, ni descendants d'eux, le parent le plus proche ou les plus parents sont appelés à recueillir la succession, sans distinction entre les parents de la ligne paternelle et ceux de la ligne maternelle.

941. Les parents au delà du douzième degré ne succèdent pas.

CHAPITRE II.

DE L'EXCLUSION DES SOEURS ET DE LEURS DESCENDANTS, EN FAVEUR DES FRÈRES ET DE LEURS DESCENDANTS MALES, A RAISON DE CERTAINES SUCCESSIONS, ET DES DROITS DES SOEURS ET DE LEURS DESCENDANTS RELATIVEMENT AUX SUCCESSIONS DONT ILS SONT EXCLUS.

942. Les dispositions relatives aux successions déférées aux descendants, aux ascendants et aux collatéraux, contenues dans les trois sections du chapitre précédent, sont, en ce qui concerne les femmes et leurs descendants, soumises, dans les cas ci-après déterminés, aux modifications suivantes.

943. Lorsqu'il s'agit de la succession du père, ou d'un autre

élever aucune réclamation contre leur succession.

765. La succession de l'enfant naturel décédé sans postérité est dévolue au père ou à la mère qui l'a reconnu; ou par moitié à tous les deux, s'il a été reconnu par l'un et par l'autre.

766. En cas de prédécès des père et mère de l'enfant naturel, les biens qu'il en avait reçus, passent aux frères ou sœurs légitimes, s'ils se retrouvent en nature dans la succession: les actions en reprise, s'il en existe, ou le prix de ces biens aliénés, s'il est encore dû, retournent également aux frères et sœurs légitimes. Tous les autres biens passent aux frères et sœurs naturels, ou à leurs descendants.

SECTION II.
Des Droits du Conjoint survivant et de l'Etat.

767. Lorsque le défunt ne laisse ni parents au degré successible, ni enfants naturels, les biens de sa succession appartiennent au conjoint non *divorcé* qui lui survit.

768. A défaut de conjoint survivant, la succession est acquise à l'Etat.

769. Le conjoint survivant et l'administration des domaines qui

ascendant mâle de la ligne paternelle, la part héréditaire afférente à la femme ou à ses descendants, lors même que ceux-ci ne seraient pas ses héritiers, sera dévolue, par droit de subrogation, à ses frères germains ou à leurs descendants mâles par ligne masculine: cette subrogation aura lieu d'après les règles établies pour les successions. A défaut de frères germains de la femme ou de descendants mâles de ceux-ci, la part héréditaire sera dévolue à ses frères consanguins ou à leurs descendants mâles par ligne masculine, de la manière ci-devant expliquée. La subrogation n'aura cependant point lieu au profit des frères ou descendants de frères, qui ne pourraient, eu égard à l'état qu'ils auraient embrassé, conserver ni perpétuer la famille.

944. La disposition de l'article précédent est applicable à la succession d'un frère germain ou consanguin, toutes les fois que la sœur qui serait appelée à la succession, se trouve en concours avec d'autres frères germains ou consanguins ou avec leurs descendants mâles par ligne masculine.

945. L'exclusion prononcée ci-dessus aura de même lieu dans la

prétendent droit à la succession, sont tenus de faire apposer les scellés, et de faire faire inventaire dans les formes prescrites pour l'acceptation des successions sous bénéfice d'inventaire.

770. Ils doivent demander l'envoi en possession au tribunal de première instance dans le ressort duquel la succession est ouverte. Le tribunal ne peut statuer sur la demande qu'après trois publications et affiches dans les formes usitées, et après avoir entendu le procureur impérial.

771. L'époux survivant est encore tenu de faire emploi du mobilier, ou de donner caution suffisante pour en assurer la restitution, au cas où il se présenterait des héritiers du défunt, dans l'intervalle de trois ans : après ce délai, la caution est déchargée.

772. L'époux survivant ou l'administration des domaines qui n'auraient pas rempli les formalités qui leur sont respectivement prescrites, pourront être condamnés aux dommages et intérêts envers les héritiers, s'il s'en représente.

773. Les dispositions des articles 769, 770, 771 et 772, sont communes aux enfants naturels appelés à défaut des parents.

succession de la mère, mais seulement en faveur des frères germains et de leurs descendants mâles par ligne masculine.

946. Ceux qui, aux termes des trois articles précédents, recueillent la part de succession à laquelle était appelée la femme ou ses descendants, sont tenus de donner en compensation une portion de biens qui, libre de toutes dettes et charges, soit équivalente à la part légitimaire, s'il s'agit de la succession du père, de la mère ou d'un ascendant mâle paternel, et au tiers de la portion virile, s'il s'agit de la succession d'un frère: dans tous les cas cependant il sera fait déduction de ce que la femme ou ses descendants auraient reçu du défunt, à titre de dot, ou de ce qui serait autrement sujet à rapport.

Ceux qui profiteront de la subrogation auront la faculté de payer la part légitimaire ou le tiers de la part virile, en argent ou en immeubles de la succession, d'après une juste estimation. Tant que le payement n'aura pas été fait de la manière ci-dessus déterminée, la femme ou ses descendants seront considérés comme copropriétaires des biens de la succession.

TITRE II.

Des donations entre vifs et des testaments.

CHAPITRE III.

DE LA PORTION DE BIENS DIS-
PONIBLE, ET DE LA
RÉDUCTION.

SECTION Ire.

De la Portion de biens disponible.

913. Les libéralités, soit par actes entre-vifs, soit par testament, ne pourront excéder la moitié des biens du disposant, s'il ne laisse à son décès qu'un enfant légitime; le tiers, s'il laisse deux enfants; le quart, s'il en laisse trois ou un plus grand nombre.

914. Sont compris dans l'article précédent, sous le nom d'*enfants*, les descendants en quelque degré que ce soit; néanmoins ils ne sont comptés que pour l'enfant qu'ils représentent dans la succession du disposant.

915. Les libéralités, par actes entre-vifs ou par testament, ne pourront excéder la moitié des biens, si, à défaut d'enfant, le défunt laisse un ou plusieurs ascendants dans chacune des lignes paternelle et maternelle; et les trois quarts, s'il ne laisse d'ascendants que dans une ligne. — Les biens ainsi réservés au profit des ascen-

947. Si la femme qui demande en justice une part légitimaire, ou le tiers de la part virile, ou un supplément, a été, à l'occasion de son mariage, dotée par le défunt, et qu'il soit établi que la part légitimaire, ou le tiers de la part virile n'équivaut pas à la dot reçue ou promise, celle-ci devra être réduite au profit des héritiers ayant droit à la subrogation, et la femme exclue sera tenue de leur représenter tout ce qu'elle aura reçu au delà de la part légitimaire ou du tiers de la part virile: il en sera de même à l'égard de ses descendants ou ayans droit.

S'il est établi que la valeur de la part légitimaire ou du tiers de la part virile excède celle de la dot constituée, la femme aura droit à un supplément jusqu'à cette concurrence, mais seulement lorsque la dot constituée sera d'un sixième au-dessous de la part légitimaire ou du tiers de la part virile.

Dans les deux cas ci-dessus, si la femme ou ses descendants ou ayans cause viennent à succomber dans l'instance, ils seront condamnés aux dépens.

948. Si la femme ne réclame pas, la dot qui lui a été consti-

dants, seront par eux recueillis
dans l'ordre où la loi les appelle à
succéder; ils auront seuls droit à
cette réserve, dans tous les cas
où un partage en concurrence a-
vec des collatéraux ne leur don-
nerait pas la quotité de biens à
laquelle elle est fixée.

916. A défaut d'ascendants et
de descendants, les libéralités par
actes entre-vifs ou testamentaires
pourront épuiser la totalité des
biens.

917. Si la disposition par acte
entre-vifs ou par testament est
d'un usufruit ou d'une rente viagère dont la valeur excède la quotité disponible, les héritiers au
profit desquels la loi fait une réserve, auront l'option, ou d'exécuter cette disposition, ou de faire
l'abandon de la propriété de la
quotité disponible.

918. La valeur en pleine propriété des biens aliénés, soit à
charge de rente viagère, soit à
fonds perdu, ou avec réserve d'u-
sufruit, à l'un des successibles en
ligne directe, sera imputée sur la
portion disponible; et l'excédant,
s'il y en a, sera rapporté à la masse. Cette imputation et ce rapport
ne pourront être demandés par
ceux des autres successibles en
ligne directe qui auraient consenti

tuée ne sera point sujette à réduction, lors même qu'elle sur-
passerait la part légitimaire ou la
part héréditaire; à moins toutefois qu'elle n'excédât la quotité
dont le constituant aurait pu disposer, eu égard à la valeur de son
patrimoine, soit à l'époque de la
constitution dotale, soit au moment du décès, sans tenir compte
de la diminution survenue dans
la fortune du défunt postérieurement à cette constitution.

CHAPITRE III.

DES SUCCESSIONS IRRÉGULIÈRES.

SECTION Iʳᵉ.

Des droits des enfants naturels sur
les biens de leur père et mère, et
de la succession aux enfants naturels décédés sans postérité.

949. L'enfant naturel n'a aucun droit à la succession de ses
père et mère, lorsque sa filiation
n'est pas reconnue, déclarée ou
établie conformément aux articles
180, 185 et 186.

950. L'enfant naturel dont la
filiation est reconnue, déclarée,
ou établie, n'a droit qu'à des aliments, lorsqu'il y a des enfants
légitimes ou des descendants de
ceux-ci.

951. Si le père ou la mère de
l'enfant naturel ne laisse pas de

à ces aliénations, ni, dans aucun cas, par les successibles en ligne collatérale.

919. La quotité disponible pourra être donnée en tout ou en partie, soit par acte entre-vifs, soit par testament, aux enfants ou autres successibles du donateur, sans être sujette au rapport par le donataire ou le légataire venant à la succession, pourvu que la disposition ait été faite expressément à titre de préciput ou hors part. La déclaration que le don ou le legs est à titre de préciput ou hors part pourra être faite, soit par l'acte qui contiendra la disposition, soit postérieurement dans la forme des dispositions entre-vifs ou testamentaires.

postérité légitime, mais bien ses père et mère, ou l'un d'eux, ou tout autre ascendant, l'enfant naturel succède au quart des biens; le surplus est dévolu aux autres successibles, suivant l'ordre établi pour les successions *ab intestat,* de manière cependant que la part des ascendants ne soit jamais moindre du tiers de la succession, conformément à l'article 936.

Si le père ou la mère ne laisse ni postérité légitime, ni ascendants, mais bien d'autres parents, l'enfant naturel succède à la moitié des biens; l'autre moitié est dévolue aux parents, suivant l'ordre établi pour les successions *ab intestat.*

Dans l'un et l'autre cas, le conjoint survivant conserve le droit de réclamer le quart de toute la succession, en conformité de l'art. 960.

L'enfant naturel est tenu d'imputer, sur la part à laquelle il succède, tout ce qu'il a reçu du père ou de la mère, et qui serait sujet à rapport d'après les règles établies ci-après au chapitre IV, titre *des Dispositions communes aux successions testamentaires et* ab intestat.

952. L'enfant naturel a droit à la totalité des biens, lorsque son père ou sa mère ne laisse pas de parents au degré successible ni de conjoint.

953. En cas de prédécès de l'enfant naturel, ses enfants ou descendants légitimes peuvent réclamer les droits fixés par les articles précédents.

934. L'enfant naturel, quoique reconnu, n'a aucun droit sur les biens des parents de ses père et mère, ni ces parents sur les biens de l'enfant naturel.

955. La succession de l'enfant naturel décédé sans postérité et sans époux, est dévolue en entier au père ou à la mère qui l'a reconnu, ou à l'égard duquel la filiation est déclarée ou établie, comme il est dit en l'art. 949; ou par moitié à tous les deux, s'il a été reconnu par l'un et par l'autre, ou s'il y a preuve ou déclaration de la paternité et de la maternité.

956. Si le conjoint de l'enfant naturel décédé sans postérité lui a survécu, la succession lui est déférée pour les deux tiers : l'autre tiers appartient au père ou à la mère du défunt, ou se divise entre eux par moitié, suivant les cas prévus en l'article précédent.

957. Les dispositions des articles précédents ne sont pas applicables aux enfants dont il est fait mention en l'art. 172, de quelque manière que leur filiation soit établie.

La loi ne leur accorde que des aliments.

958. Ces aliments sont réglés, en égard aux facultés du père et de la mère, au nombre et à la qualité des héritiers légitimes.

Lorsque le père ou la mère des enfants ci-dessus désignés leur auront fait apprendre un art mécanique, ou lorsque l'un d'eux lui aura assuré, de quelque manière que ce soit, des aliments de son vivant, ces enfants ne pourront élever aucune réclamation à cet égard.

SECTION II.

Des Droits du conjoint survivant et du Fisc.

959. L'époux survivant contre lequel il n'existe aucun jugement définitif de séparation, a droit à l'usufruit du quart de la succession de son conjoint décédé sans testament, lorsque celui-ci n'a pas laissé plus de trois enfants; s'il y en a un plus grand nombre, cet usufruit n'est que d'une part égale à celle de chacun des enfants. La propriété reste toujours acquise aux enfants légitimes nés du mariage, ou aux enfants du premier lit du conjoint prédécédé. L'usufruit cesse dans le cas où l'époux serait passé en se-

condes noces, à l'époque où il existerait encore quelques-uns des dits enfants.

960. Si le conjoint prédécédé n'a pas laissé d'enfants légitimes, mais d'autres parents successibles ou des enfants naturels, l'époux survivant a droit à un quart de la succession en pleine propriété.

Dans ce cas, comme dans celui de l'article précédent, le conjoint doit imputer, sur sa part héréditaire, les avantages résultant de ses conventions matrimoniales et des gains dotaux.

961. Lorsque le défunt ne laisse ni parents successibles, ni enfants naturels, sa succession appartient au conjoint qui lui survit, pourvu qu'il ne soit pas séparé par sa faute.

962. A défaut de conjoint, la succession est déférée au Fisc.

CHAPITRE III (1).

DE LA PORTION DE BIENS DONT ON PEUT DISPOSER PAR TESTAMENT ET DE LA LÉGITIME, DE LA RÉDUCTION ET DE L'EXHÉRÉDATION.

SECTION II.

De la Portion de biens dont on peut disposer par testament et de la Légitime.

719. Les libéralités par testament ne pourront excéder les deux tiers des biens du disposant, s'il laisse à son décès un ou deux enfants légitimes ou légitimés; et la moitié, s'il en laisse un plus grand nombre.

720. Sont compris dans l'article précédent, sous le nom d'enfants, les descendants en quelque degré que ce soit, ainsi que les enfants adoptifs et leurs descendants.

Néanmoins, les descendants ne sont comptés que pour l'enfant qu'ils représentent dans la succession du disposant.

721. On n'admet à faire nombre, pour calculer la légitime ou

(1) Nous avons placé ce chapitre après le précédent, bien que dans le Code sarde on ait suivi l'ordre inverse pour conserver l'ordre suivi dans le Code Napoléon.

portion dont le testateur ne peut disposer, que les descendants qui
ont la capacité d'y prendre part. Cette disposition n'empêche pas
que les exhérédés ne puissent faire nombre.

L'enfant ou descendant qui aura été institué héritier, partici-
pera également avec les autres descendants à la portion qui leur
est réservée par la loi.

722. Le testateur ne peut disposer que des deux tiers de ses
biens, si, à défaut d'enfants ou de descendants, il laisse des ascendants.

723. Le tiers formant la légitime, se divise par moitié entre le
père et la mère qui survivent.

A défaut de l'un d'eux, cette légitime est déférée en entier au
survivant.

724. Lorsque le testateur ne laissera ni père ni mère, mais des
ascendants dans la ligne paternelle et dans la ligne maternelle, la
légitime appartiendra. moitié aux ascendants d'une ligne, moitié
aux ascendants de l'autre, s'ils sont tous au même degré; s'ils sont
en degrés inégaux, elle appartiendra entièrement aux plus proches, sans distinction de ligne.

725. La légitime est due en toute propriété aux enfants et descendants, ou aux ascendants désignés ci-dessus, sans que le testateur puisse la soumettre à aucune charge ni condition.

726. Si le testateur ne laisse à son décès ni enfants ou descendants, ni père ni mère ou autres ascendants, il pourra disposer de
tous ses biens à titre universel ou à titre particulier, sans que ses
héritiers testamentaires ou *ab intestat* puissent jamais demander
la réduction, à leur profit, des dispositions qu'il aurait faites.

727. L'époux qui laisse des enfants ou descendants, pourra disposer en faveur de l'autre époux, de l'usufruit de la totalité de la
portion disponible, et en outre de la moitié en propriété de cette
même portion; sans préjudice, à l'égard de l époux qui a convolé.
de la disposition de l'art. 149.

S'il n'y a ni enfants ni descendants, le testateur pourra laisser
à son conjoint tout ce dont il pourrait disposer en faveur d'un
étranger.

728. Si la disposition est d'un usufruit ou d'une rente viagère, dont la valeur excède le revenu de la quotité disponible, les héritiers au profit desquels la loi réserve une légitime, auront l'option, ou d'exécuter cette disposition, ou de faire l'abandon de la propriété de la quotité disponible.

729. La valeur en pleine propriété des biens aliénés, soit à charge de rente viagère, soit à fonds perdu, ou avec réserve d'usufruit, à l'un des successibles en ligne directe, sera imputée sur la portion disponible; et l'excédant, s'il y en a, sera rapporté à la masse.

Cette imputation et ce rapport ne pourront être demandés par ceux des autres successibles en ligne directe qui auraient consenti à ces aliénations, ni, dans aucun cas, par les successibles en ligne collatérale.

SECTION II.

De la Réduction des dispositions testamentaires.

730. Les dispositions testamentaires qui excèderont la quotité disponible, seront réductibles à cette quotité, lors de l'ouverture de la succession.

731. La réduction se détermine en formant une masse de tous les biens existants au décès du testateur.

On y réunit fictivement ceux dont il a été disposé par donations entre-vifs, d'après leur valeur à l'époque des donations, s'il s'agit d'effets mobiliers; et, s'il s'agit d'immeubles, d'après leur état à l'époque des donations et leur valeur au temps du décès du donateur; on calcule ensuite sur tous ces biens, après en avoir déduit les dettes et les gains dotaux qui n'excèdent pas la quotité fixée par la loi, quelle est, eu égard à la qualité des héritiers que laisse le testateur, la portion dont il a pu disposer.

732. Lorsque la valeur des donations excèdera ou égalera la quotité disponible, toutes les dispositions testamentaires seront sans effet.

17

733. Lorsque les dispositions testamentaires excéderont, soit la quotité disponible, soit la portion de cette quotité qui resterait après avoir déduit la valeur des donations entre-vifs, la réduction sera faite au marc la livre, sans aucune distinction entre les héritiers et les légataires.

734. Néanmoins, dans tous les cas où le testateur aura expressément déclaré qu'il entend que telle libéralité soit acquittée de préférence aux autres, cette préférence aura lieu; et la libéralité qui en sera l'objet, ne sera réduite qu'autant que la valeur des autres ne remplirait pas la légitime.

735. Si le legs qui doit être réduit est d'un immeuble, la réduction s'opèrera au moyen de la séparation d'une partie de cet immeuble égale à l'excédant de la quotité disponible, pourvu que cette séparation puisse se faire commodément.

736. Lorsque la séparation ne pourra se faire commodément, le légataire devra, si la valeur de l'immeuble légué excède de plus d'un quart celle de la portion dont le testateur pouvait disposer, le laisser en entier dans la succession, sauf le droit de demander la valeur de la portion disponible; mais si l'immeuble ne s'élève pas à une valeur excédant la portion disponible et le quart en sus, le légataire pourra le retenir, à la charge d'indemniser en argent ceux à qui la légitime serait réservée.

Le légataire qui a droit à une part légitimaire, peut aussi retenir en entier l'immeuble à lui légué, quoique sa valeur vînt à excéder de plus d'un quart la quotité disponible, pourvu que cette valeur n'excède pas celle de la part légitimaire et de la quotité disponible.

SECTION III.

De l'Hérédation.

737. Indépendamment des causes qui rendent un héritier indigne de succéder, les personnes au profit desquelles la loi fait la réserve d'une légitime, peuvent en être privées par une déclara-

tion expresse du testateur, pour des motifs admis par la loi et spécifiés dans le testament.

738. L'enfant ou descendant ne peut être exhérédé que dans les cas suivants:

1° S'il a apostasié, et n'est pas rentré dans le sein de l'Eglise catholique avant le décès du testateur. Il en sera de même, s'il a abandonné la religion chrétienne, dans le cas où le testateur la professerait;

2° Si, sans motif légitime, il a refusé des aliments au testateur ;

3° Si celui-ci étant en état de fureur ou de démence, il l'a abandonné sans en prendre aucun soin ;

4° Si, pouvant le tirer de prison, il a, sans motif raisonnable, négligé de le faire;

5° S'il s'est rendu coupable envers son père ou sa mère, de mauvais traitements ou de tout autre délit;

6° S'il se trouve dans l'un des cas prévus par les articles 109 et 110;

7° Si la fille ou autre descendante mène publiquement mauvaise vie.

739. Le père ou la mère peuvent être exhérédés pour les causes exprimées dans les n°ˢ 1 et 3 de l'article précédent; ils peuvent l'être aussi pour les causes suivantes :

1° S'ils ont entièrement négligé l'éducation de l'enfant qui dispose, et que, sans motif légitime, ils lui aient refusé les aliments;

2° S'ils ont attenté à la vie d'un de leurs enfants;

3° Si le père ou la mère ont attenté à la vie l'un de l'autre, ou si l'un d'eux a outragé l'autre d'une manière atroce.

Les dispositions de cet article seront applicables à tout autre ascendant.

740. La cause d'exhérédation exprimée dans le testament doit être prouvée par l'héritier.

741. Si l'exhérédé ayant des enfants ou descendants survit au tes-

tateur, la part légitimaire à laquelle il aurait eu droit leur appartient; si au contraire le testateur lui survit, l'exhérédation ne préjudiciera point à leurs droits.

Dans le premier cas, l'exhérédé n'aura ni l'usufruit ni l'administration des biens composant la part légitimaire, et il ne pourra, quant à ces biens, succéder *ab intestat* à ses enfants et descendants, comme il est prescrit par l'art. 711.

742. Si la cause d'exhérédation n'est pas exprimée, ou qu'on ne la prouve pas, l'exhérédé n'aura droit qu'à une part légitimaire.

743. Celui qui, par l'effet de l'exhérédation, profitera de cette part, devra fournir les aliments à l'exhérédé, à moins que celui-ci n'ait d'autres moyens d'existence; il ne sera cependant pas tenu de les fournir au delà des fruits de la part légitimaire.

En ce qui concerne le droit de tester pour le Français à l'étranger et les formes dans lesquelles le testament doit être fait, l'art. 999 du Code Napoléon porte:

Un Français qui se trouvera en pays étranger pourra faire ses dispositions testamentaires par acte sous signature privée, ainsi qu'il est prescrit en l'article 970, ou par acte authentique avec les formes usitées dans le lieu où cet acte sera passé.

D'où il suit qu'il n'est pas nécessaire pour que le testament olographe fait à l'étranger soit valable, que cette forme soit admise par les lois du pays.

Et que l'acte sera authentique du moment où l'on aura suivi les formes usitées dans le pays pour l'authentiquer.

Le testament peut-il être reçu en pays étranger dans les consulats ? Nous allons voir comment la loi sarde ré-

sout cette question. En France elle a donné lieu à controverse. La circulaire ministérielle du 22 mars 1834
la résout affirmativement, et si cette solution a été criti-
quée par Duranton, si elle est contraire au jugement
du tribunal de la Seine du 19 mars 1825, elle est conforme à l'avis de Delvincourt, t. 2, p. 532 ; Dalloz, v°
Dispositions entre vifs, ch. 6, sect. 6, n° 4 ; Coin Delisle, n° 8 et suiv. ; Valette sur Proudhon, t. 1, p. 89;
Marcadé, n° 4. J'ai cru devoir me ranger à cette opinion dans mon étude sur la *Juridiction française dans
les Echelles du Levant et de Barbarie*, p. 242.

Quant à la loi sarde elle dispose :

Art. 797. Les testaments faits en pays étrangers auront leur
effet dans les Etats pourvu qu'on ait observé les formes prescrites
par les lois en vigueur dans le lieu où ces actes auront été reçus.

Ceux néanmoins qui auront été faits à l'étranger par les sujets
du Roi et qui n'auront pas été reçus par un notaire ou par un autre officier public, n'auront aucun effet dans les Etats.

798. Les consuls ou vice-consuls du Roi sont autorisés à recevoir, dans le pays où ils résident, les testaments publics ou secrets
que des sujets voudront y faire, pourvu qu'ils se conforment aux
dispositions comprises dans les articles 746 et suivants jusqu'à
l'article 756 inclusivement, sauf toutefois en ce qui concerne la
résidence des témoins dans les Etats du Roi.

799. Les consuls ou vice-consuls transmettront copie du testament public, ou copie de l'acte de présentation s'il s'agit d'un testament secret, à la secrétairerie d'Etat pour les affaires étrangères, à l'effet d'être déposée aux archives du bureau de l'insinua-

tion du domicile du testateur, et si ce domicile n'est pas connu ,
aux archives de l'insinuation de Turin.

Les consuls ou vices-consuls se conformeront en outre, pour
toutes les obligations qui leur sont imposées relativement aux testaments , à ce qui est prescrit par les règlements qui les concernent.

La loi du 15 août 1858 a réglé tout ce qui regarde
les consulats sardes. L'article 30 leur attribue les fonctions de notaires , et les articles suivant règlent comment ils doivent procéder , notamment en ce qui concerne les testaments.

Les lois françaises et sardes admettant la validité des
testaments faits à l'étranger, sauf en ce qui concerne la
loi sarde le testament olographe; il n'est pas inutile de
rappeler que la loi française admet trois formes de testaments : 1° le testament olographe (art. 970) ; 2° le
testament par acte public reçu par deux notaires en présence de deux témoins (art. 971, 972, 973, 974, 975);
3° le testament mystique ou secret écrit par le testateur
ou par un tiers, clos et scellé et présenté au notaire en
présence de témoins avec certaines formalités (art. 976
et suivants).

La loi sarde admet deux classes de testaments : les
premiers sont reçus par notaires ; ils sont publics quand
ils sont reçus par un notaire en présence de quatre témoins (art. 746 et suiv.). Ils sont privés lorsqu'ils sont

écrits par le testateur ou par un tiers et présentés clos
et scellés à un notaire en présence de témoins (art. 750
et suiv.). Les autres testaments peuvent être présentés
clos et scellés à la Cour d'appel dans le ressort de laquelle
le testateur se trouve, mais il faut pour que cette forme
puisse être employée que le testateur sache lire. Dans
les provinces où ne siége pas de Cour d'appel, le testament peut être présenté au tribunal de judicature-mage
(art. 758 à 774).

ACTES, CONTRATS ET CONVENTIONS.

La validité des actes, contrats et conventions peut être
appréciée à trois points de vue principaux : la régularité de la forme, la capacité des contractants, la légalité
des stipulations.

Il est de règle que les actes sont soumis, quant à leur
forme, aux lois du pays où ils sont passés, *locus regit
actum*. Il y avait dans le Code Napoléon un article qui
le disait formellement, et qui n'a été retranché que parce
qu'on a jugé inutile d'écrire dans la loi une sorte d'axiome
incontestable. Le Code sarde en consacrant la règle l'a
mélangée d'une condition de réciprocité. L'article 1448
du Code civil porte :

Les actes et contrats passés en pays étrangers, suivant les formes qui y sont prescrites, ont la même force que celle qui est accordée dans ces pays aux actes et contrats passés dans les États.

Pour la France, en l'état de nos traités avec la Sardaigne, cette condition ne saurait amener de restrictions
à l'application de ce principe que les deux législations ont
consacré dans des matières spéciales ; ainsi : pour les
actes de l'état civil (C. Nap., art. 47 : C. civ. sarde ,
art. 64); pour les donations (Paris, 11 mai 1816 et 22
nov. 1828); pour les testaments (C. Nap., art. 999, C.
civ. sarde, art. 797. Rej. 30 nov, 1831, 6 fév. 1844);
pour le mariage (C. Nap., art. 170).

Comme corollaire du principe que nous venons de
poser , faisons remarquer que c'est à la législation du
pays où un acte a été passé qu'il faut se référer pour
savoir s'il a un caractère d'authenticité (1).

Je viens d'indiquer la règle ; son application présente
des tempéraments et des exceptions.

C'est ainsi que d'un côté on a jugé en France que deux
étrangers qui y traitaient à l'occasion de matières régies
par le statut personnel, pouvaient constater valablement
leurs conventions en suivant la forme indiquée par la loi
de leur pays , quoique cette forme soit contraire à celle
prescrite par la loi française (Rej. 19 mai 1830).

(1) Pothier, *Introd. à la coutume d'Orléans*, ch. 1, n° 9 ; Merlin ,
Questions de droit, v° *Acte authentique*, § 1 et 2 ; Toullier, t. 10, n°
78 et 79 ; Duranton, t. 9, n° 170 ; Fœlix, t. 1, p. 410 et suiv., n° 226 ;
Bonnier, *Preuves*, n° 761 ; Massé, *Droit com.*, t. 5, n° 255 ; Rejet, 6
février 1843.

D'un autre côté, il y a exception à la règle lorsque
les contractants se sont rendus en pays étranger pour
éluder la loi de leur pays, et par suite dans une intention frauduleuse. C'est ce que disent avec raison les auteurs, et notamment Mansord, t. 1, § 317. C'est dans ce
sens que devaient être entendues les constitutions piémontaises qui défendaient aux sujets sardes de contracter en pays étranger. Cette prohibition n'avait pour but
que de punir les sujets qui traitaient ensemble hors de
leurs pays en fraude à la loi, et non ceux qui se liaient
de bonne foi par des contrats (Turin, 28 floréal an XIII).

Il y a encore exception à notre règle pour le cas où
la loi de la patrie défend expressément de contracter ou
de disposer hors du territoire avec des formes autres
que celles prescrites par cette loi ; c'est ainsi par exemple que la loi sarde (art. 64 du Cod. civ.), après avoir
soumis aux formes prescrites par les lois étrangères les
actes de l'état civil passés en pays étrangers, ajoute
toutefois qu'à l'égard des mariages contractés dans ces
pays par des catholiques, on devra justifier qu'ils ont
été célébrés conformément aux lois de l'église catholique.

On pourrait faire rentrer dans la même classe d'exceptions celle qui résulte d'opposition expresse du statut
réel ; je m'explique : la loi française soumettra telle convention immobilière à une forme déterminée. C'est une

loi du statut réel auquel l'étranger doit se soumettre, et il ne peut s'y soustraire en passant cette convention à l'étranger et d'après les formes usitées dans ce pays, mais ne remplissant pas les conditions de la loi française.

Enfin on dit encore que les ambassadeurs n'étant pas soumis aux lois de la nation près de laquelle ils sont accrédités, ne sont pas tenus de déférer à la règle *locus regit actum.*

J'aborde ici les questions concernant la capacité des contractants.

Il est admis par tous les Etats, que le principe soit écrit formellement dans leurs lois, comme cela a été fait par le législateur français dans l'article 1123 du Code Napoléon, et par le législateur sarde dans l'article 1210 du Code civil, ou qu'il résulte de l'ensemble de ces mêmes lois, que pour contracter il faut avoir une capacité légale.

Les lois concernant l'état et la capacité des personnes formant le statut personnel et suivant partout les citoyens et sujets, il semble que pour constater cette capacité il n'y a qu'à consulter la loi du pays auquel appartient cet étranger.

J'ai déjà dit que cette règle est posée par la majorité des auteurs, mais j'ai indiqué aussi comment elle a été éludée par les tribunaux en matière de mariage, d'in-

terdiction, etc. ; soutenue lorsqu'il s'agit de conventions
faites en France entre un étranger et un Français, par
Günther, p. 34 ; Massé, n° 59 ; Soloman, p. 36 et 37;
Demangeat, p. 370 ; et sur Fœlix, t. 1, p. 186, n° 88,
note ; de struve, p. 72; Mailher, n° 275, 304, etc.;
Duranton, Pardessus, Nouguier, etc. Elle a été aussi
combattue en doctrine et repoussée en jurisprudence ,
et on a soutenu et décidé que l'incapable qui contracte à l'étranger avec un citoyen de ce pays , est
soumis aux lois de ce même pays, et que c'est d'après
ces lois, par exemple, qu'il y aura lieu de décider s'il
doit être réputé incapable , comme mineur. Grotius en
donne la raison suivante : *Quia, qui in loco ali-
quo contrahit tanquam subditus temporarius legi-
bus loci subjicitur.* Burge (1) ajoute : On est en droit
d'exiger que celui qui contracte dans un pays connaisse
les lois de ce pays, mais il serait déraisonnable d'exiger
qu'il connût aussi les lois de tous les étrangers qu'il
trouve dans son pays et qui contractent avec lui. M. Valette (sur Proudhon, *Traité de l'état des personnes),*
tout en reconnaissant que quant à sa capacité l'étranger
en France reste régi par la loi de son pays, ajoute que
ce principe doit fléchir dans l'intérêt des nationaux, et
que le Français ne peut souffrir de l'incapacité de cet

---

(1) *Revue étrangère*, t. 6, p. 734.

étranger, dérivant de son statut personnel (1). Cette doctrine est consacrée par divers arrêts, notamment par ceux de rejet du 17 juillet 1833 et de la Cour de Paris des 15 mars 1831, 17 juin 1834 et 15 octobre 1834.

Les conséquences de l'application rigoureuse du principe que la capacité d'un contractant se détermine par la loi de son pays seraient dans certains cas si fâcheuses et si contraires à la loyauté qui doit présider aux conventions que généralement les auteurs se montrent assez faciles pour repousser l'action lorsque le Français a pu être trompé sur la capacité de l'étranger, sur la qualité même d'étranger (Demolombe, t. 1, n° 102, p. 112) et c'est ce qui explique comment cette question de droit dégénérant en question de fait devant les tribunaux est si souvent résolue en contradiction apparente avec la règle.

Les articles 1124 du Code Napoléon et 1211 du Code civil sarde désignent comme incapables de contracter, les mineurs, les interdits, les femmes mariées et généralement tous ceux à qui la loi interdit certains contrats.

Dans la partie de ces études consacrée aux exécutions j'aurai à rechercher quelle est la force exécutoire des

(1) L'opinion de Grotius, Burge, Valette a d'autres défenseurs, on peut y joindre Gail, lib. 2, obs. 124 ; Jean Voet, tit. *De statutis*, n° 7; M. Einert; M. Gand, *Code des étrangers*, p. 399, n° 616, Voy. encore Mathieu Bodet, *Revue du droit français et étranger*, t. III, p. 542 et suiv.

actes passés en pays étrangers, je vais me borner à rappeler ici quelques règles sur la légalité des stipulations et à indiquer les lois qui doivent régir l'exécution des contrats.

« Le principe général en cette matière est que les parties contractantes ont eu l'intention de se conformer dans leurs conventions à la loi du lieu où celles-ci ont été consenties et sont devenues parfaites, et, par conséquence, de les soumettre à cette loi; en d'autres termes, que la valeur intrinsèque, la substance, le lien (*vinculum juris*) des conventions, dépend de la loi du lieu où elles ont reçu leur perfection; l'acte valable ou nul d'après cette loi le sera également partout (1). »

M. Fœlix, après avoir posé la règle, indique les cinq exceptions suivantes:

1° Lorsque l'acte doit recevoir son exécution dans un lieu autre que celui où il a été fait, tout ce qui concerne l'accomplissement des engagements pris par le contrat et son exécution est régi par la loi de ce lieu (Fœlix, n° 98, p. 212).

2° Lorsque le contrat est contraire aux bonnes mœurs ou aux institutions et prohibitions existant dans le pays où il doit recevoir son exécution, il ne recevra pas sa sanction de la part des autorités de ce pays quelque

(1) Fœlix, *Droit intern.*, t. 1, p. 205, n° 96.

puisse être sa légalité dans le lieu où le contrat a été passé (Fœlix, n° 99, p. 116).

3° Lors qu'il s'agit d'apprécier des *défenses* opposées à la demande, et non pas de statuer sur le fond du contrat, il faudra suivre non pas la loi du lieu du contrat, mais celle du lieu où les exceptions naissent et sont proposées (Fœlix, n° 100, p. 218) (1).

4° Lorsque deux étrangers contractent ensemble, on peut leur supposer l'intention de se reporter aux lois et usages de leur patrie et les actes par eux passés à l'étranger, conformes, quant à la substance, à la loi de leur patrie commune; mais non à celle du lieu de la rédaction seront valables partout, ou tout au moins, dans leur patrie (Fœlix, n° 101, p. 223).

5° Lorsque les contractants ont eu l'intention d'éluder les lois de leur patrie, leur fraude ne peut sortir à effet en donnant force et vigueur aux lois qu'ils ont voulu substituer frauduleusement à leurs lois nationales (Fœlix, N° 102, p. 124).

S'il s'agit d'interpréter le contrat au lieu de l'apprécier

---

(1) **Cette** règle ne doit être adoptée qu'avec beaucoup de circonspection, vraie à divers points de vue et toutes les fois qu'il s'agit de vices de procédure, d'exceptions dilatoires, etc.; elle n'est point acceptée partout, lorsqu'il s'agit de la plupart des défenses au fond ou exceptions péremptoires, comme nous l'indiquerons plus tard, notamment en ce qui concerne la prescription.

au point de vue de sa validité, c'est encore aux lois des pays où il a été contracté qu'il faut se reporter pour rechercher, en cas de doute, le sens et la portée des stipulations; mais cette règle indiquée avec beaucoup de raison par Merlin (Répertoire, v° *étranger*, n° 2), adoptée par les anciens auteurs, les jurisconsultes étrangers et la jurisprudence française, écrite dans l'article 1159 du Code Napoléon et l'article 1250 du Code sarde, doit se combiner avec les règles générales sur l'interprétation des conventions et notamment avec cette règle écrite dans l'article 1150 du Code Napoléon, comme dans l'article 1247 du Code civil sarde, qu'on doit dans les conventions rechercher quelle a été la commune intention des parties contractantes. Au surplus les règles sur l'interprétation des conventions sont identiquement les mêmes en France et en Sardaigne; les articles 1156 à 1164 du Code Napoléon et 1247 à 1255 du Code sarde sont une reproduction littérale les uns des autres.

PRESCRIPTION.

J'aurai en recherchant les effets et l'exécution des actes et jugements à m'occuper des questions relatives aux hypothèques, je termine la partie de mon étude relative à l'exercice des droits civils par quelques notes sur la prescription.

La prescription étant assimilée par les lois à une manière d'acquérir par consentement ou de se libérer par
renonciation du créancier, peut être invoquée par
l'étranger et notamment par un Sarde, puisque, soit
d'après les lois françaises, soit d'après les traités, ils
jouissent en France de tous les droits de propriété (1).

Mais en cas de conflit des lois des divers pays, quelle
est celle qui doit régler soit la prescription acquisitive,
soit la prescription libératoire?

Certains cas ne présentent pas de difficultés bien sérieuses. S'agit-il de la prescription acquisitive des choses,
comme de la prescription, soit acquisitive, soit extinctive des droits réels, il faut suivre la loi du pays où se
trouve la chose. C'est l'avis de nos anciens auteurs et
généralement celui des jurisconsultes modernes, dont

---

(1) Pothier, *De la prescription*, n° 20, soutenait autrefois que
l'étranger ne pouvait exciper de la prescription en matière civile en
France, mais l'opinion contraire est aujourd'hui professée par tous les
auteurs; Vattel, *Droit des gens*, liv. 2, ch. 2, n° 141; Denizart, Vis
Prescription et *Etranger*; Merlin, *Rep.* v° *Prescription*, sect. 1, § 8;
Delvincourt, t. 1, p. 175; Vazeille, t. 1, n°ˢ 21, 22 et 253 ; Duranton,
t. 1, n° 159, et t. 2, p. 94; Valette sur Proudhon, t. 1, p. 177; Demangeat, p. 330; Buguet sur Pothier, *Prescr.* t. 9, p. 324 ; Fœlix, *Droit
intern.*, t. 1, n° 100, p. 219; Gand, *Code des étrangers*, n° 737 ; de
Serrigny, *Traité du droit public*, t. 1, p. 239; Troplong, *De la prescript.*, t. 1, n° 35, p. 38; Demolombe t. 1, n° 243, p. 289, Zachariæ,
trad. de Massé et Vergé, t. 1, p. 82: Marcadé, *Prescript.*, n° 5, p. 8,
et tous les jurisconsultes anglais, allemands, italiens, notamment
Mansord, Rocco etc.

quelques-uns toutefois se montrent dissidents en ce qui concerne les meubles.

Mais lorsqu'il s'agit de décider quelle est la loi à appliquer pour la prescription extinctive d'obligations personnelles, un très-grand nombre de systèmes sont en présence.

Ceux-ci veulent qu'on applique la loi du domicile du créancier.

Les autres la loi du domicile du débiteur.

Ils en est qui suivent la loi du lieu où le payement doit s'effectuer.

Quelques-uns excipent de la loi du juge saisi de la poursuite.

Enfin il en est qui se soumettent à la loi du lieu où l'obligation a pris naissance (1).

C'est la dernière opinion qui paraît prévaloir dans la doctrine des italiens (2) et la jurisprudence française (3).

---

(1) Ces cinq systèmes ont été exposés par M. Massé, t. 2, n° 74.

(2) Mansord, t. 1, p. 102, n° 136; Rocco, p. 375.

(3) Douai, 16 août 1834; Paris, 7 février 1839, 18 janvier 1840, Alger, 18 août 1848.

C'est aussi l'opinion de Hert, §. 65; Reinhardt, t. 1, p. 33, Schœfner, §. 87, cités par Fœlix, et de Fœlix lui-même, t. 1, p. 222, n° 100; elle a été défendue dans l'*Américan jurist and law magazine*, vol. 11, cah. 22, p. 310 et suiv.

Il y a cependant de nombreuses autorités contraires à cette opinion et un grand nombre d'auteurs très-recommandables en France, dont l'opinion appuyée sur des motifs très-sérieux , se trouve consacrée par maints arrêts, soutiennent que la prescription doit être réglée par les lois du lieu où l'obligation doit être exécutée.

Je ne m'arrêterai pas cependant sur cette question très-controversée parce que les règles sur la prescription et la fixation du temps pour prescrire étant généralement les mêmes en France et en Sardaigne, peu importe qu'on s'en réfère à une loi ou à l'autre, et dans la pratique la question perd pour nous de son importance.

SECTION II.

FORMALITÉS DE JUSTICE.

Cette seconde section sera consacrée à l'étude des règles de compétence, à l'examen de certaines formes de procéder et à l'indication des mesures conservatoires qui peuvent être prises avant ou pendant les instances.

§ 1. — *Règles de compétence.*

Un principe domine toutes ces matières : c'est que la compétence des autorités et la forme de procéder sont régies par la loi du pays où la demande est formée, quelle que soit la loi sous l'empire de laquelle se sont passés les faits d'où l'action dérive (1).

Ce sera donc les règles de compétence tracées par la loi française qu'il faudra suivre lorsque l'affaire devra être portée devant les tribunaux français; et ce sera dans ce cas les formalités prescrites par le Code de procédure auxquelles il faudra se conformer, et réciproquement pour les affaires portées devant les tribunaux sardes.

L'organisation judiciaire en France et en Sardaigne est la même si on ne s'arrête pas à quelques exceptions de détail.

Les juges de paix prennent le titre de juges de mandement en Sardaigne.

A partir de 1855 les tribunaux de première instance en Sardaigne ont pris le titre de tribunaux de province; ce sont nos tribunaux civils de première instance. A côté d'eux dans les villes industrielles et commerçantes se trouvent les tribunaux de commerce. Les Cours impériales y ont le titre de Cours d'appel; au dessus est placée dans les deux Etats la Cour de cassation. Le Code de procédure français a été promulgué en 1806 : de nombreuses modifications y ont été apportées depuis par les

(1) Fœlix, t. 1, p. 255, n° 125 et les autorités qu'il cite.

lois des 25 mai 1838, sur les justices de paix, 11 avril
1838, sur les tribunaux civils de première instance; 9
juillet 1833, en ce qui concerne les saisies arrêts et op-
positions sur les sommes dues par l'état; 24 mai 1842,
sur la saisie des rentes constituées sur particuliers; 2 juin
1841, sur les ventes judiciaires d'immeubles; 21 mai
1858, sur la saisie immobilière, les ordres et contributions; 17 avril 1832, 13 décembre 1848, sur la contrainte par·corps; 17 juillet 1856, sur l'abolition de l'arbitrage forcé.

Le nouveau Code de procédure sarde a été promulgué
le 16 juillet 1854 pour avoir force de loi à dater du 1er
avril 1855.

Je disais tantôt que lorsque'une contestation devait
être soumise aux juges français, c'était la loi française
qu'il fallait suivre pour déterminer la compétence du
juge et les formalités de la procédure et réciproquement. J'ai à me demander ici dans quel cas ce sera le
juge français ou le juge sarde qui sera compétent.

Les lois des deux pays contiennent les dispositions
suivantes :

LOI FRANÇAISE.	LOI SARDE.
L'étranger, même non résidant en France, pourra être cité devant les tribunaux français, pour l'exé-cution des obligations par lui con-	Les étrangers pourront être ci-tés devant les tribunaux des E-tats, quoiqu'ils n'y aient pas con-tracté, lorsqu'il s'agira d'actions

Loi Française.

tractées en France avec un Français; il pourra être traduit devant les tribunaux de France, pour les obligations par lui contractées en pays étranger envers des Français (C. Nap., art. 14).

Un Français pourra être traduit devant un tribunal de France, pour des obligations par lui contractées en pays étranger, même avec un étranger (C. Nap. art. 15).

Loi Sarde.

réelles, possessoires ou hypothécaires, sur des biens situés dans le territoire (Cod. civ. sarde, art. 29).

Les étrangers qui auront contracté avec un sujet, pourront aussi être cités devant les tribunaux des Etats quoiqu'ils ne s'y trouvent pas, si le contrat y a été passé, ou que leur obligation doive y être exécutée (C. civ. sarde art. 30).

Les étrangers qui auront contracté en pays étranger avec un sujet, pourront être cités devant les tribunaux des Etats s'ils s'y trouvent. Ils pourront aussi l'être, quoiqu'ils ne s'y trouvent pas, si, dans leur pays, on en use ainsi envers les étrangers. Dans ce dernier cas, la connaissance de la contestation sera réservée au Sénat dans le ressort duquel le demandeur sera domicilié (Cod. civ. sarde, art. 31).

L'étranger qui se trouvera dans les Etats, pourra, à raison des obligations qu'il y aurait contractées avec un autre étranger, être traduit devant les tribunaux des Etats (Cod. civ. sarde, art. 32).

Les actions personnelles qui peuvent être intentées contre les étrangers dans les cas prévus par les articles 30, 31 et 32 du Code civil, si l'étranger est dans le territoire des Etats, seront de la compétence du tribunal du lieu où il se trouve; s'il est hors du territoire, et que son obligation ait été contractée dans les Etats, ou qu'elle doive y être exécutée, elles seront, dans le premier cas, de la compétence du tribunal du lieu où l'obligation a été contractée, et, dans le second cas, de celle du tribunal du lieu où l'obligation doit être exécutée; dans tous les autres cas, elles seront de la compétence du tribunal de la province dans laquelle le demandeur a son domicile (Cod. de proc. civ. sarde. art. 28).

La loi française autorise donc le Français à citer l'étranger devant les tribunaux français, à raison des obligations contractées par l'étranger en pays étranger; et on a fait même disparaître du projet du Code une disposition qui subordonnait en ce cas à la présence de l'étranger parmi nous, le droit pour le Français de s'adresser à la justice française (1).

Cette attribution de compétence existe quelle que soit l'origine de l'obligation, qu'elle prenne sa source dans une convention, un quasi-contrat, un quasi-délit ou un délit (2).

Peu importe que le Français réside en France, ou qu'il soit établi en pays étranger (3).

On a jugé que le Français qui négligeant d'user du droit que lui donne l'article 14, aurait traduit l'étranger devant un tribunal étranger, pourrait intenter contre lui une nouvelle action en France (4), qu'il en serait de

(1) Rej. 7 septemb. 1808, 1er juillet 1829, Merlin, Toullier, Coin Delisle.

(2) Poitiers, 8 prairial an 13; Montpellier, 12 juillet 1826; Paris, 17 nov. 1834; Rouen, 6 février 1841; Rej., 13 décembre 1842; Aix, 12 mai 1857; Merlin, Pardessus, Fœlix, Massé, Gand, Demangeat, etc.

(3) Cass., 26 janv. 1836; Aix, 21 novembre 1845; Demolombe, t. 1, n° 24; Duranton, t. 1, n° 51; v° Hennequin, *Revue de législ.*, 1852, t. 3, p. 95.

(4) Cass., 26 vent. an 12; Paris, 22 juin 1843; Rej. 27 décembre 1852; le contraire a été jugé par arrêts de rejet des 15 nov. 1827, 14 février 1837, 24 février 1846; Paris, 3 mai 1834; et est professé par MM. Massé, Fœlix, Coin Delisle, etc.

même à plus forte raison si, assigné devant le tribunal, il s'était borné à s'y défendre (1); qu'il pourrait abandonner une instance introduite à l'étranger, en Sardaigne, par exemple, pour investir les tribunaux français Cass., 16 fév. 1842); il a été encore décidé que l'étranger assigné par un Français devant un tribunal français, ne pourrait, si un tribunal étranger avait été saisi, demander son renvoi pour litispendance (2) ; l'article 14 sera encore applicable, que l'obligation ait été contractée directement envers un Français ou qu'elle soit arrivée indirectement en ses mains, s'il s'agit d'une obligation négociable et transmissible par endossement (Cass., 26 janvier 1833, Paris, 15 juillet 1846, etc.) ; mais il n'en serait plus ainsi si, s'agissant d'une obligation civile contraitée en faveur d'un étranger, elle avait été transférée par voie de cession ordinaire à un Français.

On n'a fait d'exception à ces règles que lorsqu'il s'agit d'engagements contractés envers des Français par des gouvernements étrangers; encore cette exception n'est-elle pas acceptée par tout le monde, et j'en ai vu quelquefois éluder l'application.

Ces dispositions qui dérogent à la règle générale,

(1) Grenoble, 3 janv. 1829.
(2) Cass., 7 sept. 1808; Turin, 21 août 1812; Montpellier, 12 juillet 1826; Bastia, 14 décembre 1839.

actor sequitur forum rei, inscrite dans nos lois, ont été qualifiées d'exhorbitantes et elles ont soulevé à l'étranger et notamment en l'Allemagne des plaintes qui ont donné lieu à des représailles dans certaines législations.

Quoiqu'il en soit du caractère de cette faculté, si nous trouvons juste et raisonnable de l'inscrire dans nos lois, il faut bien reconnaître que les autres nations ont eu le droit d'en faire autant, et lorsque nous aurons conclu avec une de ces nations un traité, par lequel nous nous engagerons à respecter les jugements rendus sur son territoire, nous ne pourrons être admis à nous plaindre de l'application d'une disposition semblable à celle qui se trouve dans notre Code.

Par le traité de 1760, les deux États sont convenus que pour favoriser l'exécution réciproque des jugements, les Cours suprêmes déféreront de part et d'autre aux formes du droit, aux réquisitions qui leur seront adressées à ces fins. On a entendu évidemment par là assurer en France l'exécution des jugements légalement rendus en Sardaigne et réciproquement. Or, peut-on repousser comme illégal un jugement rendu par un tribunal valablement saisi en vertu de l'article 31 du Code civil sarde, qu'on ne peut réputer contraire au droit public et des gens, ni quereller autrement, car il n'est que la reproduction littérale de notre article 14? Il y a plus, l'article de la loi sarde a sa base même dans notre code, car posant le principe de la réciprocité, il n'a force et vigueur à l'égard des Français, qu'à cause de notre article 14.

C'est cependant l'exécution de cette disposition des lois des deux Etats qui a donné lieu le plus souvent à des difficultés sérieuses lorsqu'il s'est agi de rendre exécutoires dans l'un de ces Etats les jugements rendus sur le territoire de l'autre. Le plus souvent même, je dois le reconnaître, elle a motivé de part et d'autre les refus qui ont quelquefois suivi les lettres rogatoires (1).

La Cour d'Aix, après s'être rapprochée d'une saine interprétation du traité, par son arrêt du 25 novembre 1858, a nettement formulé la règle à suivre dans son arrêt du 8 décembre 1858, qui, nous l'espérons, fixera la jurisprudence. Cet arrêt est ainsi conçu en ce qui concerne la difficulté qui nous occupe.

Sur le deuxième moyen :

Considérant, que si l'article 22 du traité de 1760 porte: *Qu'il sera déféré à la forme du droit aux réquisitions des cours respectives pour l'exécution de leurs jugements et arrêts*, cela doit s'entendre et s'entend en effet dans la doctrine et la jurisprudence, en ce sens que les jugements rendus par les tribunaux étrangers ne doivent être rendus exécutoires en France qu'autant

____

(1) **Voyez les arrêts de Grenoble,** 7 août 1817, 9 janvier 1826, 3 janvier 1829, les arrêts de Chambéry des 19 juin et 24 août 1819, etc.

qu'ils ne contiennent rien de contraire aux principes de morale, d'ordre et de droit public de notre pays;

Considérant qu'aux termes des articles 59 de notre Code de procédure civile et 21 de celui de Sardaigne, le défendeur en garantie doit être cité devant le juge de la demande principale, à moins qu'il n'apparaisse que cette demande n'a été ainsi introduite que dans le but unique de distraire le défendeur en garantie de ses juges naturels, circonstance qui n'existe pas dans la cause et qui n'a pas même été alléguée;

Considérant que la veuve Isnard-Blanc et fils excipent vainement des articles 14 et 15 du Code Napoléon, pour soutenir qu'ils ne pouvaient être cités qu'en France;

Qu'en effet si le législateur français, dans l'intérêt de ses nationaux, a édicté ces deux articles, le législateur sarde de son côté et dans le même objet a reproduit les mêmes dispositions dans les articles 21 et suivants de son Code; d'où il suit que si le Français s'appuyant sur lesdits articles, refuse de comparaître devant les tribunaux sardes pour venir plus tard demander en France la nullité des jugements rendus par les tribunaux sardes, sous le prétexte qu'ils violent le principe des juridictions, les Sardes à leur tour refuseront de comparaître devant les tribunaux français et demanderont en Sardaigne la nullité de leurs décisions par les mêmes motifs, ce qui amènerait cette conséquence fatale et inadmissible que les traités, les codes, les jugements seraient de part et d'autre réduits à néant;

Qu'il est donc bien plus rationnel et plus juste, laissant de côté cet esprit d'égoïsme et de suspicion d'Etat à Etat, qui n'est plus dans nos mœurs ni dans l'intérêt des relations internationales, d'admettre, ou plutôt de continuer d'appliquer le principe de la réciprocité fondée sur les traités existants;

Que c'est dans cette voie nouvelle que marchent le gouvernement français et ceux des autres Etats de l'Europe;

Considérant, d'autre part, qu'on distingue trois sortes d'incompétence : 1° *ratione materiœ*, 2. *ratione personœ*, 3. *ratione loci*; que la première est d'ordre public, qu'elle peut être proposée en tout état de cause, qu'elle doit même être suppléée d'office par les magistrats, tandis que les deux autres ne sont que relatives et d'intérêt privé; que les parties peuvent donc y renoncer, et qu'elles sont censées l'avoir fait quand elles ne les ont pas proposées avant toute défense au fond ou qu'elles se sont laissées condamner en dernier ressort sans se défendre et ont laissé acquérir au jugement l'autorité de la chose jugée (Isnard Blanc et fils d'Arles, contre Pezzalés frères de Gênes).

Si le Sarde, usant de la faculté que lui donne l'article 31 du Code civil, cite le Français qui a traité avec lui à l'étranger devant les tribunaux sardes, l'article 28 du Code de procédure sarde que nous avons cité tantôt, indique quel sera le tribunal compétent pour connaître de sa demande. En France cette difficulté n'est point prévue et réglée par la loi; les auteurs ont proposé les solutions suivantes :

Si l'étranger a une résidence en France, l'action devra être portée devant le tribunal de cette résidence. C'est ce que la Cour de cassation a reconnu dans l'affaire Berembrock, jugée le 2 juillet 1822 (1) et ce que personne ne conteste sérieusement.

Si l'étranger n'a pas de résidence en France et que l'obligation y ait été souscrite, MM. Demolombe et Massé pensent que l'action doit être portée devant le juge du lieu où elle a été contractée.

(1) Voy. encore les arrêts des 2 juillet 1822, 9 mai 1835, 26 janvier 1836.

Des auteurs croient au contraire que dans tous les cas lorsque l'étranger ne réside pas en France, c'est le juge du domicile du demandeur qui serait compétent. Cette compétence ne saurait être repoussée tout au moins dans le cas où l'étranger n'aurait pas de résidence en France et l'obligation n'y aurait pas été contractée (1). Cependant M. Fœlix (t. 1, p. 327, n° 171), et en cela il est d'accord avec MM. Guichard, Coin Delisle, Légat et Pardessus, soutient que dans ces circonstances le demandeur aurait le choix entre tous les tribunaux de l'Empire, ce qui est difficile à admettre suivant nous.

Jusqu'ici je ne me suis préoccupé de la compétence que lorsque l'action était dirigée contre un étranger. Qu'en sera-t-il si l'étranger, au lieu d'être défendeur, est demandeur? Il peut se faire que l'action soit dirigée par lui contre un régnicole ou contre un autre étranger.

Dans tous les états l'étranger est admis à porter devant les tribunaux ses réclamations contre un régnicole; il faut étendre ce droit à l'encontre de l'étranger natura-

_____

(1) Marcadé, t. 1, p. 105, n° 138; Demolombe. t. 1, p. 308, n° 252; Delisle, *De l'interprét. des lois*, t. 1, p. 426. C'est ce qui a été admis par l'arrêt de la Cour de Palerme du 19 janvier 1841, *Gaz. des trib. de Naples* du 5 janvier 1859. Soloman soutient que le tribunal du domicile du débiteur est compétent alors même que l'étranger résiderait en France; et M. Demangeat (sur Fœlix, t. 1, p. 328), dit que cette compétence se règle ainsi, que l'obligation soit souscrite en France ou à l'étranger.

lisé (1) et même simplement admis par le gouvernement à établir son domicile en France (2).

L'action est alors portée au tribunal du domicile du défendeur.

Enfin un étranger peut avoir des réclamations à exercer contre un autre étranger.

En France il est de jurisprudence constante que deux étrangers qui ont contracté à l'étranger et qui se trouvent en France sans y avoir acquis un domicile, ne peuvent se traduire l'un l'autre devant les tribunaux, à raison d'obligations purement personnelles et mobilières (3). La même règle a été longtemps déclarée applicable alors même que l'engagement a été contracté en France; mais sur ce point la même unanimité n'existe plus, car l'arrêt de la Cour de cassation du 8 avril 1851 a rejeté un pourvoi contre un arrêt qui avait répoussé une exception

(1) Rej., 27 mars 1853.

(2) Metz, 17 janvier 1839: il y a dissidence entre les auteurs sur le point de savoir si la compétence est la même dans le cas où la naturalisation ou autorisation d'établir son domicile est postérieure à l'engagement qui donne lieu au procès.

(3) Un très-grand nombre d'auteurs français, en s'occupant de ces matières, posent cette règle; cependant elle a été attaquée vivement par quelques-uns; elle est consacrée par un très-grand nombre de décisions judiciaires. La dernière que je trouve dans les recueils est un arrêt de rejet du 10 mars 1858 intervenu entre deux Savoisiens. Il y a quelques arrêts dissidents, mais peu nombreux et rendus dans des circonstances toutes particulières.

d'incompétence sur le motif que la convention *avait eu lieu en France* (1).

Des exceptions à cette règle ont été sanctionnées dans divers cas. Ainsi on a admis la compétence des tribunaux français :

1° Dans le cas où les parties l'accepteraient volontairement, on a même décidé que cet acquiescement résulterait de ce que l'une des parties n'aurait pas excipé de l'incompétence *in limine litis*, et qu'elle ne serait plus recevable à en exciper plus tard (2). Sauf toutefois le droit, qu'ont toujours les tribunaux français de se déclarer d'office incompétents (3).

2° S'il s'agit de difficultés entre commerçants et d'actes de commerce, c'est là un point de doctrine et de jurisprudence constantes. Cela s'est toujours pratiqué en France et on l'a reconnu au Conseil d'Etat lors de la discussion de l'article 14.

---

(1) Le même principe semble admis implicitement par les arrêts de Paris du 13 mars 1849 et Douai 22 juillet 1852.

(2) Coin Delisle, *Droit civil*, p. 39; Massé et Vergé sur Zachariæ, t. 1, § 62; Fœlix, t. 1, p. 303, n° 155; Massé, *Droit comm.*, t. 2, n° 185; Gand, *Code des étrangers*, n° 211; Demolombe, t. 1, p. 317, n° 261; Cass., 4 septembre 1811, 27 nov. 1822; Douai, 7 mai 1818; Cass. 29 mai 1833; Douai, 1 déc. 1834; Paris, 25 janv. et 13 nov. 1840 et 5 mai 1846; Douai, 7 mai 1828; Cass., 29 mai 1833; Metz, 10 juillet 1849; Aix, 27 janvier 1851; Rej., 23 juillet 1855; Paris, 13 février et 31 juillet 1858.

(3) Paris, 11 mai 1837 et 3 décembre 1858; Rej., 26 juillet 1852.

3° Lorsque les difficultés portent sur des actions réelles à raison d'immeubles sis en France, la compétence des tribunaux français est encore admise par tout le monde.

4° Elle est aussi reconnue lorsque l'action civile prend sa base dans des délits commis en France (1).

5° Il faut également admettre cette compétence dans le cas où la nation à laquelle appartiennent les étrangers aurait avec la France un traité qui obligerait les tribunaux français à statuer. Un traité semblable existe avec la Russie à la date du 11 janvier 1787; il n'y a rien de semblable dans les stipulations entre la France et la Sardaigne. Ajoutons que dans ce cas une simple réciprocité de fait ne serait pas suffisante.

6° Les tribunaux français sont encore compétents lorsqu'il s'agit de faire déclarer exécutoire en France un jugement rendu par un tribunal étranger.

J'aurai à m'expliquer plus tard sur les mesures provisoires et conservatoires prises en France au profit et à l'encontre des étrangers et sur les questions de compétence qu'elles soulèvent.

En dehors des exceptions la jurisprudence a admis cer-

---

(1) Avis du Conseil d'état du 4 juin 1806, Demolombe, t. 1, p. 315, n° 261; Zachariæ, édit. Massé et Vergé, t. 1, p. 87.

tains tempéraments à cette règle, dont l'application rigoureuse peut être fâcheuse dans bien des circonstances au point de vue de la justice. C'est ainsi notamment que dans son arrêt du 8 avril 1851 , la Cour de cassation exige, pour que l'exception d'incompétence soit admise , que l'étranger défendeur justifie de son extranéïté, c'est-à-dire d'un domicile à l'étranger , n'admettant pas comme suffisante la justification de sa qualité d'étranger.

Quand il s'agit d'apprécier la nationalité des parties au point de vue de la compétence , il faut prendre en grande considération la nature de l'action ; ainsi , par exemple, une femme française mariée à un étranger et qui, si le mariage est valable, sera par ce fait devenue étrangère, demande la nullité de son mariage; cette demande ayant pour objet de faire considérer que le mariage n'a jamais existé et par suite n'a pas enlevé à la femme la qualité de Française, le tribunal français sera compétent pour connaître de l'action (1). Il n'en serait pas de même si mariée à un étranger et ne contestant pas la validité du mariage , cette femme demandait la séparation de corps, une pareille action ne pouvant lui

(1) Poitiers, 7 janvier 1845 , rej., 16 décembre 1845 , Paris, 13 juin 1857.

faire maintenir ni recouvrer sa nationalité primitive (1).

Hors des cas que nous venons d'examiner, la règle de l'incompétence des tribunaux français doit être toujours appliquée. Elle doit être suivie rigoureusement, surtout lorsqu'il s'agit des questions d'Etat, où d'après certains documents de jurisprudence l'incompétence des tribunaux français serait d'ordre public (2).

Les tribunaux français peuvent aussi se refuser de connaître des actions en partage de successions et communautés ne comprenant que des valeurs mobilières, lorsqu'elles sont intentées d'étrangers à étrangers non domiciliés (3) ; il en serait autrement si la succession ou la communauté se composait d'immeubles situés en France.

En Sardaigne, aux termes de l'article 32 du Code civil déjà cité, l'étranger qui se trouve dans les Etats peut, à raison des obligations qu'il y a contractées avec un autre

(1) Arrêts de la Cour de cass. des 27 nov. 1822, 30 juin 1823 et 25 mai 1849, et de Paris des 26 avril 1823 et 24 août 1844. La Cour de cassation, par arrêt de rejet du 25 juillet 1855, [a jugé que les tribunaux français ne seraient compétents, dans ce cas, que si le mari avait été autorisé à établir son domicile en France.

(2) Rej. 30 juin 1823 ; Paris, 26 avril 1823, 30 juillet 1831, 23 juin 1836 et 25 nov. 1839 ; Rennes, 16 mars 1842 ; la jurisprudence plus récente s'écarte de cette rigueur. Paris, 25 janv. 1840, 16 janv. 1852; Douai, 17 juin 1853, rej., 23 juillet 1855.

(3) Paris, 22 juillet 1815 et 13 mars 1850 ; Cass., 2 avril 1833.

étranger, être cité devant les tribunaux sardes. L'article
28 du Code de procédure sarde indique quel sera dans
ce cas le tribunal compétent. Cette faculté avait déjà été
inscrite dans les constitutions de 1770 (liv. 3, tit. 1, §§
6 et 8), qui avaient élargi en ces matières la compétence des tribunaux des Etats, telle qu'elle était précédemment fixée par les RR. CC. de 1723 et 1729.

Quant à ce qui concerne les ambassadeurs et consuls,
j'aurai à poser quelques principes de compétence en
matière criminelle, et il sera facile de reconnaître ceux
de ces principes qui s'appliquent aux affaires civiles.

§ 2. *Formes de procéder. — Ajournements et significations ;
Caution* judicatum solvi *: Instruction, Preuve, Commissions
rogatoires ; Jugement.*

AJOURNEMENTS ET SIGNIFICATIONS.

Loi Française.

Seront assignés..... § 8, Ceux qui n'ont aucun domicile connu en France, au lieu de leur résidence actuelle ; si le lieu n'est pas connu, l'exploit sera affiché à la principale porte de l'auditoire du tribunal où la demande est portée; une seconde copie sera donnée au procureur impérial, lequel visera l'original. — § 9. Ceux qui habi-

Loi Sarde.

Ceux qui n'ont aucun domicile ou résidence connu dans les Etats du Roi seront cités au lieu de leur demeure actuelle, en observant pareillement dans ce cas les dis-positions de l'article 136 (sur la remise des citations). Si la de-meure n'est pas connue, copie de l'exploit sera affichée à la porte extérieure du tribunal où la detent le territoire français hors du continent et ceux qui sont établis chez l'étranger, au domicile du procureur impérial près le tribunal où sera portée la demande, lequel visera l'original et enverra la copie, pour les premiers, au ministre de la marine, et pour les seconds, au ministre des affaires étrangères (C. pr. civ., art. 69).

Ce qui est prescrit par les deux articles précédents (68 et 69), sera observé à peine de nullité (C. pr. civ., art. 70).

Le délai ordinaire des ajournements pour ceux qui sont domiciliés en France, sera de huitaine. Dans les cas qui requerront célérité, le président pourra, par ordonnance rendue sur requête, permettre d'assigner à bref délai (C. pr. civ., art. 72).

Si celui qui est assigné demeure hors de la France continentale, le délai sera : 1° pour ceux demeurant en Corse, dans l'île d'Elbe ou de Capraja, en Angleterre et *dans les États limitrophes de la France,* de deux mois ; 2°..... (C. pr., art. 73).

mande est portée, et une seconde copie sera donnée au ministère public près le même tribunal (C. pr. civ., art. 142).

Ceux qui sont établis à l'étranger, comme aussi les étrangers dans les divers cas où, suivant les dispositions des articles 29, 30, 31 et 32 du Code civil, ils peuvent être cités devant les tribunaux des États, s'ils n'y ont ni domicile, ni résidence, ni demeure, seront cités au bureau du ministère public près le tribunal de la province où sera portée la demande, lequel enverra la copie d'exploit à lui remise, au ministre des affaires étrangères (C. proc. civ., art. 143).

Le délai des ajournements pour ceux qui sont domiciliés dans les États, sera de huitaine (C. pr. civ. art. 148).

Si celui qui est assigné pour comparaître aux îles de Sardaigne et de Capraja, habite dans les États de Terre Ferme, ou vice versa, le délai sera de 60 jours. Il sera pareillement de 60 jours pour ceux qui demeurent dans les États

Loi Française.

Loi Sarde.

étrangers limitrophes des Etats du Roi..... (C. pr. civ., art. 149).

Lorsqu'une assignation à une partie domiciliée hors de France, sera donnée à la personne en France, elle n'emportera que les délais ordinaires, sauf au tribunal à les prolonger s'il y a lieu (C. pr. civ., art. 74).

Lorsqu'une assignation à une partie domiciliée à l'étranger sera donnée à sa personne dans les Etats du Roi, elle n'emportera que les délais ordinaires établis, selon les cas, par l'article 148 et par la première partie de l'article 149 (C. pr. civ., art. 151).

Ce qui est prescrit par les articles 136 et suivants jusqu'au présent article, sera observé à peine de nullité (C. pr. civ., art. 152).

Si de deux ou plusieurs parties assignées, l'une fait défaut et l'autre comparaît, le profit du défaut sera joint, et le jugement de jonction sera signifié à la partie défaillante par un huissier commis ; la signification contiendra assignation au jour auquel la cause sera appelée ; il sera statué par un seul jugement qui ne sera pas susceptible d'opposition (C. pr. civ., art. 153).

Si de deux ou plusieurs personnes assignées, l'une fait défaut et l'autre comparaît, le tribunal, par le jugement qui donne défaut, ordonnera que le profit du défaut soit joint à la cause du comparant, et renverra la discussion sur le fond à l'audience à laquelle aura lieu l'appel de la cause quant au comparant. — Le jugement sera notifié personnellement à la partie défaillante ; la notification lui vaudra assignation à ladite audience ; entre le jour de la notification et celui d'appel de la cause, il y aura le délai établi pour les citations ; le tribunal statuera par un seul jugement qui ne sera pas susceptible d'opposition. — Si cependant à la première audience, le demandeur déclare renoncer à l'effet de la citation contre les défaillants, le tribunal pourra, en donnant acte de cette déclaration, statuer au fond à l'égard des seuls comparants (C. pr. civ. art. 239).

Le § 9 de l'artice 69 du Code de procédure français, comme l'article 143 du Code sarde sont, de l'avis unanime des auteurs, applicables aux autres significations d'actes judiciaires, sauf quelques très-rares exceptions, notamment celle indiquée par l'article 560 du Code de procédure civile de France en matière de saisie-arrêt.

Les significations et assignations signifiées en Sardaigne à la requête d'un Français, et réciproquement, n'ont pas besoin d'être préalablement autorisées par le juge et précédées de lettres rogatoires (Aix, 1 juillet 1845).

Si le procureur impérial qui a reçu la citation, ou tout autre fonctionnaire chargé de la faire parvenir à destination, omettait de le faire, la validité de l'acte n'en pourrait souffrir, puisqu'il n'est pas possible dans ce cas d'adresser des reproches à la partie (Rej. 11 mars 1817).

En France, les significations pour l'étranger doivent être directement adressées par les procureurs impériaux au ministre des affaires étrangères, sans employer l'intermédiaire du Garde des sceaux (Circ. min. du 31 mars 1825). Ces actes doivent indiquer par une note marginale à la première page les noms et prénoms et autant que possible la qualité ou la profession de la personne à laquelle ils sont destinés, ainsi que le nom et la situation du lieu où elle demeure (Circ. 6 décembre 1850). Il ne faut transmettre au ministre que des assignations

qui ne sont pas contraires aux conventions diplomatiques (Lett. min. du 24 mai 1855). Les assignations aux
témoins sardes doivent être transmises par l'intermédiaire du Garde des sceaux; elles ne doivent pas être envoyées directement aux consuls français dans les Etats
sardes (Circ. 15 nov. 1846).

La Cour de Toulouse avait jugé le 30 janvier 1828 ,
qu'il n'était pas nécessaire d'observer, pour la réassignation prescrite par l'article 153 lors de la signification du jugement de profit joint, le délai ordinaire des
ajournements. D'après cette Cour, il suffisait que la
réassignation fût donnée au jour fixé par le tribunal pour
l'appel de la cause; cette opinion déjà professée par Pigeau, a été repoussée par la Cour de Paris dans son arrêt du 5 juillet 1834, dont jurisprudence est adoptée par
M. Rodière, et la pratique en France est de réassigner
au délai des ajournements. En Sardaigne, la loi est formelle, l'article 239 dit : *entre le jour de la notification et celui d'appel de la cause , il y aura le délai
établi pour les citations.* On conçoit, en effet, que cette
réassignation, surtout lorsqu'il s'agit d'exploits à remettre d'un pays à l'autre par l'intermédiaire des agents
diplomatiques , n'arriverait jamais à destination avant
que la cause ne fût jugée, on serait ainsi cité et jugé
définitivement sans avoir été mis en demeure de fournir

ses défenses, et comme le droit de se défendre en justice est d'ordre public, un pareil jugement serait vicié et ne pourrait être déclaré exécutoire dans le pays du condamné. C'est ce que la Cour d'Aix nous a paru avoir décidé avec raison dans l'affaire Isnard-Blanc, d'Arles, contre Pezzalès frères, dans son arrêt du 8 déc. 1858, ainsi conçu sur ce point :

Considérant que chez toutes les nations policées le droit de défense, tant en matière civile qu'en matière criminelle, a été placé justement au premier rang des choses qui tiennent au droit public ;

Considérant, qu'après un premier jugement de défaut profit joint, rendu par le tribunal de Gênes et portant réassignation à huitaine, la veuve Isnard-Blanc et fils, d'Arles, ont été de nouveau assignés à huitaine devant le tribunal de commerce de Gênes, délai tout à fait illégal et insuffisant ;

Qu'en effet, l'art. 53 du Code de proc. civ. de France et l'art. 149 du Code de proc. de Sardaigne, portent également que le délai de l'ajournement pour ceux qui demeurent dans les Etats limitrophes, doit être de deux mois ;

Que c'est là un délai fixe et invariable, calculé non-seulement à raison des distances, mais encore à raison de la forme diplomatique et ministérielle à employer pour faire arriver la copie à sa destination :

Que, déposée au parquet du tribunal civil de Gênes, passant dans les bureaux de l'ambassade, des ministères des affaires étrangères et de la justice, du procureur général ou du procureur impérial dans l'arrondissement duquel est établie la maison de commerce veuve Isnard-Blanc et fils, il était matériellement impossible que ladite maison pût recevoir dans la huitaine ladite copie, et comparaître devant le tribunal de Gênes :

Considérant, en droit, que si l'on ne consulte que le Code sarde, on n'y trouve nulle part l'autorisation d'abréger même les délais ordinaires, *à fortiori* ceux des distances ;

Qu'on ne peut dès-lors ni admettre ni même supposer qu'en indiquant dans son premier jugement de défaut profit joint , le délai de huitaine, le tribunal de Gênes ait voulu réduire à cet unique délai le temps donné à la maison d'Arles pour comparaître à Gênes, et qu'il n'ait pas sous-entendu de plein droit l'augmentation de la loi à raison des distances ;

Que s'il en était autrement, le tribunal aurait violé tout à la fois les principes de son Code de procédure civile et le principe tutélaire de la défense ;

Que si, d'autre part, on consulte le Code de procédure de France, on voit bien dans l'article 72 la faculté donnée au président d'abréger les délais dans les cas qui requièrent célérité , mais qu'on ne retrouve plus la même faculté dans l'article 73 relatif aux délais des distances, ce que le législateur n'eut pas manqué de dire , si telle eût été son intention ;

Qu'il y a un motif de plus de ne pas admettre l'abréviation des délais des distances quand il s'agit d'un ajournement donné pour comparaître devant un tribunal étranger; c'est que dans ce cas il ne peut dépendre d'une partie, ni même des tribunaux , d'assurer l'envoi successif et immédiat et la prompte remise de la copie d'ajournement (C. de cass. 17 nov. 1840), ni moins encore d'imposer à ces divers et hauts fonctionnaires l'obligation d'abréger leurs délais ordinaires ;

Considérant qu'il résulte de ce qui précède que le jugement définitif rendu par le tribunal de commerce de Gênes, le 6 avril 1856, sur une citation donnée à la maison d'Arles, le 19 mars précédent, l'a été en dehors des délais légaux ; qu'il viole donc le droit naturel de défense qui tient essentiellement au droit public ,

Par ces motifs :

La Cour.... faisant droit à l'opposition de la veuve Isnard-Blanc et fils, d'Arles, à l'arrêt de défaut de la Cour de céans, du 23 juillet 1857, rétracte ledit arrêt et de même suite déclare qu'il n'y a lieu d'ordonner l'exécution en France du jugement rendu par le tribunal de commerce de Gênes, le 8 avril 1836 ; condamne Pezzalès frères aux dépens.

CAUTION JUDICATUM SOLVI.

Aux termes des articles 16 du Code Napoléon, 166 et 167 du Code de procédure civile français, 33 du Code civil, 249, 250 et 251 du Code de procédure civile sardes tout étranger demandeur devant un tribunal, est tenu, en toutes matières autres que celles de commerce, de donner caution pour le payement des frais et dommages-intérêts.

Mais les auteurs sont unanimes pour reconnaître que l'étranger est dispensé de fournir caution lorsqu'il existe à cet égard des traités entre la France et le pays auquel appartient cet étranger. C'est ce qui a lieu entre la France et la Sardaigne : l'article 22 du traité de 1760, dans sa disposition finale, dispose que « Pour être admis en jugement, les sujets respectifs ne seront tenus de part et d'autre qu'aux mêmes cautions et formalités qui s'exigent de ceux du propre ressort, suivant l'usage de chaque tribunal. »

Ce traité est en pleine vigueur comme cela résulte des divers arrêts déjà cités qui en ont fait l'application, et comme j'aurai à l'établir bientôt en m'occupant de l'exétion des jugements. La disposition finale de l'article 22 sur l'abolition de la caution *judicatum solvi* , entre les citoyens des deux Etats, a motivé divers arrêts rendus par nos cours.

Attendu, porte l'arrêt de la Cour de Bastia, du 16 février 1844, que la dame P. est sujet sarde ; que, par une clause expresse de l'article 22 du traité de 1760, entre la France et la Sardaigne , les sujets des deux nations ont été respectivement dispensés de toute caution à laquelle ils ne seraient pas soumis dans leur propre Etat; sans s'arrêter aux exceptions *judicatum solvi*, etc.

Par cet arrêt de 1844 , la Cour de Bastia ne faisait que se conformer à une jurisprudence déjà adoptée dans un précédent arrêt du 8 février 1841. C'est ce qu'a jugé encore à l'encontre de l'administration de l'enregistrement, la Cour de Paris, le 3 mars 1843 , et ce que reconnaissait, le 5 mai 1850, la Cour d'assises du Var, dans l'affaire Marini contre Revest.

Cette disposition du traité est également exécutée en Sardaigne (Mansord, t. 2, p. 44, § 703).

INSTRUCTION, PREUVES, COMMISSSIONS ROGATOIRES.

Pour l'instruction des affaires il faut suivre les formes usitées dans le pays où se déroule l'instance.

Quant aux modes suivis pour administrer les preuves,

la même règle peut être posée, mais dans son application il y a bien des observations à faire.

Ainsi, par exemple, les preuves devront être présentées en suivant la loi nationale des juges ; mais quant à la portée et à l'appréciation des actes passés à l'étranger, ces juges devront avoir égard à la maxime : *locus regit actum*.

Les principales espèces de preuves admises par la justice, sont : la preuve littérale , la preuve testimoniale , la preuve par présomption, l'aveu de la partie, la preuve par serment.

La preuve par écrit est admise par toutes les législations des peuples civilisés. Ces législations ont fait cependant des distinctions entre les actes publics et les actes sous seing-privé, et elles n'ont pas donné à ces derniers la même force probante qu'aux autres, au moins en ce qui concerne certains actes.

Pour apprécier si un acte a, ou n'a pas, un caractère authentique, il faut s'en référer à la loi du lieu où il a été fait ; s'il est authentique dans ce lieu il l'est partout, et a partout la force de l'acte authentique. Notre Code Napoléon a reconnu cette règle dans les articles 47, 170 et 999 notamment , et le Code civil sarde admet ce principe sous condition de réciprocité dans l'article 1418.

Il ne peut être reçu à l'étranger d'autres preuves contre l'acte authentique que celles qui sont admises dans le lieu où il a été rédigé.

En France comme en Sardaigne les notaires sont en droit de recevoir tous les actes de la vie civile et ont mission d'authentiquer les conventions des parties.

Par cela seul que les actes authentiques ont force probante, qu'ils font foi des constatations qu'ils contiennent, il ne s'ensuit pas qu'ils aient force exécutoire à l'étranger, mais ils y servent de base aux actes qui ont ce caractère.

Les actes sous seing-privé ont à l'étranger, dans l'appréciation que les tribunaux sont appelés à en faire, les mêmes effets qu'ils auraient d'après les lois du lieu de leur rédaction. C'est encore ces lois qu'il faut consulter et appliquer si la régularité de leur forme est contestée.

La preuve littérale est régie en France par les dispositions des articles 1317 à 1332 du Code Napoléon ; en Sardaigne par les articles 1410 à 1440 du Code civil.

L'article 1333 du Code Napoléon et l'article 1441 du Code civil sarde, sur *les tailles*, sont entièrement conformes.

Les articles 1334 à 1336 sur les copies de titre , et 1337 à 1340 sur les actes récognitifs et confirmatifs au Code Napoléon, doivent être conférés avec les articles

1442 à 1449, et 1450 à 1453 du Code sarde ; il y a quelques différences entre les deux lois.

Dans les législations modernes des systèmes nombreux ont été admis relativement à la preuve testimoniale ; en cas de conflit des lois, il faut en règle générale s'en référer à la loi du lieu du contrat.

Les lois françaises et sardes ont admis la preuve testimoniale dans des cas déterminés ; la législation des deux pays est la même. Les articles 1454 à 1461 du Code civil sarde ne sont que la reproduction littérale des articles 1341 à 1348 du Code Napoléon.

En ce qui concerne les présomptions, les articles 1462 à 1467 du Code sarde reproduisent encore les articles 1349 à 1353 du Code Napoléon.

Cette même observation s'applique aux articles 1468 à 1471 du Code sarde par rapport aux articles 1354 à 1356 du Code Napoléon concernant l'aveu de la partie.

La loi sarde comme la loi française distingue deux espèces de serment judiciaire : le serment déféré par l'une des parties à l'autre, ou serment décisoire, et le serment déféré d'office par le juge à l'une des parties, ou serment supplétif, mais il est utile d'indiquer qu'il se trouve entre les articles 1472 à 1485 du Code sarde, et 1357 à 1369 du Code Napoléon, des différences.

Dans le cours d'une instance civile il peut être nécessaire de procéder à un acte d'instruction dans un pays
étranger, d'y faire entendre des témoins, vérifier des
lieux, livres ou papiers, interroger des parties, recevoir
des serments, etc. Dans tous ces cas il y a lieu de procé-
par voie de commission rogatoire, *litteræ mutui com-
passus* ou *litteræ requisitoriales*.

Les lois françaises ni sardes ne contiennent rien au
sujet des commissions rogatoires adressées à un tribunal
étranger. Il est cependant de pratique constante d'en
adresser dans les deux Etats; ordinairement le tribunal
saisi commet directement le juge du lieu où l'opération
doit avoir lieu pour y procéder; le Garde des sceaux veut
toutefois qu'un tribunal français ne puisse exécuter une
pareille commission, que si elle a été transmise après
examen par le ministre de la justice.

Entre la France et la Sardaigne on suit une marche
particulière que je borne à indiquer ainsi, sauf à revenir sur cette question en m'occupant des matières criminelles. Le tribunal saisi de l'affaire prescrit la mesure
d'instruction qui doit s'exécuter à l'étranger; la partie
intéressée se pourvoit à la Cour du ressort pour obtenir
de sa part des réquisitions à la Cour d'appel étrangère où
l'instruction doit avoir lieu. Cette Cour étrangère est ap-

pelée à ordonner l'exécution dans son ressort, et le juge du lieu procède ensuite sur la demande des parties. Cette manière de procéder résulte des conventions cons- tatées dans le traité du 24 mars 1760. (Mansord, *passim*).

On suit les lois et la procédure du pays où la com- mission rogatoire s'exécute pour assurer cette exécution; car il s'agit ici de dispositions *ordinatoriæ litis* et non *decisoriæ*. Ces dernières restent réservées au juge du fond qui statuera lorsque la constatation qu'il a deman- dée comme élément de décision lui parviendra.

Lorsque les commissions rogatoires transmises par les tribunaux étrangers aux autorités judiciaires de l'Empire sont exécutées sur la réquisition du ministère public, sans intervention des parties intéressées, les frais relatifs à cette exécution doivent être acquittés comme frais de justice sur un état et un exécutoire séparés (Avis du co- mité de législation du 28 août 1819; Lettre du Garde des sceaux du 3 septembre suivant). Les actes peuvent être faits sur papier non timbré et enregistrés gratis lorsqu'ils sont faits à la requête du ministère public et transmis par les voies diplomatiques (Déc. min. des fin. du 27 mars 1829; Inst. gén. de la direction de l'Enr. du 17 avril 1829). Ces règles ne sont pas applicables lorsque c'est la partie ou son avoué qui poursuit l'exécution en vertu de lettres rogatoires.

JUGEMENTS.

Pour tout ce qui concerne la rédaction des jugements, leur transcription, les mentions qu'ils doivent contenir, la qualité et le nombre des magistrats qui doivent y concourir, la publicité des audiences, etc., il faut se soumettre entièrement à la loi du juge investi de la connaissance de la contestation. J'aurai bientôt à rechercher quelle est la force exécutoire dans l'un des États d'un jugement rendu dans l'autre.

§ 3. — *Mesures provisoires et conservatoires.*

Ces mesures ont surtout pour objet de prémunir le régnicole contre la facilité avec laquelle l'étranger peut soustraire sa personne et ses biens à l'exécution de ses obligations.

Elles sont régies par la loi du lieu où elles sont exercées.

En France, l'article 15 de la loi du 17 avril 1832, sur la contrainte par corps, porte :

Avant le jugement de condamnation, mais après l'échéance ou l'exigibilité de la dette, le président du tribunal de première ins-

tance dans l'arrondissement duquel se trouvera l'étranger non domicilié, pourra, s'il y a de suffisants motifs, ordonner son arrestation provisoire sur la requête du créancier français.— Dans ce cas,
le créancier sera tenu de se pourvoir en condamnation dans la
huitaine de l'arrestation du débiteur ; faute de quoi celui-ci pourra
demander son élargissement.— La mise en liberté sera prononcée
par ordonnance de référé sur une assignation donnée au créancier
par l'huissier que le président aura commis dans l'ordonnance
même qui autorise l'arrestation , et , à défaut de cet huissier, par
tel autre qui sera commis spécialement (Loi 17 avril 1832, art.
15).

L'arrestation provisoire n'aura pas lieu ou cessera, si l'étranger
justifie qu'il possède sur le territoire français un établissement de
commerce ou des immeubles , le tout d'une valeur suffisante pour
assurer le payement de la dette, ou s'il fournit pour caution une
personne domiciliée en France et reconnue solvable (L. 17 avril
1832, art. 16).

Pour obtenir l'arrestation provisoire d'un étranger, il
faut être Français; par suite elle ne peut être ordonnée
à la requête d'un étranger, alors même qu'il est admis
à la jouissance des droits civils, ou d'un Français qui
a perdu cette qualité.

Toutefois l'étranger gérant d'une société établie en
France et dans laquelle sont intéressés des Français,
peut, comme représentant de ces derniers, faire arrêter
provisoirement l'étranger débiteur de la société (Paris,
4 décembre 1856).

En ce qui concerne le Français cessionnaire d'une
obligation originairement souscrite au profit d'un étran-

20

ger, on distingue généralement le cas où le titre a été
cédé par voie de cession ordinaire, de celui où négociable, il a été transmis par voie d'endossement; et dans le
second cas seulement, on autorise l'arrestation provisoire. La Cour d'Aix a jugé, il est vrai, le 25 août 1828
à l'égard du sieur Sturla, Gênois, qu'il fallait que l'obligation, même négociable, eût été souscrite directement
et originairement en faveur d'un Français; mais cet arrêt est contraire à la plupart des décisions judiciaires et
à la doctrine.

Peu importe que l'obligation contractée par l'étranger au profit du Français ait été souscrite en pays étranger.

Que le titre soit contesté, qu'il soit même attaqué par
inscription de faux ou repoussé comme prescrit, du moment où il existe, il doit être respecté ; c'est au surplus
au juge à apprécier s'il est suffisant en l'état.

L'étranger peut encore être provisoirement arrêté, si
autorisé à s'établir en France, il n'y a plus qu'un domicile fictif.

S'il a été déclaré en faillite même en France (Trib. de
la Seine, 28 février 1856).

Alors même qu'il serait mineur.

L'arrestation provisoire ne peut avoir lieu si la dette
est inférieure à 150 francs.

L'arrestation provisoire est ordonnée sur simple requête, sans qu'il soit besoin de mettre l'étranger en cause
et de consulter le ministère public.

Les constitutions n'autorisaient point en Sardaigne
l'arrestation provisoire de l'étranger. Les articles 2106
et 2107 du Code civil sarde ont modifié cette législation:
ils sont ainsi conçus :

2106. Avant le jugement de condamnation, mais après l'échéance
du terme fixé, pour l'exigibilité de la dette, le juge mage du tribunal dans le ressort duquel se trouvera l'étranger non domicilié,
pourra, s'il y a de suffisants motifs, ordonner son arrestation provisoire sur la requête du créancier sujet du Roi. Dans ce cas, le
créancier sera tenu de se pourvoir en condamnation, dans la huitaine de l'arrestation du débiteur, faute de quoi celui-ci pourra demander son élargissement.

2107. L'arrestation provisoire n'aura pas lieu ou cessera, si
l'étranger justifie qu'il possède, sur le territoire de l'Etat, un établissement de commerce ou des immeubles, le tout d'une valeur suffisante pour assurer le payement de la dette; ou s'il fournit pour
caution une personne domiciliée dans l'Etat et reconnue solvable.

Quant aux mesures provisoires sur les biens du débiteur, la loi française ne fait aucune exception entre les
nationaux et les étrangers , et elle ne soumet pas ces
derniers à des mesures exceptionnelles.

D'après les RR. CC. de Sardaigne, le séquestre peut
être placé sur les meubles d'une personne fesant les dispositions pour les cacher ou pour se soustraire par la
fuite à l'action de ses créanciers 'Liv. 3, tit. 29, § 3,

Mansord, t. 2, p. 4, § 639). Cette disposition ne fait
d'ailleurs aucune distinction entre le débiteur sarde et
le débiteur étranger.

En m'occupant des questions de compétence, j'ai indiqué, que les tribunaux français étaient incompétents,
en règle générale, pour connaître des actions personnelles et mobilières entre étrangers; je dois rechercher
ici s'ils ne peuvent pas ordonner en pareil cas des mesures provisoires et de conservation.

M. Demangeat dit : « Il est admis par la jurisprudence et avec grande raison, que nos tribunaux sont
compétents pour ordonner des mesures conservatoires
ou provisoires relativement aux contestations entre étrangers dont ils n'examinent pas le fond (1). » Cette opinion
est partagée par plusieurs auteurs (2).

C'est ainsi qu'il a été jugé, que les tribunaux peuvent
ordonner l'inventaire des biens mobiliers délaissés en
France par un étranger (Paris, 12 août 1840), et
même ordonner le dépôt de ces valeurs (Paris, 8 août
1842).

Prescrire toutes les mesures nécessaires pour assurer

(1) *Condition civile des étrangers*, p. 592).
(2) Fœlix, *Droit inter.*, t. 1, p. 313, n° 162 ; Massé, t. 2, n°ˢ 178 et
179; Gand, *Code des étrangers*, p. 136, n° 214, p. 274, n° 424, etc.
Demolombe, t. 1, p. 318, n° 261 ; Delisle, *Principes de l'interprét.
des lois*, t. 1, p. 460.

la sûreté, la liberté d'action et les moyens d'existence de la femme pendant l'instance en séparation de corps (Cass., 27 nov. 1822; Paris, 26 avril 1823 et 20 juillet 1858, etc.).

Prendre des mesures conservatoires dans l'intérêt des enfants (Paris, 9 mai 1846).

Statuer d'urgence sur les questions de pension alimentaire (Paris, 19 décembre 1833).

Autoriser et maintenir une saisie arrêt entre étrangers jusqu'au jugement du fond par les tribunaux nationaux (Paris, 5 août 1832 et 19 janvier 1850). C'est ce que la Cour d'Aix a jugé le 6 janvier 1831 au sujet d'une saisie pratiquée par le sieur Marre, négociant gênois, entre les mains du sieur Pagano, français résidant à Marseille, sur trois caisses appartenant au sieur Rindi de Florence, son débiteur, par les motifs suivants :

Attendu que le principe qui s'oppose à ce qu'un étranger puisse actionner en France un autre étranger, n'a pas une telle extension qu'il interdise au juge français (celui du tiers saisi) d'autoriser des mesures conservatoires, pour obvier à cette facilité qu'aurait autrement tout débiteur de mauvaise foi de soustraire à ses créanciers ses facultés mobilières, en leur fesant dépasser les frontières;

Attendu qu'il s'agit ici de marchandises introduites en France par un étranger et conservatoirement saisies à la diligence d'un autre étranger;

Attendu que le droit d'autoriser ces actes de précaution, reconnu au juge français, emporte celui d'en apprécier l'opportunité, et, par conséquent, de statuer sur l'opposition de la partie saisie, d'autant qu'un renvoi dans cet objet au juge étranger entraînerait souvent des résultats ruineux, et en certains cas, si elle était de nature périssable, la perte totale de la marchandise.

Attendu que le juge commercial a donc pu permettre la première saisie-arrêt et qu'il aurait dû aussi se prononcer sur l'opposition formée par la partie saisie ; que ne l'ayant pas fait, il y a lieu de réformer sur ce chef, son jugement.

Cette même Cour a jugé le 13 juillet 1831 que le juge français était incompétent pour ordonner, même par mesure conservatoire, au profit d'un étranger la séquestration dans un port de France d'un navire appartenant à un autre étranger son débiteur, lorsqu'il s'agissait d'une obligation contractée et devant être exécutée hors de France.

Gervasio, négociant gênois, créancier d'Asseretto, également gênois, du prix de marchandises qu'il lui avait vendues à Gênes, ayant appris que le navire le *Saint-Joseph*, dont Asseretto était le capitaine et le propriétaire, était dans le port de Marseille, avait fait saisi-arrêter ce navire après avoir obtenu une ordonnance du président du tribunal de commerce. Sur opposition à cette ordonnance il avait été donné main levée de l'opposition et sur appel il fut rendu l'arrêt suivant :

Attendu qu'il ne s'agit point ici, comme dans l'hypothèse de l'arrêt dont on se prévaut, de marchandises appartenant à un étranger, par lui consignées à la vente en France, et arrêtées conservatoirement par un autre étranger, chez un négociant français, ainsi devenu tiers-saisi, mais seulement d'inhibition à la sortie du port de Marseille d'un navire étranger, pour qu'il y demeurât le gage d'accords stipulés entre des individus étrangers, hors de France, et dont l'exécution n'y doit pas même avoir son effet ; qu'à cet égard, l'intervention du juge français est évidemment incompétente, de même que pour connaître des actions desdites parties ;

Attendu que la demande en dommages-intérêts fournie devant la Cour est repoussée par les mêmes causes d'incompétence et prend d'ailleurs sa source dans un acte postérieur au jugement—Confirme et déclare Assereto non recevable dans sa demande en dommages-intérêts.

Même dans ce dernier cas il y a des décisions judiciaires qui reconnaissent aux juges français le droit d'autoriser une saisie-arrêt, et des auteurs qui approuvent ces décisions (1).

SECTION III.

DE L'EXÉCUTION DES ACTES ET JUGEMENTS.

Cette partie de notre étude comprend un double travail ; nous avons à rechercher d'abord à quelles condi-

---

(1) L'état de la jurisprudence et de la doctrine sur ces questions se trouve exposée par M. Fœlix, nᵒˢ 162 et 163, t. 1, p. 313 et suivantes, dont il faut rapprocher l'opinion de celle de M. Demangeat, dans sa note au nᵒ 163, p. 318 de l'ouvrage de M. Fœlix.

tions les actes passés et jugements rendus dans un Etat
sont exécutoires dans l'autre, et en second lieu quels sont
dans les deux pays les voies ou modes d'exécution.

§ 1. — *De l'effet des actes et jugements.*

Nous avons examiné à quelles conditions les actes destinés à constater l'existence des conventions, engagements ou dispositions de l'homme, sont valables quoique passés à l'étranger. La validité de ces actes, librement consentis et constatant des accords librement stipulés, ne pourrait tomber à la frontière sans rendre
impossibles les relations entre personnes de nationalités
différentes.

Mais, obligatoires du moment où ils sont réguliers et
légalement reçus et stipulés, ces actes ne sont par partout exécutoires de plein droit, et cette exécution ne doit
leur être attribuée que si elle ne viole pas les lois du
pays où elle est requise, sinon il suffirait de passer les
frontières pour éluder les lois de son pays, et on pourrait exécuter en France, en contractant à l'étranger,
des conventions que les lois françaises prohibent.

En conséquence, l'obligation contractée à l'étranger,
si elle est régulière en la forme, légale au fond, sera
obligatoire en France, mais le bénéficiaire ne pourra en

forcer l'exécution, en cas de refus, qu'en s'adressant aux tribunaux pour la rendre exécutoire.

Les tribunaux devront la prendre pour base de leur décision : elle ne pourra être , de leur part , l'objet d'une révision ; le juge n'a qu'à la constater , et il ne peut, si elle est régulière et valable, la revoir et la modifier (1).

Les dispositions que nous retrouvons dans les lois françaises et sardes , sur l'exécution des actes passés à l'étranger, sont ainsi conçues :

Loi Française.

Les jugements rendus par les tribunaux étrangers et les actes reçus par les officiers étrangers ne sont susceptibles d'exécution en France que de la manière et dans les cas prévus par les articles 2123 et 2128 du Code Napoléon (C. Pr. civ., art. 546)

... L'hypothèque ne peut pareillement résulter des jugements rendus en pays étranger qu'autant qu'ils ont été déclarés exécutoires par un tribunal français; sans préjudice des dispositions contraires qui peuvent être dans les lois politiques ou dans les traités (C. Nap., art. 2123).

Loi Sarde.

Les jugements rendus par les tribunaux étrangers ne peuvent être exécutés dans les Etats qu'après avoir été déclarés exécutoires par la Cour d'appel dans le ressort de laquelle l'exécution doit avoir lieu.

Les actes authentiques , reçus par des officiers publics étrangers , seront rendus exécutoires par le tribunal de la province dans le ressort duquel l'exécution doit se faire. — Si l'exécution est demandée contre un régnicole , les cours d'appel et les tribunaux de province, n'ordonneront réciproquement l'exécution des juge-

(1) Demolombe, t. 1, p. 326, n° 264.

Loi Française.	Loi Sarde.
Les contrats passés en pays étranger ne peuvent donner d'hypothèque sur les biens de France, s'il n'y a des dispositions contraires à ce principe dans les lois politiques ou dans les traités (C. Nap., art. 2128).	ments et actes précédemment mentionnés que parties ouïes ou dûment citées par voie sommaire sur les conclusions du ministère public ; à moins qu'il n'y ait des dispositions contraires dans les traités politiques et sauf, en ce qui concerne les hypothèques, ce qui est établi dans les articles 2181 et 2188 du Code civil (Code Pr. civ., art. 662).

Les jugements rendus en pays étrangers ne conféreront aucune hypothèque sur les biens situés dans les Etats, à moins qu'il n'y ait à cet égard une disposition expresse dans les traités politiques (C. civ., art. 2188).

Les actes authentiques passés en pays étranger ne donnent aucune hypothèque sur les biens situés dans les Etats, à moins qu'il n'y ait à cet égard une disposition expresse dans les traités politiques.- Toutefois les contrats passés devant les consuls du roi auront, quant à l'hypothèque, la même force que ceux passés devant notaire dans les Etats (C. piv., art. 2188).

L'article 22 du traité de 1760 (1) parle de l'exécution en France et en Sardaigne des actes reçus dans les Etats sardes et français surtout au point de l'hypothèque, et il admet les hypothèques ainsi établies. Nous aurons plus tard à examiner la question à ce point de vue spécial dans un des paragraphes suivants. En nous en tenant à l'exécution des actes en général, abstraction faite de l'effet hypothécaire, il faut bien reconnaître avec M. Fœ-

(1) Cet article est cité *suprà*, p. 68).

lix, t. 2, p. 217, n° 475, que notre traité est muet sur l'exécution forcée des actes passés sur les territoires res-- pectifs , et que par suite on ne pourra passer outre en cas de contestations , que lorsqu'ils auront été déclarés exécutoires suivant la forme voulue par les lois.

En Sardaigne , en se conformant à l'article 662 , il suffira que la formule exécutoire soit délivrée par le tri- bunal de province après avoir mis en cause le régni- cole, si c'est contre lui que l'exécution est demandée.

En France il ne faudra pas se pourvoir par voie de requête à fin d'obtenir la formule exécutoire, les arti- cles 546 du Code de procédure civile et 2128 du Code Napoléon, consultés isolément ou combinés n'autorisent pas ce mode de procéder, bien qu'il ait été indiqué par certains auteurs (1); il faudra agir par voie d'action principale et obtenir jugement basé sur la justification de la demande au moyen de l'acte (2).

Les actes authentiques ou sous seing–privés, passés à l'étranger, doivent être enregistrés aux mêmes droits que les actes passés en France si on veut en faire usage dans ce pays (3).

_____

(1) De Belleyme, *Ordonnances sur req. et référé*, t. 1, p. 511, 3ᵉ édit., cet auteur cite deux arrêts antérieurs à 1819.

(2) Fœlix, t. 2, p. 217, n° 475, note; Demangeat sur Fœlix. *loc cit.;* Boitard sur l'article 546 C. pr. civ.).

(3) Loi du 22 frim. an 7, art. 23 et 42.

D'un autre côté, quand on se prévaut en Sardaigne d'actes passés en France, il faut également qu'il soit préalablement soumis à la formalité de l'enregistrement ou soit de l'insinuation (1). Un arrêt récent de la Cour de Turin, rapporté dans les *Annales de jurisprudence de Turin*, t. x, p. 55, décide que la simple énonciation dans un acte reçu en Sardaigne d'un contrat passé à l'étranger et non insinué en Sardaigne, bien qu'on s'y réfère d'une manière générale sans indication de date, donne lieu à la perception du droit sur ce contrat.

J'aborde la partie de cette étude que je voulais d'abord traiter exclusivement et qui a donné naissance à mon travail sur la législation franco-sarde, et je vais rechercher quels sont les effets et la force exécutoire dans l'un des Etats des jugements rendus dans l'autre.

Il est admis par tous les auteurs que l'autorité publique dont chaque souverain est investi ne s'étendant pas au delà des limites de son territoire, celle des magistrats qu'il institue est nécessairement renfermée dans les mêmes limites, et le principe de l'indépendance des Etats exige qu'aucun acte du pouvoir étranger ne puisse avoir d'effets sur le territoire de ces Etats sans la volonté for-

---

(1) Cette formalité d'origine ancienne rétablie par l'édit de S. M. sarde du 10 mai 1816 est réglementée par les articles 1420 et suivants du Code civil sarde.

melle de ceux auxquels l'autorité publique a été confiée
ou déléguée.

Par suite, une décision judiciaire sera en droit rigoureux sans force et sans effet hors du territoire des juges
qui l'ont rendue; et il n'y aura d'exceptions à cette règle
que celles que dans un intérêt d'utilité et de convenance
réciproque, les traités, les lois intérieures même, en
adoptant un principe de réciprocité, ou les simples usages, auront admises.

Ces exceptions, on le comprend, surtout par suite des
rapports nombreux d'États à États, pourront être exces-
sivement nombreuses, mais elles n'iront jamais jusqu'à
autoriser l'exécution du jugement étranger par la seule
autorité du magistrat qui l'a rendu; le pouvoir d'ordonner l'exécution a été réservé au juge du pays où cette
exécution doit avoir lieu, lui seul peut donner le mandement, l'*exequatur*.

La France est un des États qui s'est montré le plus
jaloux de l'exercice du pouvoir de juridiction territoriale ;
alors que nos codes élargissaient la compétence des tribunaux français à raison des contestations nées à l'étranger avec des étrangers, nous nous sommes refusé à reconnaître le même droit aux lois étrangères; nous avons
défendu à nos concitoyens de soumettre à l'étranger
leurs contestations aux juges du pays; et nous n'avons

jamais voulu accorder en France l'autorité de la chose
jugée aux décisions des tribunaux étrangers. Chez nous
le jugement étranger en règle générale ne sera pas exécutoire au moyen d'un mandement ou *exequatur* délivré
par le magistrat français, on ne se bornera pas même à
la soumettre à une révision qui permette au juge français de s'assurer qu'il ne contient rien de contraire aux
lois françaises, à l'ordre public, aux bonnes mœurs ; le
procès sera porté entier devant les tribunaux qui resteront libres d'apprécier la contestation, comme si aucun
jugement n'était intervenu et qui jugeront dans leur
entière indépendance et sauf les recours autorisés par
la loi.

Ce système critiqué à l'étranger (1) et qu'on a même
essayé de repousser en France , en apportant certains
tempéraments au système de simple *pareatis* délivré sans
examen (2), est consacré par nos lois et notamment par

(1) En constatant le peu de valeur juridique qu'a en France le jugement étranger, M. le comte A. Pinelli, dans un article inséré dans
les *Annales de jurispr. de Turin* de 1843, p. 421, ne peut s'empêcher
de faire remarquer combien ce système contraire aux progrès du droit
des gens est peu avantageux pour les relations internationales.

(2) Pigeau, *Proc. civ.*, t. 2, part. 5, tit. 3; Fœlix, *Droit inter.*, n^{os}
347 à 376, t. 2, p. 69 ; Pinheiro-Ferreira, notes sur Vattel, p. 304, et
sur Martens, t. 1, p. 415; Soloman, *Condit. des étrang.* p. 408 ; Demangeat, *Condit. civ. des étrang.*, p. 408, voy. toutefois sur Fœlix, t.
2, p. 81, note ; Valette sur Proudhon, t. 1, p. 159, et *Revue de droit
fr. et étr.* 1849, t. 6, p. 601 ; Beaussant, *Cod. marit.*, t. 2, p. 578 ; Boi-

les dispositions des articles 124 de l'ordonnance de 1629, 546 du Code de procédure civile, et 2123 et 2128 du Code Napoléon, que je citais tantôt (1), il a été plus ou moins explicitement reconnu par de nombreuses autorités (2).

tard. t. 2, n° 321 ; Nouguier, *Trib. de co.*, t. 2, p. 444 ; Marcadé, t. 1, p. 176, n°ˢ 144 et suiv.; Foucher sur Carré, *Compétence*, t. 3, p. 250 ; Maniez, *Revue du droit fr. et étr.*; Paul Pont, *Hypothèques*, t 1. p. 587 ; Demolombe que nous citons parmi les autorités contraires ne s'y place qu'à regret, t. 1, p. 321, n° 263.

(1) *Suprà* pages 313 et 314.

(2) Merlin, *Rép.* v° *jugement* ; Toullier, t. 10, n°ˢ 81 et suiv.; Delvincourt, t. 2, p. 302; Duranton, t. 1, n° 155 et t. 19, n° 342 ; Persil, *Hyp.*, art. 2123, n° 17 ; Guichard, *Droit civ.*, n° 239 ; Pardessus, *Droit co.*, n° 3118 et 1488 ; Zachariæ, Introd. § 2 ; Massé et Vergé sur Zachariæ, t. 1, p. 40, note 6 ; Richelot, *Principes du droit civ.*, t. 1. p. 82; Rauter, *Cours de proc.*, n° 157; Rodière, t. 3, p. 44; Aubry, *Rev. fr. et étr.*, t. 3, p. 165 et suiv. où il critique très-vivement la loi française : Bioche, v° *Exécution des jug.*, n° 88 ; Legat, *Code des étrang.*, p. 380 ; Delisle, *De l'interpr. des lois*, t. 1, p. 475 § 96 ; Troplong, *Hyp.*, t. 2, n° 451 ; Favard, *Rép.*, t. 2, p. 473 ; Berriat, p. 567 ; Freminville, *Org. et comp. des cours d'appel*, t. 1, n° 298; Grenier, *Hyp.*, t. 1, n° 207 ; Demolombe, t. 1, p. 231, n° 263 ; Poncet, *Jug.*, t. 2, p. 60 ; Chauveau sur Carré, Quest. 1899; Boncenne, *Théo. de la proc.*, t. 3, p. 222 et suiv.; et parmi les anciens auteurs Brodeau, *Sur la cout. de Paris*, art. 165, n° 9; Dumoulin, Boullenois, etc; Cass., 26 vent. an 12; Poitiers, 8 prairial, an 13; Paris, 14 juillet 1809; Cass., 30 juil. 1810; Colmar, 13 janv. 1815, Paris, 27 août 1816; Paris, 20 mars 1817; Rennes, 28 mai 1819, rej. 19 août 1819; Toulouse, 27 déc. 1819; Montpellier, 8 mars 1822, rej. 14 juil. 1825 ; Grenoble, 9 janv. 1826 et 3 janv. 1829; Paris, 17 mai 1836; Pau, 13 déc. 1836; Cass., 1 avril 1839; Nîmes, 14 août 1839; Bordeaux, 22 janv. 1840; Cass., 11 janv. 1843; Douai, 3 janv. 1845; Paris, 5 mai 1846; Bruxelles, 17 mars 1847; Bordeaux, 6 août 1847, rej. 27 déc. 1852 et 9 mars 1853; Conseil d'Etat, 12 fév. 1823 ; Lettre min. des affaires étrangères du 29 juin 1836.

On a essayé de lui substituer un troisième système qui consisterait à soutenir que si le jugement a été rendu à l'étranger au profit d'un Français, un simple *pareatis* suffirait, tandis que s'il était rendu à l'encontre d'un Français et au profit d'un étranger, il y aurait lieu à réviser et à statuer sur nouveau débat; mais cette opinion, fondée sur l'ordonnance de 1629, défendue notamment par quelques auteurs, qui ont écrit au commencement du 19me siècle et qui s'appuyait sur un arrêt de la Cour suprême du 7 janvier 1806, a été vivement repoussée par les arrêts de Paris 27 août 1816 et de rejet du 19 avril 1819 par MM. Paul Pont (*Hypoth.*, t. 1, p. 587), Marcadé (t. 1, p. 109, n° 145), Aubry (*Revue étrangère*, t. 3, p. 168) : elle est complètement abandonnée aujourd'hui.

Dès lors il faut reconnaître qu'on observe comme règle générale que le jugement rendu à l'étranger ne peut être exécuté en France ; que le débat auquel il a donné lieu doit se reproduire et donner lieu à une nouvelle appréciation et à une nouvelle décision qui seule sera exécutoire dans notre pays.

Toutefois lorsqu'il s'agira d'une simple constatation de faits résultant des jugements rendus à l'étranger, la justification de ces faits résultera suffisamment de la production en due forme de ces actes sans qu'il soit nécessaire de les faire rendre exécutoires et par suite de les soumettre à des *pareatis* ou *exequatur* et encore moins à une révision (1).

On s'est demandé si les solutions que nous avons indiquées tantôt, étaient applicables quand le jugement a été rendu à l'étranger entre deux étrangers et ce qu'il devait en être des sentences arbitrales; pour ces dernières on distinguait s'il s'agissait d'arbitrage forcé ou d'arbitrage volontaire, assimilant dans le premier cas la décision arbitrale à un jugement; dans le second à un contrat. Je n'ai pas à examiner ces questions à l'égard de tous les étrangers n'ayant pas la prétention de faire un cours de droit international, j'ai posé quelques principes généraux qui dominent dans notre législation. Je vais indiquer rapidement quels sont ceux qui dominent dans la législation sarde et j'examinerai quelles sont les relations des deux pays en l'état des traités qui les régissent.

En Sardaigne, comme dans plusieurs Etats italiens, les jugements étrangers sont rendus exécutoires à la suite d'une instance particulière qui porte le nom d'instance de *délibation*. Ce n'est que lorsque le jugement étranger a été déclaré exécutoire par la Cour d'appel, dans le

(1) Bordeaux, 10 février 1824; Cass., 12 décembre 1826; Douai, 5 mai 1836; Aix, 8 juillet 1840, Rouen, 16 février 1841; Bordeaux, 22 décembre 1847; Massé et Vergé sur Zachariæ, t. 1, p. 40, note 4.

ressort de laquelle l'exécution doit avoir lieu, qu'il peut être exécuté dans les Etats.

Si l'exécution est demandée contre un régnicole, les Cours ne statuent qu'après la mise en cause des parties intéressées (Cod. de proc. civile sarde, art. 662) (1).

Les Cours statuent sur les lettres rogatoires qui leur sont présentées par les parties au nom des tribunaux étrangers; elles examinent sommairement si le jugement dont on demande l'exécution ne pèche pas par incompétence et injustice manifeste, c'est-à-dire par une violation évidente des principes de justice (2).

---

(1) Voyez *suprà*, le texte même de cet article.

(2) M. le commandeur Vigliani que son talent et son savoir autant que son patriotisme viennent de faire placer à la tête du gouvernement civil de la Lombardie, a bien voulu me comuniquer sur ces questions des documents précieux où j'ai abondamment puisé en ce qui concerne l'exécution des jugements étrangers en Piémont. Je lis notamment, en ce qui concerne la nature de l'instance de *délibation*, dans un mémoire qu'il fournit à son gouvernement au sujet d'une difficulté qui s'était élevée entre le ministre de la justice à la cour de Piémont et la légation française : « L'antico uso del giudizio, detto di delibazione, consiste nell'esaminare in forma del tutto sommaria se il giudicato straniero di cui viene chiesta l'esecuzione nello Stato contro un regio suddito, pecchi per alcuno dei noti difetti insanabili di giurisdizione, di citazione o mandato, ovvero per manifesta ingiustizia, cioè per evidente violazione dei principii di giustizia..... quella delibazione usata ab antico fra noi, certamente è necessaria ad impedire che sia mandata ad esecuzione una sentenza data da giudici incompetenti, o ripugnante agli ordini pubblici dello Stato ed apertamente iniqua ».

Les instances de *délibation* sont admises dans la plupart des Etats italiens (1).

Le traité de 1760 entre la France et la Sardaigne, réglant entre les deux Etats ce qui concerne l'exécution réciproque des jugements, dispose, que pour favoriser cette exécution, les Cours suprêmes défèreront, de part et d'autre, à la forme du droit, aux réquisitions qui leur seront adressées à ces fins, même sous le nom desdites Cours (2).

(1) L'un des derniers numéros de la *Temi* de Florence rapportait deux arrêts de la Cour de Naples des 14 juin 1854 et 12 juillet 1856 qui en avaient fait l'application. Voici les divers systèmes adoptés dans les Etats de l'Europe en ce qui concerne l'exécution des jugements étrangers. Partout un *visa* ou *exequatur* est indispensable; dans la Saxe, le Wurtemberg, la Hesse électorale, le Hanovre, on suit le système de réciprocité; il en est de même en Autriche lorsqu'elle existe, le jugement est rendu exécutoire sur une simple réquisition; en Prusse le jugement est rendu exécutoire de la même manière, à moins qu'il ne soit attaqué pour incompétence; en Bavière l'exécution est accordée sans révision, mais sous des conditions nombreuses. En France on admet les parties à débattre leurs droits à nouveau devant les tribunaux. C'est ce qui a également lieu dans le duché de Bade, dans les Pays-Bas, à Genève. En Angleterre on déclare exécutoire tout jugement rendu à l'étranger par un tribunal compétent; dans les Etats de l'Eglise tout jugement étranger statuant sur affaires temporelles entre laïques est rendu exécutoire sur un simple *exequatur* délivré à la demande du tribunal qui a rendu le jugement et sur l'attestation que le jugement est en dernier ressort, en cas d'opposition les formalités se compliquent.

(2) Voyez *suprà*, p. 68, le texte complet de l'article 22 du traité. La France a des traités semblables avec la Suisse (Zurich, 18 juillet 1828); le grand-duc de Bade (Carlsruhe, 16 avril 1846) et la Russie (traité de commerce du 11 janvier 1787, art. 16).

Avant d'examiner quelle est la portée de cette disposition, nous avons à nous demander si elle est encore en
vigueur.

La négative a été soutenue dans une consultation dé-
libérée par MM. Jouhaud, Tripier et Dupin; et M. Troplong (*Hypoth.*, n° 451 et 454) semble porté à se ranger
à cette opinion; ces auteurs se fondent sur ce que les
traités sont abrogés par la conquête et que l'annexion
du Piémont à la France a anéanti le traité de 1760.
C'est suivant eux le principe que poserait Grotius: *Fœdus tacite renovatum intelligi non debet : non enim
facile præsumitur nova obligatio.* M. Brémond, avocat
du barreau d'Aix, dans les observations dont il a fait
suivre dans le Bulletin des arrêts de la Cour, deux arrêts
des 25 novembre 1858 et 8 décembre 1858 (année
1859, p. 79 et suivantes) , observations dont je suis
d'autant plus heureux de citer l'auteur, qu'elles sont
présentées avec beaucoup de soin et de sens et que quelques personnes, connaissant la collaboration que je don-
nais autrefois à ce recueil, ont bien voulu me les attri-
buer; M. Brémond , dis-je, après avoir rappelé cette consultation, ajoute avec beaucoup de raison: « Malgré
l'autorité incontestable qui s'attache aux noms de ces
jurisconsultes, l'opinion contraire a prévalu; le traité de
1760 reçoit chaque jour son application tant en France

qu'en Piémont, et le texte même qu'ils invoquent, leur
fait défaut; il suffit en effet de rétablir le texte de Grotius
pour reconnaître que leur avis ne peut être que le résultat d'une erreur. Le voici : *Finito tempore fœdus tacite
renovatum intelligi non debet , nisi ex actibus qui
nullam aliam interpretationem recipiunt; non enim
facile præsumitur nova obligatio. »*

Il a été en effet sans cesse décidé par les tribunaux
français que l'état de guerre et de conquête n'annulent
pas les traités qui règlent les rapports de citoyens à citoyens de deux Etats et ne font que les suspendre. Ces
traités reprennent leur force dès que la cause qui amène
cette suspension a disparu (1).

Devant la Cour d'Aix j'ai vu quelquefois timide-
ment renouveler des doutes sur la force exécutoire
du traité de 1760 ; mais jamais on ne s'y est arrêté. Le
traité de 1760, rendu exécutoire par lettres patentes du
24 août suivant, dûment enrégistrées au parlement de
Paris le 6 septembre de la même année, sans cesse exécuté par les parlements de France et les sénats d'Italie,
confirmé par les traités des 15 mai 1796 et 1797, remis

(1) Cass., 15 juillet 1811. Rej., 9 juin 1821; Colmar, 2 avril 1824;
Poitiers, 2 juin 1824. Ces principes ont été posés dans la déclaration
de Francfort du 15 janvier 1812, le décret du 25 avril, 1812, la loi du
14 juillet 1819 etc.

en vigueur par celui de 1814, est journellement exécuté de nos jours par les Cours des deux pays à la demande des deux gouvernements eux-mêmes.

La Cour, pour éviter que des doutes pussent encore être soulevés devant elle à ce sujet (que ne discute-t-on pas au palais!), a cru devoir s'expliquer formellement sur la question dans son arrêt du 3 décembre 1858 ainsi conçu :

> Cons idérant qu'il faut distinguer les traités généraux et politiques réglant les conditions de paix et d'alliance entre deux ou plusieurs nations, des traités particuliers d'hospitalité, de commerce, etc., qui touchent plus particulièrement aux intérêts privés des deux États ;
>
> Que si la guerre anéantit les premiers, elle suspend seulement les seconds, lesquels reprennent de plein droit leur empire quand la paix est rétablie, par application du principe général : *Cessante causa tollitur effectus*, et encore par le consentement tacite des deux souverains, résultant d'une série d'actes non équivoques;
>
> Considérant que depuis 1814, époque de la paix générale et de la séparation des deux États, les meilleures relations n'ont cessé d'exister entre la France et la Sardaigne;
>
> Que depuis lors de nombreux arrêts des cours sardes et françaises, des cours de cassation de Turin et de France, et particulièrement de la cour de céans, ont constamment et réciproquement appliqué le traité de 1760;
>
> Que des difficultés ont pu surgir quant au mode d'interprétation ou d'exécution dudit traité, mais jamais quant à son existence: que la doctrine s'est généralement prononcée dans le même sens ;
>
> Qu'en 1831 le gouvernement sarde réclamant auprès du gouvernement français une exécution large du traité, M. le Garde

des sceaux écrivait à ce sujet au procureur général près la
cour de céans, et disait en tête de sa lettre, que par la volonté des
deux gouvernements le traité de 1760 était en pleine vigueur (1).

Voyons maintenant quelle est la portée de notre traité
et comment on l'a appliqué.

Mansord nous dit (t. 1, p. 277, § 418), qu'il fut exécuté avec assez bonne intelligence jusqu'à l'époque de
la révolution. Les parlements de Paris (2) et de Grenoble (3) en ont fourni des preuves constantes et le sénat
de Chambéry en a donné de son côté des preuves non
équivoques (4).

Depuis 1814 l'exécution du traité a eu lieu avec plus
de méfiance et moins de facilité. On l'a d'abord interprété en ce sens qu'il laissait aux tribunaux un droit
entier d'examen et de révision. Plus tard les relations de
pays à pays devenant meilleures et plus faciles, on a
adopté une jurisprudence plus libérale, on a limité la

---

(1) Dans le même sens Fœlix, t. 2, n 344, p. 67; Mansord, t. 1, §§
419 et suiv., p. 277. Giorgio Bellono, *Annales de jurisp. de Turin*, t.
3, 1840, p. 101; Walker, *Coll. des anciennes lois*, t. 1, p. 176, t. 3,
p. 424; Grenier, *Hyp.*, t. 1, p. 447; Bataille et Huguet, *Code intern*
de la prop. indust., p. 320; Pagés, *Usages de l'Isère.* p. 214. Juge.
ment du trib. de la Seine du 8 août 1842; *Gaz. des trib.* des 8 et 9
août; Nimes, 14 août 1839 et tous les arrêts cités ci-après.
(2) Arrêt du 26 juillet 1787.
(3) Arrêts des 23 juillet 1785, 30 juin 1787.
(4) Arrêt du 1 février 1781.

faculté d'examen et les cas de refus d'exécution. Les derniers arrêts de la Cour d'Aix sont ceux qui se rapprochent le plus du véritable but qu'on voulait atteindre
par le traité de 1760 et de l'ancienne exécution que ce
traité avait reçu; et cette bonne intelligence que Mansord se plaignait de voir disparaître ou diminuer, renaît
dans l'intérêt bien entendu des citoyens des deux Etats.
Comment en serait-il autrement alors que, comme le dit
si justement notre auteur, et qu'il est permis de le redire
de nos jours avec peut-être plus de vérité encore, les
magistrats ont de part et d'autre les mêmes vues, les mêmes sentiments, l'amour de la justice.

Je vais, en analysant les divers documents de jurisprudence, en suivre la marche pour nous bien fixer sur
son état actuel.

Le 7 août 1817 arrêt de Grenoble qui refuse l'exécution d'un arrêt du sénat de Turin par le motif que les
juridictions étant d'ordre public et l'action intentée étant
une action en nullité purement personnelle, elle devait,
de même que l'action en garantie, être portée directement devant les juges naturels des garants français, que
le traité de 1760 n'y faisait pas obstacle, parce qu'en
ordonnant de déférer à la forme du droit aux réquisitions faites par la Cour qui aurait rendu le jugement,

ce n'était qu'à la condition que ce jugement fût rendu dans les limites de sa compétence.

La Cour de Riom dans un arrêt du 19 août 1818 paraît ne pas se douter de l'existence même du traité de 1760. Un Français avait consenti le 22 mai 1813 à Chambéry, où il avait fait élection de domicile pour l'exécution du contrat, une obligation de 4,000 fr. en faveur de F. Vachier, cultivateur, né et domicilié en Savoie, pour prix de remplacement militaire; il avait affecté au payement de cette créance les propriétés qu'il possédait à Saint-Flour dans le Cantal; à l'échéance la somme n'étant pas payée, Vachier cite son débiteur devant les tribunaux de Chambéry, et après liquidation, le sénat fixe le montant de la dette et condamne le débiteur au payement. Le sénat de Chambéry délivre des lettres rogatoires adressées à la cour de Riom pour qu'elle autorise dans son ressort l'exécution de la sentence rendue en Savoie. Arrêt de la Cour de Riom du 19 août 1818, ainsi conçu :

La Cour, vu l'article 546 du Code de procédure civile, vu aussi l'article 2123 du code civil et attendu que du rapprochement et de la combinaison des deux articles ci-dessus, il résulte que les jugements rendus en pays étranger ne sont susceptibles d'exécution en France qu'autant qu'ils ont été déclarés exécutoires par un tribunal français ; renvoie les parties à se pourvoir ainsi que de droit à la manière ordinaire.

L'article 2123 du Code Napoléon , visé par l'arrêt ,
après avoir posé le principe admis par la loi française,
se termine ainsi : *sans préjudice des dispositions contraires qui peuvent être dans les lois politiques ou
dans les traités.* Or , c'était peut-être le cas de dire
pourquoi on n'appliquait pas le traité de 1760 si on le
croyait inapplicable dans l'espèce.

En l'an xi , Ricardi , citoyen de la République ligu-
rienne, se marie avec la dame Capel, française. En 1806,
Gênes et le Piémont sont réunis à la France ; durant
cette réunion la dame Capel demande et obtient sa séparation de corps , et le jugement du tribunal de Port-
Maurice exécuté et acquiescé par Ricardi , sa femme
vient fixer son domicile à Montpellier. Après 1814, Ricardi forme devant le sénat de la province de Nice, dé-
tachée de la France, et suivant les lois de son pays, une
instance en cessation de sa séparation. Un arrêt du 17
janvier 1824 ayant accueilli sa demande, il en requiert
l'exécution en France. Arrêt de la Cour d'Aix du 12
août 1824 qui le repousse par les motifs suivants :

Attendu que suivant l'article 546 du Code de procédure civile,
les jugements rendus en pays étranger ne sont susceptibles d'exécution en France que de la manière et dans les cas prévus par les
articles 2123 et 2128 du Code civil, c'est-à-dire autant qu'ils ont
été déclarés exécutoires par un tribunal français, à moins de dispositions contraires dans les lois politiques ou dans les traités; que

l'article 22 du traité du 24 mars 1760 avec la Sardaigne ne contient rien d'opposé à cette maxime de notre droit public, puisqu'il se borne à prescrire que les cours suprêmes des deux Etats déféreront réciproquement, à la *forme de droit*, aux réquisitions qui leur seront adressées aux fins d'exécution des jugements rendus par l'une d'elles ; d'où suivent, et la nécessité des lettres rogatoires et l'obligation aux cours, auxquelles elles sont adressées, de n'y déférer qu'à la forme du droit, c'est-à-dire qu'autant que l'exécution qu'on veut faire dans un Etat n'a rien de contraire à ses lois et à sa morale. Attendu qu'on ne peut pas supposer qu'en déclarant les jugements sardes exécutoires en France, le souverain ait entendu livrer la propriété française, qui ne peut être régie que par la loi française, à une législation étrangère, et introduire cette dernière législation dans ses Etats au préjudice de sa propre législation ; que, si telle avait dû être son intention, il n'aurait point exigé l'attache des tribunaux français, et ne leur aurait pas commandé de ne l'accorder qu'à *la forme de droit*, puisque ce droit que les tribunaux doivent consulter ne peut être que le droit français ; — Attendu qu'il ne s'agit point de réviser le jugement étranger et de juger sa justice : ce jugement peut être bon dans le pays où il a été rendu, et il l'est toujours s'il est conforme aux lois de ce pays ; il subsiste et doit y être pleinement exécuté. Il ne s'agit que d'examiner si l'exécution qu'on demande de lui donner en France ne contrarierait pas les lois du royaume, le droit de cet Etat ; les tribunaux français qui ne connaissent que ce droit, ne peuvent juger aussi que par lui de la légitimité de l'exécution en France ; ils doivent surtout s'abstenir d'attacher le nom du Souverain à des actes qui contrarieraient les lois qu'il a la volonté de faire observer et qui troubleraient l'ordre établi dans son royaume ; en un mot, il ne s'agit pas de rejuger la cause, mais de voir si l'exécution en France de la décision n'aura rien de contraire à la loi française ; — Attendu qu'il est de maxime en France qu'aucune autorité ne peut arrêter l'exécution d'un jugement passé en force de chose jugée, ni moins encore le déclarer non avenu ; que la chose jugée est réputée parmi nous une vérité

irréfragable qui n'admet plus ni doute, ni discussion ; que la séparation de corps entre époux emporte toujours la séparation de
biens ; que ces maximes ne sont pas des règles du droit privé, mais
des maximes d'ordre public et moral, que violerait l'exécution sur
la propriété française d'une décision étrangère, qui, sans égard à
un jugement rendu par un tribunal français et passé en force de
chose jugée, le déclare non avenu, dépouille la femme de l'administration de ses biens qu'il lui a déférée, confère à un étranger le
droit d'administrer des immeubles français appartenant à son
épouse, d'en transporter les revenus en pays étranger, au préjudice de l'État et de son épouse, qu'il pourrait ainsi priver des revenus les plus indispensables.

Il y a eu pourvoi contre cet arrêt, mais ce pourvoi a
été rejeté par arrêt du 14 juillet 1824, sur le motif que
le sénat de Nice en faisant cesser par son arrêt les effets
de la séparation irrévocablement acquis à la dame Ricardi, avait violé le droit public de la France, et que la
Cour d'Aix, en refusant d'ordonner en France l'exécution de cet arrêt, s'était conformée aux principes et aux
maximes du droit public français sur cette matière.

Le 9 janvier 1826 arrêt de la Cour de Grenoble, qui
refuse d'autoriser l'exécution dans les circonstances suivantes : un huissier français avait souscrit en Savoie un
billet au profit d'un notaire savoisien ; à l'échéance le
notaire non payé avait obtenu en Savoie une condamnation contre l'huissier ; il voulait la faire exécuter en
France : la Cour de Grenoble s'y refuse :

Attendu que le tribunal de Chambéry était incompétent , *ratione personæ,* pour prononcer une condamnation contre un Français en payement d'une simple obligation personnelle ; que Morel, contre qui la condamnation est prononcée est Français ; qu'il exerce les fonctions d'huissier dans l'arrondissement de Grenoble depuis 1817 ; que l'obligation par lui consentie au notaire Dumas est sous la date du 21 octobre 1821 ; que les juridictions étant d'ordre public, un Français ne peut être cité en matière personnelle que devant les tribunaux de son domicile ; que dès lors le tribunal de Chambéry étant incompétent pour connaître de l'action intentée par le notaire Dumas, la Cour ne peut autoriser dans son ressort l'exécution de ce jugement.

Voici encore un arrêt par lequel, le 3 janvier 1829 , la Cour de Grenoble a refusé d'autoriser l'exécution dans son ressort d'un jugement rendu en Piémont.

Considérant que d'après l'ancien droit public de la France, déclaré dans l'article 121 de l'ordonnance de 1629 , les jugements rendus en pays étrangers n'étaient pas exécutoires en France , et que les Français condamnés par ces jugements étaient toujours admis à débattre leurs droits comme entiers devant les juges français; — Considérant que les lois nouvelles n'ont pas dérogé à cet ancien droit, et que suivant les articles 546 Cod. proc. civ. , 2123 et 2128 Cod. civ., et l'interprétation que la jurisprudence leur a donnée, ce n'est jamais qu'en connaissance de cause que les tribunaux français doivent déclarer exécutoires en France , les jugements rendus en pays étrangers ;

Considérant que le Roi de France , de qui émane toute justice et juridiction, peut, seul, dans les lois politiques et dans les traités, déroger aux principes reconnus du droit public, renoncer à sa juridiction, et permettre en France l'exécution des jugements qui n'ont pas été rendus en son nom ; — Considérant que cette dérogation doit être d'autant plus formelle et d'autant plus positive qu'il s'agit d'un des droits dont le monarque doit se montrer le plus jaloux, puisqu'il intéresse tout à la fois sa souveraineté et la protection qu'il doit à ses sujets ; — Considérant qu'à défaut de dérogation bien formelle, le droit commun conserve sa force et doit être appliqué ; — Considérant que quoique le Roi de France et le Roi de Piémont, dans l'article 22 du traité du 24 mars 1760, se soient fait des concessions réciproques pour l'exécution des jugements rendus dans leurs Etats respectifs, ce serait cependant donner à cet article, placé dans un traité qui avait principalement pour objet la délimitation des territoires, une extension qui n'est pas permise, que d'en conclure que les Français ne jouissent plus, vis-à-vis des sujets du Roi de Sardaigne, du droit qui leur était assuré par l'ordonnance de 1629, et que tous les jugements rendus contre des Français par les tribunaux sardes, doivent être exécutés en France sur des *pareatis* sans révision ;

Considérant que ces expressions de l'article cité « *Les Cours suprêmes déféreront, de part et d'autre, à la forme du droit, aux réquisitions qui leur seront adressées, etc.* » pouvant être différemment interprétées, il faut par cela seul reconnaître qu'elles ne sont ni assez claires, ni assez positives pour admettre que la déférence prescrite n'est qu'une déférence de forme, qu'elle doit avoir lieu dans tous les cas, lors même qu'il s'agit de jugements rendus contre des Français actionnés en Piémont, et que le Roi de France a généralement, et d'une manière absolue, renoncé, en faveur des sujets sardes, à sa juridiction sur ses propres sujets ; — Considérant dès lors que le traité de 1760 doit être entendu en ce sens, que les jugements rendus par les tribunaux sardes devront être déclarés exécutoires en France lorsqu'ils ne renfermeront rien de contraire aux lois du royaume et à la juridiction du monarque français, et que c'est ainsi que la Cour de Grenoble l'a déjà plusieurs fois interprété ; — Considérant qu'il faut d'autant moins le décider ainsi, qu'il résulterait de l'opinion contraire, qu'au moyen d'un *pareatis* obligé et de pure forme, tout décret et tout jugement rendu en Sardaigne serait assimilé à un décret ou jugement rendu en France. et qu'il est impossible d'admettre une concession aussi absolue de la part d'un roi de France, toujours jaloux des prérogatives de sa couronne, et toujours attentif à l'exécution des lois du royaume et à l'intérêt de ses sujets :

Considérant, dans l'espèce, que Challier, Piémontais, a assigné Ovel devant un juge du Piémont ; que par là il a distrait le Français de la juridiction de son souverain, et que dès lors il n'a pas pu obtenir contre lui des jugements exécutoires en France, au mépris de la loi française qu'il a violée ; — Considérant que pour obtenir contre Ovel des condamnations efficaces en France, Challier devait user du bénéfice de l'article 15, Cod. civ. ; — Considérant qu'il importe peu qu'Ovel, après avoir demandé son renvoi devant ses juges naturels et avoir été débouté de son déclinatoire, ait ensuite volontairement plaidé devant les tribunaux du Piémont, sur la demande de Challier, parce qu'il ne lui était pas permis de renoncer à la juridiction de son souverain, en se soumettant à une juridiction étrangère ; — Considérant que ce n'est que lorsqu'il s'agit de deux tribunaux français, qu'un Français peut valablement consentir à être jugé par un tribunal autre que celui de son domicile , mais que lorsqu'il défend devant un tribunal étranger, où il a été cité au mépris de la juridiction, il ne saurait perdre, quant aux biens qu'il a en France, la faculté de débattre ses droits devant ses juges naturels, qu'autant qu'il en serait privé par la volonté formelle de son souverain, manifestée dans des lois politiques ou dans des traités ; — Considérant qu'il résulte des motifs qui précèdent, que la Cour n'est pas saisie des différends qui divisent les parties, et que Challier doit être renvoyé à se pourvoir devant les tribunaux compétents : — Déclare n'y avoir lieu à permettre dans son ressort l'exécution des jugements des tribunaux d'Oulx et de Suse, et de l'arrêt du sénat de Turin dont il s'agit, sauf à Challier à se pourvoir, ainsi et comme il avisera, devant les tribunaux français compétents , etc.

Cet arrêt a été déféré à la cour de cassation qui a rejeté le pourvoi le 17 mars 1830 en se fondant sur ce que le traité de 1760 n'est applicable que dans les cas où

les jugements rendus en Sardaigne ne sont pas contraires aux maximes du droit public et à l'ordre des juridictions.

La Cour de Nîmes, le 14 août 1839, dans l'affaire
Guyot contre Rossetti, a ordonné l'exécution d'une décision émanée d'un tribunal piémontais, en se fondant
sur ce que le traité de 1760 était encore en vigueur et
qu'il ne donnait aux juges français que le droit d'examiner, si les lois, protégeant l'ordre public, avaient été
violées, et nullement de rechercher s'il avait été donné
juste satisfaction aux intérêts privés. Parmi les lois d'ordre public, la Cour place les lois concernant l'ordre des
juridictions; mais elle constate en fait dans la cause
qu'en l'état des domiciles des parties, ces lois ont été
respectées.

En 1856 la Cour de Lyon nous paraît avoir justement
refusé de reconnaître l'autorité de la chose jugée à un
arrêt rendu par la Cour de Nice dans les circonstances
suivantes :

Le sieur Bouche, négociant à Lyon, après avoir fait
des envois de marchandises au sieur Tœsca à Nice, l'avait
assigné devant le tribunal de Lyon en payement de fr.
3000. Cette demande fut accueillie par les tribunaux de
Lyon. Le créancier voulut faire exécuter leur décision à
Nice; mais sur les difficultés que souleva cette exécution

la cour de Nice réduisit à 2000 fr. la condamnation. Tœsca croit alors devoir former opposition au jugement par défaut du tribunal de Lyon, Bouche prétend qu'il n'est plus recevable en l'état du nouveau débat porté devant la Cour de Nice. Un jugement du tribunal de Lyon rejette cette exception parce que l'opposition à un jugement par défaut, faute de constitution d'avoué, est recevable jusqu'à exécution et que les procédures engagées devant la Cour de Nice ne pouvaient constituer un acte d'exécution pouvant priver du droit d'opposition. Quant à la décision de la Cour de Nice elle-même, le tribunal se demandant si elle a au fond l'autorité de la chose jugée, répond que l'opinion émise par la Cour de Nice, quelque respectable qu'elle soit, ne peut avoir en France la force de la chose jugée, les décisions des tribunaux français ne pouvant être soumises à une réformation de la part des tribunaux étrangers; toutefois statuant sur l'opposition, le tribunal, sur les justifications qui lui sont présentées, réduit à 2000 fr. le montant des condamnations, comme l'avait fait la Cour de Nice.

Sur appel, la Cour de Lyon, par arrêt du 14 décembre 1856, a confirmé cette décision.

J'arrive aux derniers arrêts de la Cour d'Aix.

Celui du 16 juin 1858 est ainsi conçu :

22

Attendu que André et Anselmi, après avoir acheté à Marseille 49,533 kilogrammes de *dividivi* pour le compte de Carlo-Valle, les lui ont expédiés à Gênes, et que Carlo-Valle, prétendant être en droit de laisser cette marchandise pour le compte d'André et d'Anselmi, les a fait citer le 26 août dernier devant le tribunal de commerce de Gênes, où il a obtenu contre eux un jugement de défaut à la date du 28 novembre suivant;

Attendu que, de leur côté, André et Anselmi ont, à la date du 7 octobre 1857, cité Carlo-Valle devant le tribunal de commerce de Marseille, à l'effet de le faire débouter de ses prétentions à laisser pour compte la marchandise dont il s'agit;

Qu'à cette demande qu'ils ont reproduite dans leurs conclusions devant le tribunal, Carlo-Valle a opposé le jugement de défaut du tribunal de Gênes, jugement déclaré exécutoire en France, par un arrêt de la Cour impériale d'Aix du 14 janvier dernier, et a conclu à ce que le tribunal de Marseille se déclarât incompétent;

Que le tribunal l'a débouté de cette exception, et a par un jugement postérieur, statué au fond et admis les fins d'André et Anselmi;

Attendu que Carlo-Valle a émis appel du jugement qui a statué sur la compétence, et que, d'autre part, André et Anselmi ont fait opposition à l'arrêt de la Cour qui avait déclaré exécutoire en France le jugement du tribunal de Gênes;

Attendu que les deux instances sont évidemment connexes:

En ce qui concerne l'opposition d'André et Anselmi :

Attendu que l'arrêt du 14 janvier 1858 a été rendu en l'absence d'André et Anselmi qui n'ont point été appelés dans la cause et à qui la voie d'opposition était dès lors nécessairement ouverte contre cette décision;

Attendu, au fond, que le traité du 24 mars 1760 entre la France et la Sardaigne, porte dans son article 22, « que les Cours suprê- « mes déféreraient de part et d'autre, en la forme du droit, aux « réquisitions qui leur seraient adressées à fin d'exécution: » que le législateur paraît avoir voulu, par ces mots *en la forme du droit*, autoriser le droit d'examen de la part des tribunaux : principe proclamé par l'article 121 de l'ordonnance de 1629 et maintenu par les articles 2123, 2128 du Code Napoléon, et 546 du code de procédure civile;

Que, s'il fallait interpréter autrement l'article 22, dont il s'agit, le principe du droit d'examen ne resterait pas moins applicable toutes les fois qu'il s'agit de jugements étrangers statuant contrairement aux maximes du droit public français ou à l'ordre public de juridictions;

Attendu, dans l'espèce, que André et Anselmi qui sont domiciliés à Marseille, ont été cités devant le tribunal de Gênes à raison d'un traité conclu à Marseille pour une marchandise livrable et livrée à Marseille, qui, en cas d'avarie, devait également être vérifiée à Marseille, dont le payement devait enfin être et a été effectué en la même ville : ce qui, aux termes des articles 59 et 420 du code de procédure civile, établissait la compétence exclusive du tribunal de commerce de Marseille;

Que Carlo-Valle n'a pu détourner ainsi le défendeur de ses juges naturels en le 'citant devant le tribunal de Gênes et obtenant contre lui un jugement de défaut, le 28 novembre, alors qu'il avait été déjà cité lui-même par André et Anselmi devant le tribunal de commerce de Marseille, dès le 17 octobre précédent;

Attendu que les articles 30 et 31 du code sarde, contenant des dispositions analogues à celles de l'article 14 du code Napoléon, ne peuvent être utilement invoqués par Carlo-Valle; qu'il est de principe, en effet, que lorsqu'il s'agit de l'exécution de jugements rendus en pays étrangers, c'est d'après les lois de l'Etat où cette exécution est demandée, et non de celui où le jugement a été rendu, que la compétence doit être réglée;

Que la loi française doit être seule appliquée dans la cause actuelle, et que la cour l'a fait, non en se fondant sur les dispositions exceptionnelles de l'article 14 du code Napoléon, qui ne pouvaient pas plus être invoquées dans l'espèce que les articles 30 et 31 du code sarde, mais sur les règles ordinaires de la compétence des tribunaux français;

Attendu qu'il y a lieu, d'après tous les motifs ci-dessus, à faire droit à l'opposition d'André et Anselmi, et, par suite, à rétracter l'arrêt du 14 janvier dernier, portant autorisation d'exécuter dans le ressort de la Cour le jugement du tribunal de Gênes du 28 novembre précédent.

En ce qui concerne l'appel de Carlo-Valle contre le jugement du tribunal de commerce de Marseille, sur la compétence :

Attendu que, en présence de l'arrêt de la Cour qui déclare le jugement du tribunal de Gênes exécutoire en France, le tribunal de Marseille ne pouvait passer outre au jugement de l'affaire, et remettre ainsi en question ce qui se trouvait déjà jugé par une décision non attaquée et exécutoire dans le ressort, tant que la décision elle-même ou l'arrêt de la Cour subsistait ;

Que ce jugement se trouve dès lors frappé de nullité, ainsi que tout ce qui s'en est suivi ;

Et attendu que la matière est prête à recevoir une décision définitive, qu'il y a lieu d'évoquer le fond et d'y statuer ;

Attendu que, d'après les accords des parties, André et Anselmi, chargés par Carlo-Valle, d'acheter pour le compte de ce dernier la marchandise dont il s'agit, avaient été déclarés exempts de toute responsabilité de contrat ; qu'on avait stipulé de plus qu'en cas de contestation sur la qualité ou en cas d'avaries, le courtier (Roccas) qui avait passé le traité serait seul appelé à prononcer et à régler, s'il y avait lieu ;

Attendu que ces mêmes marchandises, avant d'être expédiées à Gênes, avaient été vérifiées à Marseille par le courtier Roccas, qui avait constaté des avaries et en avait réglé le montant ;

Que c'est donc à tort que Carlo-Valle a refusé de recevoir lesdites marchandises à Gênes, prétendant qu'il existait des avaries beaucoup plus considérables que celles qui avaient été constatées et réglées à Marseille, et que la responsabilité devait en retomber sur André et Anselmi, ce qui est tout à fait contraire aux accords des parties:

Qu'il y a donc lieu de faire droit aux fins d'André et Anselmi et de débouter Carlo-Valle de ses prétentions à laisser pour compte;

Par ces motifs:

La Cour, joint les instances, admet André et Anselmi en leur opposition contre l'arrêt du 14 janvier 1858, et faisant droit sur cette opposition, rétracte ledit arrêt;

Dit, en conséquence, qu'il n'y a lieu d'autoriser, dans le ressort de la Cour, l'exécution du jugement du tribunal de commerce de Gênes, du 28 novembre 1857;

Statuant sur l'appel de Carlo-Valle contre le jugement du tribunal de commerce de Marseille,

Annule ledit jugement et tout ce qui s'en est ensuivi;

Et statuant au fond, en vertu de l'article 473 du code de procédure civile, déboute Carlo-Valle de ses prétentions.

Arrêt de la Cour d'Aix du 25 novembre 1858.

Attendu que par arrêt en date du 22 avril 1858, rendu sur requête, la Cour de céans déférant aux lettres rogatoires de la Cour d'appel de Gênes a permis l'exécution dans son ressort d'un jugement émané, le 22 décembre 1857, de ladite Cour de Gênes, et portant condamnation au payement d'une somme de 9104 livres, au profit de Fortunato Cavasso, capitaine marin, domicilié à Gênes, contre Féraud et Honorat frères, négociants, domiciliés à Marseille;

Attendu que Féraud et Honorat ont fait opposition à cet arrêt et que Cavasso en conteste d'abord la recevabilité;

Attendu que nul ne peut avoir à souffrir d'une décision sans avoir été mis en demeure de se défendre;

Attendu que l'arrêt d'exequatur du 22 avril dernier ayant été rendu sur requête en l'absence de Féraud et Honorat non appelés en cause, ceux-ci ont pu se pourvoir par la voie de l'opposition qui est la voie naturelle ouverte contre les décisions non contradictoires.

En ce qui touche le mérite au fond de ladite opposition:

Attendu que Féraud et Honorat demandent à la Cour la rétrac-tation de l'arrêt qui a permis l'exécution en France du jugement rendu contre eux par la Cour d'appel de Gênes, et la révision au fond du procès que leur a intenté le capitaine Cavasso ;

Attendu que ces conclusions soulèvent la question de savoir quelle est d'un côté l'autorité du jugement étranger dont il s'agit, et de l'autre l'étendue des pouvoirs de la juridiction française à son égard ;

Attendu, en droit, que le pouvoir de juger et le droit de déclarer les jugements exécutoires étant des attributs de la souveraineté, l'indépendance réciproque des nations a dû faire restreindre en principe l'effet des jugements aux limites du territoire de chaque pays.

Que c'est par suite de cette idée que l'ordonnance de 1629 (art. 121) considérait autrefois dans des vues d'égoïsme national les ju-gements étrangers comme non avenus, et que nos lois modernes, tout en reconnaissant avec l'esprit des temps l'autorité morale de ces décisions, ont cependant exigé qu'elles fussent déclarées exécu-toires devant un tribunal français, d'où on a induit le droit de révi-sion des jugements étrangers ;

Attendu que quelle que soit l'étendue de ce droit, les articles 546 du Code de procédure civile et 2123 du Code Napoléon l'ont re-connu, toutefois *sans préjudice des dispositions contraires qui pourraient être dans les lois politiques ou dans les traités.* Ce qui est une restriction apportée au principe de la révision;

Attendu qu'il entrait dans les pouvoirs des souverains de se faire à cet égard des concessions réciproques dans l'intérêt bien entendu de leurs sujets, et que c'est avec raison que notre législateur, res-pectant les traités antérieurs, a consacré une exception dont l'ave-nir doit féconder le germe ;

Attendu qu'il s'agit au procès actuel de savoir quelle portée doit être attribuée au traité intervenu le 24 mars 1760 entre la France et la Sardaigne, en ce qui touche l'autorité des jugements rendus dans ces deux pays;

Attendu que l'article 22 de ce traité, porte : que *pour favo-*

riser l'exécution réciproque des décrets et jugements, les Cours
supérieures déféreront de part et d'autre à la forme du droit,
aux réquisitions qui leur seront adressées à ces fins, même sous
le nom desdites Cours.....;

Attendu que le texte est exclusif du droit de révision des procès,
puisqu'il a en vue de favoriser l'exécution réciproque des jugements rendus, et que, dans ce but, il impose l'obligation aux
cours des deux Etats de déférer aux réquisitions qui leur sont
adressées à ces fins, qu'il se borne à réserver *la forme du droit*
suivant laquelle il devra être procédé ;

Attendu que ces mots : *à la forme du droit,* se rapportent uniquement soit aux lettres rogatoires que les Cours auraient à s'a-
dresser, soit à la marche à suivre dans chaque pays pour obtenir
la formule d'exequatur, et ne permettent pas de penser qu'on ait
réservé l'examen *du fond du droit,* car le principe d'une révision
eut été essentiellement contraire au but que les deux souverains
se proposaient d'atteindre ;

Attendu que l'esprit du Traité ne laisse aucun doute à cet égard ;

Attendu, en effet, qu'on lit dans son préambule que pour ne
rien laisser en arrière de tout ce qui serait propre à établir et perpétuer entre les sujets respectifs l'union et la correspondance la
plus parfaite, les deux souverains ont cru qu'il était bon d'ajouter
à la fixation des limites des deux Etats (but principal du traité),
tout ce qui pourrait conduire à un point de vue si digne de leur
attention ;

Que c'est ainsi que pour cimenter toujours plus l'union et la correspondance intime que l'on désire de perpétuer entre les sujets
des deux cours, le droit d'aubaine a été aboli par l'article 25 ;

Et que pour étendre la réciprocité qui doit former le nœud de
cette correspondance aux matières *contractuelles et judiciaires,*
l'article 22 a donné d'abord effet aux hypothèques respectives résultant des actes publics ou judiciaires, puis statué sur les jugements, comme il a été dit plus haut. Ce qui montre clairement
que le traité, reconnaissant une certaine puissance aux actes publics, n'a pas pu la refuser aux jugements qui sont entourés de
plus grandes garanties :

Attendu qu'on lit en outre dans les lettres patentes données le 24 août 1760 sur l'exécution de ce traité auquel il est défendu de contrevenir directement ou indirectement, que les sujets des deux Etats jouiront respectivement de ses avantages, et que les procès qu'ils pourront avoir seront réglés et terminés en conformité dudit traité......

De tout quoi résulte la preuve qu'il n'y a pas lieu dans l'espèce à la révision du procès pendant entre Cavasso et Féraud et Honorat;

Attendu, il est vrai, que dans le même cas où en vertu de traités, il n'y a pas lieu à la révision quant au fond, de jugements rendus à l'étranger, les tribunaux français appelés à déclarer exécutoires les jugements, devraient cependant refuser l'exequatur, s'ils renfermaient, au point de vue de la législation française, des dispositions contraires à la morale, à l'équité ou à l'ordre public, ou s'ils émanaient de juges destitués de juridiction ; mais que rien de pareil ne se rencontre dans l'espèce ;

Attendu, en effet, qu'il s'agit entre les parties de l'interprétation d'un contrat d'affrètement passé à Gênes en 1853 , et par lequel Cavasso nolisa un navire à Féraud et Honorat , pour aller prendre un chargement de céréales à Odessa et le transporter à Livourne, à Gênes ou à Marseille ;

Attendu que le capitaine Cavasso ayant mis à la voile et étant arrivé à Constantinople, un ukase de l'empereur de Russie défendit la sortie des céréales des ports de la mer Noire ; ce qui parut à Féraud et Honorat constituer un cas de force majeure entraînant la résolution du contrat ;

Attendu que Cavasso protesta d'abord contre cette appréciation, qu'il actionna ensuite ses adversaires, le 16 avril 1857, devant le tribunal de Gênes, en payement soit la de moitié du frèt, soit d'une indemnité pour son déplacement ;

Attendu que c'est sur cette action que le tribunal de commerce de Gênes a statué en absence de Féraud et Honorat, au profit desquels il a rendu le 20 juillet 1857, malgré le défaut , un jugement qui a débouté Cavasso de sa demande ;

Attendu que Cavasso a appelé de cette décision devant la Cour

de Gênes et obtenu de cette Cour, le 22 décembre 1857 , un jugement de réformation qui a condamné Féraud et Honorat par défaut (ceux-ci n'ayant pas comparu quoique mis en cause) à payer
audit Cavasso une somme de 9104 liv., avec intérêts de droit ;

Attendu que ce jugement a été signifié une première fois à Gênes, le 11 janvier 1858, à Féraud et Honorat qui n'y ont pas fait
opposition ,

Que des lettres rogatoires à fin d'exécution ont été adressées alors
par la Cour de Gênes à la Cour d'Aix qui y déférant, a rendu son
arrêt du 22 avril dernier ;

Attendu que cet arrêt a été signifié le 15 juillet suivant à Féraud et Honorat ; qu'une nouvelle signification du jugement de la
Cour de Gênes leur a été faite à domicile, en même temps que celle
de l'arrêt de la Cour d'Aix, et que celui-ci seul a été frappé d'opposition ;

Attendu qu'en l'état de ces faits, du droit ci-dessus exposé et
des conclusions par lesquelles Féraud et Honorat se bornent à demander la révision au fond du procès , il n'y a pas lieu de faire
droit à leur opposition et de refuser l'exequatur demandé par le
capitaine Cavasso, car le jugement de la Cour d'appel de Gênes ne
viole aucun principe d'ordre public , aucune règle de morale ou
d'équité ;

Attendu, au surplus, que cette Cour avait compétence et juridiction, soit au point de vue de la loi sarde , soit au point de vue
de la loi française (art. 420 du Cod. de proc. civ.). La promesse
ayant été faite à Gênes, la marchandise devant y être livrée, et par
suite le payement effectué ;

Attendu que si Féraud et Honorat avaient excipé de l'article 15
du Code Napoléon , portant que le Français pourra être traduit
devant un tribunal de France, pour des obligations contractées en
pays étranger, la Cour aurait eu à examiner comment cet article
doit se combiner avec le traité de 1760 dont l'influence ne saurait
être mise à l'écart en pareille matière ;

Mais attendu qu'ils n'ont invoqué ni devant la Cour de Gênes, ni
devant la Cour de céans le privilége de leur nationalité ;

Attendu qu'il leur était facultatif d'y renoncer et qu'ils y ont renoncé, d'où il suit que l'incompétence de la juridiction étrangère, uniquement fondée sur la qualité de Français, ne doit pas être relevée d'office comme s'il s'agissait d'une incompétence *ratione materiæ* ;

Attendu qu'il est regrettable en ces circonstances de voir contester l'autorité d'une décision rendue par une juridiction amie, quoique étrangère, et offrant toutes les garanties désirables de science et d'impartialité ;

Attendu que Féraud et Honorat auraient dû avoir en elle d'autant plus de confiance qu'ils avaient gagné leur cause en premier ressort sans s'être défendus, circonstance qui semble inviter les nationaux des deux pays à se soumettre aux tribunaux respectifs de chacun d'eux ;

Attendu d'ailleurs que la lettre et l'esprit du traité leur imposent le devoir d'y débattre sérieusement leurs droits et de s'incliner devant la chose jugée ; que tel est l'intérêt bien entendu du commerce fondé sur les relations loyales des peuples, et que la Cour doit d'autant moins hésiter à adopter cette interprétation du traité de 1760, qu'elle est conforme aux idées de progrès qui l'ont inspiré et que la civilisation doit tendre à généraliser ;

La Cour déclare l'opposition de Féraud et Honorat recevable, la rejette comme non fondée et maintient, en conséquence, l'arrêt sur requête du 22 avril 1858 qui a permis l'exécution en France du jugement rendu le 22 décembre 1857, par la Cour d'appel de Gênes, au profit de Cavasso contre lesdits Féraud et Honorat : condamne ces derniers aux dépens.

J'ai déjà reproduit (1), en m'occupant des questions de compétence, une partie de l'arrêt de la Cour d'Aix, rendu le 8 décembre 1858. Voici comment s'exprime cette Cour en examinant le troisième moyen par lequel

(1) *Supra*, p. 295.

on s'opposait à l'exécution en France d'un jugement rendu en Sardaigne sur le motif que ce jugement avait violé le droit légitime de défense.

Sur le troisième moyen :

Considérant que chez toutes les nations policées le droit de défense, tant en matière civile qu'en matière criminelle, a été placé justement au premier rang des choses qui tiennent au droit public;

Considérant qu'après un premier jugement par défaut profit joint, rendu par le tribunal de Gênes et portant réassignation à huitaine, la veuve Isnard-Blanc et fils, d'Arles, ont été de nouveau assignés à huitaine devant le tribunal de commerce de Gênes, délai tout-à-fait illégal et insuffisant ; qu'en effet l'article 73 du Code de procédure civile de France et l'article 149 du Code de procédure civile de Sardaigne, portent également que le délai de l'ajournement, pour ceux qui demeurent dans les Etats limitrophes, doit être de deux mois (1) ; que c'est là un délai fixe et invariable, calculé non-seulement à raison des distances, mais encore à raison de la forme diplomatique et ministérielle à employer pour faire arriver la copie à sa destination ;

Que, déposée au parquet du tribunal civil de Gênes, passant dans les bureaux de l'ambassade, des ministères des affaires étrangères et de la justice, du procureur général ou du procureur impérial dans l'arrondissement duquel est établie la maison de commerce veuve Isnard-Blanc et fils, il était matériellement impossible que ladite maison pût recevoir dans la huitaine ladite copie, et comparaître devant le tribunal de Gênes ;

Considérant, en droit, que si l'on ne consulte que le Code sarde,

(1) L'article 239 du Code de procédure sarde porte : qu'en cas de réassignation de l'un des défendeurs non comparaissant entre le jour de la notification avec réassignation et celui d'appel de la cause, *il y aura le délai établi pour les citations.*

on n'y trouve nulle part l'autorisation d'abréger même les délais ordinaires, *à fortiori* ceux des distances ;

Qu'on ne peut dès lors ni admettre ni même supposer qu'en indiquant dans son premier jugement de défaut profit joint le délai de huitaine, le tribunal de Gênes ait voulu réduire à cet unique délai le temps donné à la maison d'Arles pour comparaître à Gênes, et qu'il n'ait pas sous-entendu de plein droit l'augmentation de la loi à raison des distances ;

Que s'il en était autrement, le tribunal aurait violé tout à la fois les principes de son Code de procédure civile et le principe tutélaire de la défense ;

Que si, d'autre part, on consulte le Code de procédure de France, on voit bien dans l'article 72 la faculté donnée au président d'abréger les délais dans les cas qui requièrent célérité, mais qu'on ne retrouve plus la même faculté dans l'article 73 relatif aux délais des distances, ce que le législateur n'eut pas manqué de dire si telle eût été son intention ;

Qu'il y a un motif de plus de ne pas admettre l'abréviation des délais des distances quand il s'agit d'un ajournement donné pour comparaître devant un tribunal étranger, c'est que dans ce cas il ne peut dépendre d'une partie, ni même des tribunaux d'assurer l'envoi successif et immédiat et la prompte remise de la copie d'ajournement (C. de cass., 17 nov. 1840), ni moins encore d'imposer à ces divers et hauts fonctionnaires l'obligation d'abréger leurs délais ordinaires ;

Considérant qu'il résulte de ce qui précède que le jugement définitif rendu par le tribunal de commerce de Gênes, le 6 avril 1856, sur une citation donnée à la maison d'Arles, le 19 mars précédent, l'a été en dehors des délais légaux : qu'il viole donc le droit naturel de défense qui tient essentiellement au droit public ;

Par ces motifs :

La Cour, faisant droit à l'opposition de la veuve Isnard-Blanc et fils, d'Arles, à l'arrêt de défaut de la Cour de céans, du 23 juillet 1857, rétracte ledit arrêt, et de même suite déclare qu'il n'y a lieu d'ordonner l'exécution en France du jugement rendu par le tribubunal de commerce de Gênes, le 8 avril 1856 ; condamne Pezzalès frères aux dépens.

A cet exposé de la jurisprudence française , je dois joindre quelques notes sur la jurisprudence des tribunaux sardes.

Le sieur Salomon , négociant domicilié à Ugine en Savoie , crée un billet à domicile , daté de Grenoble et payable dans cette ville. A l'échéance ce billet n'est point payé ; le savoisien Salomon est cité devant le tribunal de Grenoble qui le condamne par défaut ; le porteur obtint des lettres rogatoires pour le sénat de Chambéry, et le 30 mars 1820 le sénat a permis rière son ressort la signification et l'exécution du jugement dont s'agit, sous réserve en faveur du sieur Salomon du droit de former opposition.

Le 15 mars 1815, de Regard l'aîné souscrit à Chambéry, en faveur d'un négociant de Lyon, un billet payable à Lyon ; à l'échéance le porteur français cite les endosseurs français et le souscripteur savoisien devant le tribunal de Lyon qui les condamne par défaut et solidairement, et le 17 mars 1819, sur les lettres rogatoires qui lui sont adressées , le sénat de Chambéry autorise l'exécution de ce jugement dans son ressort.

D'un autre côté, ce même sénat , le 19 juin 1819, a

refusé l'autorisation d'exécuter en Savoie un jugement rendu en France à l'occasion d'un billet souscrit à Chambéry par un procureur savoisien au profit d'un négociant de Lyon et payable dans cette ville à un domicile élu, sur le motif qu'il s'agissait d'une action personnelle à l'encontre d'un individu domicilié en Piémont , et que cet individu n'étant pas négociant son obligation aurait été nulle aux termes du § 35, liv. 2, tit. 6, chap. 3 des RR. CC.

Le 24 août 1819 , autre arrêt rendu dans le même sens et dans les mêmes circonstances.

Le sénat , et plus tard la Cour d'appel de Turin, par des décisions postérieures , a jugé qu'il est de pratique constante qu'avant d'assurer l'exécution en Sardaigne des jugements des tribunaux français , on devait examiner si ces jugements ne violaient aucun principe du droit public sarde , il a décidé notamment qu'un sujet sarde cité en France et ne comparaissant pas, ne pouvait être condamné par défaut , qu'il devait lui être nommé un curateur pour le représenter et le défendre (Annales de jurispr. de Turin, 5e année, 1842, p. 343).

Les arrêts des 19 novembre 1852, Petot contre Debernorala, et 2 décembre 1854, Arnaud, rendus par la Cour de Turin , témoignent encore de sa jurisprudence dans ce sens.

L'arrêt du 14 juillet 1838 de la Cour de Nice est basé
sur les mêmes principes.

Quant à la Cour de Gênes, il résulte de sa jurisprudence que lorsqu'on lui demande d'autoriser dans son
ressort l'exécution d'un jugement étranger, elle examine
seulement si le jugement ne contient rien de contraire à
la régularité des jugements, à la compétence, à l'ordre
public et aux règles générales de la justi ce, sans se préoccuper du fond et entrer dans son examen (29 novembre
1856), et cela a été jugé même à l'égard des puissances
avec lesquelles la Sardaigne n'avait pas de traités. L'arrêt
de la Cour du 8 mai 1857, rendu entre Araujo, Lecompt
et Parodi, semble même donner une plus grande portée
aux jugements étrangers; mais à ce point de vue il a été
vivement critiqué par l'arrêtiste qui le rapporte dans le
N° du 19 août 1857 de *la Gazette des tribunaux* de
Gênes (1).

(1) La *Gazette des tribunaux de Gênes* contient dans son n° du 22
décembre 1858 un arrêt de la Cour d'appel de Gênes du 28 septembre
1858, refusant d'autoriser dans son ressort l'exécution d'un jugement
rendu par les tribunaux français au profit de Hebert-Besné contre Fi-
gari, parce que le tribunal s'était borné à adjuger les fins prises par
les demandeurs sur le motif que le défendeur ne comparaissait pas
sans les déclarer *justes et bien vérifiées*.

Les greffes des Cours d'appel de Savoie, Nice et Gênes, renferment
un très grand nombre d'arrêts autorisant l'exécution des jugements
rendus par les tribunaux français. Rapport inédit de M. le commandeur Vigliani au gouvernement sarde.

Il résulte de ce double examen et de l'ensemble de cette jurisprudence que la Cour, à laquelle on demande de rendre le jugement exécutoire, n'a pas à juger et à apprécier de nouveau la question soumise, jugée par la sentence à exécuter, qu'elle ne peut recourir à cet effet à des moyens nouveaux d'instruction; mais d'un autre côté chargée de la sauvegarde des intérêts publics, des lois et de la justice, elle doit examiner sommairement le jugement pour s'assurer avant d'en ordonner l'exécution que cette exécution n'est point contraire à l'ordre public, à la morale, aux institutions et aux règles générales de justice (1).

(1) Voy. les notes dont M. Brémond a fait suivre les arrêts d'Aix de 1858 dans le Bull. des arrêts de la Cour 1859, p. 76 à 82; Mansord, t. 1 p. 293, § 442; Fœlix, t. 2, p. 67, n° 544; et *Revue étrangère de législation*, t. 9, p. 818. M. Fœlix nous dit que dans cette partie de son travail il avait été aidé par les communications que lui avaient faites MM. les conseillers d'état chevalier Ratti et comte Petitti. L'arrêt de Gênes du 29 novembre 1856 dit : « Le sentenze delle Corti le quali si proferiscono in via di delibazione, hanno solo per oggetto di riconoscere se alla chiesta autorizzazione di procedere in via esecutiva, nulla osti dal canto della competenza dei tribunali, della regolarità dei giudizi e dei generali principii di giustizia ». M. le commandeur Vigliani alors avocat général à Gênes, fonctions qui équivalent à celles de procureur général en France, dans le mémoire qu'il a bien voulu me comuniquer, disait le 9 juillet 1858 à son gouvernement: « La delibazione che la nostra magistratura usa fare delle sentenze francesi, circoscritta ai punti essenziali, non è una vera e piena cognizione del merito della sentenza, nè in diritto nè in fatto; non disconosce in principio l'autorità del giudicato straniero, ma è un semplice atto di protezione che ogni governo deve ai propri sudditi per impedire che, o

Aller plus loin, ce serait annuler le traité qui ne serait plus qu'une lettre morte; ne pas admettre ce droit d'examen sommaire, ce serait soumettre les Cours à un rôle passif indigne du caractère de ces corps et autoriser en France des exécutions qui violeraient les lois d'ordre public, ce que personne n'admettra et ce que nos tribu-

per ignoranza delle leggi dello Stato che possono facilmente non essere conosciute in paese estero, o per altro grave ed evidente errore, non sieno essi privati di quelle principali guarentigie di giustizia che l'ordine pubblico e la morale assolutamente esigono. Allorchè risulta che la competenza fu rispettata e che non esiste alcuno dei suaccennati vizi capitali e patenti, non si entra a discutere nè il peso delle prove nè la più o meno esatta applicazione della legge ove questa non appaia manifestamente violata. Quindi sono rarissimi i casi nei quali occorra di negare l'esecuzione». Les mêmes principes étaient professés dans la lettre que ce magistrat supérieur écrivait le 10 fév. 1859 à M. du Beux, ancien chef du parquet de la Cour impériale d'Aix, et dans les documents que ce dernier voulait bien me communiquer avec une obligeance dont je le prie de recevoir ici un vif témoignage de reconnaissance. Les mêmes principes me paraissent adoptés par le gouvernement français, cela résulte de la circulaire du Garde des sceaux du 17 oct. 1831. La Cour impériale d'Aix, consultée par le ministre, les posait dans sa délibération du 19 janv. 1832 et elle n'a cessé de les inscrire dans ses arrêts. A diverses époques la France et le Piémont ont demandé que le traité fût appliqué de la manière la plus large et la plus libérale. Dalloz, v° Droit civil, n° 437 et 438; et notre savant jurisconsulte et magistrat M. Troplong, *Hyp.* n° 454, m'ont paru pousser trop loin l'étendue du droit de révision de la part des tribunaux français auxquels on demande d'autoriser l'exécution d'un jugement rendu en Sardaigne. M. Lubonis, avocat général à Nice, auquel avait été communiqué l'arrêt de la Cour d'Aix de 1858, Feraud et Honorat, trouve que cet arrêt s'écartait des principes reçus par une trop large interprétation du traité de 1760; mais ce magistrat admet que l'examen ne doit être fait que d'une manière sommaire.

23

naux ont repoussé même lorsqu'il s'agissait de l'application du traité avec la Suisse, bien que ce traité soit
bien plus large que celui de 1760 avec la Sardaigne
(Paris, 20 novembre 1848, tribunal de la Seine, 17
avril 1857).

Appliqué dans ces limites, le traité a encore une
grande portée, puisque la Cour sur un examen sommaire
peut déclarer immédiatement exécutoire dans son ressort
le jugement du tribunal étranger, tandis que sans le traité
il faudrait s'adresser par voie d'instance principale au
juge du premier degré, recourir à toutes les voies d'instruction et parcourir les divers degrés de juridiction.

Je fais remarquer que lorsqu'il s'agit de l'exécution
de la sentence française contre un Sarde, le nouveau
Code de procédure sarde, dont je citais tantôt l'article
662, veut que, avant de statuer, le Sarde soit ouï ou
dûment cité, disposition qui n'a fait que sanctionner
une ancienne pratique, si j'en crois Mansord (t. 1, §
442, p. 293). Il est à regretter que cette même procédure
ne soit pas dans nos lois ni nos usages en France.

Ici se présente une question qui peut avoir de l'importance. Le traité conclu en 1760 entre la France et la
Sardaigne n'est-il applicable que dans les territoires qui
fesaient alors partie de ces Etats? Je crois devoir répondre
négativement. Si par suite d'annexions motivées par des

événements, quelle que soit leur nature, l'un des deux
Etats voit le nombre de ses provinces augmenter, le
traité n'en sera pas moins en vigueur entre les deux
Etats et sans distinction des anciens et des nouveaux
territoires; de même que si l'un des Etats venait à perdre des portions de territoire, les habitants de ces territoires, indépendants ou sujets de nouveaux princes, ne
pourraient exciper des traités faits avant leur séparation
et qui leur étaient alors applicables comme membres de
la grande famille pour laquelle on stipulait alors.

C'est d'ailleurs ainsi que le traité de 1760 a été appliqué, car conclu bien avant la réunion de Gênes à la Sardaigne, il a cependant toujours été considéré comme lui
étant applicable.

Je dois faire observer que les dispositions de ce traité
ne sont pas applicables à tous les jugements des tribunaux français ou sardes, elles ne s'appliquent qu'aux
jugements rendus par ces tribunaux entre Français et
Sardes. Ce principe a été posé à l'occasion de l'exécution
du traité de 18 juillet 1828 entre la France et la Suisse.
Le tribunal suprême de Thurgovie avait rendu le 11 juin
1853 un jugement au profit du sieur Keller, Saxon,
contre Mademoiselle de Marcillac, Française; on voulait
exécuter ce jugement en France et on s'en prévalait
comme y ayant acquis l'autorité de la chose jugée, par

suite de notre traité avec la Suisse; mais le tribunal de la Seine, le 29 février 1856, a repoussé cette prétention, parce que, malgré les termes généraux du traité de 1828, ce traité étant intervenu entre la France et la Suisse, ne lui a paru contenir que des stipulations en faveur des États qui contractaient. Sur appel, la Cour de Paris a confirmé le 17 novembre 1857 ce jugement.

Le même principe est encore posé dans l'arrêt de rejet du 10 mai 1831 (1).

M. Fœlix dans un article sur le droit international inséré dans le tome 9, année 1842, de la *Revue étrangère de législation*, p. 822, dit que la forme de procéder pour arriver à l'exécution des jugements rendus dans les territoires respectifs, a été réglée par une convention entre les deux gouvernements et il ajoute que cette convention a été rapportée par M. Grenier dans son traité des hypothèques. J'ai vainement cherché cet acte dans les recueils des traités entre la France et la Sardaigne et je ne crois pas qu'il existe. M. Grenier indique en effet la marche à suivre, mais c'est d'après la pratique et l'usage et non d'après une convention formelle.

« Le Français, dit-il, qui a obtenu un arrêt d'une Cour de France ou même un jugement d'un des tribu-

(1) Legat, n° 379; Fœlix, *Droit intern.*, t. 2, p. 120, § 374; de Belleyme, *Ord. sur référé*, 3me édit., t. 1, p. 517.

naux de son ressort, présente à cette même Cour par le
ministère d'un avoué, une requête par laquelle il demande que sur le vu de l'article 22 du traité de 1760 il
lui soit accordé des lettres rogatoires qui seront adressées
à la Cour supérieure des États de Sardaigne dans le ressort de laquelle est domicilié celui qui a été condamné
par l'arrêt ou jugement rendu en France, à l'effet d'obtenir la permission de cette Cour suprême des États de
Sardaigne de faire faire toutes les exécutions nécessaires
dans son ressort pour parvenir à contraindre le débiteur
au payement du montant des condamnations prononcées
par le tribunal français. L'arrêt ou le jugement est joint
à la requête.

« Sur l'ordonnance de soit communiqué au procureur
général rendue par le premier président et sur les conclusions du procureur général, la Cour rend un arrêt qui
se délivre en minute à la suite de la requête et des conclusions. Par cet arrêt la Cour ordonne que les lettres
rogatoires seront octroyées et seront adressées à la Cour
supérieure des États de Sardaigne dans le ressort de laquelle le débiteur est domicilié, à l'effet par cette Cour de
faire jouir l'impétrant du bénéfice de l'article 22 du
traité et de permettre rière son ressort la mise à exécution de l'arrêt ou du jugement.

« En exécution de cet arrêt scellé du sceau de la Cour,

cette même Cour adresse séparément ses lettres rogatoires à la Cour suprême des Etats de Sardaigne qu'elles
concernent (1). Il y est dit qu'elle prie et requiert cette
Cour de permettre la signification et la mise à exécution
du jugement dont il est question, et ce partout et rière
son ressort, offrant ladite Cour d'en faire de même et
plus grand, s'il y échet (2).

« Les Cours suprêmes des Etats de Sardaigne suivent
la même forme à l'égard des Cours de France. L'une de
ces formes a été modélée par convention sur l'autre.
Cette manière de pratiquer est commune depuis longtemps; elle n'a jamais éprouvé de difficultés: les dernières lettres rogatoires qui j'ai vu adresser par la Cour
royale de Riom au sénat de Chambéry sur mes conclusions, étant procureur général, sont du mois de novembre 1818.

« Je fais observer que les arrêts et ordonnances ci-
dessus ne sont point sujets à enregistrement ».

Je me réserve de revenir sur cette dernière indication:
j'ajoute que les parties qui ont intérêt à obtenir l'exécution, ne doivent pas agir par la voie diplomatique; lors-

---

(1) Dans bien des Cours on se borne maintenant à délivrer les lettres
rogatoires à la suite de la requête.
(2) Offerendosi pronta a corrispondervi in simili e maggiori occor-
renti o pronti offerendosi.

qu'elles ont obtenu les lettres rogatoires, elles doivent s'adresser aux Cours respectives par l'intermédiaire d'un officier ministériel compétent *(Décisions du min. de la justice de France* des 15 nov. 1844 et 1ᵉʳ sept. 1852).

De nos jours on a soulevé la question de savoir s'il était nécessaire, pour obtenir l'*exequatur*, que le jugement étranger fût présenté accompagné de lettres rogatoires. Dans une dissertation insérée dans la *Revue pratique de droit français* (année 1859, t. 6, p. 383 et suiv.) un professeur distingué qui a en même temps une très bonne position au barreau de Chambéry, M. F. de Lachenal a soutenu l'inutilité des lettres rogatoires; M. Pognient, avocat d'une grande réputation en Savoie, et son confrère, M. Désarnod, ont adhéré à cette opinion (1).

Elle est contraire à ce qui se passe depuis un temps immémorial devant les Cours de Sardaigne; la Cour de Gênes notamment aurait refusé formellement de l'adopter au sujet des décisions rendues dans le royaume de Grèce et à ce sujet la question aurait été résolue diplomatiquement dans le sens de la nécessité des rogations. M. Buniva, du barreau de Turin, a signalé à M. de Lachenal un arrêt de la Cour de Turin rendu le 14 dé-

(1) Cette opinion a aussi été adoptée par M. J. J. Rey dans son *Formulaire* publié à Chambéry en 1857, pag. 694, obs. 1010.

cembre 1856 , entre la maison Forgeot , Lebrun et Comp., et Joseph Lorisio, ordonnant au demandeur de régulariser l'instance à fin d'exequatur d'une sentence d'un tribunal français. En se fesant pourvoir de lettres rogatoires. La Cour de Chambéry a proclamé le 11 mai 1858 la nécessité des lettres rogatoires.

En France comme en Sardaigne les cours ne passent pas outre si ces rogatoires ne lui sont pas présentées.

M. de Lachenal, à l'appui de son opinion, se prévaut du silence que garde à ce sujet l'article 662 du Code de procédure sarde qui régit la matière ; il fait valoir des considérations tirées de l'origine et du but de cette mesure ; il s'efforce d'établir que le Code de procédure, en remplaçant les RR. CC. de 1729 et 1770, a établi un droit nouveau (1). Ces lettres, suivant lui, ne sont pas un acte digne de la magistrature, car en les délivrant elle demande une chose impossible si le droit public s'y oppose , ou une chose due, ou la renonciation à une faculté laissée par la loi à la conscience du magistrat. Les jugements portent en eux – mêmes une réquisition

(1) Je dois faire observer que l'art. 156 du règlement du 24 déc. 1854, signé par M. le commandeur Urbani Ratazzi, alors Garde des sceaux, et qui a contresigné également le Code de proc. civ., les greffiers des Cours d'appel doivent tenir un *registre des réquisitions des tribunaux étrangers*. Donc, dans l'opinion de M. Ratazzi, avocat très-distingué des barreaux de Casal et de Turin, avant d'être ministre et président de la Chambre, est pour le maintien des rogatoires.

implicite d'exécution ; les lettres sont pour le moins complètement inutiles. Quant au traité de 1760, il autorise l'usage des lettres rogatoires, mais il ne l'impose pas, M. de Lachenal entend ces expressions du traité de 1760 , les Cours défèreront de part et d'autre à la forme du droit aux réquisitions qui leur seront adressées *même* sous le nom desdites Cours, en ce sens que les réquisitions peuvent être adressées de toute manière et même sous le nom desdites Cours, sans qu'il soit obligatoire de les présen- au nom de ces Cours.

Cette opinion peut être acceptable en Sardaigne : elle ne l'est pas en France. En Sardaigne, où sont usitées les instances de *délibation* , les Cours sont investies du droit d'autoriser l'exécution des jugements étrangers dans les Etats, et on comprend qu'il n'est pas très-utile que ce jugement leur soit présenté accompagné de lettres rogatoires.

On pourrait ajouter spécialement, en ce qui concerne la France, que le traité de 1760 ayant été fait pour faciliter les relations entre les deux pays et dans l'intérêt de ceux qui obtiennent des jugements à l'étranger, ils peuvent s'en tenir au droit commun et renoncer au bénéfice des traités pour suivre la loi faite à tous.

Mais toutes ces raisons, qu'il est possible de combattre sérieusement, tombent complètement lorsqu'il s'agit

de requérir l'exécution du jugement sarde en France.
Dans ce pays l'instance de délibation est inconnue, si un
étranger se présentait devant une cour pour demander,
en force du droit commun, l'exécution d'un jugement
rendu en Espagne, en Grèce, ou dans tout autre pays, on
repousserait son action comme non recevable (1). S'il
demande à exécuter un jugement d'un tribunal sarde,
la Cour ne reçoit sa requête que parce qu'il existe un
traité spécial qui rendu exécutoire en France est pour la
Cour loi de l'Etat, il faut donc que la demande remplisse
les conditions du traité, c'est-à-dire qu'elle soit accompagnée de lettres rogatoires. Mais, dit-on, le traité
n'exige pas impérieusement que les Cours interviennent:
d'après son texte la requête peut être présentée par les
parties, et ce n'est qu'une faculté laissée aux Cours de
demander elles-mêmes l'exécution de leurs arrêts. Si je
ne répondais ici à des hommes d'un grand savoir et d'un
grand mérite, je dirais que cette objection n'est pas sé-
rieuse. Que dit l'article : « Pour favoriser l'exécution
réciproque des décrets et jugements, les Cours suprêmes

---

(1) C'est ce qui a été jugé par la Cour d'Aix, le 8 juillet 1841, à l'encontre de mon ami M. Resignani, docteur en droit, ancien avocat de
Modène, aujourd'hui à Marseille, qui demandait à la Cour de déclarer
exécutoire un jugement rendu dans le duché de Modène ; la Cour repoussa sa demande sur le motif qu'elle ne pouvait être présentée devant elle *omisso medio*.

déféreront, de part et d'autre, à la forme du droit, aux réquisitions qui leur seront adressées à ces fins, même sous le nom desdites Cours. » C'est-à-dire que pour faciliter à ce point de vue les relations, les Cours défèreront aux réquisitions qui seront présentées par les Cours de l'Etat voisin elles-mêmes. C'est ce qui est dit dans le texte: et c'est ainsi qu'il a été toujours compris et interprété depuis près de cent ans.

Nous croyons donc que le traité de 1760 doit être exécuté tel qu'il l'a toujours été de tout temps, car le meilleur interprète des traités, comme on l'a dit avec raison et comme le répétait **M.** Vigliani dans la circonstance que je rappelais plus haut à propos de l'interprétation du traité de 1760 lui-même, est la pratique et surtout celle qui se rapproche le plus du temps de leur promulgation (1). Je suis donc d'avis qu'il y a lieu de continuer à faire ce qu'on a fait jusques à aujourd'hui.

Mais, dit-on, cela occasionne des frais, et les greffiers et les avoués qui en perçoivent les droits peuvent seuls être de cet avis (2).

Cet avis est partagé par toutes les cours de l'Empire et du Royaume, et certes elles sont peu soucieuses

(1) La migliore interprete dei trattati, suole essere la pratica e specialmente quella chè più si avvicina al tempo della loro promulgazione.

(2) Dissertation de M. de Lachenal, *loc. cit.*, p. 390.

d'occasionner des frais inutiles à leurs justiciables. D'ailleurs, l'obtention des lettres rogatoires est loin d'occasionner un surcroît de frais dont on ait à se plaindre.
Ce qui est beaucoup plus coûteux, ce sont tous les
droits de timbre et surtout d'enregistrement auxquels on
est soumis en ces matières ; car le jugement étranger ne
sera déclaré exécutoire que lorsque les droits auxquels
il aurait donné lieu s'il avait été prononcé dans l'état où
il doit être exécuté, auront été perçus, ce qui met les
parties dans le cas de payer deux fois les droits. Je lis en
effet dans les instructions générales de la direction de
l'enregistrement, du 4 juillet 1809, n° 43, sur l'article
547 du Code de procédure civile :

Des avis du Conseil d'Etat du 10 brumaire an 14 et du 15 novembre 1806, ont fait connaître qu'il ne doit être perçu que le
droit fixe d'un franc sur les actes passés en pays étrangers pour
des *propriétés y situées* et des droits ou *actions à y faire valoir,*
tant pour donner à ces actes une date légale que pour satisfaire aux
dispositions de la loi, qui ne permet pas d'en faire usage sans qu'ils
aient été enregistrés.

On demande si les jugements rendus en France, qui prononcent
l'exécution de ces actes et leur donnent hypothèque, doivent participer à la même faveur, ou rentrer dans la classe des jugements
ordinaires.

Le droit proportionnel ne peut, sans doute, atteindre les propriétés situées hors le territoire sur lequel il est établi, ni les actions à faire valoir à l'étranger ; mais le principe est sans application lorsqu'il s'agit de jugement de nature à donner à des conventions quelconques une force exécutoire dans l'étendue de l'Empire :

ainsi toutes les fois que des parties ont recours à l'autorité d'un tribunal français pour faire rendre exécutoires des jugements ou actes émanés de juges ou autres fonctionnaires étrangers et auxquels la loi n'accorde pas d'exécutoire en France, il est incontestable que le jugement qui intervient sur cette demande est passible de tous les droits auxquels les jugements ordinaires sont assujettis (1).

Les mêmes principes sont applicables en Sardaigne, par suite des dispositions des articles 1420 et suivants, et notamment 1426 du Code civil sarde.

La Cour compétente pour rendre exécutoire la sentence rendue à l'étranger est la Cour dans le ressort de laquelle l'exécution doit avoir lieu ; c'est ce qui résulte en France des règles de juridiction et en Sardaigne de la disposition formelle de l'article 662 du Code de procédure civile. Mais lorsqu'une Cour a déclaré un jugement étranger exécutoire en France, il est exécutoire dans tout l'Empire ; la même règle est applicable en Sar-

---

(1) Loi 22 frimaire an VII, art. 22, 23, 42, 44, 47, 48 ; loi 28 avril 1816, art. 58 ; décision du ministre des finances du 5 décembre 1828, et instruction générale de l'administration de l'enregistrement du 17 avril 1829 ; non-seulement il y a lieu à enregistrement du jugement lorsqu'on en demande l'exécution formelle en France, mais encore lorsqu'il sert seulement de base à des actes notariés en France, et cette règle est applicable aux actes judiciaires, extrajudiciaires, notariés et sous seing-privé. (Trib. Seine, 27 août 1831 ; Cass. 14 avril 1834 ; Trib. Seine, 26 avril 1843 ; Trib. Oleron, 20 mai 1843 ; Trib. Nantes, 1 juin 1843. Il en est de même en Sardaigne, comme nous l'avons vu plus haut.

daigne , car dans les deux pays l'exécution des jugements étrangers est autorisée au nom du chef de l'Etat.

Une fois que la sentence prononcée à l'étranger a été
rendue exécutoire , elle a l'autorité de la chose jugée
dans le pays où l'exécution a été autorisée, et s'il s'élève
des difficultés dans le cours de cette exécution, le jugement de ces difficultés doit, aux termes de l'article 668
du Code de procédure civile, être portée en Sardaigne
devant le tribunal provincial, que les causes soit civiles
ou commerciales , comme l'a jugé avec beaucoup de
raison la Cour de Gênes le 29 novembre 1856 (1). En
France le jugement de ces difficultés appartient également aux tribunaux civils , les tribunaux de commerce
ne connaissant pas de l'exécution de leurs jugements.

Dans le cas où la Cour a statué sur la requête qui lui
était présentée sans exiger la mise en cause de la partie
contre laquelle l'exécution devait avoir lieu , celle - ci
pourra se pourvoir par opposition contre la décision qui

(1) Atteso chè le sentenze delle Corti, le quali si proferiscono in
via di delibazione sulle domande tendenti a rendere esecutorie nello
stato le sentenze proferite da tribunali esteri, hanno solo per oggetto
di riconoscere se alla chiesta autorizzazione di procedere in via esecutiva, nulla osti dal canto della competenza dei tribunali, della regolarità dei guidizii e dei generali principii di guistizia, senza entrare
tuttavia nel merito intrinseco delle questioni che possono nascere sulla
esecuzione, il quale vien lasciato alla cognizione del tribunale ordi-
nario.

autorise l'exécution, pour en obtenir la réformation , et
dans ce cas son action sera portée contradictoirement à
l'audience. C'est ce qui se pratique en France sans soulever de difficultés (Nîmes, 14 août 1839 ; Metz, 11 novembre 1856 ; Aix, 16 juin 1858 , etc. ; Bournat ,
Revue pratique de droit, t. 5, p. 340 ; Bertin, *Chambre du conseil*, t. 2, n° 1381 et suiv. ; Valette, *Revue
de droit franç. et étrang.*, année 1849, t. 6, p. 612).
Dans une consultation donnée à Gênes à l'occasion d'une
affaire portée devant la Cour d'Aix , on soutenait que
l'opposition était irrecevable ; que la Cour, sur requête,
ayant ordonné l'exécution, sa juridiction était épuisée ,
et qu'elle ne pouvait statuer de nouveau ; mais cette exception ne fut pas même soutenue devant la Cour.

Dans l'affaire Carlo-Valle, jugée par la Cour d'Aix le
16 juin 1858, notre digne et excellent collègue , M. le
premier avocat-général Saudbreuil disait avec beaucoup
de raison : « Ce n'est pas par voie d'ajournement que
l'on procède, mais par voie de requête, et en l'absence
de celui contre lequel la sentence a été rendue. Faut-il
en conclure que celui-ci est sans droit pour se pourvoir
par opposition contre l'arrêt obtenu ? Le droit d'opposition est un droit général qui appartient à quiconque
n'a été présent ni appelé dans une instance qui l'intéresse, pour le refuser dans le procès actuel , il faudrait

produire un texte de loi qui le dénie et il n'en existe
pas. » (Gaz. des Trib. du 22 juillet 1858).

§ 2. — Hypothèques.

En rapportant plus haut, p. 313 , les textes des lois
françaises et sardes sur les jugements rendus dans l'un
des pays et qu'il y a lieu d'exécuter sur le territoire de
l'autre nation, j'ai été dans le cas d'indiquer les dispositions de ces lois qui concernent plus particulièrement les
hypothèques, j'ai à entrer ici dans quelques détails, en
me bornant à rappeler préalablement l'art. 22 de notre
traité qui, en ce qui concerne les hypothèques, dispose
que de la manière que les hypothèques établies en France
par actes publics ou judiciaires sont admises dans les
tribunaux de Sardaigne, l'on aura aussi pareil égard
dans les tribunaux de France, pour les hypothèques qui
seront constituées à l'avenir par contrats, ordonnances
ou jugements en Sardaigne (Suprà, p. 68).

M. Pagés dans son ouvrage sur les usages locaux de
l'Isère (p. 214), dit : « Relativement aux hypothèques
judiciaires et conventionnelles, l'application du traité ne
donne lieu à aucune difficulté. » Au surplus l'inscription d'hypothèque est plutôt un acte conservatoire,
comme on l'a jugé plusieurs fois à l'occasion d'autres

questions, qu'un acte d'exécution, et la disposition du traité qui exige que lorsqu'il s'agira d'exécuter le jugement on se présente préalablement devant les Cours, tandis que lorsqu'il s'agit d'inscrire une hypothèque, cette formalité n'est pas nécessaire, est très-rationnelle.

M. Pont dans son Traité des privilèges et hypothèques, dit également que le contrat passé à l'étranger ou le jugement rendu dans ce pays, lorsqu'un traité en a ainsi disposé, permettront au créancier de prendre inscription sur les immeubles de son débiteur situé en France (1), pourvu qu'il appartienne à la nation sur le territoire de laquelle l'hypothèque a été constituée, et non à une autre , au profit de laquelle il n'y n'existerait pas de traités.

La seule difficulté, d'après M. Pont, est celle de savoir si l'hypothèque serait efficace ou utilement inscrite sur les immeubles de France quand même la constitution faite à l'étranger ne se présenterait pas dans les conditions imposées par la loi française; par exemple, si elle manquait du caractère de spécialité. A ce sujet notre auteur ne partage pas l'avis de MM. Persil, Del-

(1) Com., traité des *priv. et hyp.*, n° 584 et 667; Fœlix, t. 2, n° 476, p. 219; Gand, *Code des étrangers*, n° 198; Grenier, *Traité des hyp.*, t. 1, p. 447. *Sic* en Sardaigne; Mansord, n°ˢ 326 et suiv. *Contrà*, de Belleyme, ord. sur référé, 3e edit., t. 1, p. 518.

24

vincourt et Dalloz qui professent que si la spécialité n'est pas exigée par la loi étrangère, l'hypothèque sera valable en France. La question à ce point de vue a peu d'intérêt pour nous, l'article 2189 du Code civil sarde exigeant que celui qui consent une hypothèque déclare spécialement dans le titre authentique constitutif de la créance ou dans un acte authentique postérieur, la nature et la situation avec l'indication du canton et du n° du cadastre ou de deux au moins des confins de l'immeuble hypothéqué.

Fœlix fait observer (t. 2, n° 477, p. 222) que les actes passés en France et constitutifs d'hypothèque sur des biens situés en Sardaigne, sont soumis à l'insinuation et qu'on ne pourrait regarder comme une violation du traité l'obligation imposée aux porteurs de ces actes de remplir cette formalité; de même que les sujets sardes bénéficiaires d'actes analogues passés chez eux, ne peuvent élever de réclamations à raison des droits d'enregistrement des mêmes actes qu'ils sont tenus de payer en France (1).

Je me suis expliqué jusqu'ici sur ce qui concerne les

---

(1) *Sic* Mansord, t. 1, n° 334 et suiv. En ce qui concerne l'obligation de faire enregistrer ces actes avant de pouvoir prendre inscription en France alors même qu'il existe des traités, voy. délibérations de la Régie du 5 nov. 1827, Jug. du trib. de Nantes, 1 juin 1843. *Dict. des droits d'enreg.* v° *Acte passé en conséquence d'un autre*, n° 240.

hypothèques conventionnelles et judiciaires; qu'en est-il des hypothèques légales?

De nombreuses hypothèses peuvent se présenter relativement à l'hypothèque légale de la femme.

1° Le mariage peut être célébré à l'étranger entre Français ou entre un Français et une étrangère; il est presque unanimement reconnu que dans ce cas le mariage produira l'hypothèque légale au profit de la femme. Seulement on s'est demandé s'il n'est pas nécessaire pour que l'hypothèque produise ses effets en France vis-à-vis des tiers que le contrat de mariage y soit transcrit conformément à l'article 171 du Code Nap. La Cour de Cassation par son arrêt du 6 janvier 1824 avait proclamé la nécessité de la transcription (1); mais cette jurisprudence a été par elle abandonnée et la plupart des auteurs professent que la femme mariée à l'étranger avec un Français, alors même qu'elle n'a pas fait transcrire son contrat en France, a une hypothèque légale résultant de son mariage et peut s'en prévaloir à l'encontre des tiers (2).

---

(1) Montpellier, 3 juin 1830; Massé, t. 2, n° 333; Massé et Vergé sur Zachariæ, t. 1, p. 82; Duranton, t. 20, n° 21.

(2) Bordeaux, 31 août 1837; Rej, 23 nov. 1840; Douai, 25 août 1851; Trib. Lyon, 10 mars 1859; Battur, Hyp., n° 304; Troplong, n° 513 bis; Grenier, t. 1, n° 247; Teissier, t. 2, n° 123 et 1091; Delisle, *Principes de l'interprét.*, t. 1, p. 562; Paul Pont, *Hyp.*, n° 437.

2° Le mariage peut être contracté par un étranger dans son pays avec une Française ou une étrangère; l'hypothèque légale frappe-t-elle les immeubles que cet étranger possèdera en France ?

On a dit: La femme de l'étranger dans ce cas peut demander en sa faveur l'application de la loi française et faire valoir son hypothèque légale sur l'immeuble sis en France. Cette opinion, soutenue par MM. Merlin, Troplong et Teissier (1), a été vivement combattue par MM. Grenier, Duranton, Battur, Massé, etc., qui refusaient dans ce cas à la femme étrangère l'hypothèque légale. L'avis de ces derniers, adopté par le plus grand nombre des auteurs et généralement par les tribunaux, semblait destinée à prévaloir, lorsque de nouveaux systèmes se sont produits. MM. Rapetti, Demangeat et Valette ont professé que les mariages passés à l'étranger sous l'empire de la loi étrangère devaient produire même en France tous les effets qui leur sont attribués par la loi étrangère et qui ne sont pas contraires à l'ordre public établi en France et que par suite il devait en résul-

(1) Merlin, *Rép.* v° Remploi, § 2, n° 9; Troplong, de l'*Hyp.*, t. 2, n° 513 ter; Teissier, *De la dot*, t. 2, n° 133.

(2) Cubain, *Traité du droit des femmes*, n° 679; Rapetti, Conditions des étrangers, p. 121; Demangeat sur Fœlix, t. 1, p. 136 note; M. Valette a inséré dans son traité des priv. et hyp., t. 1, n° 129, une longue dissertation sur la question.

ter une hypothèque légale sur les biens sis en France dans le cas seulement où la loi nationale accorde une hypothèque légale sur les biens du mari. Ce système a été sanctionné par l'arrêt de la Cour de Paris du 19 août 1851.

D'après le second système, le mariage contracté à l'étranger entre deux étrangers ne confère à la femme une hypothèque légale sur les biens de son mari situés en France, qu'autant qu'un traité entre la France et le pays auquel les époux appartiennent, accorde à la femme française une hypothèque sur les biens de son mari situés en France.

Notre docte collègue, M. Paul Pont, que nous suivons dans cet exposé, après avoir adopté la première de cette opinion dans son traité du contrat de mariage, y persiste dans son Traité sur les hypothèques (1).

Je n'ai pas à examiner la question au point de vue général, mais me plaçant dans le cas spécial d'un mariage entre un Sarde et une Française, il est impossible de refuser au mariage de produire en faveur de la femme une hypothèque légale sur les biens que le mari possède en France. Ce n'est que l'application littérale du traité qui

---

(1) *Traité du contrat de mariage*, publié en collaboration, de M. Rodière, t. 1, n° 174; Hyp., t. 1, n° 438.

lie les pays et cela a été plusieurs fois reconnu par les tribunaux (1). La solution que nous adoptons pour le cas du mariage du Sarde en Sardaigne, ou hors de son pays, me dispense d'ajouter qu'elle devrait à plus forte raison être la même si le mariage avait eu lieu en France où les époux auraient leur résidence.

Le mineur étranger a-t-il une hypothèque légale sur les biens que son tuteur, étranger ou Français, possède en France? C'est-là encore une question controversée : Grenier, Duranton, Gaudry (Revue de légis. 1835, t. 2, p. 301), Delisle (De l'interpr. des lois, t. 1, p. 557) et autres la refusent; notre savant jurisconsulte Troplong la concède (1) ; mais les partisans de la négative réservent le cas où il existerait des conventions diplomatiques contraires. C'est ce qui est précisément notre cas, comme l'a formellement reconnu l'arrêt de Grenoble du 19 juillet 1849.

(2) Grenoble, 19 juillet 1849, 29 mars 1855 et 27 août 1855; Trib. de Lyon, 24 avril 1859. Les arrêts de Grenoble se trouvent rapportés dans le recueil de Sirey, année 1850, 2e partie, p. 261; et 1856, 2e partie, p. 485 et 490; dans le journal du Palais, 1850, t. 2, p. 233, 1856, t. 2, p. 618; et dans le recueil de M. Dalloz. Ils sont longuement motivés et ceux de 1855 doivent dissiper toute incertitude; les principes qu'ils proclament ont été consacrés par la Cour de Paris le 19 août 1851 par application du traité avec la Suisse. Voy. dans le même sens pour le traité de 1760, M. Pagés, Usages de l'Isère, p. 211 et Mansord, t. 1, p. 234 et suiv., n⁰ˢ 333 et suiv., et notamment 342.

(3) *Sic* Zachariæ, édit. Massé et Vergé, t. 1, p. 81.

§ 3. — *Des voies ou modes d'exécution.*

La loi du lieu de l'exécution régit les formalités qui doivent accompagner cette exécution, les divers modes ou voies d'exécution à employer et en général les effets que le jugement doit avoir. Cette exécution a lieu sous l'autorité de la loi et des tribunaux de ce même pays (1), et comme nous l'avons fait remarquer dès que, en ce qui concerne la France et la Sardaigne, les Cours ont déclaré les jugements exécutoires, toutes les difficultés que cette exécution soulève sont dévolues aux tribunaux qui d'après les lois françaises ou sardes connaissent de l'exécution des jugements, c'est-à-dire aux tribunaux civils de première instance ou aux tribunaux de province.

Les voies d'exécution forcée sont, d'après le Code de procédure civile de France et le Code de procédure sarde :

	Loi Française.	Loi Sarde.
Les saisies-arrêts ou oppositions	art. 557 à 582	art. 732 à 749
L'exécution sur les meubles	» 583 à 625	» 677 à 725
Les saisies de fruits pendans par racine ou saisie-brandon	» 626 à 633	» 726 à 731
Les saisies de rentes sur particuliers	» 636 à 655	» 732 à 749
La saisie immobilière	» 673 à 748	» 762 à 821
L'emprisonnement	» 780 à 805	» 844 à 870

(1) Fœlix, t. 2, n° 330 et 479; Pardessus, n° 1487; Story, n° 568-574. Voet, Faber, Sande, Hert, Hommel, etc.

Dans les deux législations la procédure en répartition du prix provenant des saisies mobilières ou saisies immobilières, est réglée sous la rubrique: *Distribution par contribution et ordre.*

En France le créancier peut employer divers modes d'exécution simultanément; toutefois les immeubles d'un mineur, même émancipé, et d'un interdit, ne peuvent être mis en vente avant la discussion de son mobilier (C. Nap., art. 2206). En Sardaigne les RR. CC. établissaient un ordre dans les exécutions, comme l'ont fait la plupart des législations allemandes, elles devaient d'abord porter sur les meubles et valeurs mobilières, puis sur les valeurs immobilières et enfin sur la personne.

Dans le règlement du prix des biens du débiteur en France et en Sardaigne on ne fait pas de différences entre les créanciers étrangers et les régnicoles : chacun est appelé à faire valoir ses droits et à prendre le rang que la loi assigne à sa créance, abstraction faite de sa nationalité.

Je n'ai pas à expliquer ici quelles sont les règles de l'exécution forcée sur les meubles et immeubles : d'après la loi française et sarde, elles sont les mêmes, que le débiteur soit un étranger ou régnicole , et il me faudrait faire un véritable commentaire des deux lois.

Je dois indiquer quelques règles concernant l'emprisonnement, parce que dans les deux législations les étrangers sont soumis à cet égard à des règles exceptionnelles : ainsi en France la loi du 17 avril 1832 porte:

Art. 14. Tout jugement qui interviendra au profit d'un Français contre un étranger non domicilié en France, emportera la contrainte par corps, à moins que la somme principale de la condamnation ne soit inférieure à 150 fr., sans distinction entre les dettes civiles et les dettes commerciales.

Art. 17. La contrainte par corps exercée contre un étranger en vertu de jugement pour dette civile ordinaire ou pour dette commerciale, cessera de plein droit après 2 ans, lorsque le montant de la condamnation principale ne s'élèvera pas à 500 fr.

Après 4 ans lorsqu'il ne s'élèvera pas à 1000 fr.

Après 6 ans lorsqu'il ne s'élèvera pas à 3000 fr.

Après 8 ans lorsqu'il ne s'élèvera pas à 5000 fr.

Après 10 ans lorsqu'il sera de 5000 fr. et au dessus.

S'il s'agit d'une dette civile pour laquelle un Français serait soumis à la contrainte par corps, les dispositions de l'article 7 seront applicables aux étrangers, sans que toutefois le *minimum* de la contrainte puisse être au dessous de deux ans.

Art. 18. Le débiteur étranger, condamné pour dette commerciale, jouira du bénéfice des articles 4 et 6 de la présente loi (au profit des septuagénaires). En conséquence, la contrainte par corps ne sera pas prononcée contre lui ou elle cessera dès qu'il aura commencé sa soixante et dixième année.

Il en sera de même à l'égard de l'étranger condamné pour dette civile, le cas de stellionat excepté.

La contrainte par corps ne sera pas prononcée contre les étrangers pour dettes civiles, sauf aussi le cas de stellionat, conformément au premier paragraphe de l'article 2066 du Code Nap., qui leur est déclaré applicable.

Le titre 4 dispose que la contrainte ne peut être prononcée contre le débiteur au profit de son mari, ni de sa femme, de ses ascendants, descendants, frères ou sœurs, ou alliés au même degré, et qu'elle ne peut être exécutée simultanément contre le mari et la femme pour la même dette. Ces dispositions sont applicables aux étrangers. La loi du 13 déc. 1848 a apporté quelques modifications à celle de 1832 en faveur des débiteurs.

Le Code civil sarde porte :

Art. 2103. Le jugement qui interviendra au profit d'un sujet contre un étranger non domicilié dans les Etats, emportera la contrainte par corps, à moins que la somme principale de la condamnation ne soit inférieure à 300 livres.

La cession de biens, moyen offert par nos lois (Code Nap., art. 1265 et suiv., 1355 et suiv. du Code civil sarde) au débiteur malheureux et de bonne foi pour se mettre à l'abri des poursuites des créanciers, ne peut être faite par l'étranger; la loi l'en déclare incapable (Code de proc. française, art. 905; Code de commerce français, art. 541; Code de procédure sarde, art. 974), à moins qu'il ne soit admis à établir son domicile en France ou naturalisé en Sardaigne et dès lors admis à jouir des droits civils. La loi sarde fait, il est vrai, cesser l'incapacité si on en use autrement envers les Sardes dans le pays auquel appartient l'étranger; mais, comme en France il n'est pas fait d'exception pour le Sarde, cette stipulation de réciprocité reste sans effet.

SECTION IV.

LOIS COMMERCIALES.

Mon intention n'est pas d'examiner ici les traités qui régissent les relations commerciales, qui existent entre les deux Etats. Ce travail sera fait plus tard en entrant dans quelques détails; je me borne à indiquer actuellement quelques règles de droit privé commercial, résultant des Codes de commerce français et sarde.

Le Code de commerce français a été promulgué en 1807; des modifications ont été apportées notamment en ce qui concerne les sociétés, par la loi du 17 juin 1856, l'arbitrage forcé, loi du 17 juin 1856; la responsabilité des propriétaires de navires et autres matières de droit maritime, loi du 14 juin 1841; les faillites et banqueroutes, loi du 28 mai 1838 ; la juridiction commerciale, lois des 3 mars 1840, 28 août 1848. Le Code de commerce sarde est de 1842 : il se rapproche beaucoup de notre Code de commerce modifié par les lois promulguées depuis sa publication; le préambule du Code de commerce sarde fait connaître le but qu'a voulu atteindre le législateur.

« Désirant d'étendre aux lois commerciales l'uniformité de principe que nous avons déjà adoptée à l'égard des lois civiles et pénales, et d'y introduire les améliorations que l'expérience et l'usage des autres nations nous ont suggérées, nous avons ordonné de rédiger un Code de commerce, qui, en faisant cesser toute disparité de législation en cette matière, fût de nature à concilier les besoins et les intérêts des différentes parties de nos États, sans cesser d'être en harmonie avec les lois des autres pays, afin de maintenir et de resserrer toujours mieux les liens de confiance mutuelle si favorables au développement et à la prospérité du commerce. »

DES COMMERÇANTS.

Les dispositions des deux Codes, en ce qui concerne les négociants, sont presque entièrement semblables; le Code de commerce sarde a modifié pour les matières commerciales les dispositions prohibitives, qui frappaient d'incapacité les mineurs et les femmes, et ajoutant à la loi française, en adoptant la jurisprudence de notre pays, il a admis le consentement présumé du mari, lorsque la femme exercera publiquement et notoirement la profession de commerçante.

LIVRES DE COMMERCE.

Les articles 17 à 27 du Code sarde ne sont que la reproduction des articles 8 à 17 du Code français; toutefois en Sardaigne il est prescrit de tenir dans les tribunaux de commerce un registre sur lequel sont indiqués
le nom de tout commerçant qui a présenté ses livres ,
la nature de ces livres et le nombre des feuillets pa-
raphés.

SOCIÉTÉS DE COMMERCE.

Articles 18 à 64 du Code français, 28 à 69 du Code
sarde. Ici encore la loi sarde est modelée sur la loi française, mais elle s'en écarte souvent cependant pour prescrire des précautions plus minutieuses que ne le faisait
anciennement notre Code avant la loi de 1856, et pour
prévenir les fraudes dont les tiers pourraient être victimes. Pour les sociétés contractées en Sardaigne, même
entre Français, si le domicile social s'y trouve établi on
devra se conformer à la loi sarde et non à la loi française, et réciproquement (Bordeaux, 9 janv. 1826, et M.
Delangle, n° 551). Mais si la société contractée à l'étranger devait avoir son siége en France, ce serait la loi française qu'on devrait observer (Massé, *Droit com.*, t. 2,
n° 108).

L'arbitrage forcé, aujourd'hui aboli en France, n'existait point entre associés d'après le Code sarde ; il a toujours été facultatif, et tout ce qui se rapporte à l'arbitrage dans ce pays a été réglé dans le titre 3, livre 4 du Code de commerce (art. 692 à 714), qui correspondent au livre 3 du Code de procédure civile de France (art. 1003 à 1028).

Après les dispositions sur les sociétés de commerce, notre Code contient diverses dispositions relatives aux effets de la séparation de biens dans le cas où le mari est commerçant. Le Code sarde n'a point reproduit ce titre.

Bourses de commerce, Agents de change et Courtiers.

Articles 71 à 90 de la loi française, 71 à 96 de la loi sarde. En ce qui concerne les bourses de commerce, la loi sarde n'est que la reproduction de la loi française. Les dispositions concernant les agents de change et courtiers contiennent bien des modifications au texte de notre Code, mais elles se rapprochent beaucoup des règles et principes que la jurisprudence française a posés en interprétant notre loi commerciale.

Des Commissionnaires.

Articles 91 à 108 du Code français, 97 à 117 de la loi sarde.

Les deux lois sont également semblables, seulement la loi sarde est plus explicite et prévient ainsi des difficultés que la jurisprudence a dû décider par interprétation du texte et application des principes généraux en France.

Des Achats et Ventes.

Article 109 de la loi de France et 118 de la loi sarde. Aux modes de constatation des achats et ventes indiqués par la loi française, le Code sarde ajoute, après quelques modifications dans le texte , « par tout autre genre de preuve admis par les lois civiles ; » principe non contesté en France, mais qui ne se trouve pas rappelé dans le texte.

Effets de Commerce.

Art. 110 à 189 du Code français, 119 à 204 de la loi sarde. Ici encore nous trouvons dans la législation des deux pays beaucoup de points de ressemblance et souvent le texte des deux lois est le même. Il est cependant des dissemblances à signaler. C'est ainsi qu'en Sardaigne les lettres de change ne donnent lieu aux exécutions commerciales que si elles sont souscrites par des commerçants ou si elles sont tirées des Etats sur l'étranger et réciproquement (art. 121, 128 et 618) ; tandis qu'en France dans tous les cas elles entraînent les exécutions par corps.

Le titre de la provision de la loi française est reproduit par la loi sarde qui toutefois ajoute :

Art. 130. — Dans aucun cas, le porteur d'une lettre de change tombée en protêt, n'a droit sur la provision faite par le tireur à celui sur qui elle est fournie.

Si la lettre de change n'a pas été acceptée, la provision, en cas de faillite du tireur, retourne à la masse.

Dans le cas d'acceptation la provision reste à celui sur qui elle était tirée à la charge de payer le porteur.

Disposition contraire à l'application faite par les tribunaux français de notre loi en l'état de son silence.

Notre article 138 porte que l'endossement qui n'est pas régulier n'opère pas transport et ne vaut que comme procuration. L'article 151 sarde ajoute : il en de même si l'endossement a lieu après l'échéance de la lettre de change.

Les délais dans lesquels le porteur d'une lettre de change doit en exiger le payement ou l'acceptation n'est point le même dans les deux législations.

Si la lettre est tirée du Continent ou des îles de l'Europe, et payable dans les possessions européennes de la France, le délai est de six mois.

La loi sarde distingue le cas où elle est tirée de l'une des places des Etats sur une autre place des Etats, le délai est alors de trois mois, de celui où elle a été tirée des Etats étrangers du Continent ou des îles d'Europe sur les Etats du Roi, le délai est alors de six mois.

Le délai pour les lettres de change tirées des Etats de Terre-Ferme sur la Sardaigne et l'île de Capraja, est de deux mois.

Dans tous les autres cas les deux législations ont admis les mêmes délais.

La loi sarde, comme celle du 19 mars 1819, par voie d'addition à l'article 160 du Code français, autorise les parties à déroger à ces règles par des stipulations contraires.

L'article 165 du code sarde reproduit l'article 170 du Code français en ajoutant à la fin du premier paragraphe, *Lorsque à la même époque ce dernier* (le tiré) *ne se trouve pas avoir fait faillite.*

La loi sarde avait reproduit la disposition de l'article 173 qui exigeait que le protêt fût fait par un notaire et deux témoins ; notre loi permet aussi de le faire faire par huissier, et le décret du 23 mars 1852, article 2, dispose que le notaire ou l'huissier dresseront le protêt sans assistance de témoins.

Du Commerce maritime.

Les dispositions concernant les navires, leur saisie et vente, les propriétaires de navire, le capitaine, l'enga-

gement et les loyers de l'équipage, les chartes-parties ,
connaissements, le fret ou nolis, les contrats de grosse,
les assurances , les avaries , le jet et la contribution et
les prescriptions et fins de non recevoir en ces matières
font l'objet dés articles 190 à 436 du Code français et
205 à 467 du Code sarde. Tout ce qui concerne les saisies de navire et les contrats de nolissements , contrats
à la grosse et contrats d'assurance est régi dans les deux
législations par les mêmes principes qui, à peu d'exceptions près, sont rédigés de la même manière, sauf quelques additions. Ce qui concerne les navires, leurs propriétaires, le capitaine et l'engagement des marins, s'é-
carte beaucoup de la rédaction de notre loi , mais ne
présente pas au point de vue du droit international des
différences qui méritent d'être signalées.

FAILLITES.

Tout ce qui concerne les faillites en France a été réglé
par la loi du 28 mai 1838, qui a remplacé l'ancien titre 3 du Code français, articles 437 à 614. La loi sarde,
articles 468 et suiv. a suivi la loi française de 1838, en
supprimant toutefois la disposition qui déclare nulles les
inscriptions dans les dix jours qui ont précédé la suspension, et en prolongeant, par l'inscription sur un tableau placé dans les tribunaux de commerce des noms

des faillis durant toute leur vie, la publicité donnée aux faillites (art. 476). La réhabilitation n'est prononcée en Sardaigne qu'après des formalités plus nombreuses qu'en France.

DE LA JURIDICTION COMMERCIALE.

Articles 615 à 648 du Code de commerce français, 658 à 723 du Code sarde. En Sardaigne comme en France, la justice, en matière commerciale, est rendue par des juges consulaires, ici institués par l'Empereur, là nommés par le Roi. En France l'élément judiciaire pur reste étranger à la composition de ces tribunaux, et alors qu'en appel les affaires commerciales sont jugées exclusivement par des magistrats étrangers aux affaires commerciales et qui ont fait leur carrière dans les tribunaux civils où ils n'ont pas à en connaître, ces mêmes affaires sont jugées exclusivement en première instance par des négociants. Cette organisation dont j'ai cru devoir faire ressortir ailleurs les nombreux inconvénients, et qui est contraire à ce qui se passe en France dans les matières criminelles notamment, où la direction des débats, la prononciation des jugements, la police judiciaire, n'est jamais confiée à un magistrat temporaire ; elle n'a été admise dans presque aucun des Etats de l'Europe. A de très-rares exceptions près, les négociants ne sont entrés dans les tribunaux appelés à statuer sur les affaires commerciales que dans des proportions plus ou moins grandes sans jamais avoir à les présider et à diriger l'administration de la justice, il en sera de même un jour en France lorsqu'on aura supprimé une grande partie des tribunaux de commerce dont le rare fonctionnement est sans utilité , et quelquefois fâcheux même pour les intérêts du commerce dans bien des localités. On placera dans les tribunaux qui seront maintenus , non point un ministère public, que je ne retrouve pas dans les tribunaux consulaires étrangers, et qui ne serait qu'une cause de lutte et de retard pour l'administration de la justice commerciale , mais un président de l'ordre judiciaire , qui chargé de diriger les débats, de prononcer et de rédiger les jugements, d'éclairer ses assesseurs sur les difficultés de droit, de surveiller les greffes et de signaler les fraudes , ne pourra que régulariser la marche de l'administration de la justice commerciale et apportera dans les Cours supérieures des connaissances spéciales qui lui seront très-utiles.

La Sardaigne est un des pays si rares en Europe , où l'on a suivi la loi française en ce qui concerne la composition des tribunaux de commerce ; toutefois pour remédier à l'inconvénient que présentait l'absence complète de l'élément judiciaire, l'article 663 porte :

Il y aura près de chaque tribunal un jurisconsulte, en qualité de conseil, qui assistera aux audiences et à la votation. Ce jurisconsulte donnera son avis consultatif, verbalement ou par écrit, sur les points de droit que le tribunal lui soumettra; il pourra même, sans en être requis, le donner verbalement lors de la votation.

Il sera en outre chargé de prêter son assistance au tribunal pour la rédaction des jugements et de seconder le président en ce qui concerne la surveillance du greffe.

Quelle critique plus vive peut-on faire d'une institution judiciaire, que lorsqu'on met ainsi légalement en suspicion la capacité du juge?

La loi sarde autorise le tribunal à déléguer chaque semaine un de ses juges, pour statuer sur les affaires dans lesquelles le chiffre de la demande n'atteint pas 300 francs.

Les décisions des tribunaux sardes sont susceptibles d'appel dès que le chiffre de la demande excède 1,200 francs; en France le taux du dernier ressort est de 1500 francs.

Le livre IV du Code sarde contient plus de développements que le Code français. Après un titre consacré à la composition des tribunaux de commerce, le législateur sarde a réglé dans des titres distincts ce qui concerne la compétence des tribunaux de commerce; l'arbitrage en matière de commerce; la forme de procéder dans les causes de commerce; et la contrainte par corps en matière de commerce.

En ce qui concerne la compétence, les mêmes règles sont admises par les deux législations; j'ajouterai que la jurisprudence française , qui reconnaît aux parties le droit d'exciper de l'incompétence des tribunaux lorsqu'il s'agit d'actions personnelles entre étrangers, et qui reconnaît même dans ce cas au juge français le droit de refuser de statuer sur pareilles affaires, est bien moins rigoureuse lorsqu'il s'agit de difficultés provenant d'affaires commerciales (1). C'est faire une application très-juste et très-légale de nos institutions qui autorisent l'étranger à faire le commerce en France (2); et comme conséquence de cette autorisation doivent lui donner des juges pour statuer sur les difficultés auxquelles l'exercice de ce droit peut donner lieu.

(1) Paris, 3o mai 1808 et 24 mars 1817; Metz, 27 avril 1818; Rennes, 28 décembre 1820; Paris, 11 janvier 1825 et 10 novembre 1825; Rej. 24 avril 1827; Cass., 26 nov. 1828; Aix, 17 mai 1831; Rej. 26 avril 1833; Montpellier, 23 janvier 1841.

(1) Arrêté consulaire, 27 prairial, an X (16 juin 1802); Loi, 27 avril 1844, article 1 et suiv.

SECTION V.

PROPRIÉTÉ LITTÉRAIRE ET ARTISTIQUE.

La législation française, en matière de propriété artistique et littéraire, se fonde sur les documents suivants: Loi des 13-19 janvier 1791 (Ouvrages dramatiques); Décret des 19 juillet, 6 août 1791 (Ouvrages dramatiques, musique, peinture); Loi du 30-31 août 1791 (idem); Loi du 19-24 juillet 1793 (Droit de propriété des auteurs); Loi du 1er septembre 1791 (OEuvres dramatiques); Loi du 10 fru ctidor an IV (Livres adoptés comme élémentaires) Loi du 25 prairial an XIII (Saisies); D. du 1er germinal an XIII (Ouvrages posthumes); D. du 7 germinal an XIII (Livres d'église); D. du 8 juin 1806 (Théâtres); Avis du conseil d'état du 12 août 1793 (Application de la loi de 1793); D. du 20 février 1809 (Manuscrits des bibliothèques et établissements publics); D. du 5 février 1810 (Règlement sur l'imprimerie et la librairie); Code pénal de 1810, articles 425 et suivants (Contrefaçon, peines); D. du 6 juillet 1810 (Défense de publier les lois avant le bulletin); D. du 15 octobre 1812 (Charte du théâtre français); Loi du 21 octobre 1814, et Ord. des 24 octobre 1814 et 9 janvier 1828 Dépôt); Loi du 6-7 mai 1841 (Douanes, livres étrangers, contrefaçons); Ord. du 13 décembre 1842 (Importation et transit de la librairie); Loi du 3 août 1844 (Ouvrages dramatiques); D.-Loi du 28-31 mars 1852 (Contrefaçon des ouvrages étrangers); D. du 30 décembre 1852 (Représentation des OEuvres dramatiques); Loi du 8 avril 1854 (Garantie du droit de propriété aux veuves et enfants des auteurs); D. du 29 avril 1854 (Fixation du droit de 50 centimes pour la délivrance des certificats destinés à constater le dépôt légal des œuvres littéraires et artistiques).

Le point de départ et la base de législation se trouvent dans la loi du 19 juillet 1793. Les autres lois et décrets n'ont en quelque sorte fait qu'appliquer les règles qu'elle posait, elles ont étendu le droit de propriété aux œuvres posthumes, elles en ont fait bénéficier les veuves et les enfants, puis les étrangers; elles les ont sanctionnées par des mesures répressives.

Nous devons signaler ici particulièrement le décret du 28 mars 1852, rendu sur le rapport du Garde des sceaux de France, et ainsi conçu :

Art. 1. La contrefaçon sur le territoire français d'ouvrages publiés à l'étranger et mentionnés en l'article 425 du Code pénal, constitue un délit.

Art. 2. Il en est de même du débit, de l'exportation et de l'expédition des ouvrages contrefaits. L'exportation et l'expédition de ces ouvrages sont un délit de la même espèce que l'introduction sur le territoire français d'ouvrages, qui après avoir été imprimés en France, ont été contrefaits chez l'étranger.

Art. 3. Les délits prévus par les articles précédents, seront réprimés, conformément aux articles 427 et 429 du Code pénal. L'article 463 du même Code pourra être appliqué.

Art. 4. Néanmoins la poursuite ne sera admise que sous l'accomplissement des conditions exigées relativement aux ouvrages publiés en France, notamment par l'article 6 de la loi du 19 juillet 1793 (1).

Quant à la propriété industrielle, elle est assurée et réglementée en France par les lois sur les brevets d'invention et sur les dessins et modèles de fabrique.

La dernière loi sur les brevets d'invention du 5 juillet 1844, dont l'article 32 a été modifié par la loi du 31 mai 1856, était en 1859 le code de la matière, lorsque le Corps législatif a été appelé à examiner de nouvelles dispositions.

Une loi du 23 juin 1857 a coordonné et complété en y apportant des modifications et améliorations, les dispositions législatives sur les marques de fabrique, disse-

(1) Il résulte de divers arrêts, notamment de celui de rejet du 14 décembre 1857, dont MM. Rendu et Delorme , *Droit ind. et propr. litt.* n° 855; et Calmels, *De la propr. et de la contref. des œuvres de l'intelligence*, p. 475; *Les noms et marques de fabrique*, n° 222, p. 143; adoptent la jurisprudence, que le décret de 1852 ne serait pas applicable à la représentation des œuvres théâtrales représentées à l'étranger et qu'on voudrait représenter sur les théâtres français; Lacan et Paulmier, *Traité de la légis. des théâtres*, t. 2, n° 677; et Demangeat, *Revue pratiq. de droit*, t. 2, p. 241, ont au contraire attaqué cette opinion. Voyez en ce qui concerne la Sardaigne le traité de 1843, art. 4, *infrà*, p. 398.

minées dans la loi du 22 germinal an XI; le décret du 11 juin 1809; celui du 20 février 1810 et le Code pénal, articles 142 et 143 (1).

Quant à la propriété des noms, au point de vue du commerce et de l'industrie, elle reste en France sous l'application de la loi du 28 juin 1824.

La propriété littéraire est garantie en Sardaigne par l'article 440 du Code civil qui pose le principe de propriété et par les lettres patentes du 28 février 1826 qui en règlent la jouissance (2) ; le Code pénal punit les contrefacteurs et les complices de l'amende et de la confiscation, sans préjudice des dommages-intérêts (articles 406, 407 et 408).

Les brevets d'invention, destinés à protéger la propriété industrielle, sont réglementés par la loi du 12 mars 1855; et l'ordonnance royale du 17 avril suivant, destinée à en régler l'application. Remarquons que cette loi a admis les brevets d'importation.

(1) Sous l'empire des dispositions des articles 5 et 6 de cette loi, la jurisprudence de la Cour de cassation qui refusait à l'étranger non autorisé à résider en France le droit de poursuivre le Français qui usurpait son nom ou sa marque de commerce, doit être abandonnée; cette jurisprudence même avant la loi avait été vivement attaquée par MM. Wolowski, Fœlix et Ballot dans la *Revue étrangère* de 1845, p. 580.

(2) Le défaut d'accomplissement des formalités prescrites par le règlement rend non recevable à se prévaloir de l'article 440; Turin, 6 septembre 1843 (*Annales de jurispr. de Turin*, 1843, p. 251).

Quant à la marque, elle a été rendue obligatoire dans les Etats sardes, par l'édit du 25 juin 1725, pour l'industrie des tissus principalement. Cet édit a été confirmé et son application a été étendue en particulier aux ateliers d'apprêtage de peaux et de cuirs, par l'édit du 15 octobre 1733.

La falsification des marques de fabrique est punie des peines du faux (art. 351, 352, 353 du Code de proc. sarde).

Pour certaines industries, des règlements postérieurs à l'édit de 1733 avaient imposé des obligations particulières.

Enfin une loi du 12 mars 1855 en 23 articles a réglé tout ce qui concerne les marques et autres signes distinctifs des marchandises et l'emploi des noms. L'article 13, concernant les marques employées à l'étranger, admet le principe de la réciprocité en ce qui concerne la garantie; de plus l'article 12 porte :

Les marques et signes distinctifs employés à l'étranger sur des produits et des marchandises de fabrique ou de commerce étranger par des personnes qui ont des magasins, des dépôts ou des succursales dans l'Etat ou sur des animaux de race étrangère répandus dans le royaume, sont reconnus et garantis, pourvu que le dépôt en soit fait de la manière et sous les conditions indiquées dans les articles précédents (concernant les nationaux).

La Sardaigne est le premier pays avec lequel la France ait conclu une convention pour garantir la propriété littéraire et artistique, bien que ce premier traité ne soit que du 28 août 1843. Il a été complété par la convention du 22 avril 1846 et par celle du 5 novembre 1850. Ces trois actes forment le Code des règles à suivre entre les deux puissances. Nous allons en rapporter le texte.

Depuis la France a successivement conclu des traités ayant le même but avec le Portugal (12 avril 1851); le Hanovre (20 octobre 1851); la Grande Bretagne (3 nov. 1851); le duché de Brunsvick (8 août 1852); la Belgique (22 août 1852); la Hesse Darmstadt (18 septembre 1852); la Hesse Hambourg (20 octobre 1852); la Toscane (15 février 1853); la principauté de Reuss, *branche ainée* (24 février 1854); Nassau (2 mars 1853); Reuss, *branche cadette* (30 mars 1853); Hesse Cassel (7 mai 1853); Saxe Weimar Eisenach (17 mai 1853); Oldenbourg (1 juillet 1853); Espagne (15 novembre 1853); Schwarzbourg Sondershaussen et Rudolstadt (7 et 16 décembre 1853); Waldeck et Pyrmont (4 février 1854); Bade (3 avril 1854); Belgique (articles additionnels, 27 août 1854); Hollande (29 mars 1855); Hambourg (2 mai 1856); le royaume de Saxe (19 mai 1856); Luxembourg (4 et 6 juillet 1856); Bade (2 juillet 1857, *propriété industrielle*).

Divers Etats allemands, l'Autriche, la Grèce, le Danemarck, la Suède et la Norwège, admettent le principe
de réciprocité établi par le décret-loi du 28 mars 1852.

Le premier traité international concernant la propriété
littéraire et artistique a été conclu entre l'empereur d'Autriche et le roi de Sardaigne le 22 mai 1840 (*Bullet.
des lois d'Autriche du 17 juin et Bullet. des lois de
Sardaigne* du 20 juin 1840).

CONVENTION DU 28 AOUT 1843

*Conclue entre la France et la Sardaigne, pour garantir dans les
deux pays la protection des œuvres littéraires et artistiques.*

S. M. le roi des Français et S. M. le roi de Sardaigne, également
animés du désir de protéger les sciences et les arts, et d'encoura-
ger les entreprises utiles qui s'y rapportent, ont, à cette fin, résolu
d'adopter d'un commun accord les mesures qui leur ont paru les plus
propres à garantir aux auteurs, ou à leurs ayants-cause, la propriété des œuvres littéraires ou artistiques, dont la publication aurait lieu dans leurs Etats respectifs ; dans ce but, LL. MM. ont
nommé pour leurs plénipotentiaires, savoir : — S. M. le roi des
Français, le marquis Napoléon-Hector Soult de Dalmatie, son ambassadeur près la cour de S. M. le roi de Sardaigne ; et S. M. le
roi de Sardaigne, le comte Clément Solar de la Marguerite, son
premier secrétaire d'Etat des affaires étrangères, etc. ; lesquels,
après avoir échangé leurs pleins pouvoirs, trouvés en bonne et due
forme, sont convenus des articles suivants :

ART. 1er. Le droit de propriété des auteurs ou de leurs ayants-
cause sur les ouvrages d'esprit ou d'art, comprenant les publica-

tions d'esprit , de composition musicale , de dessin, de peinture , de gravure de sculpture, ou autres publications analogues , en tout ou en partie, tel que ce droit est réglé et déterminé par les législations respectives, s'exercera simultanément sur le territoire des deux États, de telle sorte que la reproduction ou la contrefaçon, dans l'un des deux États, d'ouvrages publiés dans l'autre État, soit assimilée à celle des ouvrages qui auraient été originairement publiés dans l'État même (1).

2. La traduction faite dans l'un des deux États d'un ouvrage publié dans l'autre État est assimilée à sa reproduction, et comprise dans les dispositions de l'article 1er, pourvu que l'auteur, sujet, de l'un des deux souverains contractants, en faisant paraître un ouvrage, ait notifié au public qu'il entend le traduire lui-même, et que sa traduction ait été publiée dans le délai d'un an, à partir de la publication du texte original.

3. Sont également comprises dans les dispositions de l'article 1er, et assimilées aux productions originales, en ce qui concerne leur reproduction dans la même langue , les traductions faites , dans l'un des deux États, d'ouvrages publiés hors du territoire des deux États. Toutefois ne sont pas comprises dans lesdites dispositions les traductions faites dans une langue qui ne serait pas celle de l'un des deux États.

4. Les dispositions des articles 1er et 2 sont applicables à la représentation des pièces de théâtre, sur lesquelles les auteurs ou leurs ayants-causes percevront les droits déterminés par la législation du pays où elles seront représentées.

5. Nonobstant les dispositions des articles 1er et 2, les articles

---

(1) Il y a contrefaçon prohibée par la convention et punie par la loi du 9 juin 1845 (voyez note suivante), lorsque à partir de l'époque où le traité a été déclaré exécutoire non-seulement on a reproduit un ouvrage , mais même si on s'est borné à faire de nouveaux tirages d'un ouvrage sur clichés (De Barante, Rapport à la ch. des pairs du 14 avril 1845 sur la loi du 9 juin 1845).

extraits des journaux ou écrits périodiques de l'autre Etat, pourvu que l'origine en soit indiquée (1).

6. L'introduction et la vente, dans chacun des deux Etats, d'ouvrages ou d'objets de contrefaçon, définis par les articles 1ᵉʳ, 2 et 3 ci-dessus, sont prohibées, lors même que les contrefaçons auraient été faites dans un pays étranger.

7. En cas de contravention aux dispositions des articles précédents, la saisie des contrefaçons sera opérée, et les tribunaux appliqueront les peines déterminées par les législations respectives, de la même manière que si le délit avait été commis au préjudice d'un ouvrage ou d'une production d'origine nationale. — Les caractères qui constituent la contrefaçon seront déterminés par les tribunaux de l'un et l'autre Etat, d'après la législation en vigueur dans chacun ds ces deux Etats.

8. Pour faciliter l'exécution de la présente convention, les Gouvernements contractants se communiqueront réciproquement les lois et règlements spéciaux que chacun d'eux pourra adopter relativement à la propriété des ouvrages ou productions définis par les articles 1, 2, 3 et 4 ci-dessus.

9. Les dispositions de la présente convention ne pourront porter préjudice, en quoi que ce soit, au droit que se réserve expressément chacun des deux Etats de permettre, surveiller ou interdire, par des mesures de législation ou de police intérieure, la circula-

---

(1) Lors de la discussion de la loi du 9 juin 1845 on se plaignit de ce que le texte de cet article faisait craindre qu'on ne considérât point comme une contrefaçon, dans le royaume de Sardaigne, cette reproduction qui en France est interdite par le droit commun et la jurisprudence des tribunaux ; à ce sujet, le gouvernement français qui avait eu les mêmes doutes avait transmis des notes au gouvernement sarde, pour que celui-ci admît l'interprétation qui assurait aux auteurs leur propriété littéraire de la même manière qu'en France. Le ministre de Sardaigne avait répondu dans ce sens, mais pour éviter toute difficulté l'article 4 du traité de 1845 a été remplacé dans la convention additionnelle de 1846 d'un article (art. 3) qui est très-formel.

tion, la représentation ou l'exposition de tels ouvrages ou productions sur lesquels il jugera convenable de l'exercer.

10. La présente convention aura force et vigueur pendant six
années, à dater du jour dont les hautes parties conviendront pour
son exécution simultanée, dès que la promulgation en sera faite
d'après la loi particulière à chacun des deux Etats. Si, à l'expiration des six années, elle n'est pas dénoncée six mois à l'avance,
elle continuera à être obligatoire d'année en année, jusqu'à ce
que l'une des parties contractantes ait annoncé à l'autre, mais un
an à l'avance, son intention d'en faire cesser les effets.

11. La présente convention sera ratifiée par Leurs Majestés, et
l'échange des ratifications aura lieu à Turin, dans l'espace d'un
mois, ou plus tôt, si faire se peut. — Fait à Turin, le 28 août de
l'an de Notre-Seigneur 1843. — *Signé*, Marquis de Dalmatie. —
Signé, Solar de la Marguerite (1).

Convention supplémentaire du 22 Avril 1846.

S. M. le roi des Français et S. M. le roi de Sardaigne, désireux
de prévenir les difficultés que pourrait rencontrer dans l'exécution
la convention conclue à Turin, le 28 août 1843, pour garantir réciproquement la propriété des œuvres littéraires et artistiques, sont
convenus de régler d'un commun accord et par une convention

(1) La loi du 9 juin 1845, promulguée en France pour assurer l'exécution du traité du 28 août 1843, porte : « Art. unique. Les peines
portées par les articles 427 et 428 du Code pénal et les dispositions de
l'art. 429 du même Code seront appliquées aux faits de contrefaçon,
d'introduction, de vente d'œuvres littéraires et artistiques et aux représentations d'ouvrages dramatiques, prévus par les articles 1, 2, 3,
4 et 6 de la convention conclue entre la France et la Sardaigne le 28
août 1843. » Cette loi fut adoptée à la chambre des députés à l'unanimité de 237 voix, au rapport de M. Vivien (*Moniteur* des 22 et 24 mai
1844, 25 mars et 11 avril 1855.

supplémentaire tous les points omis ou demeurés douteux, et ont nommé à cet effet pour leurs plénipotentiaires respectifs, savoir : S. M. le roi des Français, le comte Hector Mortier, pair de France, etc, et S. M. le roi de Sardaigne, le comte Clément Solar de la Marguerite, son ministre et premier secrétaire d'État des affaires étrangères, etc ; lesquels, après avoir échangé leurs pleins pou-. voirs, trouvés en bonne et due forme, sont convenus des articles suivants :

Art. 1er. Les auteurs d'ouvrages d'esprit ou d'art, ou leurs ayants cause, qui auront accompli les formalités prescrites par les lois en vigueur dans celui des deux États où leurs ouvrages auront été publiés, seront admis à jouir, dans l'autre État, de la propriété assurée par la convention du 28 août 1843, à la charge seulement de faire constater, au besoin, par un certificat régulier, qu'ils ont accompli lesdites formalités. — En ce qui concerne la durée du droit de propriété, les hautes parties contractantes déclarent qu'elle sera respectivement, pour les auteurs de leur vie entière, et pour leurs héritiers, de vingt années, qui commenceront à courir à partir du décès des auteurs.

2. Afin de pouvoir constater d'une manière précise dans les deux États le jour de la publication d'un ouvrage, on se réglera sur la date du dépôt qui en aura été opéré dans l'établissement public désigné à cet effet. Si l'auteur entend réserver son droit de traduction, il en fera la déclaration en tête de son ouvrage et mentionnera, à la suite de cette déclaration, la date du dépôt. — A l'égard des ouvrages qui se publient par livraisons, il suffira que cette déclaration de l'auteur soit faite dans la première livraison. Toutefois le terme fixé pour l'exercice de ce droit ne commencera à courir qu'à dater de la publication de la dernière livraison, pourvu d'ailleurs que, entre les deux publications, il ne s'écoule pas plus de trois ans. — Relativement aux ouvrages publiés par livraisons, l'indication de la date du dépôt devra être apposée sur la dernière livraison, à partir de laquelle commence le délai fixé pour l'exercice du droit de traduction.

3. L'article 5 de la convention du 28 août 1843 est modifié en

26

ce sens qu'on ne pourra pas reproduire, dans les deux Etats, les articles de journaux dont les auteurs auront déclaré, dans le journal même où ils les auront déposés, qu'ils en interdisent la reproduction.

4. La présente convention ne pourra faire obstacle à la libre continuation de la vente, publication ou introduction dans les Etats respectifs, des ouvrages qui auraient déjà été publiés ou introduits, en tout ou en partie, dans l'un d'eux, avant la mise en vigueur de ladite convention, pourvu qu'on ne puisse faire postérieurement aucune autre publication des mêmes ouvrages, ni introduire de l'étranger des exemplaires autres que ceux destinés à compléter les expéditions ou souscriptions précédemment commencées.

5. La présente convention supplémentaire sera ratifiée, et les ratifications en seront échangées à Turin, dans le délai d'un mois, ou plus tôt, si faire se peut. — En foi de quoi les plénipotentiaires respectifs ont signé en double expédition la présente convention supplémentaire, et y ont apposé le cachet de leurs armes. — Fait à Turin, le 22 avril 1846. — *Signé*, Comte MORTIER. — *Signé*; SOLAR DE LA MARGUERITE.

CONVENTION LITTÉRAIRE DU 5 NOVEMBRE 1850

Conclue entre la France et la Sardaigne.

Le Président de la République française et Sa Majesté le roi de Sardaigne, ayant reconnu que des circonstances indépendantes de la volonté des hautes parties contractantes ont jusqu'ici empêché que les conventions spéciales signées à Turin, le 28 août 1843 et le 22 avril 1846, pour la garantie réciproque, en France et en Sardaigne, de la propriété des œuvres d'art et d'esprit, produisissent les résultats avantageux qui en avaient inspiré la conclusion, et voulant régler d'un commun les difficultés pratiques que l'expérience a fait ressortir ; d'un autre côté, Sa Majesté le roi de Sardaigne ayant consenti à faciliter l'entrée dans ses Etats des livres,

gravures, lithographies et ouvrages de musique publiés en France,
en abaissant les droits actuellement perçus, d'après la loi, pour
l'importation desdits articles, le Président de la République française et Sa Majesté le roi de Sardaigne ont jugé convenable de
conclure dans ce but une convention spéciale, et ont nommé pour
plénipotentiaires, savoir : — Le Président de la République française, M. Ferdinand Barrot, représentant du peuple, envoyé extraordinaire, etc.; — Et Sa Majesté le roi de Sardaigne , M. le chevalier Louis Cibrario, sénateur du royaume, chevalier des ordres
des Saints Maurice et Lazare, et du Mérite civil de Savoie, etc.;
— Lesquels, après s'être communiqué leurs pouvoirs respectifs,
trouvés en bonne et due forme, sont convenus des articles suivants :

Art. 1er. Les deux hautes parties contractantes, voulant assurer
la stricte exécution des dispositions de l'article 6 de la convention
du 28 août 1843, qui prononcent la prohibition à l'entrée, dans
chacun des deux Etats, de tous ouvrages ou objets de contrefaçon
définis par les articles 1, 2 et 3 de ladite convention, s'obligent à
tenir la main à ce que toute tentative pour introduire en fraude de
semblables ouvrages ou objets de contrefaçon, par les frontières
des deux pays, soit repoussée d'une manière absolue.

2. Afin de faciliter l'exacte exécution de l'engagement stipulé
dans l'article 1er précédent, il est, en outre, expressément convenu: — 1° Que tout envoi fait d'un des deux pays dans l'autre,
d'ouvrages d'esprit ou d'art, devra être accompagné d'un certificat
délivré en France par les préfets ou sous-préfets établis dans la
ville la plus voisine du lieu d'expédition, et, en Sardaigne, par les
intendants généraux et intendants de province (1). — Ce certificat,
dont le coût ne pourra respectivement dépasser 50 centimes, que

---

(1) Ce certificat est délivré au bureau de la librairie du ministère
de l'intérieur à Paris, et dans les secrétariats des préfectures et sous-
préfectures en province. Les expéditions faites de l'étranger ou de Sardaigne doivent être visées par les ministres ou consuls sardes ou les
administrateurs locaux.

que soit le nombre d'ouvrages composant chaque envoi, devra,
d'une part, énoncer la liste complète, le titre, le nombre d'exemplaires des ouvrages auxquels il s'applique, et, de l'autre, constater que ces mêmes ouvrages sont tous édition non contrefaite et
propriété française ou sarde, selon le pays d'où l'exportation s'effectue, ou qu'ils y ont été nationalisés par le payement des droits
d'entrée; — 2° Que tous les ouvrages expédiés à destination de l'un
des deux États, d'ailleurs que de l'autre État, devront, lorsqu'ils
seront rédigés dans la langue de ce dernier État, être accompagnés
de certificats délivrés par les autorités compétentes du pays de
provenance, libellés dans la forme indiquée ci-dessus, et constatant que lesdits ouvrages sont tous publication non contrefaite
d'ouvrages français ou piémontais.

3. La reconnaissance et la vérification de la nationalité des envois d'ouvrages d'art ou d'esprit se feront dans les bureaux de
douane respectifs spécialement ouverts à cet effet, et avec le concours des agents chargés, dans les deux pays, de l'examen des
livres arrivant de l'étranger.

4. Tout ouvrage d'esprit ou d'art, dans les cas prévus par le précédent article, qui ne sera point accompagné de certificat en due
forme, sera retenu à la douane; procès-verbal en sera dressé, et
une expédition dûment légalisée sera envoyée, dans le plus bref
délai possible, aux agents diplomatiques ou consulaires respectifs,
ainsi qu'aux parties intéressées, à la diligence de l'administration
des douanes où la retenue a été opérée. — Les parties auront cinquante jours pour se pourvoir, soit devant l'autorité judiciaire, soit
devant l'autorité administrative, afin de faire valoir leurs droits.
Ce délai expiré sans qu'aucune réclamation ait été signifiée à l'administration des douanes, les livres retenus pourront être introduits, sauf aux parties à faire valoir ultérieurement leurs droits
conformément aux lois sur les contrefaçons.

5. Au moment de la mise à exécution de la présente convention,
les hautes parties contractantes se communiqueront réciproquement la liste exacte des bureaux de douanes maritimes et terres-
tres auxquels sera limitée, de part et d'autre, la faculté de recevoir
et de reconnaître les envois d'ouvrages d'esprit ou d'art.

6. Pendant la durée de la présente convention, les droits actuellement établis à l'importation licite, dans le royaume de Sardaigne, des livres, gravures, dessins ou ouvrages de musique publiés dans toute l'étendue du territoire de la République française, demeureront réduits et fixés aux taux ci-après établis :

Livres {	blancs, reliés, à 65 fr. par 100 kil.	
	imprimés, reliés, à 60 fr. par 100 kil.	
	imprimés, brochés, à 30 fr. par 100 kil.	
Musique {	manuscrite, à 50 fr. par 100 kil.	
	gravée, à 60 fr. par 100 kil.	
Papier {	imprimé, avec images, figures et points de vue . . . . {	sur cuivre et lithographié, à 100 fr. par 100 kil.
		sur bois, à 60 fr. les 100 kil.

Il est entendu que le taux des droits ci-dessus spécifié ne sera pas augmenté pendant la durée de la présente convention, et que si, avant l'expiration de celle-ci, ce taux était réduit en faveur des livres, gravures, dessins ou ouvrages de musique publiés dans tout autre pays étranger, cette réduction s'étendra en même temps aux objets similaires publiés en France.

7. La présente convention, considérée comme supplémentaire à celles des 28 août 1843 et 22 avril 1846, dont la durée est prorogée pour le même laps de temps, restera en vigueur pendant six années, à partir du jour où les parties contractantes seront convenues de la mettre à exécution, et après qu'elle aura été promulguée conformément aux règlements de chaque pays. Dans le cas où aucune des deux parties ne signifierait, six mois avant l'expiration des six années sus-indiquées, son intention d'en faire cesser les effets, la présente convention et celles des 28 août 1843 et 28 avril 1846 continueront à rester en vigueur encore une année; et ainsi, d'année en année, jusqu'à l'expiration d'une année à partir du jour où l'une ou l'autre des parties les auront simultanément dénoncées. — Les hautes parties contractantes se réservent cependant la faculté d'apporter, d'un commun accord, à la présente convention toute modification dont l'expérience viendrait à démontrer l'opportunité.

8. Les hautes parties contractantes, voulant assurer des garanties analogues à la propriété des dessins et marques de fabrique, sont convenues d'en faire l'objet d'un accord spécial, dès que la législation sur cette matière aura reçu, dans les deux pays, son complément nécessaire.

9. La présente convention sera ratifiée, et les ratifications en seront échangées à Turin dans le délai de deux mois, ou plus tôt, si faire se peut. — En foi de quoi, les plénipotentiaires respectifs l'ont signée et y ont apposé leurs cachets. — Fait à Turin, le 5 du mois de novembre 1850. — Signé, Ferdinand BARROT. — Signé, CIBRARIO.

IV.

DROIT CRIMINEL.

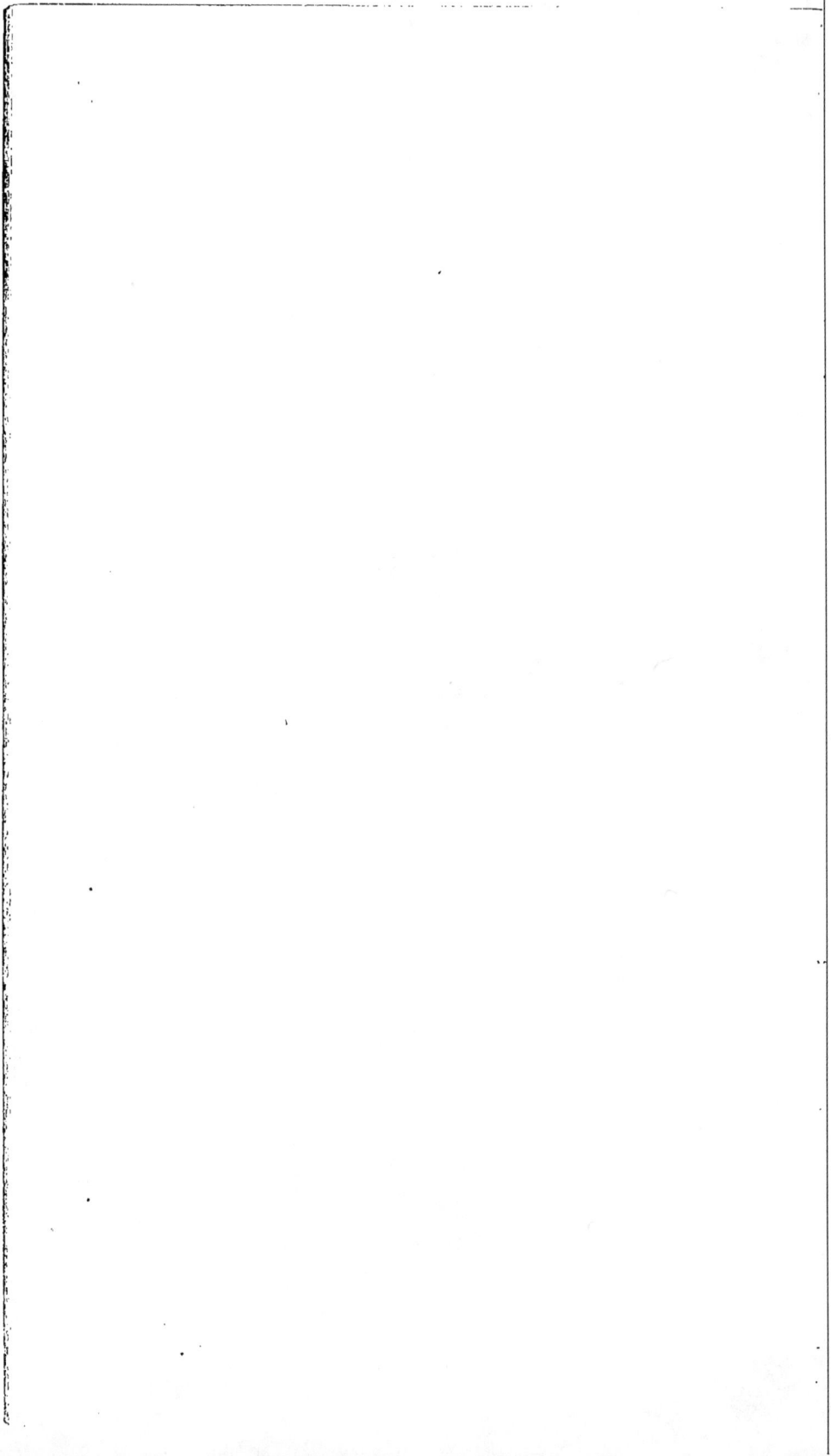

DROIT CRIMINEL.

LOIS DE POLICE ET DE SURETÉ, EXERCICE DU DROIT
DE RÉPRESSION.

La loi française et la loi sarde ont l'une et l'autre consacré ce principe écrit dans toutes les législations et qui
est indispensable à la sûreté des Etats que *les lois de
police et de sûreté obligent tous ceux qui habitent le
territoire* (C. Nap., art. 3 ; C. civ. sarde, art. 12).

Cette disposition doit être appliquée dans son sens le
plus large, c'est-à-dire que par lois de police et de sûreté il faut entendre non-seulement les actes du pouvoir
législatif, mois encore les actes du pouvoir exécutif et des
autorités administratives agissant dans les limites de leurs
attributions.

Toutes les infractions aux lois et règlements, quelque
soit leur caractère, contraventions, délits ou crimes, soumettent l'étranger comme le Français aux mesures répressives édictées pour les punir.

La loi sarde comme la loi française se sert des mots :
ceux qui habitent le territoire ; leur disposition atteint
cependant non-seulement l'étranger qui réside dans ces
pays, mais encore celui qui ne fait que les traverser en
voyageur ou dans un but quelconque. Du moment où
un individu qui se trouve sur le territoire français ou
sarde contrevient à la loi de la nation sur le territoire de
laquelle il se trouve, il tombe sous le coup de la loi pénale du pays: *intrasti urbem, ambula juxta ritum ejus.*

Ceux auxquels est confié l'exercice de l'action publique doivent donc déférer aux tribunaux compétents les
crimes, délits et contraventions commis par les étrangers
dans leurs ressorts.

D'un autre côté la justice et l'équité veulent que l'é-
tranger puisse bénéficier, le cas échéant, de ces mêmes
lois sous l'empire desquelles il se trouve placé, et s'il
doit s'y soumettre il doit pouvoir les invoquer et en obtenir une juste protection (Cour de cass. 17 nov. 1834).

Dès lors l'étranger lésé par un acte délictueux pourra,
non-seulement porter plainte, mais encore se porter partie civile devant les tribunaux de répression (1).

(1) Rousseau de Lacombe, *Mat. crim.*, p. 164 ; Jousse, *Traité de la
just. crim.*, t. 3, p. 91 ; F. Hélie, *Instit. crim.*, t. 2, p. 331 ; Rauter,
Droit crim., nᵒˢ 2 et 685 ; Merlin, *Rép.*, vᵒ *Etranger*, § 2, nᵒ 8; Sapey,
Des étrang. en France, p. 212 ; Sourdat, *De la resp.*, t. 1, nᵒ 292 ;
Delisle, *De l'interpr. des lois*, t. 1, p. 451.

On a voulu faire une distinction à l'encontre de l'é-
tranger non autorisé à établir son domicile en France ,
lorsqu'il s'agissait d'exercer l'action en responsabilité
contre les communes, sur le motif que la loi du 12 vendémiaire an IV , exorbitante du droit commun appartenait exclusivement par sa nature et ses dispositions
au droit civil (1) ; mais la Cour de cassation en cassant,
le 17 novembre 1834, l'arrêt de la Cour de Metz du 1ᵉʳ
août 1832, a répondu que la loi de l'an IV était une loi
de police et de sûreté obligeant tous ceux qui habitent le
territoire, étrangers et nationaux , et leur assurant une
juste réciprocité de protection. C'est l'opinion que le
Conseil d'Etat a consacrée, le 28 novembre 1845, à l'encontre de la commune de Coggia en lui refusant l'autorisation de se présenter en justice pour faire valoir cette
exception. Elle est professée par M. Sourdat, n° 1115 ;
Rendu, *Respons. des comm.* ; Zachariæ, édit. Massé et
Vergé, t. 1, p. 82 ; Valette sur Proudhon, t. 1, p. 80 ;
Delisle, *De l'intepr. des lois*, t. 1, p. 554. C'est la solution que j'avais indiquée moi – même dans un article
sur la responsabilité des communes , inséré dans la
Revue de législation, 1852, t. 2, p. 344.

On s'est demandé si certaines personnes , à cause de

---

(1) Metz, 1 août 1832, Le Sellyer, n° 746.

leurs fonctions , ne devaient pas être placées en dehors des lois de police et de sûreté; et on a dit que les plaintes auxquelles les ambassadeurs pouvaient donner lieu, devaient être déférées à leur gouvernement auquel seul il appartient de prendre des mesures. Cette règle , écrite dans la loi française (Décret 13 ventôse an II), se retrouve dans la loi anglaise de 1709, la loi des Etats-Unis de 1790 , des Pays-Bas de 1679 , du Danemarck du 4 octobre 1708, du Portugal du 11 décembre 1748, dans le Code de procédure prussien, partie 1, titre 29, § 89, etc. Burlamaqui, Bykershœck, Vattel, Klüber, de Martens, Puffendorf, Grotius, en un mot tous les auteurs qui se sont occupés du droit des gens, admettent ces immunités qui sont réclamées notamment dans les ouvrages spéciaux de Wicquefort sur *l'ambassadeur et ses fonctions*, et de Cramer, *Dissertatio de exemptione legatorum a foro criminali ejus ad quem missi sunt.*

On a même voulu étendre ce privilége aux individus attachés à la personne de l'ambassadeur en ce qui concerne les affaires de l'ambassade. La consécration de ce principe fut formulé en article de loi par la section de législation lors de la discussion du Code Napoléon; mais la proposition fut écartée sans examen comme portant sur un point étranger au droit civil ; il est professé par Grotius, liv. 2, ch. 8, n° 1. Il sert de base à l'arrêt de la Cour de Paris du 29 juin 1811, rendu en faveur d'un interprète de l'ambassade ottomane. L'arrêt de la Cour de Paris, du 21 août 1841, en a fait l'application aux femmes des ambassadeurs, en faveur de la femme du baron de Pappenheim, ministre du grand duc de Hesse.

Toutefois il a été jugé, le 11 juin 1852, par arrêt de rejet, à l'encontre d'un employé de l'ambassade d'Angleterre, que dans tous les cas la poursuite est régulièrement intentée si elle est dirigée contre un individu attaché au service d'un ambassadeur ou autre agent diplomatique étranger, sur la plainte de cet agent et avec son consentement; et qu'elle peut atteindre les personnes qui attachées au service de l'ambassadeur, comme intendants par exemple, n'ont aucune mission qui les attache au service du gouvernement étranger.

Les immunités qui protègent les agents diplomatiques ne les protègent pas seulement contre les poursuites criminelles, mais même contre les poursuites et les exécutions en matière civile (1).

L'hôtel des ambassadeurs et agents diplomatiques ne peut point être considéré comme un asile pour les mal-

---

(1) Voyez à ce sujet la dissertat. de M. Fœlix dans la *Revue étrangère* de 1845, p. 35, au sujet d'une affaire concernant M. Wheaton alors ambassadeur à Berlin.

faiteurs. S'il y a lieu d'y procéder à des arrestations, il
faut non-seulement remplir les prescriptions de la loi,
mais agir encore avec la mesure et les procédés qu'il
faut garder vis-à-vis les agents accrédités par les puissances étrangères près du gouvernement français; mais
ces agents ne peuvent soustraire à l'action régulière de
la justice des malfaiteurs, dans les pays où ils résident, en les recevant chez eux et refusant de les livrer (1).

Ces règles sont applicables aux agents diplomatiques
sardes en France et réciproquement; mais les immunités qu'elles consacrent doivent-elles être étendues aux
consuls ?

Si j'examinai la question au point de vue général,
je serais obligé d'entrer dans beaucoup de développements. Le plus souvent on a refusé le caractère d'agents
diplomatiques aux consuls et par suite on a également
refusé de leur appliquer les priviléges dont ces agents
jouissent; quelques auteurs sont entrés à ce sujet dans

(1) Bynkershoek, *De jud. comp.*, chap. 2; Wicquefort, *Le parf.
ambassad.;* Grotius, *De jure pac. et bel.*, lib. 2, p. 18, § 8, n° 3; Bar-
beyrac sur Puffendorf, *Droit de la nature et des gens*, liv. 8, chap.
5, § 15, note 5; De Martens, *Guide dipl.*. t. 1, § 54, p. 81; Blondel,
Monog. de l'extrad., p. 5; Le Sellyer. n° 1959 et suiv.; Mangin, t. 1, n°
82; Merlin, *Rep.* v° *Min. public*, sect. 5, § 5; — *Contrà* Carnot sur l'art.
514, Code d'instr. crim.

des distinctions dont l'examen nous entraînerait trop loin (1).

Je me borne à examiner quels sont à ce point de vue les rapports qui existent entre la France et la Sardaigne. La jurisprudence me fournit le document suivant:

En 1829 MM. Maglione et Préve, attachés au consulat général de Sardaigne à Marseille, étaient cités devant le tribunal de police correctionnelle de cette ville pour s'être immiscés dans les fonctions de courtiers conducteurs de navire. Devant la juridiction correctionnelle, ils demandaient à participer aux immunités qu'ils prétendaient être attachées aux consuls comme représentants d'une puissance étrangère et ils excipaient de l'incompétence des tribunaux français pour connaître des opérations qu'on leur reprochait. Pour le cas où cette exception serait repoussée, ils excipaient des traités qui, d'après eux donneraient aux consuls sardes le droit de

_____

(1) On peut consulter sur la question Warden, *Etablis. cons.*, ch. 5; Borel, *Fonctions des consuls*, p. 39; Binkershoek, p. 112; Pardessus, *Droit commerc.*, n° 1448; Viquefort; Merlin, *Rep.* v° *Consul français*, § 2; Mangin, *Action publ.*, t. 1, p. 162; Duverger, *Manuel du juge d'instr.*, t. 1, n° 51; Massé, *Droit comm.*, t. 1, n° 439; de Belleyme, *Ord. sur référé*, t. 1, p. 361, 3e édit.; Gilbert, *Cod. Nap.*, art. 3, notes 14 et suiv.; de Villeneuve, *Recueil des lois et arrêts*, année 1841, 1re partie, p. 147, notes, Massé et Vergé sur Zachariæ, t. 1, p. 36, note 6; Delisle, *Princip. de l'interprét.*, t. 1, p. 366; et les décisions suivantes: Cass., 5 vend., an 9; Conseil d'état, 21 juillet 1824; Trib. de la Seine, 1 décembre 1840; Paris, 28 avril 1841 et 25 août 1842.

faire en ce qui concerne leurs nationaux, les opérations qu'on leur reprochait, comme réservées aux courtiers impériaux.

Le tribunal refusa d'accueillir ces moyens de défense; on les reproduisit de nouveau devant la Cour qui les repoussa également par son arrêt du 14 août 1829, motivé comme suit:

Attendu que les fonctions dans lesquelles se sont immiscés Maglione et Préve sont par les dispositions de la loi du 28 ventôse an IX, et de l'article 80 du Code de commerce dans les attributions des courtiers royaux;

Attendu que les diverses pièces émanant du consul général sarde que produisent les inculpés pour décliner la juridiction des tribunaux ne peuvent amener ce résultat; qu'en effet, la voie de garantie n'étant jamais ouverte, lorsqu'il s'agit de l'application d'une disposition pénale, de même, nul ne saurait dans une instance criminelle, prendre la place de la personne qui s'y trouve impliquée, et se mettre au lieu d'elle, sous le poids des poursuites judiciaires; que si une telle intervention n'est point admissible, à plus forte raison, faut-il écarter de simples déclarations écrites, puis qu'un témoignage oral fait sous la foi du serment ne lierait pas même le juge; qu'ainsi ces déclarations ne sont nullement de nature à mettre obstacle au cours de la justice, en autorisant les inculpés à réclamer, au nom du consul de Sardaigne, une immunité hors de l'atteinte des tribunaux français et que le consul aurait cru trouver dans le caractère diplomatique;

Attendu à cet égard qu'il ne serait point exact de dire que les consuls étrangers dans nos villes maritimes, participent aux prérogatives d'immunité dont jouissent, pour eux et les personnes de leur suite, les ambassadeurs, les ministres et envoyés des puissances étrangères; que ces divers délégués sont considérés comme représentant en France leur gouvernement, et sont les agents directs de leur souverain, qui leur a confié ses pouvoirs. Que l'on ne saurait donner ce caractère au consul qui n'est que le protecteur, le régulateur des opérations ou des difficultés de ses nationaux, l'homme enfin de la loi du pays, dont il est le mandataire, plutôt que celui de son souverain, et qu'il est dès lors compris dans la règle générale tracée par l'article 3 du Code civil; qu'ainsi Maglione et Préve fussent-ils, par les pièces dont ils se prévalent constitués les représentants du consulat sarde à Marseille, n'en demeureraient pas moins sous la juridiction du tribunal correctionnel de cette ville;

Attendu qu'il n'est nullement justifié qu'au détriment des courtiers nommés par le roi, il existe des traités qui aient donné naissance au droit réclamé par les inculpés au nom du consul sarde; que d'ailleurs ce droit ne pourrait jamais s'étendre jusqu'à la faculté de le transmettre à un tiers sans caractère public et qui même n'aurait fait nullement constater de la prétendue qualité avant les opérations qui ont donné lieu à l'instance dont il s'agit; que ces principes sont d'autant plus certains, qu'un courtier royal n'aurait pas davantage la faculté de soustraire celui qui indûment et sans qualité, se serait livré à des opérations de courtage, aux peines portées par la loi, en venant attester à la justice que c'est pour son compte et dans son intérêt seul que le mandataire les aurait faites.

Depuis cet arrêt et le 4 février 1852 une convention consulaire a été conclue entre la France et la Sardaigne; l'article 2 de cette convention, dont nous reproduirons le texte dans la partie de ces études concernant les relations commerciales entre les deux pays, règle les droits, priviléges et immunités consulaires dans les deux pays.

Je dois ajouter que l'article 19 de la nouvelle loi sarde

27

sur les consulats, du 15 août 1858, porte que, les consuls exercent les fonctions administratives et *même lorsqu'elles leur sont déléguées, les fonctions diplomatiques*. Lorsqu'une pareille délégation existe et qu'ils ont
été acceptés avec cette délégation, les consuls sont de
véritables agents diplomatiques, ayant droit aux priviléges attachés à cette qualité.

Je disais tantôt que l'hôtel des ambassadeurs ne peut
être considéré comme un asile pour les malfaiteurs; je
soutiens qu'il en est de même des navires étrangers an-
crés dans les ports français. S'il est vrai qu'en pleine
mer le navire et même ses eaux puissent être considérés comme un démembrement de la puissance à laquelle il appartient, il ne saurait en être de même lorsque sortant des eaux libres et publiques, il entre dans
les eaux privées et dans les ports d'une nation; il est
alors soumis à toutes les lois d'impôt, de surveillance et
surtout de police et de sûreté, et il ne peut en hissant
à son bord un pavillon étranger au milieu d'un port
français, se soustraire aux lois du pays et y soustraire,
en servant d'asile, les malfaiteurs qui pourraient atteindre son bord; que dans ce cas on ait des égards dans les
modes de procéder pour le pavillon que le navire étranger arbore, soit; mais dans aucun cas, si le capitaine ou
son consul refusent à l'autorité française de procéder à

l'arrestation d'un malfaiteur, la loi française et ceux
auxquels elle donne mission d'agir dans le ressort soumis à leur action, ne sauraient rester impuissants.
Force doit rester à la loi et à ses agents sur le territoire
français, quelque soit le propriétaire de la maison ou
du navire où se trouve le malfaiteur.

Des lois récentes ont assuré aux autorités administratives le droit d'expulsion à l'égard des étrangers qui
pourraient être dangereux; et nous avons vu faire souvent l'application de ce droit dans les départements limitrophes de la Sardaigne.

Déjà notre code pénal, art. 272, portait que les individus déclarés vagabonds par jugement, pourraient, s'ils
étaient étrangers, être conduits par les ordres du gouvernement hors du territoire de l'Empire. Cette disposition qui laissait subsister l'article 7 de la loi du 28 vendémiaire an VI, concernant la police administrative (1),
ne pouvait être appliquée que par l'autorité administrative et non par les tribunaux (2). Celui qui contrevenait
à l'arrêté d'expulsion, en rentrant en France était puni
des peines portées aux art. 44 et 45 du Code pénal (3) ;

(1) Chauvean Adolphe et Faustin Hélie, *Droit pénal*, t. 3, p. 292,
2me édit.
(2) Cour de cassation, 9 septembre 1826, 6 décembre 1832; 15 juin
1837.
(3) Douai, 3 mai 1833.

il est aujourd'hui atteint par les dispositions de l'article
8 de la loi du 3 décembre 1849 (1).

Cette loi, qui a étendu l'application de la loi du 22
vendémiaire an VII, en ces matières, porte:

Art. 7. Le ministre de l'intérieur pourra, par mesure de police,
enjoindre à tout étranger voyageant ou résidant en France, de sortir immédiatement du territoire français, et le faire conduire à la
frontière. Il aura le même droit à l'égard de l'étranger qui aura obtenu l'autorisation d'établir son domicile en France, mais après un
délai de deux mois, la mesure cessera d'avoir son effet si cette autorisation n'a pas été révoquée suivant la forme indiquée dans
l'article 3 (décision du gouvernement après avis du Conseil d'état).

Dans les départements-frontières, le préfet aura le même droit à
l'égard de l'étranger non résidant, à sa charge d'en référer immédiatement au ministre de l'intérieur.

Art. 8. Tout étranger qui se serait soustrait à l'exécution des
mesures énoncées dans l'article précédant ou dans l'article 272 du
Code pénal, ou qui après être sorti de France par suite de ces mesures, y serait rentré sans la permission du gouvernement, sera
traduit devant les tribunaux et condamné à un emprisonnement
d'un mois à six mois.

Après l'expiration de sa peine il sera conduit à la frontière.

Art. 9. Les peines prononcées par la présente loi pourront être
réduites conformément aux dispositions de l'article 463 du Code
pénal.

« Le pouvoir conféré aux préfets dans les départements
frontières, a eu surtout pour but de leur permettre d'arrêter ces invasions d'hommes souvent sans aveu et

(1) Cour de Cassation, 27 mars 1852.

toujours sans ressources, qui paralysent les efforts faits avec le plus de zèle pour l'extinction de la mendicité..... Il importait que le droit d'expulsion pût être exercé à l'égard des étrangers qui franchissent la frontière, avant que les délais d'une décision ministerielle leur eussent laissé le temps de pénétrer dans l'intérieur... » (Rapport de M. de Montigny à la Chambre, séance du 8 novembre 1849). Le pouvoir direct du préfet n'existe plus lorsqu'il s'agit d'un étranger ayant déjà une résidence en France.

En ce qui concerne les individus déclarés vagabonds, le Code pénal sarde contient une disposition conforme au Code pénal français, et qui est encore plus impérative :

Art. 433. Si les individus déclarés vagabonds sont étrangers, on les expulsera des Etats, et, dans le cas où ils y rentreraient, ils seront punis d'un emprisonnement dont la durée pourra s'étendre à un an.

L'article 459 applique au mendiant étranger en ce qui concerne l'expulsion, la disposition de l'article 453 concernant les vagabonds.

Indépendamment des oisifs, des vagabonds et des mendiants, le Code pénal sarde reconnaît encore une classe de personnes dangereuses, sous la qualification de *personnes suspectes*. Il met dans cette classe l'étran-

ger qui s'est introduit dans les Etats du Roi sans passeport ni autres papiers, réguliers, et qui ne justifie aucunement de ses qualités (art. 460, § dernier).

Aux termes des articles 461 et suivants, ces personnes
suspectes sont punies de diverses peines dans certains
cas prévus par la loi, ainsi: lorsqu'elles ont été trouvées
travesties, nanties d'instruments habituels aux voleurs,
de sommes d'argent dont la provenance n'est pas justifiée ; lorsqu'elles ont usé de menaces.

Les législations des divers Etats de l'Europe n'ont
point admis les mêmes principes lorsqu'il s'est agi d'apprécier le droit qu'aurait un Etat de poursuivre un régnicole pour crime ou délit par lui commis en pays
étranger. Voici sur cette question et celles qui s'y ratta-
chent les dispositions des lois françaises et sardes:

Loi Française.	Loi Sarde.
Tout Français qui se sera rendu coupable hors du territoire de France, d'un crime attentatoire à la sûreté de l'Etat, de contrefaction du sceau de l'Etat, de monnaies nationales ayant cours, de papiers nationaux, de billets de banques autorisées par la loi, pourra être poursuivi, jugé et puni en France, d'après les dispositions des lois françaises (Code d'instr. criminelle, art. 5).	Il appartient aux Cours de connaître des crimes et délits qui, aux termes des articles 5, 6, 7, 8 et 9 du Code pénal, sont punissables dans les Etats du Roi. La compétence est déterminée par le lieu du domicile ou de la dernière habitation, ou par celui de l'arrestation ou de la remise du prévenu; et il y aura lieu à prévention. Sur la demande du ministère public ou de la partie.

Cette disposition pourra être étendue aux étrangers qui, auteurs ou complices des mêmes crimes, seraient arrêtés en France, ou dont le gouvernement obtiendrait l'extradition (Code d'ins. criminelle, art. 6).

Tout Français qui se sera rendu coupable, hors du territoire de l'Empire, d'un crime contre un Français, pourra à son retour en France y être poursuivi et jugé, s'il n'a pas été poursuivi et jugé en pays étranger, et si le Français offensé rend plainte contre lui (Code d'instr. criminelle, art. 7).

la Cour de cassation pourra néanmoins renvoyer la connaissance de l'affaire à une Cour voisine du lieu où auront été commis les crimes ou les délits (Code de proc. crim., art. 30).

Tout sujet qui aura commis, en pays étranger, un crime contre un sujet ou contre un étranger, s'il rentre dans les Etats du Roi, y sera jugé et puni conformément aux dispositions du présent Code; les peines qu'il aura encourues, pourront cependant, suivant les circonstances, être diminuées d'un degré.

Cette disposition sera applicable même au cas où un sujet aurait commis en pays étranger un délit contre un autre sujet, pourvu que la partie offensée en ait rendu plainte. Il en sera de même quand un sujet aura commis hors du territoire, un délit contre un étranger, si dans le pays auquel cet étranger appartient, on en use ainsi à l'égard des sujets du Roi (Code pénal, art. 6).

L'étranger qui se sera rendu coupable en pays étranger d'un crime contre la sûreté de l'Etat, ou de contrefaçon du sceau, de monnaies, de *cédules* ou obligations de l'Etat, sera jugé et puni d'après les dispositions du présent Code, s'il est arrêté dans les Etats du Roi ou livré par une puissance étrangère (Code pénal, art. 7).

Dans le cas où l'étranger, qui, hors des Etats du Roi, aura commis, envers un sujet ou envers un autre étranger, un des crimes mentionnés dans les articles 643 et suivants jusqu'à l'article 647 inclusivement (vols à force ouverte) sera arrêté dans les Etats ou livré par un autre gouvernement, il sera jugé et puni conformément à l'article 6, pourvu toutefois que le crime ait été commis à la distance d'un demi-myriamètre au plus des frontières, ou que, s'il a été commis à une plus grande distance, le coupable ait introduit dans les Etats des sommes ou objets volés (Code pénal, art. 8).

Si le crime que l'étranger a commis en pays étranger contre un sujet, n'est pas prévu par la disp osition de l'article précédent; on devra, dans le cas où cet étranger e ntrera dans les Etats, l'y faire arrêter, et, après y avoir été autorisé par le Roi, faire l'offre au gouvernement du pays où le crime a été commis, de lui livrer le coupable, afin qu'il le punisse. Si cette offre n'est pas acceptée, il sera jugé et puni dans les Etats, confor mément à l'article 6.

On observera la même disposition relativement au delit qu'un étranger aurait commis hors des Etats, envers un sujet, lorsqu'en pareil cas, ce dernier serait puni dans le pays auquel appartient l'étranger, sans préjudice de l'action ci vile qui est toujours réservée (Code pénal, art. 9).

Les dispositions des articles 6, 8 et 9 resteront sans effet, lorsque les coupables auront déjà été jugés définitivement dans le pays où l'infraction a eu lieu, et qu'en cas de condamnation, ils y auront subi leur peine (Code pénal, art. 10).

La loi sarde est assez explicite et prévoit, en les réglant , les divers cas qui peuvent se présenter ; la loi française , comme on vient de le voir, ne contient que quelques rares dispositions sur la matière, encore ont-elles été souvent critiquées et a-t-il été plusieurs fois question de les modifier. Le 19 février 1842 un projet a été présenté dans ce but aux Chambres. Ce projet , qui ne fut voté qu'après l'adoption de divers amendements, ne fut pas présenté à la Chambre des pairs. Le 4 juin 1852 le Corps législatif votait, presque à l'unanimité , l'abrogation des articles 5, 6 et 7 du Code d'instruction criminelle et écrivait dans ce Code les nouvelles dispositions qui devaient remplacer ces articles ; mais des difficultés diplomatiques auxquelles pouvaient donner lieu ces nouvelles dispositions les firent retirer par le gouvernement avant que le sénat se fût prononcé , et on a conservé l'ancienne législation. M. Ortolan *(Eléments de droit pénal* , pag. 578), en résume les vices en ces termes : « Pas assez d'autorité sur les nationaux en pays étranger ; — pas assez de protection aux nationaux en pays étranger ; — pas assez de protection à la société française contre des criminels qui résident en son sein et qui peuvent y rester impunis ; — pas de satisfaction suffisante aux sociétés étrangères qui ont pu être lésées par ces criminels sur leurs territoires. »

Il résulte de notre loi et notamment de l'article 7, que le crime commis à l'étranger par un étranger à l'encontre d'un Français, ne peut être poursuivi en France si l'étranger y est postérieurement rencontré (1).

Que le fait criminel commis à l'étranger par un Fran-

---

(1) Cour de cass. 22 janv. 1818, 2 juin 1825.

çais à l'encontre d'un Français, ne pourra être poursuivi en France que si toutes les conditions exigées par notre loi sont remplies.

Il faut notamment qu'il s'agisse d'un crime et non d'un simple délit (1).

Que l'agent soit Français et que la victime le soit aussi (Cass. 22 janv. 1818, décision du ministre de la justice du 12 juin 1818 ; Le Sellyer, n° 1993 ; voyez toutefois l'arrêt de la Cour de cassation du 1 mars 1838.

Que plainte ait été portée par la personne lésée (Le Sellyer, n° 1976).

Il faut rigoureusement que la rentrée du Français dans son pays soit volontaire; c'est l'avis de MM. Carnot, Bourguignon , Mangin et F. Hélie. Le contraire paraît avoir été jugé par la Cour d'assises de la Seine le 20 novembre 1846; mais la jurisprudence conforme à la règle que j'indique a prévalu ; ainsi un Français poursuivi pour avoir commis à Nice une banqueroute frauduleuse, avait été conduit à la frontière de France par les carabiniers sardes et remis aux gendarmes français sur un

(1) Carnot, t. 1, p. 122 ; Mangin, n° 69; Dalloz, *Dict.*, v° *Comp. crim.*, n° 32 ; Fœlix, t. 2, n° 551, p. 266 ; Demangeat sur Fœlix, id., note ; Ortolan, *Elém. de droit crim.*, p. 376 ; le Sellyer, n° 1978 ; Douai, 18 mai 1837 ; Cour de cass. 26 sept. 1839 et 31 avril 1855 , *contrà*, M. P. Pont, *Rev. crit. de législ.*, t. 8, p. 401 ; Paris, 12 juillet 1839.

ordre d'expulsion de l'autorité sarde, donné du consentement du consul français. Le prévenu excipa de ce que
sa rentrée en France n'étant pas volontaire sa détention
était illégale. La Chambre des mises en accusation de la
Cour d'Aix fit droit à son exception par arrêt du 8 janvier 1857, et le procureur général ayant déféré cette
décision à la Cour suprême, il intervint le 5 février 1857
un arrêt de rejet. La même question a été jugée dans
le même sens sous ma présidence par la Cour d'assises
des Bouches-du-Rhône en février 1859.

Il résulte de la combinaison de la loi sarde et de la loi
française qu'une personne peut, à raison du même fait,
comparaître devant les tribunaux des deux pays ; ainsi
j'ai vu des Sardes poursuivis en France pour crimes
commis dans ce pays, se réfugier en Sardaigne, être
poursuivis, jugés et condamnés dans leur pays sur la
plainte des parties intéressées. Pendant ce temps l'instruction se poursuivait en France ; ils étaient condamnés
par contumace. Ayant subi la peine prononcée par les
tribunaux sardes, ils revenaient en France ignorant
qu'ils avaient à y purger leur contumace. Repris, ils
étaient traduits devant le jury qui dans ces circonstances
vidait la difficulté en prononçant un acquittement. En cas
de condamnation, une mesure gracieuse aurait fait disparaître les résultats fâcheux du conflit des lois des deux

pays. Ne peut-on pas aller plus loin ? Il est de principe
admis par tous les auteurs qui ont écrit sur le droit des
gens, que les jugements rendus par les tribunaux criminels contre les personnes ou les biens d'un individu,
ne peuvent être mis en exécution sur un territoire étranger. Je ne voudrai pas m'écarter sur ce point de l'opinion de Martens, Klüber, Schmalz, Saalfeld, Pinheiro-
Ferreira, Carnot, Mangin, Story, Wheaton et Fœlix, pour
soutenir que les condamnations criminelles prononcées
par les tribunaux sardes doivent être exécutées en France:
mais puisque d'après les traités et sous certaines conditions les décisions judiciaires ont force exécutoire dans
les deux États, ne serait-il pas juste de reconnaître aux
décisions criminelles sardes assez de force pour empêcher
qu'à raison du même fait un individu pût subir deux
jugements, être condamné ici, acquitté là, ou être condamné après avoir été acquitté, ou être condamné
deux fois et être exposé à subir deux peines. Il est vrai
que suivant que le jugement est prononcé en France ou
en Sardaigne la peine peut varier, et dans ce cas naî-
trait la question des suppléments de peine que je trouve
traitée dans Erzius et dans Rocco ; mais les dispositions
pénales des lois des deux pays ont assez d'harmonie
entre elles pour qu'il n'y ait trop à se préoccuper de cette
difficulté.

Il répugne à la raison et à la conscience qu'un homme soit deux fois mis en jugement pour le même fait. Ce serait une iniquité révoltante après une absolution ; elle serait bien plus grande encore après une condamnation exécutée; après une absolution, il resterait au moins la chance d'une absolution nouvelle ; après une condamnation subie , plus d'absolution possible, on est entre une peine acquise et soufferte et une aggravation de peine ; une pareille alternative est intolérable (Portalis, *Mémoires de l'Acad. des sciences mor. et pol.* et *Revue de législ.*, 1842, t. 2, p. 122).

SECTION II.

INSTRUCTION CRIMINELLE,

Les auteurs se sont demandé quelle est la loi pénale et la procédure criminelle que l'on doit appliquer lorsque la poursuite a lieu dans un Etat autre que celui où le fait punissable a été commis. Les uns voulaient appliquer la loi du lieu où le fait a été commis ; les autres regardent comme seule applicable la loi du lieu où s'exerce la poursuite ; il en est enfin qui accordent aux juges la faculté d'appliquer, en ce qui concerne la peine, celle des deux lois qui est la plus douce.

Les lois françaises (Cod. proc. crim., art. 5 et 6, et sardes Cod. pén., art. 5 et 10), dont je viens de rapporter les textes dans la précédente section, considèrent comme seule applicable la loi du lieu où s'exerce la poursuite.

C'est dès lors en ce qui concerne la pénalité, le Code pénal sarde, et en ce qui concerne l'instruction, le Code de procédure criminelle sarde qu'il faudra suivre en Sardaigne et réciproquement.

Notre Code de procédure criminelle a été promulgué eu 1808 ; des modifications y ont été apportées par des lois postérieures en ce qui concerne les Chambres du conseil, les Cours d'assises, le jury, les Cours spéciales , la réhabilitation. Le Code pénal promulgué en 1810 a été révisé en avril 1832, et il a été modifié et complété depuis par diverses lois spéciales.

Le Code de procédure criminelle pour les Etats sardes a été promulgué en 1847 , et le Code pénal en 1839. C'est à ces lois qu'il faut se conformer dans les procédures qui s'instruisent dans les deux Etats.

A l'occasion des crimes commis en Sardaigne et jugés en France et réciproquement, et dans bien d'autres circonstances , l'instruction qui se poursuit dans l'un des deux pays , ne peut se compléter qu'en s'éclairant par des constatations à faire dans l'autre. Le législateur

sarde, dans cette prévision, à inséré dans le Code de procédure criminelle la disposition suivante :

La Cour compétente pour connaître des infractions mentionnées
dans l'article précédent (ce sont celles prévues dans les articles 6,
7, 8 et 9 du Code pénal dont nous avons rapporté le texte *suprà*,
p. 422), pourra se servir des actes auxquels il aura été procédé à
l'étranger.

On pourra aussi se servir desdits actes pour fixer l'indemnité
due à la partie lésée relativement aux infractions commises en
pays étranger, qui ne sont pas punissables dans les Etats du Roi
(article 31).

En France, bien qu'une semblable disposition n'ait pas
été écrite dans nos lois, le même principe est admis.

Les constatations peuvent être faites et les renseignements transmis soit à la suite de simples demandes des
magistrats, soit après qu'il a été délivré des commissions
rogatoires.

Le premier de ces modes de procéder, moins solen-
nel en la forme, n'en présente pas moins de garanties
pour les intérêts des justiciables. Il est plus prompt, et
il est plus facile d'y recourir. A cet effet, les magistrats
français peuvent correspondre directement avec les magistrats sardes (Circul. minist., 5 avril 1841, § 3). Les
procureurs impériaux toutefois doivent correspondre par
l'intermédiaire des procureurs généraux (Lett. min., 17
août 1849), auquel cas à moins qu'il n'y ait urgence, ils

correspondent directement avec les magistrats étrangers (Circ. 14 août 1827 *sic* pour la Belgique, Circ. 25 octobre 1836).

Les lois postales accordent aux procureurs généraux la franchise pour correspondance avec les autorités étrangères des pays limitrophes. Le procureur général d'Aix a de plus la franchise nommément avec les consuls de France de Cagliari, Gênes, Nice et Port-Maurice et avec le ministre de France à Turin, et réciproquement. Les procureurs impériaux des départements frontières correspondent aussi en franchise avec les autorités étrangères des pays limitrophes. Cette correspondance a lieu sous bandes ou sous plis cachetés. Les présidents d'assises qui ont des renseignements à demander doivent le faire, d'après les instructions spéciales du ministre de la justice, sous le couvert des magistrats du parquet.

Je ne saurai manquer de signaler ici combien il importe à l'intérêt de la justice que les magistrats des deux pays, placés dans les ressorts qui touchent aux frontières, conservent entre eux ces bonnes relations qui, fondées sur une estime et une déférence réciproques, rendent plus facile, plus prompte, plus efficace l'action de la justice, et assurent aux magistrats la juste considération dont ils doivent jouir. Il me serait facile de justifier que les magistrats français et sardes, pénétrés de cette vérité, ont mis beaucoup de soin à entretenir ces bonnes relations, mais craignant d'être indiscret et d'abuser des communications que l'on a bien voulu me faire, je me borne à rappeler les paroles que prononçait, le 9 avril 1859, M. du Beux, ancien procureur général à Aix, dans son discours d'installation à Rennes, après avoir adressé quelques paroles d'adieux et de sympathiques regrets à ses collègues de la Cour d'Aix, M. le procureur général ajoutait : « J'associe à ces sentiments que vous comprenez et qui honorent celui qui les ressent comme ceux qui en sont l'objet, les magistrats d'un pays voisin, nos collègues des Cours royales de Nice et de Gênes, qui se sont plu en toutes circonstances à prêter à la justice française un concours dont chaque jour j'ai pu mieux apprécier la loyauté et l'incontestable utilité. Abaisser ainsi la ligne des frontières, c'est travailler dans l'intérêt de l'humanité, c'est préparer de la manière la plus sûre cette époque de pacification désirée qu'il nous est permis d'entrevoir, où des règles uniformes régiront dans tout le monde civilisé les questions autrefois si ardues des extraditions et des rapports internationaux. »

En ce qui concerne les relations entre la Cour de Grenoble et celle de Chambéry, je dois citer quelques lignes que je trouve dans un travail d'un magistrat de la Cour de Grenoble (M. Pagès, *Usages locaux de l'Isère*, p.

28

218). « Le parquet de Chambéry répond officieusement à charge de réciprocité, à toutes les demandes de renseignements qui lui sont adressées par le parquet de Grenoble, soit pour lui-même, soit pour les autres parquets de l'Europe, dont il devient ainsi l'intermédiaire obligé, suivant un usage constant et par suite de la franchise accordée par l'ordonnance du 17 novembre 1844. Qu'il me soit permis de dire ici, puisque l'occasion se présente naturellement, qu'il est impossible de trouver plus de bienveillance et d'empressement que n'en mettent les magistrats de Chambéry à répondre aux demandes de cette nature, et que les rapports du parquet de Grenoble avec celui de Chambéry ont toujours été marqués de la part des magistrats savoisiens par les témoignages réitérés du soin le plus scrupuleux, et de la confraternité la plus parfaite. Il est résulté de là que les échanges sont devenus journaliers, et que l'autorité judiciaire française trouve constamment chez ses voisins les plus grandes facilités pour l'administration de la justice dans ce qui touche aux relations internationales. »

Dans bien des circonstances les renseignements fournis par correspondances ne sont pas suffisants, et il est nécessaire de recourir à des constatations plus juridiques au moyen de lettres ou commissions rogatoires dont les magistrats des deux pays sont appelés à assurer et surveiller l'exécution.

Bien qu'en Sardaigne, pas plus qu'en France, il n'y ait à ce sujet des dispositions formelles dans les lois, l'usage de recevoir et de transmettre des commissions rogatoires est constant dans les deux pays, Mansord l'atteste et je l'ai vu sans cesse pratiquer.

Voici comment la circulaire ministerielle du 5 avril 1841, qui règle le mode de procéder en ces matières, est rapportée par MM. Gillet et Demoly *(Analyse des circ., instr. et décisions du min. de la justice*, p. 544, édit. de 1859).

« Les commissions rogatoires qui doivent être exécutées à l'étranger sont transmises au garde des sceaux; on peut y joindre une note explicative. Il est inutile de faire des réquisitions auxquelles il ne peut être obtempéré par les magistrats étrangers; il faut se servir d'une formule d'invitation, de prière (1); et cette formule doit être aussi simple et aussi brève que possible.

« Dans aucun cas, les magistrats ne correspondront directement avec les autorités judiciaires à l'étranger

_____

(1) Et s'abstenir de toutes formes de style impératives, *Décision minist.* du 9 juin 1826.

pour la transmission ou l'exécution de ces commissions rogatoires (1).

« Quand une commission rogatoire doit être envoyée dans les Etats Sardes, le procureur général la soumet à la Cour royale pour en délibérer (2). La première chambre civile, en chambre du conseil, rend un arrêt portant invitation à l'un des sénats des Etats de Sardaigne de l'exécuter. Une expédition de l'arrêt sera transmise au garde des sceaux (3).

« Lorsqu'un magistrat reçoit directement de l'étranger une commission rogatoire, il doit l'envoyer immédiatement au ministère de la justice, pour que le gouvernement examine, avant d'autoriser son exécution, si elle ne contient rien de contraire aux lois, et s'il y a lieu d'y faire droit (4). Ces commissions rogatoires sont exécutées par le juge d'instruction, sur la réquisition du ministère public, les témoins doivent être entendus dans la forme ordinaire; ils peuvent être contraints par les voies de droit à déposer.

(1) C'est par l'intermédiaire du ministre de la justice que l'on doit correspondre (*Décision ministerielle* du 19 juillet 1826 et 31 décembre 1827).

(2) Traité du 24 mars 1760, art. 22.

(3) La marche indiquée par la circulaire et celle que signalent Fœlix, *Revue étrangère*, 1842, t. 9, p. 102, et *Droit intern.*, t. 2, p. 355, n° 613; et Mansord, t. 2, § 1005, p. 306; comme devant être suivie et celle que j'ai vu suivre journellement.

(4) Décision minist., 31 décembre 1827.

« Quand le magistrat instructeur aura accompli sa mission, il rendra une ordonnance de *soit remis au parquet* et le procureur général transmettra les pièces au ministre dans le plus bref délai. »

Il résulte de la circulaire du garde des sceaux de 1841 que les commissions rogatoires non seulement doivent être adressées de Cour à Cour, mais encore être transmises par la voie diplomatique et que leur exécution doit être autorisée à la fois par les Cours d'appel et les gouvernements, de sorte que le traité de 1760, conclu pour faciliter la correspondance entre les deux pays ne fait que soumettre aujourd'hui à des formalités plus nombreuses l'exécution des commissions rogatoires.

J'ai dit au sujet de l'exécution des jugements que le traité devrait être exécuté à moins qu'on ne voulût porter à nouveau le litige devant les tribunaux français, comme s'il n'avait pas reçu de solution. Puisque les Cours ne peuvent connaître *omisso medio* de l'exécution des jugements sardes en France qu'en vertu du traité de 1760, si l'on veut en bénéficier, il faut bien se soumettre aux règles qu'il trace.

En ce qui concerne les commissions rogatoires, ou l'on procédera par voie diplomatique, comme s'il n'existait pas de traités et alors il faudra transmettre directement la commission délivrée par le juge compétent au minis-

tre, ou l'on suivra le texte du traité et alors elles devraient être envoyées de Cour d'appel à Cour d'appel directement ou soit par l'intermédiaire des parquets.

C'est ce qui a lieu pour les matières civiles, le garde
des sceaux a décidé le 15 novembre 1844, et le 1er septembre 1852, que la partie qui a obtenu des lettres rogatoires d'une Cour impériale, doit se pourvoir directement devant les Cours d'appel sarde pour les faire exécuter, pourquoi moins de latitude serait-elle donnée aux
membres du parquet qui fournissent toutes les garanties
désirables au gouvernement. Et d'ailleurs voyez où conduit l'autre mode de procéder : le gouvernement recevra
les lettres rogatoires délivrées par la Cour sarde ; il les
examinera et en autorisera l'exécution en France en les
transmettant au procureur général près la Cour dans le
ressort de laquelle l'exécution devra avoir lieu; mais ce
magistrat est obligé préalablement de s'adresser à cette
Cour pour obtenir une nouvelle autorisation qui viendra
en quelque sorte apprécier la décision du gouvernement
et qui pourra la paralyser. Et qu'on ne dise pas que c'est
là une objection purement de théorie ; j'ai vu la Cour
d'Aix, sans qu'il soit nécessaire de rappeler ici dans quelle
circonstance, refuser d'autoriser en France l'exécution
de commissions rogatoires transmises ainsi au procureur
général par le garde des sceaux pour les faire exécuter.

Que faire? Suivre le traité, ou le laisser complètement de côté et s'en référer alors aux règles ordinairement suivies en ces matières.

Si on suit le traité, on agira directement de Cour à
Cour par l'intermédiaire des magistrats du parquet.

Si on ne se prévaut pas du traité, on agira par la voie
diplomatique, et les gouvernements demanderont et au-
toriseront l'exécution des commissions rogatoires ; elle
aura lieu à la requête des procureurs généraux ou de leurs
substituts, par les juges d'instruction ou les juges de paix.

Sinon, au lieu de faciliter les rapports et la correspondance, comme le voulait le traité de 1760, vous faites intervenir un rouage de plus et vous compliquez la
marche ordinaire en vous prévalant d'un traité fait pour
la simplifier.

En ce qui concerne les citations à signifier à l'étranger
en matière criminelle, une lettre du 26 novembre 1846
du garde des sceaux à M. le procureur général près la
Cour d'Aix, prescrit de les adresser à la chancellerie et
de ne pas les transmettre par l'intermédiaire des consuls ou des magistrats étrangers (1). Qu'on me permette

---

(1) L'exécution de cette règle a été rappelée par la lettre ministerielle du 17 août 1849 dans laquelle le garde des sceaux se plaint de ce
que des citations à comparaître devant la Cour d'assises du Var ont été
directement envoyées à Nice, au lieu de passer par l'intermédiaire
des ministres de France à Paris et des ministres sardes à Turin.

ici très-humblement une observation, il peut ne pas y
avoir d'inconvénient à ce que les magistrats ne correspondent pas directement lorsqu'il s'agit de transmettre
des copies d'actes portant assignation à des délais fort
longs, ces délais permettent de faire arriver à temps les
pièces par la voie diplomatique. Mais dans les affaires
criminelles cette mesure a pour résultat de rendre le
plus souvent impossibles les citations à témoins habitant
à l'étranger. C'est ainsi que présidant les assises des départements frontières de la Sardaigne, il m'a été souvent
impossible d'arrêter l'ordre du travail plus de 8 jours
avant la session, et dans ces conditions il n'était pas possible que les citations destinées à l'étranger pussent arriver à temps pour permettre à ceux auxquels elles étaient
destinées d'y déférer. Or, veut-on se faire une idée des
inconvénients auxquels cela donne lieu, on n'a qu'à
consulter les statistiques de 1851 à 1856. Les Cours
d'assises du ressort d'Aix ont jugé 320 accusés étrangers, alors que dans les 27 Cours de l'Empire il n'en a
été jugé que 1452, c'est-à-dire que le 1[4 environ de
ces étrangers a été jugé dans le ressort d'Aix. La plupart
de ces étrangers sont des Piémontais poursuivis pour crimes commis dans les chantiers où sont employés leurs
compatriotes, et au moment du jugement il n'est pas rare
que plusieurs témoins aient repassé la frontière et qu'il
faille leur donner les citations à l'étranger.

Pourquoi ne pas laisser aux magistrats le soin de transmettre directement les citations à témoins, lorsqu'ils le croiront utile pour les besoins du service, et qu'ils pourront compter sur le concours de leurs collègues à l'étranger.

Il ne paraît utile de recourir à la voie diplomatique que lorsqu'il y aurait à craindre qu'il ne fût pas fait droit aux citations envoyées directement; mais déjà le 30 janvier 1847 le garde des sceaux de France, dans une dépêche, disait qu'il avait l'assurance que le gouvernement sarde s'empresserait de donner des ordres pour qu'il fût déféré aux citations données par les magistrats français et les rapports qui motivaient cette assurance ne sont aujourd'hui que meilleurs entre les magistrats des deux pays.

SECTION III.

EXTRADITION.

Il arrive souvent que les criminels, pour se soustraire aux justes poursuites dont ils seraient l'objet, se réfugient sur le territoire étranger. S'il suffisait ainsi de passer la frontière pour assurer au crime l'impunité, la répression serait impossible, surtout de nos jours où la facilité des communications permet si facilement de parcourir très-promptement les plus grandes distances et de pénétrer dans les Etats voisins. La société entière étant intéressée à la répression des crimes, les nations civilisées n'ont pu admettre que sous le prétexte de faire respecter leur territoire, il devint un lieu de refuge pour les malfaiteurs.

Un même intérêt social, un besoin commun de justice et l'horreur de l'impunité leur a fait considérer comme une obligation solidaire imposée par le droit naturel d'assurer le cours des lois répressives et d'autoriser l'extradition des malfaiteurs qui voudraient s'y soustraire par la fuite.

La maxime: *Fit liber quisquis solum Galliæ cum asyli vice contigerit*, était anciennement en vigueur en France; mais cette règle, vraie sous l'ancien état social, a fini par être en opposition avec notre société moderne; elle a été abandonnée et l'extradition rattachée par les auteurs à des principes différents, a été reconnue juste par tous (1).

L'extradiction est un acte du droit des gens qu'on

(1) Voyez Grotius, *De jure belli et pacis*, t. 2, chap. 21; Puffendorf, *Droit de la nat.*, liv. 8, chap. 6, § 12; Kluit, *De dedictione profugorum*, p. 2; Vattel, *Droit des gens*, liv. 2, chap. 6, n° 77; Faustin Hélie, *Revue de legis.*, 1843, t. 1, p. 231, et *Instr. crim.*, p. 662. M. Pinheiro Ferreira soutient que l'individu qui s'est réfugié sur un territoire étranger peut y être jugé sur la demande de la partie lésée; mais repousse le droit d'extradition, *Revue étrangère*, 1834, t. 1, p. 65 et suiv., notamment 73 et 74.

peut violer ou délaisser sous l'empire de circonstances politiques, exceptionnelles et passagères, mais qui vit et reprend plus tard son empire (1). C'est ainsi que le gouvernement français, qui en 1831 déclarait qu'il n'accorderait et ne solliciterait plus d'extradition et dénonçait à la Suisse sa renonciation aux traités de 1798, 1803 et 1828, contractait le 22 novembre 1834 une convention d'extradition avec la Belgique (2).

Voici les règles principales qui régissent ces matières:

1. L'extradition n'a lieu que pour des crimes et non pour de simples délits et encore moins pour des contraventions (3).

(1) Maugin, *Revue étr.*, 1837, t. 4, p. 93.
(2) ETAT *des extraditions demandées par la France et accordées par le Gouvernement français:*

ANNÉES	EXTRADITIONS demandées par la France aux gouvernements étrangers.	ACCORDÉES par la France.	DEMANDÉES par la France à la Sardaigne.	ACCORDÉES par la France à la Sardaigne.
1854	46	75	8	22
1855	51	67	6	18
1856	49	75	9	16

(3) Grotius, *De jure pac. et bel.*, liv. 2, chap. 21; Legraverend, t. 1, ch. 1, sect. 8; le Sellyer, n° 1947; Villefort, *Gaz. des trib.*, 23 juillet 1851; F. Hélie, p. 694; *Circ. min.* du 5 avril 1841, §2. Cette règle est suivie dans tous les traités; on y fait même l'énumération des crimes pour lesquels l'extradition est autorisée; mais il faut le plus souvent considérer cette indication comme énonciative et non comme limitative; F. Hélie, *Instr. crim.*, p. 694; Cass., 1 févr. 1845; *Circ. minist.* 5 avril 1841, §2.

2. Elle n'a pas lieu pour crimes et délits politiques (1); les traités le disent formellement. Le traité avec la Suisse fait seul exception à cette règle; mais la disposition qui y déroge a depuis longtemps cessé d'être appliquée. M. F. Hélie dans son traité *Sur l'instruction criminelle*, p. 687, croit que cette exception ne serait plus admissible si le crime ou délit politique se compliquait d'un autre crime.

3. Le crime de désertion n'y donne pas lieu non plus; nous aurons plus tard à donner quelques explications à ce sujet.

4. L'extradition ne peut avoir lieu à l'encontre des prévenus qui se sont réfugiés dans leur propre pays.

Ainsi en France, bien que le décret du 23 octobre 1811 autorise le chef du pouvoir exécutif à livrer à un gouvernement étranger un citoyen qui aurait commis un crime sur ce territoire étranger, cette autorisation ne s'accorde plus. Depuis 1830 je ne sache pas qu'on en ait accordé dans un pareil cas (2). Cette coutume ,

(1) Ortolan, *Traité du minist. public*, t. 2, p. 231; Mitermaïer, *Proc. crim.*, § 56 et suiv.; Kluit, *De deditione profugorum*, p. 64; Fœlix, *Droit internat.*, p. 570; F. Hélie, *Inst. crim.*, p. 686; Villefort, *Gaz. des trib.* du 23 juillet 1851; Blondel, *Monogr. de l'extradition*, p. 42; *Inst. min.* du 5 avril 1841, § 2.

(2) F. Hélie, t. 2, p. 671; Rauter, t. 1, n° 55; Serrigny, *Droit public*, t. 1, p. 223 et 437; Mangin, t. 1, n° 78, p. 154, et *Revue étrang.*, 1837, t. 4, p. 101; Circ., 5 avril 1841. Il est des auteurs qui soutiennent que le gouvernement français pourrait encore très-régulièrement livrer ses

qu'ont les puissances de ne pas livrer leurs nationaux peut être juste, mais il faudrait que dans ce cas le Français qui a commis un crime à l'étranger et qui n'est point livré à la justice de ce pays, pût être jugé en France; et cela n'a lieu que si le crime qu'on lui reproche a été commis à l'encontre d'un Français; dans le cas contraire l'impunité lui est acquise.

La loi sarde est plus sage : si le gouvernement refuse de livrer ses nationaux (1), d'un autre côté il ne les couvre pas d'une protection qui leur assure l'impunité et qui peut dégénérer en injustice. Le Sarde qui a commis un crime à l'étranger et qui rentre dans ses Etats, ne peut être livré à ce gouvernement, mais il est jugé dans son pays, quelle que soit la nationalité de la victime et une juste répression atteint toujours son méfait (2).

5. L'extradition ne peut s'obtenir et être autorisée que par la voie diplomatique (3).

nationaux, mais en reconnaissant que cela ne se pratique pas; Legraverend, t. 1, p. 113; le Sellyer, t. 5, n° 1941; Delisle, *De l'interpr. des lois*, t. 1, p. 377; Carnot et Bourguignon.

(1) Voyez la décision du garde des sceaux de France du 7 avril 1846, affaire Armana; qui constate l'exécution de cette règle par la Sardaigne; au surplus elle est journellement appliquée.

(2) C'est la disposition de l'article 6 du Code pénal; la même disposition se trouve dans les Codes de Hollande, du Wurtemberg, du Hanovre, du grand-duché de Hesse, de Belgique etc.

(3) C. pénal sarde, art. 11; le Sellyer, n° 1948; Mangin, F. Hélie, *loc. cit.*; Circ. minist., du 5 avril 1841; Cour de cassation du 17 octobre 1834.

Les magistrats français qui reçoivent des ordres d'arrestation, mandats ou jugements, ne peuvent les exécuter qu'après les avoir soumis au ministre de la justice qui provoque, s'il y a lieu, l'autorisation de l'extradition après en avoir conféré avec le ministre des affaires étrangères (*Circ. min.*, 5 avril 1841, § 4).

Je dois ici faire remarquer, parce que cela se pratique quelquefois entre la France et la Sardaigne, que lorsqu'une personne est livrée volontairement par les fonctionnaires de l'un des pays aux magistrats compétents de l'autre, le prévenu ne peut exciper de l'illégalité de sa détention, lorsque cette remise a été approuvée expressément par le gouvernement qui poursuit et implicitement par l'autre (Rej. du 31 juillet 1845; 18 juillet 1851 et 23 décembre 1852).

Il peut se faire aussi qu'un individu, poursuivi pour crime, ayant passé la frontière pour se soustraire aux poursuites, se trouve, pour défaut de passeport ou toute autre cause, dans le cas d'être expulsé du pays où il s'est réfugié, et conduit à la frontière. En remettant le pied sur le territoire qu'il fuyait, il pourra être arrêté sans illégalité: mais il ne faudrait pas que dans la pratique cela pût dégénérer en une violation des traités qui laissent aux gouvernements le droit d'apprécier, s'il y a lieu ou non, à l'extradition (Circ. min., 5 août 1841, § 3).

Les agents chargés de mettre à exécution des mandats délivrés contre des étrangers dans les départements frontières, ne doivent jamais procéder à cette arrestation en dehors des limites du territoire (Circ. 12 mars 1845).

6. La remise des sujets d'un pays tiers ne peut avoir lieu qu'avec l'assentiment du gouvernement auquel appartient l'individu dont on demande l'extradition. Cette règle, omise dans les premiers traités d'extradition, se trouve dans ceux qui ont été récemment signés. De Martens a contesté aux gouvernements le droit de se faire livrer d'autres personnes que leurs nationaux. M. F. Hélie, *Instr. crim.*, p. 672, suivant l'avis de Kluit, repousse l'opinion de de Martens, tout en admettant que des motifs de convenance politique peuvent faire négliger l'exercice de ce droit; d'ailleurs on prévient toutes difficultés à cet égard en rapportant le consentement de la puissance à laquelle appartient le prévenu.

7. Toute demande d'extradition doit être accompagnée d'un titre constatant la nature et l'existence de la prévention et des pièces de la procédure qui l'établissent (Circ. min., 5 avril 1841). Les traités déterminent quel doit être l'état de la procédure pour que la demande puisse être accueillie.

8. Le prévenu, livré en vertu de l'extradition, ne peut

être poursuivi que pour le crime qui a motivé l'extradition et à raison duquel elle a été accordée (Mangin, Legraverend, Cass., 14 sept. 1840).

Les effets de l'extradition cessent, si le fait perdant les circonstances aggravantes qui lui donnaient le caractère de crime devient un simple délit (Circ. min., 5 avril 1841, § 3); cependant il a été jugé que dans ce cas les tribunaux français restaient compétents pour juger le délit si le prévenu n'excipait pas formellement du bénéfice de la limitation contenue dans l'acte d'extradition (Cour d'assises du Pas-de-Calais, 15 février 1843); c'est l'avis de Legraverend et le Sellyer.

9. L'étranger poursuivi en France pour un crime ou délit qu'il y a commis, ne peut être livré qu'après avoir satisfait à la justice française (1).

10. L'absence d'un traité n'est pas un obstacle à ce que l'extradition soit régulièrement demandée et accordée.

Les auteurs professent que d'après le droit des gens et l'usage des nations, chaque État doit refuser un asile

(1) Legraverend, t. 1, p. 112; Mangin, n° 77; F. Hélie, p. 705; le Sellyer, t. 5, n° 1956; Fœlix, n° 570. Par conséquent si un sujet sarde avait été condamné aux travaux forcés à perpétuité en France, l'extradition ne pourrait être accordée à son gouvernement qui la demanderait à raison d'un autre crime; Lettre minist. du 24 décembre 1851 au proc. gén. à Aix, affaire Odocro.

aux individus accusés d'un crime grave et dont l'extradition est demandée par le gouvernement du pays où le crime a été commis ; d'autres ne vont pas si loin; ils n'admettent qu'une obligation imparfaite d'accorder l'extradition et ils la subordonnent à des considérations de convenance et d'utilité réciproque qui ont besoin d'être consacrées par des traités particuliers. Il ne résulte pas de là qu'à défaut de traités l'extradition devra toujours être refusée, mais à l'occasion de chaque demande le gouvernement, entièrement libre dans sa détermination, verra ce qu'il croira convenable de faire; je ne cite pas les nombreux auteurs qui dans tous les pays ont examiné la question; ils sont trop nombreux, je me borne à renvoyer aux arrêts de la Cour de cassation des 30 juin 1827 et 18 juillet 1851, qui au point de vue pratique pourront être utilement consultés.

Des anciens usages peuvent suppléer à des traités, comme cela a été jugé le 9 mai 1846 à l'égard de la république d'Andorre par la Cour de cassation.

Enfin la Cour d'assises des Bouches-du-Rhône a jugé le 20 novembre 1858, et son arrêt a été sanctionné par la Cour de cassation le 23 décembre 1858, que dans les échelles du Levant il n'est pas nécessaire pour faire arrêter et conduire en France un Français prévenu de crimes commis en France, et de passage dans les échel-

les, de s'adresser au gouvernement turc, les traités avec
l'empire ottoman autorisant les consuls à faire arrêter
directement et livrer aux autorités judiciaires françaises
ce prévenu (1). La règle est la même pour la Sardaigne;
les traités qui la lient avec la Porte, lui assurant les mêmes immunités et privilèges, et la loi sarde du 15 août
1858, sur les consulats, donne aux consuls de Sardaigne dans le Levant les mêmes attributions que donne aux
consuls français notre loi du 1836.

11. Les procureurs généraux sont chargés de requérir l'exécution des ordonnances d'extradition, et ce sont
eux qui après avoir assuré l'arrestation requièrent l'autorité administrative de faire conduire les individus ainsi
arrêtés sur les points où ils doivent être livrés aux gouvernements étrangers. Lorsque c'est l'autorité administrative française qui reçoit le prévenu dont l'extradition
a été demandée à l'étranger, elle le met immédiatement
à la disposition du procureur général dans le ressort duquel a lieu la poursuite (Circ. min., 5 avril 1841).

12. Si l'extradition est demandée à la fois par deux
gouvernements, c'est à celui à la nation duquel appartient le prévenu, qu'il doit être remis de préférence

---

(1) J'ai examiné ces règles dans mon traité sur la *Juridiction fran-*
çaise dans les échelles du Levant.

(Kluit, *De deditione profugorum*, p. 64; F. Hélie, *Inst. crim.*, p. 676).

13. Si le prévenu est étranger à ces pays, Tillmann (*die Strafrechtspflege*, p. 26) veut qu'il soit livré au gouvernement qui le premier a présenté sa demande. Schmalz (*Droit des gens*, 1. 4, ch. 3, p. 160) soutient qu'on doit le livrer au gouvernement sur le territoire duquel l'étranger a commis le crime le plus grave. M. F. Hélie (*Inst. crim.*, p. 676), dit qu'on doit prendre en considération ces deux circonstances. C'est dans chaque espèce au gouvernement, seul juge en pareil cas, à décider ce qu'il est le plus juste et le plus convenable de faire.

14. Les questions de validité, d'interprétation de portée, de légalité d'extradition, sont en général de la compétence du gouvernement (1).

La France a conclu de nombreux traités pour l'extradition des malfaiteurs ; en voici la date, en suivant l'ordre chronologique :

24 mars 1760, Sardaigne.
29 septembre 1765, Espagne.
3 décembre 1765, Wurtemberg.
14 novembre 1788, Etats-Unis.

(1) Cour de cassation, 15 mars 1822; 6 juin 1822; 29 août 1840; 4 septembre 1840; 16 septembre 1841; 5 septembre 1845; 18 juillet 1851; 23 décembre 1852; Conseil d'état, 2 juillet 1836; Inst. min., 5 avril 1841, § 2.

11 décembre 1821, Sardaigne *(Déserteurs)*.

2 octobre 1821, Pays-Bas.

23 juin 1823, Etats-Unis *(Déserteurs)*.

9 mai 1827, Bavière *(Déserteurs)*.

18 juillet 1828, Suisse.

21 septembre 1828, Prusse *(Déserteurs)*.

22 novembre 1834, Belgique.

23 mai 1838, Sardaigne.

13 février 1843, Grande-Bretagne.

9 novembre 1843, Etats-Unis.

10 novembre 1843, Lucques.

27 juin 1844, Bade.

11 septembre 1844, Toscane.

26 septembre 1844, Luxembourg.

7 novembre 1844, Pays-Bas.

24 février 1845, Etats-Unis.

14 juin 1845, Deux-Siciles.

21 juin et 20 août 1845, Prusse.

23 mars 1846, Bavière.

26 janvier 1847, Meklembourg-Schwerin.

10 février 1847, Meklembourg-Strelitz.

6 mars 1847, Oldenbourg.

10 juillet 1847, Brême.

31 août 1847, Lubeck.

5 février 1848, Hambourg.

28 avril 1850, Saxe.

9 août 1850, Nouvelle-Grenade.

26 août 1850, Espagne.

25 janvier 1853, Wurtemberg.

26 janvier 1853, Grand Duché de Hesse.

23 mars 1853, Venezuela.

9 avril 1853, Francfort.

18 avril 1853, Landgraviat-de-Hesse.

30 juin 1853, Nassau.

23 juin 1854, Grande-Bretagne *(Marins déserteurs)*.

28 juin 1854, Principauté de Lippe.

11 novembre 1854, Portugal.

11 novembre 1854, Electorat de Hesse.

24 novembre 1854, Waldeck et Pyrmont.

13 mars 1855, Hanovre.

13 novembre 1855, Autriche.

22 septembre 1856, Belgique *(Convention additionnelle)*.

14 novembre 1856, Parme.

7 août 1858, Saxe-Weimar.

Je n'ai pas voulu, dans cette énumération des traités d'extradition, remonter à une époque trop éloignée et qui ne présenterait plus qu'un intérêt historique; mais je dois rappeler que dès le 14me siècle, le 4 mars 1376, un traité d'extradition était signé entre la Savoie et la France: *Considerantes detestabilia crimina et actus nefarios qui per subditos utrûmque nostrûm, super certis jurisdictionibus cujuslibet nostrûm, defectu remissionis delinquentium non factæ, sine correctione debita, hinc inde sæpius vice mutuata committuntur...* (Coll. du Louvre, VI, 258; Isambert, *Anciennes lois,* t. 5, p. 479, n° 580).

En 1835 le roi de Sardaigne abrogea les articles 1, 2, 21 et 22 de l'édit du 12 mars 1749, rendu pour l'ancien comté de Nice, qui assurait asile dans ce territoire aux banqueroutiers étrangers.

La convention d'extradition qui régit la France et la Sardaigne a été signée à Turin le 23 mai 1838; elle a

été suivie le 29 novembre 1838 d'une déclaration signée
par les plénipotentiaires de France et de Sardaigne;
voici ces deux documents :

Convention d'extradition du 23 mai 1838.

Sa Majesté le Roi des Français et Sa Majesté le Roi de Sardaigne,
ayant à cœur d'assurer la répression des crimes commis sur leurs
territoires respectifs, et dont les auteurs ou complices voudraient
échapper à la vindicte des lois en se réfugiant d'un pays dans l'autre, ont résolu de conclure une Convention d'extradition, et ont
muni de leurs pleins pouvoirs à cet effet, savoir :

Sa Majesté le Roi des Français,

Le marquis Gueuilluy de Rumigny, pair de France, grand'croix
de l'ordre de la Légion d'honneur, son ambassadeur auprès de Sa
Majesté sarde;

Sa Majesté le Roi de Sardaigne,

Le comte Solar de la Marguerite, chevalier grand-cordon de l'ordre religieux et militaire de Saint-Maurice et Saint-Lazare,
grand'croix de l'ordre d'Isabelle la Catholique d'Espagne, et chevalier de l'ordre du Christ, son premier secrétaire d'état pour les
affaires étrangères;

Lesquels, après s'être communiqué lesdits pleins pouvoirs,
trouvés en bonne et due forme, sont convenus des articles
suivants :

Art. 1er. Lorsque des Français ou des sujets sardes, mis en accusation ou condamnés dans leur pays respectif pour l'un des crimes énumérés dans l'article suivant, seront trouvés, les Français
dans les Etats de Sa Majesté le Roi de Sardaigne, et les sujets sardes dans le Royaume de France, ils seront réciproquement livrés
aux autorités respectives de leur pays, sur la demande que l'un
des deux Gouvernements en adressera à l'autre par voie diplomatique.

2. 1° Assassinat, empoisonnement, parricide, infanticide, meurtre, viol;

2° Incendie;

3° Faux en écriture authentique ou de commerce, et en écriture privée, y compris la contrefaçon des billets de banque et effets publics, mais non compris les faux certificats, faux passe-ports et autres faux qui, d'après le Code pénal, ne sont point punis de peines afflictives et infâmantes;

4° Fabrication et émission de fausse monnaie;

5° Faux témoignage;

6° Vol, lorsqu'il a été accompagné de circonstances qui lui impriment le caractère de crime;

7° Soustractions commises par les dépositaires publics, mais seulement dans le cas où elles sont punies de peines afflictives et infâmantes;

8° Banqueroute frauduleuse.

3. Les objets volés dans l'un des deux pays et déposés dans l'autre seront restitués, de part et d'autre, en même temps que s'effectuera la remise des individus qui en auront été trouvés nantis lors de leur arrestation.

4. Les pièces qui devront être produites à l'appui des demandes d'extradition sont le mandat d'arrêt décerné contre les prévenus, ou tous autres actes ayant au moins la même force que ce mandat, et indiquant également la nature et la gravité des faits poursuivis, ainsi que la disposition pénale applicable à ces faits.

5. Si l'individu dont l'extradition est demandée était poursuivi ou avait été condamné dans le pays où il s'est réfugié, pour crimes ou délits commis dans ce même pays, il ne pourra être livré qu'après avoir subi la peine prononcée contre lui.

6. Les crimes et délits politiques sont exceptés de la présente Convention. Il est expressément stipulé que l'individu dont l'extradition aura été accordée ne pourra être, dans aucun cas, poursuivi ou puni pour aucun délit politique antérieur à l'extradition, ou pour aucun fait connexe à un semblable délit.

7. L'extradition ne pourra avoir lieu si, depuis les faits imputés,

les poursuites ou la condamnation, la prescription de l'action ou de la peine est acquise d'après les lois du pays où le prévenu s'est réfugié.

8. Chacun des deux Etats supportera les frais occasionnés par l'arrestation, la détention et le transport à la frontière des individus dont l'extradition aura été accordée.

9. Les dispositions des articles précédents s'appliquent également aux malfaiteurs qui se réfugieraient de l'île de Corse dans celle de Sardaigne, et de cette dernière dans l'île de Corse.

10. La présente Convention est conclue pour cinq ans, et continuera d'être en vigueur pendant cinq autres années, dans le cas où, six mois avant l'expiration du premier terme, aucun des deux Gouvernements n'aurait déclaré y renoncer, et ainsi de suite de cinq ans en cinq ans.

Elle sera ratifiée, et les ratifications en seront échangées dans l'espace de deux mois, ou plus tôt, s'il est possible.

En foi de quoi, les Plénipotentiaires susdits l'ont signée en double original, et y ont apposé le cachet de leurs armes.

Fait à Turin, le 23 mai 1838. — H. DE RUMIGNY. — SOLAR DE LA MARGUERITE.

DÉCLARATION DU 29 NOVEMBRE 1838.

1° Si des individus étrangers à la France et aux Etats de S. M. le roi de Sardaigne venaient à se réfugier d'un pays dans l'autre, après avoir commis un des crimes énumérés à l'article 2 de la susdite convention (du 23 mai 1838), leur extradition pourra être accordée toutes les fois que le gouvernement du pays auquel ils appartiendront y aura donné son assentiment.

En ce qui concerne l'application de l'article 3 de la même convention, il est expressément entendu que la restitution des objets saisis en la possession de l'individu arrêté ne se bornera pas aux objets volés, mais comprendra tous ceux qui pourront servir à la preuve du délit imputé à cet individu.

La présente déclaration sera considérée comme faisant partie de la convention sus - mentionnée , et sera publiée en même temps que cette convention dans chacun des deux pays.

Gênes , le 29 novembre 1838. — H. DE RUMIGNY . — SOLAR DE LA MARGUERITE.

SECTION IV.

DES DÉSERTEURS.

Des conventions particulières ont été passées entre divers Etats au sujet des déserteurs.

Le 16 juin 1782, un traité de cette nature a été signé entre la France et la Sardaigne. Ce traité fut suivi d'une lettre explicative à la date du 17 juin 1782, concernant les chevaux et habits des déserteurs.

Le 9 août 1820, un nouveau traité a été conclu entre les deux puissances au sujet de l'extradition réciproque des déserteurs ; cette convention signée à Paris, fut ratifiée par le roi de France le 14 août, et par le roi de Sardaigne le 20 août 1820.

L'article 7 porte que l'arrestation et l'extradition des déserteurs de la marine et des forçats auront également lieu dans les formes et aux conditions énoncées dans le traité à l'égard des déserteurs composant l'armée de mer.

Cette convention faite pour deux ans devait continuer d'être en vigueur pour deux autres années, et ainsi de suite, sauf déclaration contraire de la part d'un des deux gouvernements.

« Les cartels pour l'échange des déserteurs de l'armée de terre, qui nous liaient aux puissances étrangères , ont été successivement dénoncés depuis 1830 , et n'ont plus aujourd'hui aucune valeur.

« Cette exception (à l'extradition) consacrée en faveur des déserteurs de l'armée de terre n'existe pas en faveur des marins déserteurs ; au contraire, presque toutes les conventions commerciales ou consulaires stipulent la remise des déserteurs de la marine , et c'est un principe passé aujourd'hui dans le droit des gens positif, que les autorités locales doivent, sur la simple réclamation des consuls et sans qu'il soit besoin d'employer la voie diplomatique, faire appréhender les déserteurs des bâtiments étrangers (1). (Vᵗᵉ de Vallat, *Dictionnaire de l'administration française*, vᵒ *Extradition*, in fine).

Quant aux déserteurs de l'armée de terre et aux simples réfractaires et insoumis , ils ont été l'objet à certaines époques de mesures accidentelles concertées entre les deux gouvernements.

(1) Voyez *infrà*, dans la partie de cette étude consacrée aux relations commerciales l'article 9 de la convention consulaire du 4 février 1852 entre la France et la Sardaigne.

SECTION V.

TRAITE DES NOIRS.

Il a été conclu entre la France et la Sardaigne un traité spécial dans les circonstances suivantes :

Le 30 novembre 1831, il fut fait entre la France et l'Angleterre une convention qui avait pour objet la supression de la traite des noirs.

Le 22 mars 1833 , les mêmes puissances signèrent une convention supplémentaire relative au même objet.

Enfin, à la même date et comme annexe à cette convention supplémentaire, il fut arrêté par les puissances contractantes des instructions à donner aux croiseurs.

L'article 9 de la convention primitive portait que les hautes parties contractantes étaient d'accord pour inviter les autres puissances maritimes à y accéder dans le plus bref délai possible.

Le 8 août 1834, par un traité entre la France et l'Angleterre d'une part, et la Sardaigne d'autre part , le roi de Sardaigne accéda aux conventions de 1831 et 1837, sauf les réserves et modifications suivantes :

Art. 2. Il est convenu relativement à l'article 3 de la convention du 30 novembre 1831, que S. M. le roi de Sardaigne fixera , suivant sa convenance, le nombre des croiseurs sardes qui devront être employés au service mentionné dans ledit article , et les stations où ils devront établir leurs croisières.

Art. 3. Le gouvernement de S. M. le roi de Sardaigne fera connaître aux gouvernements de France et de la Grande-Bretagne , conformément à l'article 4 de la convention du 30 novembre 1831, les bâtiments de guerre sardes , qui devront être employés à la répression de la traite , afin que les mandats nécessaires à leurs commandants soient délivrés.

Les mandats qui doivent être délivrés par la Sardaigne seront remis après que la notification du nombre des croiseurs français et britanniques destinés à être employés aura été faite au gouvernement sarde.

Art. 4. Il est convenu, en ce qui concerne l'article 5 des instructions annexées à la convention supplémentaire du 22 mars 1833 , que tous les navires sardes ou portant le pavillon de Sardaigne , qui pourront être arrêtés en exécution des conventions ci - dessus transcrites (traités de 1831 et 1833) , par les croiseurs de S. M. le roi des Français ou de S. M. le roi du Royaume-Uni de la Grande-Bretagne et d'Irlande , employés dans les stations d'Amérique , d'Afrique et de Madagascar , seront conduits et remis dans le port de Gênes.

Art. 5. Le présent traité sera ratifié, etc.

Les ratifications eurent lieu en effet, mais les souverains de France et de la Grande-Bretagne donnèrent en même temps des instructions formelles à leurs plénipotentiaires afin qu'ils eussent , avant de procéder à l'échange des ratifications , à proposer un article additionnel qui aurait pour but de régler la destination des nègres trouvés à bord des bâtiments sardes qui, d'après l'article 4, devaient être conduits et jugés à Gênes. La translation et le débarquement de ces nègres à Gênes devant présenter souvent beaucoup d'inconvénients.

Une conférence eut lieu à cet effet au ministère des affaires étrangères à Turin, entre les plénipotentiaires de France, de la Grande-Bretagne et de Sardaigne; il résulte du protocole de cette conférence que le plénipotentiaire de Sardaigne a reconnu que le gouvernement sarde n'avait pas eu l'intention de faire conduire les nègres à Gênes, leur destination étant une chose à régler suivant des circonstances qui peuvent varier. Le plénipotentiaire sarde ajoute qu'il sera utile que les autorités du lieu du débarquement où les nègres seront conduits procèdent au moment même du débarquement à la visite et à l'inspection du bâtiment saisi et de sa cargaison, et que leur procès-verbal soit transmis à Gênes avec le navire saisi et avec les inventaires et procès-verbaux dressés au moment de l'arrestation.

Les plénipotentiaires de France et de la Grande-Bretagne donnèrent l'assurance qu'ils transmettraient ces observations à leurs gouvernements, et il a été signé, sous la date du 8 décembre 1834, un article additionnel à la convention d'accesion du 8 août 1834. Cet article est ainsi conçu :

Les nègres trouvés à bord des bâtiments sous pavillon sarde, qui seraient ainsi arrêtés et qui, conformément aux stipulations dudit traité, doivent être envoyés à Gênes, seront débarqués sur un point plus rapproché que Gênes du lieu où lesdits bâtiments négriers auront été rencontrés, c'est-à-dire que :

1° Si un bâtiment négrier sarde est arrêté par un croiseur anglais, les nègres trouvés à bord de ce navire seront débarqués au port ou dans l'endroit auquel un bâtiment négrier anglais trouvé et arrêté dans des circonstances semblables et dans le même endroit par un croiseur français serait, d'après les susdites conventions avec la France, envoyé ou conduit.

2° Si un bâtiment négrier sarde est arrêté par un croiseur français, les nègres trouvés à bord dudit navire seront débarqués au port ou dans l'endroit auquel un bâtiment négrier français trouvé et arrêté dans des circonstances semblables et dans le même endroit par un croiseur anglais, serait, d'après les susdites conventions avec la France, envoyé ou conduit.

3° Si un bâtiment négrier sarde est arrêté par un croiseur sarde, les nègres trouvés à bord de ce bâtiment seront débarqués au plus rapproché des ports ou lieux de débarquement anglais ou français auquel, d'après les susdites conventions avec la France, le navire ayant des esclaves à bord aurait été conduit ou envoyé, si ledit navire eût été anglais ou français au lieu d'être sarde, et s'il eût été arrêté par un croiseur anglais ou français.

Le présent article additionnel, après avoir été dûment ratifié, etc.

V.

RELATIONS COMMERCIALES.

**Commerce et Navigation. — Douanes. — Droits et
Privilèges des consuls. — Police sanitaire.
Chemins de fer internationaux.
Postes. — Télégraphes.**

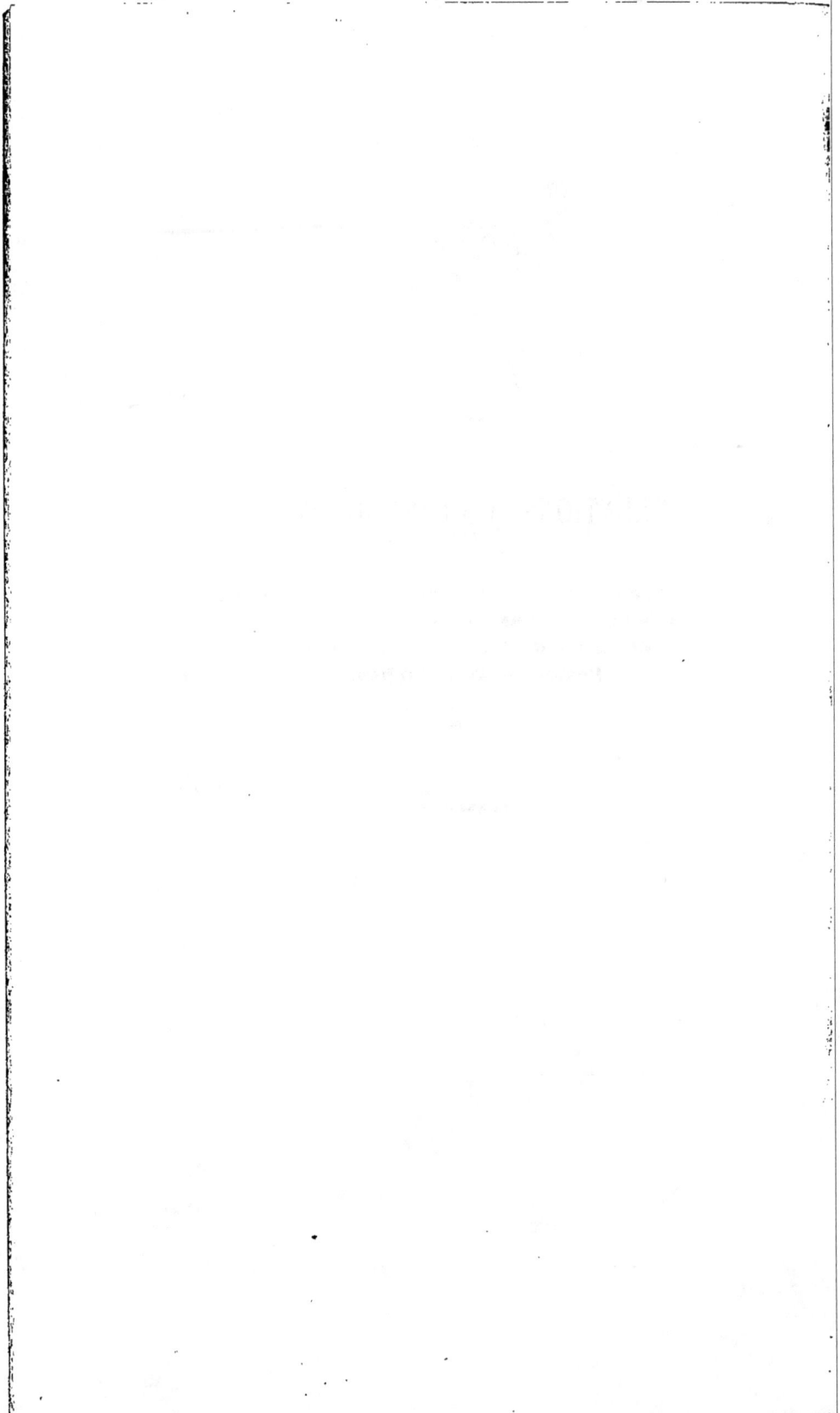

RELATIONS COMMERCIALES

———

Les rapports nombreux qui ont existé de tout temps entre la France et la Sardaigne, dont les frontières sont les mêmes sur une assez grande étendue , ont amené entre les deux pays de nombreux traités politiques destinés à régler soit des difficultés accidentelles , soit les relations d'Etat à Etat et les concessions qu'ils avaient dû se faire dans l'intérêt réciproque de leurs nationaux.

Il est à remarquer cependant que ce n'est que dans ces derniers temps que des traités spéciaux de commerce et de navigation ont été conclus. Jusqu'en 1843 les rapports de commerce entre les deux pays ont été réglés par des dispositions consignées notamment dans les traités de paix.

C'est ainsi que le traité (3 novembre 1560) contient des stipulations sur le commerce de diverses places retenues par la France et démembrées des Etats du duc. Le traité du 14 décembre 1574 , portant restitution de diverses villes par la France à la Sardaigne, contient des dispositions sur la liberté et la franchise de divers marchés.

La Chambre de commerce de Marseille, que l'on voit aux diverses époques de notre histoire, chargée de l'administration et de la défense de nos intérêts commerciaux dans la Méditerranée, intervint plusieurs fois pour obtenir des concessions en faveur de notre commerce. Par exemple en mars 1644, des articles signés entre les commissaires de la duchesse régente de Savoie et les députés des négociants de Marseille réglèrent l'exemption des droits de Villefranche en faveur des bâtiments marseillais.

Les principaux actes diplomatiques dans lesquels il est fait mention des relations commerciales entre les Etats postérieurement à cette date, sont les suivants :

29 août 1696 , traité de paix entre la France et la Savoie ; il y est stipulé que le commerce se fera entre les deux pays comme cela avait lieu avant la guerre, on règle les droits à payer par navire, les chemins à suivre pour l'entrée des marchandises.

11 avril 1713, traité d'Utrecht ; les articles 10 et 16 concernent les relations commerciales.

30 novembre 1726, renouvellement du droit de franchise de Villefranche, stipulé dans les actes antérieurs ; ce droit a été l'objet de stipulations nouvelles, le 15 dé-

cembre 1753 , entre les commissaires du roi de Sardaigne et ceux de la Chambre de commerce de Marseille.

1 mai 1745, stipulations concernant le commerce et la navigation, signées à Aranjuez.

3 février 1773, convention pour empêcher la contrebande.

15 mai 1796 , le traité de paix de Paris arrête en principe, qu'un traité de commerce sera conclu entre les deux Etats (art. 7).

12 juin 1838, déclaration sur le cas de relâche forcée des bâtiments de commerce français dans les ports sardes, et réciproquement.

28 août 1843, traité de navigation et de commerce entre la France et la Sardaigne.

6 décembre 1844 , convention supplémentaire à ce traité.

22 avril 1846, déclaration sur l'application des articles 9 et 11 du traité de 1843.

1 mai 1850, prorogation du traité de 1843.

5 novembre 1850, nouveau traité de commerce et de navigation entre la France et la Sardaigne.

20 mai 1851, convention additionnelle.

3 février 1852, convention sanitaire entre la France, la Sardaigne,et autres puissances méditerranéennes.

4 février 1852, convention consulaire entre la France et la Sardaigne.

14 février 1852, nouveau traité de commerce et de navigation entre les deux États.

Il est facile de remarquer par cette simple énumération combien, dans ces derniers temps, les deux gouvernements ont attaché d'importance aux relations commerciales, M. le chevalier Maxime d'Azeglio, alors président du conseil des ministres, en présentant au roi de Sardaigne, en 1852, le 7ᵉ volume de sa *Collection des traités publics de la royale maison de Savoie*, disait :

« Il est généralement reconnu que les questions publiques sont étroitement liées aux questions commerciales, et que les intérêts d'ordre supérieur suivent presque invariablement la voie qui leur a été ouverte par les intérêts économiques ; aussi les questions de commerce ont-elles acquis, dans ces derniers temps, une importance telle que les soins et les efforts des hommes d'État les plus éclairés ont constamment tendu à créer et à multiplier à resserrer les relations commerciales ; c'est ainsi qu'ils se sont appliqués les liens qui unissent les nations entre elles, en introduisant à l'intérieur une sage législation douanière, en établissant de rapides et nombreuses communications et en stipulant avec les puissances étrangères des traités de commerce et de navigation sur des bases aussi sages que libérales.

« C'est aussi dans cette pensée que Votre Majesté, dont l'honneur est d'avoir conservé intactes les libertés politiques accordées par son illustre père, a voulu y ajouter la gloire d'avoir assuré à son pays la liberté du commerce et le développement de l'industrie, ces deux sources de la richesse et de la prospérité des nations.

« Le gouvernement de Votre Majesté se félicite d'être parvenu, avec l'appui du parlement, à aplanir bien des obstacles qui ont entravé bien longtemps les relations commerciales de la Sardaigne avec les autres pays.

« L'abolition des droits différentiels, la réduction des tarifs, dont l'expérience vient de démontrer les premiers avantages, la liberté du commerce direct et indirect, tels sont les principes qui ont servi de base à ces nombreux traités, et qui font, de notre législation commerciale, un des systèmes les plus libéraux de l'Europe.

« Le commerce national, libre désormais des entraves qui gênaient son entier développement et placé sur une échelle plus étendue, prend déjà de plus vastes proportions. »

Les idées qui avaient poussé la Sardaigne dans la voie indiquée par le président du conseil, ministre des affaires étrangères, sont celles qui depuis longtemps en France avaient inspiré les nombreux traités de commerce et de navigation que cette puissance a conclu à diverses époques avec les nations policées. J'ai à faire connaître ici ceux qui ont été conclus avec la Sardaigne.

SECTION Ire

TRAITÉS DE COMMERCE ET DE NAVIGATION.

Comme l'indiquait le rapport du ministre des affaires étrangères de Turin, que nous citions tantôt, la Sardaigne a conclu dans ces dernières années de nombreux traités de commerce et de navigation. En voici la nomenclature :

1816, 17 avril, avec Tunis.
1816, 29 avril, avec Tripoli.
1825, 30 juin, avec le Maroc.
1838, 26 décembre, avec les Etats-Unis;
1839, 2 septembre, avec la Turquie.
1839, 28 novembre, avec la Suède et la Norwége.
1840, 29 octobre, avec l'Uruguay.
1843, 2 janvier, avec Modène.
1843, 14 août, avec le Danemarck;
1845, 11 août, avec le Hanovre.
1845, 12 décembre, avec la Russie.
1846, 7 février, avec les Deux-Siciles.
1846, 21 avril, avec le Oldenbourg.
1847, 5 juin, avec la Toscane.
1847, 3 juillet, avec les Etats Romains.
1847, 18 août, avec la Nouvelle Grenade.
1849, 24 septembre, avec la Toscane.
1850, 12 juillet, avec le Danemarck.
1850, 5 novembre, avec la France.

1850, 17 décembre, avec le Portugal.
1851, 24 janvier, avec la Belgique.
1851, 27 février, avec l'Angleterre.
1851, 31 mars, avec la Grèce.
1851, 29 avril, avec les villes Anséatiques.
1851, 20 mai, avec l'Allemagne.
1851, 20 mai, avec la France.
1851, 8 juin, avec la Suisse.
1851, 24 juin, avec les Pays-bas.
1851, 18 octobre, avec l'Autriche.
1852, 25 janvier, avec la Suède et la Norwége.
1852, 14 février, avec la France.
1853, 28 janvier, avec le Meklembourg-Schwerin.
1853, 4 mars, Paraguay.
1853, 14 juin, Pérou.
1854, 23 mars, avec la République Dominicaine.
1854, 31 juillet, avec la Turquie.
1854, 19 décembre, avec la Toscane.
1855, 11 mai, avec les Deux-Siciles.
1855, 1 août, avec le Mexique.
1855, 21 sept., avec la Confédération Argentine.
1856, 27 juin, avec les Deux-Siciles.
1856, 28 juin, avec le Chili.
1857, 26 avril, avec la Perse.
1857, 10 décembre, avec la Belgique.
1858, avec la Belgique *(Convention additionnelle)*.

Je n'ai pas cru devoir présenter un travail semblable
en ce qui concerne les traités de commerce et de navigation conclus entre la France et les diverses puissances.
Ce travail serait trop long et sortirait des limites de cette
étude. Il me reste à faire connaître le texte des traités
conclus entre la France et la Sardaigne.

Traité de commerce et de navigation

conclu le 5 novembre 1850 entre la France et la Sardaigne.

Le Président de la République française et Sa Majesté le Roi de Sardaigne, désirant faciliter et étendre, d'une manière réciproquement avantageuse, les relations commerciales et maritimes entre les deux pays, d'une part, en plaçant les pavillons respectifs sur un pied de parfaite égalité, en ce qui concerne les taxes de navigation; d'autre part, en réduisant mutuellement les taxes de douanes sur un certain nombre de produits naturels ou autres expédiés d'un pays dans l'autre, sont convenus d'ouvrir dans ce but une négociation, et ont nommé à cet effet pour leurs plénipotentiaires, savoir :

Le Président de la République française, M. Ferdinand Barrot, représentant du peuple, chevalier de la Légion d'honneur, envoyé extraordinaire et ministre plénipotentiaire de France près la cour de Turin;

Et Sa Majesté le Roi de Sardaigne, M. le chevalier Louis Cibrario, sénateur du royaume, chevalier des ordres des saints Maurice et Lazare et du Mérite civil de Savoie, commandeur et chevalier de plusieurs autres ordres étrangers;

Lesquels, après avoir échangé leurs pleins pouvoirs, trouvés en bonne et due forme, sont convenus des articles suivants :

Art. 1er. Il y aura pleine et entière liberté de commerce et de navigation entre les habitants des deux pays; ils ne payeront point pour exercer leur commerce ou leur industrie, dans les ports, villes ou lieux quelconques des deux Etats, soit qu'ils s'y établissent, soit qu'ils y résident temporairement ou ne fassent que les traverser à titre de commis-marchands ou commis-voyageurs, de patentes, taxes ou impôts, sous quelque dénomination que ce soit, autres ou plus élevés que ceux qui se percevront sur les nationaux; et les priviléges, immunités et autres faveurs quelconques dont jouissent, pour l'exploitation du commerce ou de l'industrie, les citoyens de l'un des deux États, seront communs à ceux de l'autre.

Il est, toutefois, entendu que cette disposition ne s'appliquera pas aux taxes différentielles de douane que chacun des deux États jugerait utile de maintenir à l'importation des marchandises par un pavillon autre que le pavillon national.

2. Les navires français venant directement des ports de France avec chargement, et sans chargement de tout port quelconque, ne payeront, dans les ports de Sardaigne, soit à l'entrée, soit à la sortie, soit durant leur séjour, d'autres ni de plus forts droits de tonnage, de pilotage, de balisage, de quaiage, de quarantaine, de port, de phare, de courtage, d'expédition et d'autres charges qui pèsent sur la coque du navire, sous quelque dénomination que ce soit, perçus au profit de l'État, des communes, des corporations locales, de particuliers ou établissements quelconques, que ceux dont sont ou seront passibles en Sardaigne les navires sardes venant des mêmes lieux, ou ayant la même destination.

Par réciprocité, les navires sardes venant directement des ports de Sardaigne avec chargement, et sans chargement de tout port quelconque, dans les ports de France, seront assimilés, soit à l'entrée, soit à la sortie, soit durant leur séjour aux navires français pour tous les droits ou charges quelconques portant sur la coque du navire.

3. En tout ce qui concerne le placement des navires, leur chargement et leur déchargement dans les ports, rades, hâvres et bassins, et généralement, pour toutes les formalités et dispositions quelconques auxquelles peuvent être soumis les navires de commerce, leurs équipages et leurs cargaisons, il ne sera accordé aux navires nationaux, dans l'un des deux États, aucun privilége ni aucune faveur qui ne le soient également aux navires de l'autre puissance; la volonté des hautes parties contractantes étant que, sous ce rapport aussi, les bâtiments français et les bâtiments sardes soient traités sur le pied d'une parfaite égalité.

4. Seront respectivement considérés comme navires français ou sardes, ceux qui, naviguant sous le pavillon de l'un des deux États,

seront possédés et enregistrés selon les lois du pays, munis de titre et patente régulièrement délivrés par les autorités compéten- tes; à la condition, toutefois, que le capitaine sera national, c'est- à-dire citoyen du pays dont il porte le pavillon, et que les deux tiers de l'équipage seront nationaux d'origine et de domicile, ou, s'ils sont étrangers d'origine, qu'ils aient résidé pendant dix ans au moins dans les pays respectifs.

5. Tous les produits et autres objets de commerce dont l'impor- tation ou l'exportation pourra légalement avoir lieu dans les Etats de l'une des hautes parties contractantes par navires nationaux pourront également y être importés, sauf payement des surtaxes différentielles de douane à l'entrée, ou en être exportés librement par des navires de l'autre puissance.

Les marchandises importées dans les ports de France ou de Sar- daigne par les navires de l'une ou de l'autre puissance pourront y être livrées à la consommation, au transit, ou à la réexportation, ou enfin être mises en entrepôt au gré des propriétaires ou de leurs ayants cause; le tout sans être assujetties à des droits de magasi- nage, de vérification, de surveillance ou autres charges de même nature plus forts que ceux auxquels seront soumises les marchan- dises apportées par navires nationaux.

6. Les marchandises de toute nature qui seront exportées de Sardaigne par navires français, ou de France par navires sardes, pour quelque destination que ce soit, ne seront pas assujetties à d'autres droits ni formalités de sortie que si elles étaient exportées par navires nationaux, et elles jouiront, sous l'un et l'autre pavil- lon, de toutes primes et restitutions de droits ou autres faveurs qui sont ou seront accordées dans chacun des deux pays à la navigation nationale.

7. Les navires français entrant dans un port de Sardaigne, et, réciproquement, les navires sardes entrant dans un port de France, et qui n'y viendraient décharger qu'une partie de leur cargaison, pourront, en se conformant toutefois aux lois et règlements des Etats respectifs, conserver à leur bord la partie de la cargaison qui serait destinée à un autre port, soit du même pays, soit d'un autre.

et la réexporter, sans être astreints à payer pour cette dernière partie de leur cargaison aucun droit de douane, sauf ceux de surveillance, lesquels d'ailleurs ne pourront naturellement être perçus qu'aux taux fixés pour la navigation nationale.

8. Les capitaines et patrons des bâtiments français et sardes seront réciproquement exempts de toute obligation de recourir, dans les ports respectifs des deux Etats, aux expéditionnaires officiels; et ils pourront, en conséquence, librement se servir soit de leurs consuls, soit des expéditionnaires qui seraient désignés par ceux-ci, sauf à se conformer, dans les cas prévus par le Code de commerce français et par le Code de commerce sarde, aux dispositions desquels la présente clause n'apporte aucune dérogation.

9. Seront complètement affranchis des droits de tonnage et d'expédition, dans les ports respectifs:

1° Les navires qui, rentrés sur lest de quelque lieu que ce soit, en repartiront sur lest;

2° Les navires qui, passant d'un port de l'un des deux Etats dans un ou plusieurs ports du même Etat, soit pour y déposer toute ou partie de leur cargaison, soit pour y composer ou compléter leur chargement, justifieront avoir déjà acquitté ces droits;

3° Les navires qui, entrés avec chargement dans un port, soit volontairement, soit en relâche forcée, en sortiront sans avoir fait opération de commerce.

Ne seront pas considérés, en cas de relâche forcée, comme opérations de commerce, le débarquement et le rechargement des marchandises pour la réparation du navire, le transbordement sur un autre navire en cas d'innavigabilité du premier, les dépenses nécessaires au ravitaillement des équipages, et la vente des marchandises avariées, lorsque l'administration des douanes en aura donné l'autorisation.

10. Les paquebots à vapeur français affectés à un service régulier et périodique, qui feront escale dans le port de Gênes, continueront à être assimilés au pavillon sarde.

Les paquebots à vapeur sardes affectés à un service régulier et périodique, qui feront escale dans les ports de Marseille et de Port-Vendres (ou de Cette), seront assimilés au pavillon national.

11. Malgré les dispositions des articles précédents, la navigation de côte ou de cabotage demeure réservée au pavillon national dans les Etats respectifs.

12. Voulant se donner des gages de leur désir mutuel de favoriser les relations commerciales entre les deux pays, les hautes parties contractantes sont convenues, dans ce but, des dispositions suivantes :

Le Président de la République française consent,

1° A maintenir le régime exceptionnel et de faveur fait par la loi de douanes du 9 juin 1845, aux bestiaux sardes entrant en France par la frontière de terre, et à augmenter le nombre des bureaux de douane ouverts à l'importation dans la zone comprise entre le Pont-de-Beauvoisin et la Méditerranée.

2° A étendre le même régime de droits aux bestiaux sardes importés par le littoral de la Méditerranée;

3° A abaisser d'un quart le taux actuel des droits sur l'introduction des riz par la frontière de terre;

4° A étendre l'application de ce droit réduit aux importations des riz effectuées par mer, tant en France, qu'en Algérie;

5° A réduire d'un sixième le droit d'entrée actuel sur les fruits frais; et à maintenir les droits actuels sur la céruse, en conformité de la loi du 9 juin 1845;

6° A réduire à six francs par tête le droit d'entrée sur les mules et mulets;

7° A supprimer le droit de deux francs par tête pour les mêmes animaux exportés à destination de la Sardaigne;

8° A supprimer le droit d'entrée des petites peaux brutes;

9° A réduire d'un cinquième le droit d'entrée du corail taillé mais non monté;

10° A réduire quatorze pour cent sur le taux des droits d'entrée actuellement acquittés par les gazes de soie pure de la fabrique des

Etats sardes, importées en France par la frontière de terre des deux Etats;

11° A réduire à cent francs par cent kilogrammes pour le pavillon sarde, et quatre-vingt-treize francs pour le pavillon français, le droit d'entrée pour les poissons marinés.

Sa Majesté le Roi de Sardaigne s'engage, de son côté,

A. A réduire les différents droits actuellement établis sur les eaux-de-vie françaises importées, soit par mer, soit par les frontières de terre, savoir : pour celle de vingt-deux degrés et au-dessus, à trente francs l'hectolitre; pour celle de qualité inférieure, à dix-huit francs.

B. A abaisser le taux des droits sur les vins de France de toutes qualités qui entreront dans les Etats sardes, soit par mer sous pavillon national ou français, soit par la frontière du Var, du Rhône et des Alpes, dans la proportion suivante, savoir: pour les vins d'une valeur supérieure à vingt francs, au seul droit fixe de quatorze francs l'hectolitre; pour les vins en bouteille, à trente centimes par bouteille; et pour les vins de qualité inférieure, à dix francs par hectolitre.

C. A réduire le droit d'entrée sur les objets de mode de vingt francs à quinze francs par kilogramme, poids net, outre le huit pour cent de la valeur.

D. A réduire le droit sur la porcelaine en couleur ou dorée de cinquante à trente francs; et sur la porcelaine blanche, à vingt-cinq francs.

E. A établir un droit d'entrée spécifique uniforme de six francs par tête pour les mules et mulets, et à supprimer, à l'égard de ces animaux, tout droit de sortie.

F. A réduire les droits actuellement perçus à l'exportation des petites peaux brutes, savoir : à quinze francs par cent kilogrammes pour les peaux d'agneau, et à trente francs pour les peaux de chevreau.

G. A abaisser d'un tiers le taux actuel des droits à l'entrée des cuirs et peaux préparés, et de moitié pour les peaux chamoisées, et à réduire à un franc et cinquante centimes le droit d'exportation des soies grèges.

H. A abaisser le droit sur le papier sans fin pour tenture à trente francs; pour les verres ouvrés, à quinze francs; et à réduire de moitié le droit pour les bouteilles noires de litre et de demi-litre.

I. A réduire de vingt à quinze francs le droit d'entrée sur la passementerie en soie pure.

K. A supprimer le droit d'entrée par terre sur l'elixir de la grande Chartreuse.

13. Afin de compléter et d'équilibrer d'une manière aussi exacte que possible les concessions douanières et maritimes stipulées dans les articles ci-dessus énoncés, il est en outre convenu:

1° Que les navires français faisant l'intercours entre les ports sardes et l'Algérie seront en tout, en Sardaigne, placés sur la même ligne que les bâtiments français se livrant à l'intercours direct entre les ports français et les ports sardes;

2° Que le droit de tonnage de deux francs par tonneau, actuellement perçu dans les ports de l'Algérie sur les navires sardes employés à l'intercours direct de la Sardaigne avec les possessions françaises dans le nord de l'Afrique, ne sera pas exhaussé pendant toute la durée du présent traité; et que ce droit, une fois payé dans un port de l'Algérie, ne sera plus exigé dans les autres ports dans lesquels le navire pourrait entrer pour compléter son déchargement ou son chargement;

3° Que pendant la même période, le bois à construire et à brûler, les merrains, les feuillards, le charbon de bois et les matériaux à bâtir, importés directement de Sardaigne en Algérie sous pavillon national ou sarde, conserveront la franchise dont ils ont joui jusqu'ici.

14. En tout ce qui concerne les droits de douane et de navigation, les deux hautes parties contractantes se promettent réciproquement de n'accorder aucun privilége, faveur ou immunité à un autre état, qu'il ne le soit aussi et à l'instant même étendu à leurs sujets respectifs, gratuitement, si la concession en faveur de l'autre État est gratuite, et en donnant la même compensation ou l'équivalent si la concession a été conditionnelle.

15. Les hautes parties contractantes prennent l'engagement mutuel de ne pas augmenter, pendant toute la durée du présent traité, les droits applicables tant aux produits énumérés lans ledit traité, qu'aux produits du sol ou de l'industrie des deux Etats qui peuvent être légalement importés en droiture de l'un des deux pays dans l'autre, sous le pavillon de l'une et l'autre nation. Il est également convenu que, pendant la même période, aucun droit de navigation ne pourra être augmenté ou établi de nouveau dans l'un des deux pays au préjudice de l'autre.

16. Les consuls, vice-consuls et agents consulaires de chacune des hautes parties contractantes, résidant dans les Etats de l'autre, recevront des autorités locales toute aide et assistance pour la recherche, saisie et arrestation des marins et autres individus faisant partie de l'équipage des navires de guerre ou de commerce de leurs pays respectifs, qu'ils soient ou non inculpés des crimes, délits ou contraventions commis à bord desdits bâtiments.

A cet effet, ils s'adresseront, par écrit, aux tribunaux, juges ou fonctionnaires compétents, et justifieront, par l'exhibition des registres du bâtiment, rôle d'équipage ou autres documents officiels, ou bien, si le navire était parti, par la copie desdites pièces dûment certifiée par eux, que les hommes qu'ils réclament ont réellement fait partie dudit équipage; sur cette demande ainsi justifiée, la remise ne pourra leur être refusée.

Lesdits déserteurs, lorsqu'ils auront été arrêtés, resteront à la disposition des consuls, vice-consuls et agents consulaires, et pourront même être détenus et gardés dans les prisons du pays, à la réquisition et aux frais des agents précités, jusqu'au moment où ils seront réintégrés à bord du bâtiment auquel ils appartiennent, ou jusqu'à ce qu'une occasion se présente de les renvoyer dans les pays desdits agents sur un navire de la même ou de toute autre nation.

Si pourtant cette occasion ne se présentait point dans le délai de trois mois, à compter du jour de l'arrestation, ou si les frais de leur emprisonnement n'étaient pas régulièrement acquittés par la partie à la requête de laquelle l'arrestation a été opérée, lesdits déserteurs seront remis en liberté sans qu'ils puissent être arrêtés de nouveau pour la même cause.

Néanmoins, si le déserteur avait commis en outre quelque délit à terre, son extradition pourra être différée par les autorités locales, jusqu'à ce que le tribunal compétent ait dûment statué sur le dernier délit, et que le jugement intervenu ait reçu son entière exécution.

Il est également entendu que les marins ou autres individus faisant partie de l'équipage, sujets du pays où la désertion a lieu, sont exceptés des stipulations du présent article.

17. Toutes les opérations relatives au sauvetage des navires français naufragés ou échoués sur les côtes de Sardaigne sont dirigées par les consuls ou vice-consuls de France, et réciproquement les consuls et vice-consuls sardes dirigeront les opérations relatives au sauvetage des navires de leur nation naufragés ou échoués sur les côtes de France.

L'intervention des autorités locales aura seulement lieu dans les deux pays pour maintenir l'ordre, garantir les intérêts des sauveteurs, s'ils sont étrangers aux équipages naufragés, et assurer l'exécution des dispositions à observer pour l'entrée et la sortie des marchandises sauvées. En l'absence et jusqu'à l'arrivée des consuls ou vice-consuls, les autorités locales devront d'ailleurs prendre toutes les mesures nécessaires pour la protection des individus et la conservation des effets naufragés.

Il est, de plus, convenu que les marchandises sauvées ne seront tenues à aucun droit de douane, à moins qu'elles ne soient admises à la consommation intérieure.

18. En ce qui concerne les autres attributions, privilèges et immunités des consuls respectifs, les deux hautes parties contractantes s'engagent à en faire, dans le plus bref délai possible, l'objet d'une convention spéciale, et, en attendant, il est convenu que lesdits consuls, vice-consuls et chanceliers jouiront respectivement, dans les deux pays, des avantages de toute sorte accordés ou qui pourront être accordés à ceux de la nation la plus favorisée; le tout, bien entendu, sous condition de réciprocité.

19. Le présent traité sera ratifié, et les ratifications en seront échangées à Turin, dans le délai de deux mois, ou plus tôt, si faire se peut. Il aura force et valeur pendant quatre années, à dater du jour dont les hautes parties contractantes conviendront pour son exécution simultanée, dès que la promulgation en sera faite d'après les lois particulières à chacun des deux États.

Si, à l'expiration des quatre années, le présent traité n'est pas dénoncé six mois à l'avance, il continuera à être obligatoire d'année en année, jusqu'à ce que l'une des deux parties contractantes ait annoncé à l'autre, mais un an à l'avance, son intention d'en faire cesser les effets.

En foi de quoi, les plénipotentiaires respectifs ont signé le présent traité et y ont apposé leurs cachets.

Fait à Turin, le cinquième jour du mois de novembre de l'an mil huit cent cinquante. — Signé, Ferdinand BARROT. — Signé, CI-BRARIO.

Convention additionnelle au Traité de commerce et de navigation du 5 novembre 1850, conclue le 20 mai 1851, entre la France et la Sardaigne.

Le Président de la République française et Sa Majesté le Roi de Sardaigne, prenant en considérant les principes consacrés par le traité de commerce et de navigation conclu entre les deux pays, le 5 novembre 1850, et les changements introduits dans la législation douanière des États sardes, par les conventions spéciales avec la Belgique et la Grande-Bretagne, des 24 janvier et 27 février 1851, et étant également animés du désir d'accroître les relations commerciales entre la France et la Sardaigne, sont convenus de conclure dans ce but une Convention additionnelle au traité précité du 5 novembre 1850, et ont, à cet effet, nommé pour leurs plénipotentiaires, savoir :

Le Président de la République française, M. Charles His de Butenval, commandeur de la Légion d'honneur, chevalier Grand-

Croix de la Rose du Brésil, chevalier de l'ordre de Saint-Jean de Jérusalem, commandeur de l'ordre de la Conception du Portugal, décoré de l'ordre Ottoman du Nichan-Iftihar de première classe, envoyé extraordinaire et ministre plénipotentiaire de France près la cour de Turin;

Et Sa Majesté le Roi de Sardaigne, M. le comte Camille Benso de Cavour, grand officier de la Légion d'honneur, membre de la Chambre des Députés, ministre de la marine, de l'agriculture et du commerce, et chargé du portefeuille des finances;

Lesquels, après avoir échangé leurs pleins pouvoirs, trouvés en bonne et due forme, sont convenus des articles suivants:

Art. 1er. Sa Majesté le Roi de Sardaigne s'engage à étendre, à partir du premier juin prochain, aux produits du sol et de l'industrie de la France, importés directement de France en Sardaigne, les réductions douanières stipulées par les traités conclus avec la Belgique le 24 janvier, et avec l'Angleterre le 27 février 1851.

2. Sa Majesté le Roi de Sardaigne s'engage en outre à abaisser, à partir de la même époque, les droits,

1° Sur les tissus de soie importés de France, dans la proportion suivante, savoir :

Tissus de soie, de 20 francs à 15 francs le kilogramme;

Tissus de soie et filoselle, de 12 francs à 8 francs le kilogramme;

Boutons de soie et filoselle, de 8 francs à 6 francs.

Boutons mélangés, de 5 francs à 3 francs.

2° Sur les livres importés de France, dans la proportion suivante, savoir :

Livres reliés blancs, de 65 francs ⎫ à trente-cinq francs les
Livres imprimés, de . . 60   » ⎬   cent kilogrammes.

Livres imprimés brochés, de trente francs à dix-huit francs les cent kilogrammes.

3. Le Président de la République française, en compensation de ces avantages, s'engage de son côté à abaisser,

1° D'un cinquième, soit de vingt pour cent, les droits actuels sur les bestiaux de la race ovine et caprine sardes, importés en France, soit par le littoral de la Méditerranée, soit par la frontière de terre dans la zone comprise entre la limite méridionale du dé-

partement de l'Ain et la Méditerranée, de telle sorte que les droits
actuels de cinq francs pour chaque bête à laine, moutons, béliers
et brebis; de un franc cinquante centimes pour chaque bête à cor-
nes, boucs et chèvres; de trente centimes pour chaque agneau,
soient réduits à quatre francs, un franc vingt centimes, et vingt-
cinq centimes.

2° D'un cinquième, soit de vingt pour cent, les droits sur les
fruits frais de table originaires des Etats sardes.

4. La présente Convention, considérée comme additionnelle
au Traité de commerce et de navigation conclu entre la France
et la Sardaigne le 5 novembre 1850, aura la même durée que ce
traité.

Les deux hautes parties contractantes se réservent de se concer-
ter ultérieurement sur les concessions réciproques qui pourraient
donner à la présente Convention additionnelle des développements
nouveaux, aussi bien que sur la prolongation éventuelle de la présente Convention et du Traité du 5 novembre 1850.

Elle sera ratifiée, et les ratifications en seront échangées à Turin,
dans le plus bref délai possible.

En foi de quoi, les deux plénipotentiaires l'ont signée et y ont
apposé leurs cachets.

Fait en double original à Turin, le vingt du mois de mai de l'an
mil huit cent cinquante et un. — Signé, BUTENVAL. — Signé, C. DE
CAVOUR.

TRAITÉ DE COMMERCE ET DE NAVIGATION,

du 14 février 1852, entre la France et la Sardaigne.

Le Prince-Président de la République française et Sa Majesté le
Roi de Sardaigne, jaloux de se donner un témoignage manifeste du
désir mutuel qui les anime de resserrer de plus en plus les liens
de bon voisinage et d'amitié entre les populations des deux pays,
et de ménager à leurs rapports les facilités que réclament les conditions actuelles de l'agriculture et de l'industrie, ont résolu d'ou-

vrir, à cet effet, de nouvelles négociations, et ont nommé pour leurs plénipotentiaires :

Le Prince-Président de la République française, le sieur Charles His de Butenval, grand-officier de la Légion d'honneur, etc.

Et Sa Majesté le Roi de Sardaigne, le sieur Camille Benso, comte de Cavour, membre de la chambre des députés, etc.

Lesquels, après s'être communiqué leurs pleins pouvoirs, trouvés en bonne et due forme, sont convenus de ce qui suit :

Art. 1er. Toutes les soies écrues grèges ou moulinées, y compris les douppions, seront affranchies de tout droit quelconque à leur entrée dans les deux pays, à leur sortie, sauf l'obligation des déclarations voulues par les règlements de douane.

Seront aussi affranchies de tout droit à leur sortie des Etats-Sardes les bourres de soie en masse, écrues ou teintes.

Les soies en cocons et les soies écrues, grèges ou moulinées, y compris les douppions, seront affranchies de tout droit quelconque à leur entrée dans les deux pays.

2. Les petites peaux brutes d'agneau et de chevreau seront affranchies de tout droit quelconque, à leur entrée dans les deux pays.

Les mêmes peaux seront affranchies de tout droit quelconque, en Sardaigne, à leur sortie pour France.

3. Tous les vins et le vinaigre de table de production française, importés directement, soit par terre, soit par mer, sous pavillon sarde ou sous pavillon français, seront soumis, à leur entrée dans les Etats-Sardes, au droit uniforme suivant :

En cercle, trois francs et trente centimes par hectolitre;

En bouteilles, dix centimes par bouteille qui ne dépasse pas le litre.

Il demeure d'ailleurs bien entendu que le comté de Nice ne sera soumis au droit intégral indiqué dans le présent article qu'à dater du 1er janvier 1854, et que, jusqu'à cette époque, on ne percevra, conformément à la loi du 14 juillet 1851, que les deux cinquièmes de ce droit.

4. Toutes les eaux-de-vie de production française importées di-

rectement, soit par terre, soit par mer, sous pavillon sarde ou sous pavillon français, seront soumises, à leur entrée dans les Etats-Sardes, au droit suivant :

En cercle { Supérieures à 22 degrés, à dix fr. par hectolitre; De 22 degrés et au-dessous, à cinq francs cinquante centimes;

En bouteilles, à dix centimes par bouteille qui ne dépasse pas le litre.

5. Toutes les huiles de production des Etats-Sardes, dont l'origine sera dûment justifiée, importées, soit par terre, soit par mer, sous pavillon français, ou directement sous pavillon sarde, seront soumises, à leur entrée en France, à un droit uniforme de quinze francs les cent kilogrammes.

Cette réduction ne sera toutefois étendue au comté de Nice que lorsque les huiles étrangères y seront soumises, à leur importation, aux droits en vigueur sur les autres frontières de l'Etat.

6. Le Gouvernement français accorde à la Sardaigne :

A. La réduction de moitié du droit actuel d'entrée sur les fromages de pâte molle de la Savoie aux conditions énoncées dans le paragraphe A de l'article 7;

B. L'ouverture de deux bureaux de douane, sur la frontière du département de l'Ain, où les bestiaux des Etats-Sardes seront admis aux droits établis par les articles 12 du Traité du 5 novembre 1850, et 3 de la Convention additionnelle du 20 mai 1851, aux conditions énoncées dans le paragraphe B de l'article 7;

C. L'ouverture d'un bureau de douane sur la frontière de Chaparcillan, où les fontes aciéreuses de la Savoie seront admises au droit de trois francs le quintal métrique, jusqu'à concurrence de douze mille quintaux métriques par an, aux conditions énoncées dans le paragraphe C de l'article 7.

7. A. Afin de garantir l'administration française contre l'introduction, par les frontières de la Savoie, en France, des fromages de pâte molle étrangers, l'administration des douanes sardes ne dégagera de l'acquit-à-caution l'introducteur des fromages de ladite qualité, passés en transit pour la France, que lorsqu'il aura présenté l'acquit du bureau de la douane française.

B. Pour offrir la même garantie quant aux bestiaux, l'administration des douanes sardes fera marquer au fer chaud, à leur entrée par les frontières de la Savoie, les bestiaux de provenance étrangère des qualités indiquées dans l'article 12 du Traité du 5 novembre 1850, et dans l'article 3 de la Convention additionnelle du 20 mai 1751, qui seraient introduits en transit, desdites frontières, pour la France. La décharge des acquits de transit délivrés par la douane sarde restera subordonnée à la représentation de la quittance de la douane française.

C. Pour constater, vis-à-vis de l'administration française, la qualité spéciale des fontes aciéreuses, il est entendu qu'on ne regardera comme telles que celles produites dans le bassin de l'Arc et le bassin de l'Isère.

8. Le Gouvernement sarde garantit que, dans aucun cas, les vins et les eaux-de-vie français ne seront assujettis, par les administrations communales, à des droits d'octroi ou de consommation autres ou plus élevés que ceux auxquels seront assujettis les vins et les eaux-de-vie du pays; et, *vice versa*, le Gouvernement français garantit que, dans aucun cas, les huiles des Etats-Sardes ne seront assujetties, par les administrations communales, à un droit d'octroi ou de consommation autre ou plus élevé que celui auquel seront imposées les huiles du pays.

9. Il demeure entendu que, dans le cas où des droits de consommation sur les vins et sur les eaux-de-vie, plus élevés que ceux qui pourraient exister aujourd'hui, seraient établis au profit du trésor sarde, le Gouvernement français serait autorisé à frapper les huiles sardes, à leur importation, d'un droit de douane correspondant, et, réciproquement, si des droits de consommation, plus élevés que ceux qui pourraient exister aujourd'hui, étaient établis par le Gouvernement français sur les huiles, le Gouvernement sarde serait autorisé à imposer un droit de douane correspondant à l'importation des vins et des eaux-de-vie de France.

Ne sera point considéré comme donnant ouverture à l'application du présent article tout remaniement des différents chapitres des droits d'accise et de consommation, perçus au profit du trésor, qui, en augmentant certains de ces droits, ou même en en créant de nouveaux, en diminuerait, ou en supprimerait simultanément d'autres, dans une proportion identique, de telle sorte que les vins et les spiritueux français, dans les Etats-Sardes, et les huiles sardes, en France, n'eussent à supporter que des charges dont l'ensemble fût exactement le même que l'ensemble de celles qui résultent des taxes existantes aujourd'hui et fût représenté, dans chaque localité, par le même chiffre.

Ne sera point considérée non plus comme donnant ouverture à l'application du présent article, la simple extension sans augmentation de quotité, aux autres provinces des Etats-Sardes des droits de consommation qui pourraient être perçus aujourd'hui en Piémont, pour le compte de l'Etat, sur les vins et sur les eaux-de-vie.

10. Il est entendu entre les Hautes Parties contractantes, que, sauf les modifications stipulées par le présent Traité, les Conventions antérieures du 5 novembre 1850 et du 20 mai 1851, conservent toute leur force et valeur, et demeurent comme si elles étaient insérées mot à mot dans le présent acte.

II. Le présent Traité sera ratifié et les ratifications en seront échangées à Turin, dans le plus bref délai possible, et les effets de son exécution simultanée commenceront deux mois après le jour où cet échange aura eu lieu.

Il aura la même durée que le traité de commerce et de navigation du 5 novembre 1850, et sera soumis aux mêmes conditions de temps, pour la dénonciation qui pourrait en être faite par chacune des deux Hautes Parties contractantes.

En foi de quoi, les deux plénipotentiaires l'ont signé et y ont apposé le sceau de leurs armes.

Fait en double original à Turin, le quatorzième jour du mois de février de l'an mil huit cent cinquante-deux. — Signé, Butenval. Signé, C. Cavour.

PROCES-VERBAL *d'échange de Ratifications sur le Traité de commerce et de navigation du 14 février 1852 entre la France et
la Sardaigne.*

Les soussignés s'étant réunis à l'effet de procéder à l'échange
des actes de ratifications du Prince-Président de la République
française et de Sa Majesté le Roi de Sardaigne sur le Traité de
commerce et de navigation signé à Turin, le quatorzième jour de
février dernier, entre la France et la Sardaigne, les instruments
desdites ratifications ont été produits, et ayant été, après lecture
faite, trouvés en bonne et due forme, l'échange en a été opéré sous
la réserve de l'insertion, dans le présent procès-verbal,

1° D'une note échangée entre le plénipotentiaire français et le
plénipotentiaire sarde, à la même date du 14 février dernier, pour
déterminer et expliquer le mode de satisfaire aux réclamations qui
pourraient s'élever, de part ou d'autre, sur les dispositions de l'article 9 dudit Traité;

2° D'une déclaration, en date de ce jour, échangée entre les soussignés pour indiquer le choix des bureaux de douane ouverts aux
bestiaux sardes et pour réserver à chacune des deux Hautes Parties contractantes la liberté de proposer à l'autre la substitution
de nouveaux bureaux de douane à ceux mentionnés dans le Traité,
pour l'admission des fontes aciéreuses et des bestiaux sardes;

3° D'une note expliquant que ce sont exclusivement les huiles
d'olives que les plénipotentiaires ont entendu désigner à l'article 5
du Traité.

Notes et Déclaration dont la teneur suit :

1° Note du 14 février 1852.

Bien que les deux plénipotentiaires soussignés soient convain-
cus que les dispositions de l'article 9 du Traité de ce jour ne seront
jamais appliquées, attendu les sentiments de loyauté et de bon
vouloir qui animent les deux Parties contractantes l'une envers
l'autre; toutefois, voulant prévoir le cas où, par suite d'une modi-

fication dans les droits d'accise ou de consommation perçus pour le compte du trésor de l'Etat, des réclamations s'élèveraient de part ou d'autre, ils sont convenus de ce qui suit :

Les réclamations de la nation qui se croirait lésée seront soumises à l'arbitrage d'une commission de quatre membres, dont deux nommés par la France et deux nommés par la Sardaigne.

Cette commission se réunira à Turin ou à Gênes, si c'est la France qui réclame, à Paris ou à Marseille, si s'est la Sardaigne.

Elle décidera s'il y a lieu ou non à appliquer les dispositions du premier paragraphe de l'article 9.

Elle indiquera le chiffre qu'elle jugera devoir représenter équitablement la surtaxe de douane à établir en représailles de la surtaxe d'accise ou de consommation qui aura donné lieu à la réclamation de la puissance lésée.

En cas de partage égal des voix, un cinquième commissaire sera nommé par une puissance tierce dont le nom sera tiré au sort, mais qui ne pourra être que l'Espagne, la Hollande ou la Suède.

Aucune mesure de représailles ne pourra être appliquée avant que la commission ait prononcé sa décision. Mais cette décision devra être rendue d'urgence et dans un délai de trois semaines à partir du jour où la puissance lésée aura désigné ses commissaires, ou quinze jours après la nomination du cinquième commissaire, dans le cas de partage des voix.

Fait à Turin, le 14 février 1852. — Signé, BUTENVAL. — Signé, C. CAVOUR.

2° *Déclaration.*

Les soussignés, s'étant réunis pour procéder à l'échange des actes de ratification du traité de commerce et de navigation conclu, le 14 février dernier, entre la France et la Sardaigne, sont convenus, d'après la proposition et l'acceptation de leurs Gouvernements respectifs, que les bureaux d'admission ouverts aux bestiaux sardes, aux termes de l'article 6 du Traité, seront ceux de Saint-Blaise et de Seyssel.

Les soussignés, voulant en outre prévoir le cas où le choix des bureaux de douane désignés à l'article 6 du Traité (§ C) et dans la présente déclaration pour l'admission des fontes aciéreuses ou des bestiaux ne se trouverait pas répondre à l'objet que les plénipotentiaires ont en vue, à savoir, l'accroissement et l'accélération du mouvement des échanges entre les deux pays, entendent réserver expressément à chacune des deux Hautes Parties contractantes, par la présente déclaration échangée entre eux, le droit réciproque de proposer à l'agrément de l'autre telle substitution dans la désignation desdits bureaux qui serait mieux appropriée à l'économie ou à la facilité des transports.

En foi de quoi, ils ont signé la présente déclaration, qui demeurera jointe au Traité comme annexe, et y ont apposé le sceau de leurs armes.

Turin, le 22 mai 1852. — BUTENVAL. — AZEGLIO.

3° Note explicative sur les huiles d'olives.

Afin de ne laisser aucun doute sur le sens et la portée de l'article 5 du Traité du 14 février 1852, les soussignés, au moment de l'échange des ratifications, ont déclaré que les plénipotentiaires avaient entendu désigner exclusivement dans ledit article les huiles d'olives.

En foi de quoi, ils ont signé la présente Note, qui demeurera annexée au Traité comme pièce explicative.

Turin, le 22 mai 1852. — BUTENVAL. — AZEGLIO.

Les dispositions des notes et déclarations qui viennent d'être insérées dans ce procès-verbal auront la même force et valeur que celles du Traité, dont elles deviennent des annexes.

En foi de quoi, les soussignés ont dressé le présent procès-verbal, qu'ils ont signé en double expédition et revêtu de leurs cachets respectifs.

Fait à Turin, le 22° jour de mai 1852. — BUTENVAL. — AZEGLIO.

SECTION II.

DOUANES.

En donnant le texte des traités de commerce qui existent entre la France et la Sardaigne, j'ai déjà fait connaître plusieurs dispositions concernant les douanes des deux pays.

D'après les recherches faites par M. Maurice Block, et consignées dans le *Dictionnaire du commerce et de la navigation*, en cours de publication chez MM. Guillaumin, les douanes contribuent aux revenus totaux des deux pays dans les proportions ci-après : en Sardaigne 12, 75 pour cent, et en France 11, 71 pour cent.

Le revenu douanier est en France de 178,636,311 fr. et dans les Etats sardes de 17,287,155 fr.

La moyenne des importations est, par habitant :

	pour la France,	pour la Sardaigne,
Coton.........	2 kil. 337	2 kil. 558.
Lin....	0 532	0 114.
Laine.........	1 106	0 542.
Soie.........	0 080	0 089.

Les produits des droits d'exportation on été en 1856, pour la France, de 1,664,516 fr. contre 176,975,795 fr. produits par les droits d'importation. Pour la Sardaigne de 209,752 fr. contre 15,316,239 fr.

Le taux moyen des droits protecteurs , en tant pour cent de la valeur, est, d'après M. Maurice Block :

	France	Etats sardes
Valeur officielle ...	13, 05	7, 02
Valeur réelle	10	6, 87

Il m'est impossible de faire ici un exposé pratique de notre législation sur les douanes ; les documents sont trop nombreux pour qu'on puisse même les indiquer rapidement, et pour être utile il me faudrait entrer dans des détails qui ne peuvent trouver leur place dans cette étude.

« Source féconde de l'impôt en taxant l'entrée des marchandises, les lois de douanes ont en même temps pour objet d'assurer aux industries françaises la prédominence sur le marché intérieur, de faciliter les échanges avec l'étranger, d'accroître les éléments de la navigation, enfin de maintenir un juste équilibre entre les besoins et les ressources du pays.

« Considérées au point de vue fiscal, économique et international , ces lois touchent donc aux plus grands intérêts du pays et ont à pourvoir à des besoins très-variables. Or, l'application de l'économie publique doit concilier avec le progrès vers lequel Dieu guide l'humanité, les nécessités résultant de l'ordre établi.

« C'est de cette doctrine que relève le régime des douanes françaises....

« Le service des douanes en France est investi de la mission de percevoir des droits sur les marchandises ou les denrées étrangères mises en consommation dans le pays, d'en repousser quelques-unes dont l'Etat se réserve le monopole, dans un but d'ordre public, ou qui paraissent susceptibles de compromettre le développement du travail national ; enfin de déjouer les spéculations illicites (fraude, contrebande), préjudiciables au commerce loyal non moins qu'au trésor. » Delandre, *Traité pratique des douanes*, 1858, t. 1, p. 3 et 4.

D'après la loi du 5 novembre 1790, tous les droits de traite à l'intérieur ont été abolis et un tarif uniforme les a remplacé.

Le premier tarif adopté est celui du 15 mars 1790 ; il était très-large et ne contenait que peu de prohibitions motivées par des considérations de police et de sûreté publique.

Les décrets de 1806 et 1807 élargirent considérablement le cercle de ces prohibitions dans l'intérêt des industries et des fabricants français, et ce système domina les nombreux tarifs et lois de douanes promulguées depuis, si on en excepte certains actes de la restauration. Les lois de 1832, 1836 et 1841, apportèrent une grande modification dans le régime douanier de la France. Depuis les idées protectionnistes, un peu délaissées, reprirent le dessus ; on reconnaît leur influence dans les lois de juin 1845.

Après 1848 on songea à changer complètement notre système douanier , et les systèmes les plus étranges se produisent devant l'assemblée législative ; cela donna occasion au gouvernement d'y développer les principes qui ont été suivis depuis.

Voici ce qu'il disait en juin 1851 :

« C'est un devoir pour le cabinet d'exprimer son opinion sur une question où tous les intérêts nationaux , agriculture, industrie , commerce sont engagés. Ce devoir je vais l'accomplir. Ce n'est pas un discours que je viens faire, mais une déclaration.

« Les révolutions peuvent bien changer les institutions politiques, mais elles ne changent pas les intérêts permanents d'un pays.

« Les gouvernements qui se succèdent sont engagés envers ces intérêts par une étroite solidarité ; ils doivent tenir compte des faits existants, de la nature des productions, de l'état de l'industrie sous le régime des tarifs établis.

«Sans exclure le progrès, le règlement des taxes, comme tout ce qui a trait à l'administration commerciale et financière, doit constituer une politique traditionnelle nationale et non une politique de circonstance.

« Quelle a été la politique de la France depuis la paix ? Fermement protectrice, prudemment progressive. Nous ne nous écarterons pas de cette conduite.

« Nous repoussons formellement le principe du libre échange comme incompatible avec l'indépendance et la sécurité d'une grande nation, comme inapplicable à la France, comme destructeur de nos plus belles industries.

« Sans doute nos tarifs de douane contiennent des prohibitions inutiles et surannées ; nous pensons qu'il faut les faire disparaître.

« Une protection douanière est nécessaire à nos industries ; cette protection ne doit pas être aveugle, immuable ou excessive, mais le principe protecteur doit être fermement maintenu. »

Les traités spéciaux sur les douanes font connaître tout ce qui concerne l'organisation du service des douanes, la surveillance des frontières, les tarifs, la perception des droits, les contraventions et les pénalités destinées à les réprimer, les formalités auxquelles sont soumises les importations et exportations.

Les propriétés limitrophes sont soumises à des règles spéciales.

Les étrangers, propriétaires de terres situées en France dans le demi-myriamètre des frontières, jouissent de la faculté d'exporter en franchise de tout droit et malgré les prohibitions les récoltes annuelles proprement dites provenant de ces terres (Ord. 13 oct. 1814, art. 1; Circ. du 31 janv. 1820, n° 543). Bien que cette faculté ne s'applique pas aux coupes de bois en général, elle est réservée aux sardes pour les forêts qu'ils possédaient en France avant le traité du 24 mars 1760, à quelque distance que ce soit de la frontière. On ne tient pas compte non plus de cette distance pour les autres propriétés sardes dont les titres sont antérieurs à 1760 (Déc. min., 8 juin 1826).

Les Français, propriétaires à l'étranger de terres situées dans le demi-myriamètre de la frontière, jouissent de la liberté d'importer en France les denrées provenant de ces terres, lorsqu'ils justifient d'une origine de possession antérieure aux dernières délimitations de territoires (Ord. du 13 oct. 1814, art. 2 ; Déc. min du 7 fév. 1826, et Circ. du 30 mars suivant). La circulaire du 3 septembre 1824 a réglé les conditions de la franchise d'importation ; on ne l'accorde qu'aux Français (Décis. des 25 sept. 1828, 26 mars 1834, 8 avril 1834, 12 juin 1835, 5 sept. 1836, 19 juin 1841) (1).

(1) Voyez en ce qui concerne la législation sarde les dispositions similaires dans les articles 25 et 26 du tarif annexé à la loi du 14 juillet 1851, et les articles 49 et suivants du règlement du 30 juillet 1851.

Des idées libérales ont présidé à la rédaction des dernières lois qui ont réglé le régime douanier en Sardaigne.

Le 6 juillet 1850 une loi abolissait, en faveur des nations qui accorderaient la réciprocité à cet égard , tous
les droits différentiels de douane et de navigation quels
que fussent leurs titres et leur dénomination. Cette loi
autorisait même le gouvernement à accorder l'abolition
de ces droits aux nations , qui sans offrir la réciprocité
accorderaient des avantages ayant pour but de favoriser le pavillon sarde.

Le traité du 28 août 1843, entre la France et la Sardaigne accorde aux nationaux des deux pays le bénéfice
de cette loi.

La loi du 26 juin 1851 vint diminuer les frais et
taxes qui pesaient sur la marine sarde et la marine
étrangère dans les ports des Etats sardes, simplifier et
accélérer la perception de ces taxes. Le bénéfice du
traitement accordé aux bâtiments nationaux par cette loi,
était assuré par les traités de 1843 et 1850 aux bâtiments français. Les seules taxes conservées par la loi
de 1851 sont les taxes d'ancrage *(tasse d'ancoraggio)*,
et les taxes de darses *(tasse di darsene o stazione)* (1).

(1) On appelle darses dans la Méditerranée les bassins auxquels on
donne le nom de bassins de carénage, de construction sur l'Océan ,
Dry docks en Angleterre et dans les Etats-Unis.

La loi-tarif du 14 juillet 1851 a simplifié et adouci le régime douanier en Sardaigne ; elle a étendu à toutes les puissances les réductions stipulées dans les traités particuliers ; elle a assuré le fonctionnement d'un régime général, en faisant disparaître en partie les obstacles que ce régime rencontrait dans l'île de Sardaigne et le comté de Nice.

Cette loi a été complétée par celle du 11 juillet 1853, qui a donné de plus larges développements à la réforme douanière et a consommé l'union douanière de la monarchie sarde en retirant au comté de Nice ses derniers privilèges.

Voici par ordre de date les diverses dispositions qui ont assuré et complété cette réforme et qui forment en Sardaigne le Code de la matière :

1850, 6 juillet ; loi. — Suppression des droits différentiels.

1851, 26 juin; loi. — Diminution des taxes de navigation et d'ancrage.

1851, 14 juillet; loi-tarif.

1851, 30 juillet; règlement pour l'exécution de cette loi.

1852, 11 juillet ; loi. — Modifications à la loi-tarif du 14 juillet 1851 (1).

(1) Cette loi approuve les modifications déjà apportées à la loi du

1853, 11 juillet; loi. — Modifications nouvelles.

1853, 6 octobre; ordonnance qui réduit le droit d'importation des céréales.

1853, 27 octobre ; ordonnance réglant l'époque de l'application de la loi du 11 juillet 1853 en ce qui concerne la réduction du droit d'importation sur l'avoine.

1853, 11 novembre ; règlement sur les entrepôts.

1854 , 16 février ; loi. — Modifications au tarif et suppression complète de droits sur certains articles.

1854, 23 juillet; ordonnance qui supprime la ligne de douane entre le comté de Nice et les autres provinces.

1855, 9 avril; loi qui autorise le gouvernement à admettre à l'exercice du cabotage sur les côtes des Etats royaux les navires des pays étrangers à la condition d'une parfaite réciprocité.

1855, 28 septembre; décret réduisant les droits d'importation du cuivre , de l'étain , du zinc , du plomb et des baguettes rondes de fer d'une certaine dimension.

1856, 21 juin ; loi qui approuve les dispositions du précédent décret et apporte de nouvelles modifications au tarif.

14 juillet 1851 par les décrets royaux des 29 août et 4 nov. 1851, et en apporte de nouvelles.

1852, 22 juin ; loi accordant les facilités au commerce du sel (1).

1858, 23 novembre ; convention relative au service des douanes sur les chemins de fer internationaux (2).

SECTION III.

CONVENTION CONSULAIRE.

CONVENTION

Conclue le 4 février 1852, entre la France et la Sardaigne, pour régler les droits, priviléges et immunités consulaires dans les deux pays.

Le Prince-Président de la République française et Sa Majesté le Roi de Sardaigne, reconnaissant l'utilité de déterminer et fixer d'une manière claire et définitive les droits, priviléges et immunités réciproques des consuls, vice-consuls, chanceliers ou secrétaires, ainsi que leurs fonctions et les obligations auxquelles ils seront respectivement soumis dans les deux pays, ont résolu de conclure une convention consulaire, et ont nommé, à cet effet, pour leurs plénipotentiaires, savoir :

(1) La plupart de ces documents, qu'il peut être très-utile au commerce de consulter, ont été publiés par les soins du ministre de l'agriculture et du commerce de France dans les *Annales du commerce extérieur*, nᵒˢ 5o5, 553 et 1117.

(1) Voyez cette convention *infrà*, section V.

Le Prince-Président de la République française, le sieur Charles His de Butenval, etc.

Et Sa Majesté le Roi de Sardaigne, le chevalier Maxime Faparelli d'Azeglio, etc.

Lesquels, après s'être communiqué leurs pleins pouvoirs, trouvés en bonne et due forme, sont convenus de ce qui suit :

Art. 1er. Les consuls généraux, les consuls et vice-consuls nommés par la France et la Sardaigne seront réciproquement admis et reconnus en présentant leurs provisions selon la forme établie dans les territoires respectifs. L'exequatur nécessaire pour le libre exercice de leurs fonctions leur sera délivré sans frais, et, sur l'exhibition dudit exequatur, les autorités administratives et judiciaires des ports, villes ou lieux de leur résidence les y feront jouir immédiatement des prérogatives attachées à leurs fonctions dans leur arrondissement consulaire respectif.

2. Les consuls généraux, consuls et vice-consuls respectifs jouiront, dans les deux pays, des priviléges généralement attribués à leur charge, tels que l'exemption des logements militaires et celle de toutes les contributions directes, tant personnelles que mobilières ou somptuaires, à moins, toutefois, qu'ils ne soient citoyens du pays, ou qu'ils ne deviennent, soit propriétaires, soit possesseurs de biens immeubles, ou enfin qu'ils ne fassent le commerce; pour lesquels cas, ils seront soumis aux mêmes taxes, charges et impositions que les autres particuliers. Ces agents jouiront en outre de l'immunité personnelle, excepté pour les faits et actes que la législation pénale des deux pays qualifie de crimes et punit comme tels; et, s'ils sont négociants, la contrainte par corps ne pourra leur être appliquée que pour les seuls faits de commerce et non pour causes civiles.

Ils pourront placer au-dessus de la porte extérieure de leur maison un tableau aux armes de leur nation, avec une inscription portant ces mots, *Consul de France* ou *Consul de Sardaigne;* et, aux jours de solennités publiques nationales ou religieuses, ils pourront aussi arborer sur la maison consulaire un pavillon aux couleurs de leur pays. Il est bien entendu que ces marques extérieures ne pourront jamais être interprétées comme constituant un droit d'asile, mais serviront avant tout à désigner aux matelots ou aux nationaux l'habitation consulaire.

Les consuls généraux, consuls et vice-consuls et leurs chanceliers ne pourront être sommés à comparaître comme témoins devant les tribunaux. Quand la justice du pays aura besoin de prendre quelque déclaration juridique de leur part, elle devra la leur demander par écrit ou se transporter à leur domicile pour la recevoir de vive voix.

En cas de décès, d'empêchement ou d'absence des consuls ou vice-consuls, leurs chanceliers ou secrétaires seront, de plein droit, admis à gérer par intérim les affaires desdits consulats ou vice-consulats, sans empêchement ni obstacle de la part des autorités locales, qui leur donneront au contraire, dans ce cas, toute aide et assistance, et les feront jouir, pendant la durée de leur gestion intérimaire, de tous les droits, privilèges et immunités stipulés dans la présente convention en faveur des consuls généraux, consuls et vice-consuls.

3. Les archives et en général tous les papiers de chancellerie des consulats respectifs seront inviolables, et, sous aucun prétexte, ni dans aucun cas, ils ne pourront être saisis ni visités par l'autorité locale.

4. Les consuls généraux, les consuls et vice-consuls des deux pays pourront s'adresser aux autorités de leur résidence et, au besoin, à défaut d'agent diplomatique de leur nation, recourir au Gouvernement suprême de l'Etat auprès duquel ils exercent leurs fonctions, pour réclamer contre toute infraction qui aurait été commise par des autorités ou fonctionnaires dudit Etat, aux traités ou conventions existant entre les deux pays ou contre tout autre abus dont auraient à se plaindre leurs nationaux, et ils auront le droit de faire toutes les démarches qu'ils jugeraient nécessaires pour obtenir prompte et bonne justice.

5. Les consuls généraux et consuls respectifs seront libres d'établir des agents consulaires ou vice-consuls dans les différentes villes, ports et lieux de leur arrondissement consulaire où le bien

du service qui leur est confié l'exigera, sauf, bien entendu, l'approbation et l'exequatur du Gouvernement territorial. Ces agents pourront être indistinctement choisis parmi les citoyens des deux pays comme parmi les étrangers, et seront munis d'un brevet délivré par le consul qui les aura nommés et sous les ordres duquel ils devront être placés. Ils jouiront d'ailleurs des mêmes privilèges et immunités stipulés par la présente convention, sauf les exceptions consacrées par l'article 2 et le cas où ils seraient citoyens du pays dans lequel ils résident.

6. Les consuls généraux, les consuls et vice-consuls respectifs auront le choix de recevoir dans leur chancellerie, au domicile des parties, ou à bord des navires de leur pays, les déclarations et autres actes que les capitaines, équipages, passagers, négociants ou citoyens de leur nation voudront y passer, même leur testament, ou dispositions de dernière volonté, et tous autres actes notariés, alors même que lesdits actes auraient pour objet de conférer hypothèque, dans lequel cas il leur sera appliqué les dispositions stipulées au paragraphe premier de l'article 22 du traité du 24 mars 1760.

Les consuls généraux, consuls et vice-consuls respectifs auront, en outre, le droit de recevoir dans leurs chancelleries tous actes conventionnels entre un ou plusieurs de leurs nationaux et d'autres personnes du pays où ils résident, et même tout acte conventionnel concernant des citoyens de ce dernier pays seulement, pourvu, bien entendu, que ces actes aient rapport à des biens situés ou à des affaires à traiter sur le territoire de la nation à laquelle appartiendra le consul ou l'agent devant lequel ils seront passés.

Les expéditions desdits actes, dûment légalisées par les consuls et vice-consuls, et munies du cachet officiel de leur consulat, feront foi en justice devant tous les tribunaux, juges et autorités, soit en Sardaigne, soit en France, au même titre que les originaux, et auront la même force que s'ils avaient été reçus par des notaires et autres fonctionnaires publics de l'un ou de l'autre pays, pourvu que ces actes soient passés d'après les formes voulues par les lois de l'Etat auquel le consul appartient, et qu'ils aient été ensuite soumis au timbre et à l'enregistrement ou insinuation, et à toutes les autres formalités qui régissent la matière dans le pays où l'acte doit recevoir son exécution.

7. Les consuls généraux, les consuls et vice-consuls respectifs pourront, au décès de leurs nationaux morts sans avoir testé ni désigné d'exécuteur testamentaire:

1° Apposer les scellés, soit d'office, soit à la réquisition des parties intéressées, sur les effets mobiliers et les papiers du défunt, en prévenant d'avance de cette opération l'autorité locale compétente, qui pourra y assister, et même, si elle le juge convenable, croiser de ses scellés ceux qui auront été apposés par le consul; et dès lors, ces doubles scellés ne seront levés que de concert;

2° Dresser aussi, en présence de l'autorité compétente du pays, si elle croit devoir s'y présenter, l'inventaire de la succession;

3° Faire procéder, suivant l'usage du pays, à la vente des effets mobiliers en dépendant; enfin, administrer et liquider personnellement, ou nommer, sous leur responsabilité, un agent pour administrer et liquider la succession, sans que l'autorité locale ait à intervenir dans ces nouvelles opérations, à moins qu'un ou plusieurs citoyens du pays dans lequel serait ouverte la succession, ou les citoyens d'une tierce puissance n'aient à faire valoir des droits dans cette même succession; car, dans ce cas, et s'il survient quelques difficultés entre les intéressés, elles seront jugées par les tribunaux du pays, le consul agissant alors comme représentant la succession.

Mais lesdits consuls généraux, consuls et vice-consuls seront tenus de faire annoncer la mort du défunt dans une des gazettes qui se publieront dans l'étendue de leur arrondissement, et ils ne pourront faire la délivrance de la succession ou de son produit aux héritiers légitimes ou à leurs mandataires, qu'après avoir fait acquitter toutes les dettes que le défunt pourrait avoir contractées dans le pays, ou qu'autant qu'une année se sera écoulée depuis la date du décès, sans qu'aucune réclamation ait été présentée contre la succession.

8. En tout ce qui concerne la police des ports, le chargement et

le déchargément des navires, la sûreté des marchandises, biens et effets, les citoyens des deux pays seront respectivement soumis aux lois et statuts du territoire; cependant, les consuls généraux , consuls et vice-consuls respectifs seront exclusivement chargés de l'ordre intérieur à bord des navires de commerce de leur nation, et connaîtront seuls de tous les différends qui surviendraient entre les hommes, le capitaine et les officiers de l'équipage; mais les autorités locales pourront intervenir lorsque les désordres survenus seront de nature à troubler la tranquillité publique à terre ou dans le port, et pourront également connaître de ces différends lorsqu'une personne du pays ou une personne étrangère à l'équipage s'y trouvera mêlée.

Dans tous les autres cas, lesdites autorités se borneront à prêter main-forte aux consuls généraux, consuls et vice-consuls, lorsque ceux-ci la requerront, pour faire arrêter et conduire en prison ceux des individus de l'équipage qu'ils jugeaient à propos d'y envoyer à la suite de ces différends.

9. Les consuls généraux , consuls et vice-consuls respectifs pourront faire arrêter et renvoyer, soit à bord, soit dans leur pays les matelots et toutes les autres personnes faisant régulièrement partie des équipages des bâtiments de leur nation respective à un autre titre que celui de passager, qui auraient déserté desdits bâtiments. A cet effet, ils s'adresseront, par écrit, aux autorités locales compétentes, et justifieront, par l'exhibition des registres du bâtiment et du rôle d'équipage, ou, si le navire était parti, par copie desdites pièces dûment certifiée par eux, que les hommes qu'ils réclament faisaient partie dudit équipage. Sur cette demande, ainsi justifiée, la remise ne pourra leur être refusée.

Il leur sera donné de plus toute aide et assistance pour la recherche, saisie et arrestation desdits déserteurs, qui seront même détenus et gardés dans les prisons du pays, à la réquisition et aux frais des consuls, jusqu'à ce que ces agents aient trouvé une occasion de les faire partir. Si, pourtant, cette occasion ne se présentait pas dans un délai de trois mois à compter du jour de l'arrestation, les déserteurs seraient mis en liberté et ne pourraient plus être arrêtés pour la même cause.

Néanmoins si le déserteur avait commis, en outre, quelque délit à terre, son extradition pourra être différée par les autorités locales jusqu'à ce que le tribunal compétent ait dûment statué sur le dernier délit et que le jugement intervenu ait reçu son entière exécution.

Il est également entendu que les marins ou autres individus faisant partie de l'équipage, sujets du pays où la désertion a lieu, sont exceptés des stipulations du présent article.

10. Toutes les fois qu'il n'y aura pas de stipulations contraires entre les armateurs, les chargeurs et les assureurs, les avaries que les navires des deux pays auraient éprouvées en mer, en se rendant dans les ports respectifs, seront réglées par les consuls généraux, consuls ou vice-consuls de leur nation, à moins cependant que des habitants du pays où résideraient les consuls ou vice-consuls ne se trouvassent intéressés dans ces avaries; car, à moins de compromis amiable entre toutes les parties intéressées, elles devraient être réglées dans ce cas par l'autorité locale.

11. Toutes les opérations relatives au sauvetage des navires français naufragés sur les côtes du royaume de Sardaigne seront dirigés par les consuls généraux, consuls et vice-consuls de France; et, réciproquement, les consuls généraux, consuls et vice-consuls sardes dirigeront les opérations relatives au sauvetage des navires de leur nation naufragés ou échoués sur les côtes de France.

L'intervention des autorités locales aura seulement lieu dans les deux pays pour maintenir l'ordre, garantir les intérêts des sauveteurs, s'ils sont étrangers aux équipages naufragés, et assurer l'exécution des dispositions à observer pour l'entrée et la sortie des marchandises sauvées.

En l'absence et jusqu'à l'arrivée des consuls généraux, consuls ou vice-consuls, les autorités locales devront d'ailleurs prendre toutes les mesures nécessaires pour la protection des individus et la conservation des effets naufragés.

Il est de plus convenu que les marchandises sauvées ne seront tenues à aucun droit de douane, à moins qu'elles ne soient admises à la consommation intérieure.

12. Les consuls généraux, consuls et vice-consuls respectifs, ainsi que leurs chanceliers ou secrétaires, jouiront dans les deux pays de tous les autres priviléges, exemptions et immunités qui pourraient, par la suite, être accordés aux agents du même rang de la nation la plus favorisée.

13. La présente convention sera ratifiée conformément aux constitutions respectives des deux pays, et les ratifications en seront échangées à Turin dans le délai d'un mois, ou plus tôt, si faire se peut.

Fait à Turin, les 4 février 1852. — Signé, BUTENVAL. — Signé, AZEGLIO.

DÉCLARATION.

Il est entendu entre les hautes parties contractantes que les stipulations relatives aux consuls généraux, consuls et vice-consuls, seront, en tout, applicables aux élèves-consuls français et aux appliqués consulaires sardes lorsqu'ils se trouveront provisoirement chefs de poste, et que, lorsqu'ils seront attachés en sous-ordre au service d'un poste consulaire, ils jouiront des priviléges et immunités personnelles stipulés par l'article 2 de la convention en date de ce jour.

La présente déclaration sera considérée comme faisant partie de la convention et aura la même force et valeur que si elle y était insérée mot à mot. Mention spéciale en sera faite dans le protocole d'échange des ratifications.

En foi de quoi, les plénipotentiaires l'ont signée en double original et y ont apposé le cachet de leurs armes.

Fait à Turin, le 4 février 1852. — Signé, BUTENVAL. — Signé, AZEGLIO.

SECTION IV.

CONVENTION SANITAIRE.

Pour sauvegarder la santé publique dans les divers Etats et faciliter autant que possible le développement des relations commerciales et maritimes dans la Méditerranée, la France, la Sardaigne et diverses puissances résolurent d'introduire la plus grande uniformité possible dans le régime sanitaire et d'alléger ainsi les charges qui pèsent sur la navigation. A cet effet, des délégués réunis en conférence à Paris, après s'être entendus sur les principes à adopter, négocièrent une convention spéciale suivie d'un règlement sanitaire international.

Une convention et un règlement sanitaire international ont été signés le 3 février 1852 à Paris, entre diverses puissances, parmi lesquelles se trouvent la Sardaigne représentée par M. Magnetto, consul général à Lyon, et M. Ange Bô, président de l'académie royale de médecine et des sciences naturelles de Gênes, et professeur de médecine à l'université de la même ville.

Cette convention, en ce qui concerne la France et la Sardaigne, a reçu son exécution à dater du 15 juin 1853.

Toutefois il résulte d'une note insérée dans le *Moniteur officiel* de France, le 12 avril 1859, que l'application du droit conventionnel, résultant des conférences qui s'étaient ouvertes à Paris en 1851, n'ayant pas reçu tout le développement désirable, les puissances intéressées se sont récemment entendues pour reprendre les négociations suivies à cette époque et s'efforcer ainsi d'assurer, par un accord complet et définitif, au commerce et à la navigation, toutes les facilités compatibles avec les intérêts de la santé publique.

La première réunion des délégués de ces puissances où la France a été représentée par M. le chevalier Le Moyne, ministre plénipotentiaire, et la Sardaigne par M. le comte de Salmour, secrétaire général au ministère des affaires étrangères de Sardaigne, a eu lieu le 9 avril 1859.

La convention de 1853, promulguée en France comme loi de l'Etat dans le 46ᵉ bulletin de 1853, nᵒ 408, n'a été ratifiée que par la France et la Sardaigne. Elle a été conclue pour cinq ans, sauf toute prorogation d'année en année. Je ne crois pas que l'une des parties contractantes ait dénoncé, conformément à l'article 11, l'intention d'en faire cesser les effets. Le décret du 4 juin 1853 a fait passer dans la législation sanitaire française plusieurs des dispositions du règlement international; cependant ce règlement ne pourra sortir utilement à effet que lorsque l'assentiment de plusieurs puissances lui aura donné force exécutoire dans divers pays et aura généralisé son application.

On en retrouvera le texte dans toutes les collections de lois françaises, sous la date du 27 mai 1853, époque où est intervenu le décret de promulgation.

SECTION V.

CHEMINS DE FER INTERNATIONAUX

CONVENTION

Conclue le 23 novembre 1858, entre la France et la Sardaigne, relativement au service de douanes sur les chemins de fer internationaux.

Sa Majesté l'Empereur des Français et Sa Majesté le Roi de Sardaigne, voulant faciliter et accélérer le transport des voyageurs et des marchandises sur les chemins de fer qui relient entre eux leurs Etats respectifs, ont résolu de conclure, dans ce but, une Convention spéciale, et ont, à cet effet, nommé pour leurs plénipotentiaires, savoir :

(Suivent les noms).

Lesquels, après s'être communiqué leurs pleins pouvoirs, trouvés en bonne et due forme, sont convenus des articles suivants:

Art. 1er. La voie ferrée, entre Culoz et la frontière sarde, sera considérée comme route internationale ouverte, pour les deux pays. à l'importation, à l'exportation et au transit. Les wagons plombés et les douaniers d'escorte pourront la parcourir en tout temps, sans empêchement ni arrêt.

2. Il sera établi un bureau de douane sarde à la gare française de Culoz dans les locaux disposés par la compagnie du chemin de fer de Lyon à Genève, laquelle sera tenue également de fournir à la douane française les installations matérielles nécessaires à son service.

3. Ces locaux, en ce qui concerne la Sardaigne, seront désignés par l'apposition des armes de ce royaume.

4. La fermeture et l'emploi des locaux affectés au service des douanes sardes, ainsi que leur surveillance par ses agents, seront réglés et ordonnés exclusivement par l'autorité sarde.

5. Des magasins distincts seront élevés pour les marchandises importées en France et pour celles en voie d'importation en Sardaigne. Ceux de ces magasins destinés à recevoir les marchandises pénétrant en France seront placés dans la partie de la gare réservée à la douane française; et, réciproquement, les magasins ouverts aux marchandises expédiées en Sardaigne devront faire partie des locaux attribués à la douane de cette puissance. Il est entendu que les employés des deux pays, s'ils ne préfèrent agir simultanément, pourront, de part et d'autre, se livrer à la régularisation des opérations de sortie avant qu'il soit procédé à celles d'entrée par la douane voisine.

6. Le règlement de police pour le mouvement des marchandises à l'entrée et à la sortie des magasins, et la fixation du délai à accorder à cet effet, seront concertés entre les administrations des douanes respectives.

7. La police intérieure de la gare mixte de Culoz sera assurée par un poste d'agents français, lesquels agiront sur la réquisition des chefs de la douane sarde, et sans que l'emploi de cette force armée auxiliaire puisse occasionner aucuns frais au gouvernement sarde.

8. Les administrations française et sarde donneront à leur installation douanière à la gare de Culoz toute l'extension que pourra exiger le trafic, et accorderont toutes les facilités compatibles avec leurs règlements.

9. Les agents sardes ne relèveront que de l'autorité de Sa Ma-

jesté le Roi de Sardaigne pour le service et la discipline dans l'intérieur de la gare. Ils seront porteurs de leur uniforme et de leurs
armes dans l'escorte des convois et dans la gare pour la garde des
marchandises, de la caisse et autres actes de leur service.

10. Les agents sardes attachés au service de la gare mixte de
Culoz seront exemptés en France de toute contribution directe et
personnelle, ainsi que du service de la garde nationale. Le matériel
nécessaire au service de la Sardaigne, dans la gare de Culoz, aussi
bien que les objets destinés à l'ameublement des employés et de
leurs familles obligés de résider sur le territoire français, seront, à
leur entrée en France, exemptés des taxes de douanes, sauf aux
propriétaires à remplir les formalités prescrites, en pareil cas, par
les règlements de la douane française.

11. Les employés des douanes des deux États feront mutuellement et conjointement leurs efforts pour prévenir ou découvrir
toute tentative de fraude ou de contrebande dans l'enceinte de la
gare, et se communiqueront réciproquement tous les renseignements de nature à intéresser le service. Leurs rapports auront lieu
sur le pied de l'égalité, et leurs relations de service, dans le cas de
communicationss directes, seront les mêmes qu'entre employés
d'égale position d'un même pays.

12. Les bureaux de douane de Culoz communiqueront, sans déplacement, en tout temps et à première demande, aux employés
supérieurs des douanes de l'autre État, les registres d'entrée et
de sortie, avec les pièces à l'appui.

13. La douane sarde établie à la gare mixte de Culoz aura les
attributions d'un bureau sarde, notamment pour la réception des
déclarations, les opérations de visite, les perceptions, le plombage
et la constatation des contraventions à ses lois reconnues dans la
gare. Elle aura le droit de mettre sous séquestre les marchandises
et objets auxquels ces contraventions se rapportent; de transiger
sur ces contraventions ou de les déférer aux tribunaux sardes
compétents, qui les jugeront d'après les lois de leur pays; de disposer, s'il y a lieu, de la marchandise séquestrée en vertu soit de la
transaction passée avec le prévenu qui en aura fait l'abandon à la

douane sarde, soit d'un jugement définitif qui en aura prononcé la confiscation à son profit, de retenir les marchandises, bagages et moyens de transport, en garantie des amendes, sauf à en donner mainlevée moyennant caution.

14. En matière de contravention aux lois de douanes sardes commise dans la gare mixte de Culoz, les autorités françaises se chargeront, à la requête des autorités sardes, d'entendre des témoins, de procéder à des recherches ou informations, et de notifier le résultat de ces démarches aux autorités sardes; de faire parvenir aux prévenus et témoins les assignations et significations des jugements émanés des tribunaux sardes.

15. Pour tout ce qui regarde les délits et crimes commis dans la gare ou sur la voie, et qui tombent sous l'application des lois et ordonnances françaises, la compétence des tribunaux ordinaires français est expressément réservée.

16. Le Gouvernement sarde s'engage, à charge de réciprocité, à n'admettre dans le personnel appelé par son service à résider ou à pénétrer sur le territoire français, aucun employé ou agent qui, pour crime ou délit, soit politique, soit civil, ou pour contravention de douane, aurait été condamné par les tribunaux sardes.

17. A l'effet de faciliter la circulation des voyageurs se rendant en Sardaigne, le Gouvernement sarde aura la faculté de faire examiner et viser leurs papiers à la gare mixte de Culoz.

18. Le Gouvernement sarde garantit au Gouvernement français toute la réciprocité des stipulations contenues dans les articles précédents, pour le cas où la jonction des chemins de fer respectifs sur un autre point de la frontière des deux États rendrait nécessaire l'établissement, sur le territoire sarde, d'un bureau de douanes français dans une gare mixte internationale. Il est bien entendu qu'en conformité de la loi française, les contraventions douanières qui seraient éventuellement constatées par ce bureau devront être déférées au tribunal de paix français le plus rapproché du lieu.

19. La présente Convention est conclue pour une période de cinq années qui courront à partir du jour où la douane sarde à Culoz sera en mesure de commencer ses opérations. Cette Convention

restera en vigueur après l'expiration de la période de cinq années, tant que, de part ou d'autre, elle n'aura pas été dénoncée six mois à l'avance.

20. La présente Convention sera ratifiée et les ratifications en seront échangées, à Paris, dans le plus bref délai possible.

En foi de quoi, les plénipotentiaires respectifs l'ont signée et y ont apposé le cachet de leurs armes.

Fait en double expédition, à Paris, le 23 novembre 1858.

A. WALEWSKI. — DE VILLAMARINA.

RÉGLEMENT *du service international par chemins de fer, entre la France et la Sardaigne, dans ses rapports avec la douane.*

La commission mixte instituée pour le règlement du service international par chemin de fer, entre la France et la Sardaigne, s'étant réunie au ministère des affaires étrangères, a arrêté les dispositions suivantes :

CHAPITRE Ier.

Convois de marchandises.

Art. 1er. Toutes marchandises placées dans des wagons à coulisses ou sous bâches, dûment fermés à l'aide de plombs ou cadenas, seront dispensées de la visite par la douane aux bureaux frontières respectifs, soit à l'entrée, soit à la sortie, tant de nuit que de jour, les dimanches et jours fériés comme tout autre jour, sous les réserves et moyennant les conditions et formalités déterminées aux articles suivants.

2. Provisoirement, cette dispense ne s'applique qu'aux wagons destinés pour l'une ou l'autre des localités ci-après ;

En France ; Lille, Valenciennes, Jeumont, Feignies, Metz, Forbach, Wissembourg, Strasbourg, Mulhouse, Saint-Louis, Bellegarde, Culoz, Marseille, Cette, Bayonne, Bordeaux, Nantes, Saint-Nazaire, Rouen, le Havre, Dieppe, Calais, Boulogne, Dunkerque et Paris. En Sardaigne : Chambéry et Saint-Jean-de-Maurienne.

Chacune des parties contractantes étendra successivement cette faculté aux autres points où viendront aboutir les voies ferrées auxquelles le régime du transport international pourra être appliqué.

3. Tout colis pesant moins de vingt-cinq kilogrammes ne pourra être admis que dans un wagon à coulisses. Toutefois, ceux de ces colis qui formeront excédant de charge pourront être placés dans une caisse ou panier agréés par la douane du lieu et mis sous plombs ou cadenas. Il pourra de même être fait usage de paniers, lorsque les colis à transporter ne seront pas en assez grand nombre pour remplir un wagon.

4. Chaque administration des douanes respectera les plombs et cadenas apposés par celle de l'autre Etat, après s'être assurée qu'ils présentent toutes les conditions voulues, et sauf à les compléter, s'il y a lieu. Si cette formalité n'a pas été remplie, les wagons devront, avant le passage d'un territoire sur l'autre, être fermés ou bâchés de telle sorte qu'il n'y ait plus qu'à y apposer le plomb ou cadenas après reconnaissance du bon conditionnement; les plombs présenteront l'indication du bureau où ils auront été apposés.

5. Chaque convoi sera accompagné d'une feuille de route distincte, par lieu de destination, et d'un modèle uniforme pour les deux Etats. Cette feuille, préparée par les soins des administrations des chemins de fer, sera soumise au visa des employés des douanes au lieu de chargement. Elle relatera le nombre des colis, ainsi que le nombre et le numéro des wagons; on y joindra les documents présentant toutes les indications prescrites pour les déclarations de douane en détail dans les Etats respectifs.

6. Chaque convoi sera placé sous l'escorte non interrompue d'employés des douanes, sans autres frais, pour les administrations des chemins de fer, que l'obligation de les placer, soit à l'aller, soit au retour, dans les convois, aussi près que possible des wagons de marchandises. Les douaniers convoyeurs seront admis dans les voitures de deuxième classe des trains de voyageurs, ou dans les compartiments des gardes de convois de marchandises. Les employés d'escorte ne pourront abandonner le convoi qu'après la remise des documents aux employés des douanes du pays voisin.

Chapitre II.

Convois des voyageurs.

7. La faculté accordée par l'article premier aux convois de marchandises de franchir la frontière pendant la nuit et les jours des dimanches et fêtes est étendue aux convois de voyageurs.

8. Le bagages non visités au bureau frontière seront accompagnés d'une feuille de route et d'un document de douane. Ils seront placés dans des wagons fermés avec plombs ou cadenas, sous l'escorte d'employés des douanes, et seront visités au bureau de douane de destination.

9. Les voyageurs ne pourront conserver avec eux, dans les voitures, aucun colis contenant des marchandises soumises aux droits ou prohibées.

10. Tous objets passibles de droits, transportés par les convois de voyageurs, restent soumis aux conditions et formalités établies pour ceux dont le transport s'effectue par les convois de marchandises.

Chapitre III.

Dispositions générales.

11. A l'arrivée des marchandises au lieu de destination, elles seront déposées dans des bâtiments fournis par les administrations des chemins de fer, agréés par l'administration des douanes et susceptibles d'être fermés. Elles y resteront sous la surveillance non interrompue des employés de cette administration, et en seront enlevées pour la consommation, pour l'entrepôt ou pour le transit, sur une déclaration en détail à faire dans le délai voulu et après l'accomplissement des formalités prescrites. Les marchandises extraites de ces magasins pour le transit sous le régime du présent règlement ne seront soumises à la visite ni au moment de l'enlèvement, ni à leur sortie du territoire. Le déchargement des wagons s'effectuera immédiatement après l'arrivée des convois.

12. Dans les stations où il n'y a pas encore de bâtiments se trouvant dans les conditions indiquées à l'article précédent, le déchargement des wagons se fera, au plus tard, dans le délai de trente-

six heures après l'arrivée du convoi, sous peine de perdre le bénéfice du présent règlement.

13. Les administrations des chemins de fer devront informer, au moins huit jours à l'avance, les administrations des douanes des changements qu'elles voudront apporter dans les heures de départ, de passage et d'arrivée des trains de jour et de nuit, sous peine d'être tenues de remplir, à la frontière, toutes les formalités ordinaires de douane.

14. En principe, la division des convois, lorsqu'elle sera demandée, pourra être accordée aux bureaux frontières jusqu'à concurrence de dix wagons. En cas de nécessité reconnue par l'employé supérieur des douanes dans la station, une subdivision plus grande pourra être permise.

15. Sous les réserves et moyennant les conditions et formalités établies pour l'entrée des convois de marchandises et de voyageurs d'un pays dans l'autre, les mêmes facilités seront accordées aux convois de marchandises et de voyageurs dans leur passage à travers le territoire français, pour aller de Sardaigne en Suisse, et *vice versa*.

16. Toutes marchandises arrivées à Paris sous le régime du présent règlement seront admises à y rompre charge pour d'autres destinations, sous les conditions suivantes : 1° les colis compris dans une même déclaration ne pourront recevoir qu'une destination unique, soit la consommation, soit l'entrepôt, soit le transit; — 2° la réexpédition à une autre destination devra se faire dans un délai de trente-six heures, sous peine de perdre le bénéfice de ce règlement et de l'envoi d'office de la marchandise à l'entrepôt aux frais de la compagnie qui a effectué le transport jusqu'à Paris; — 3° les locaux de la gare où devront s'accomplir ces opérations seront disposées à cet effet suivant les convenances de la douane et agréés par elle.

17. Il est bien entendu que, par les présentes dispositions, il n'est dérogé en rien aux lois de chaque pays, en ce qui concerne les pénalités encourues dans les cas de fraude ou de contravention, pas plus qu'à celles qui ont prononcé des prohibitions ou des restrictions en matière d'importation, d'exportation ou de transit, et

qu'il reste libre à l'administration des douanes, dans chaque pays, de faire procéder à la vérification des marchandises et aux autres formalités, soit au bureau frontière, soit à la sortie par les ports, s'il existait de graves soupçons de fraude.

18. Les administrations des douanes des deux Etats se communiqueront réciproquement les instructions et circulaires adressées à leurs agents concernant l'exécution des présentes dispositions. Elles prendront de concert les mesures nécessaires pour que les heures de travail des employés des douanes respectives soient mises, autant que possible, en rapport avec les besoins sainement appréciés du service des chemins de fer.

19. Les Etats dont les chemins de fer aboutissent à ceux auxquels s'applique le régime du présent règlement seront admis à participer au bénéfice de ce régime. Les stipulations de l'une des parties contractantes avec ces Etats seront, de plein droit, applicables à l'autre.

20. Dans le cas où l'une des parties contractantes voudrait faire cesser les effets des dispositions ci-dessus consignées, elle devrait en prévenir l'autre au moins six mois à l'avance.

Le présent règlement a été dressé en double exemplaire à Paris, le 15 novembre 1858, et les commissaires respectifs l'ont signé après lecture faite.

Commissaires pour le Gouvernement français :
Signé, A. De Clerq,
Sous-Directeur des consulats et affaires commerciales;
Signé, Barbier, *Administrateur des douanes.*

Commissaire pour le Gouvernement sarde :
Signé, Vignier, *Directeur des douanes de la Savoie.*

SECTION VI.

CONVENTION POSTALE.

CONVENTION DE POSTE

Conclue le 9 novembre 1850, entre la France et la Sardaigne.

Le Président de la République française et Sa Majesté le Roi de Sardaigne, également animés du désir de resserrer les liens d'a-

mitié et de bon voisinage qui unissent les deux pays, et d'améliorer, au moyen d'une nouvelle convention, le service des correspondances entre la France et les Etats sardes, ont nommé pour
leurs plénipotentiaires à cet effet, savoir :

Le président de la République française, M. Jean-Ernest Ducos
de la Hitte, etc.

Et Sa Majesté le Roi de Sardaigne, M. le comte Charles Beraudo
de Pralormo, etc.

Lesquels, après s'être communiqué leurs pleins pouvoirs respectifs, trouvés en bonne et due forme, sont convenus des articles suivants :

Art. 1er. Il y aura entre l'administration des postes de France
et l'administration des postes sardes un échange périodique et
régulier de lettres, de journaux et d'imprimés de toute nature, au
moyen des services ordinaires ou spéciaux établis ou à établir pour
cet objet entre les points de la frontière des deux pays ci-après
désignés, savoir :

1° Entre Seyssel (France) et Frangy;

2° Entre Belley et Chambéry ;

3° Entre le Pont-de-Beauvoisin (France) et Chambéry ;

4° Entre les Echelles (France) et Chambéry ;

5° Entre Chapareillan et Chambéry ;

6° Entre Briançon et Suze ;

7° Entre Antibes et Nice.

Indépendamment des services ci-dessus désignés, il pourra en
être établi, à la suite d'une entente entre les deux administrations
des postes respectives, sur tous autres points du territoire des
deux Etats pour lesquels des relations directes seraient ultérieurement jugées nécessaires.

Les services établis ou à établir, en vertu des dispositions du
présent article, pour le transport des dépêches réciproques, seront
exécutés par les moyens ordinaires des deux administrations, et
les frais résultant de ces services seront supportés par ces administrations proportionnellement à la distance parcourue sur les
territoires respectifs. A cet effet, celle des deux administrations
qui acquittera la totalité de ces frais sur un point quelconque de-

vra fournir à l'autre un double des marchés conclus pour cet objet avec les entrepreneurs. En cas de résiliation de ces marchés, les indemnités de réalisation seront supportées dans la même proportion.

Art. 2. Indépendamment des correspondances qui seront échangées entre les administrations des postes des deux pays par les voies indiquées dans l'article précédent, ces administrations pourront s'expédier réciproquement des lettres, des journaux et des imprimés de toute nature par les différentes voies ci-après désignées, savoir :

1° Par les postes de la Confédération suisse ;

2° Par les paquebots que le gouvernement français et le gouvernement sarde pourront respectivement juger à propos d'entretenir ou de fréter pour opérer le transport des correspondances dans la Méditerranée ;

3° Par les paquebots du commerce naviguant entre les ports français et les ports sardes.

Art. 3. Le prix de transit revenant à l'administration des postes fédérales, pour le transport à travers la Suisse des correspondances que les deux administrations des postes de France et des États sardes se transmettront réciproquement par cette voie, sera acquitté par l'administration des postes de France, conformément aux conventions conclues entre la France et la Confédération suisse. La moitié de ce prix sera remboursée à l'administration des postes françaises par l'administration des postes sardes.

Art. 3. L'administration des postes de France réglera et payera les frais résultant du transport, par les bâtiments naviguant sous pavillon français, des dépêches qui seront expédiées au moyen de ces bâtiments tant de France et de l'Algérie pour les États sardes que des États sardes pour la France et l'Algérie.

L'administration des postes de France réglera et payera également les frais résultant du transport, par les bâtiments naviguant sous pavillon tiers, des dépêches qui seront expédiées de la France et de l'Algérie pour les États sardes au moyen de ces bâtiments.

Art. 5. De son côté, l'administration des postes sardes réglera et payera les frais résultant du transport, par les bâtiments naviguant sous pavillon sarde, des dépêches qui seront expédiées au moyen de ces bâtiments tant des Etats sardes pour la France et l'Algérie, que de la France et de l'Algérie pour les Etats sardes.

L'administration des postes sardes règlera et payera également tous les frais résultant du transport, par les bâtiments du commerce naviguant sous pavillon tiers, des dépêches qui seront expédiées des Etats sardes pour la France et l'Algérie par la voie de ces bâtiments.

Art. 6. Lorsque les paquebots employés par l'administration des postes de France, ou par l'administration des postes pour le transport des correspondances dans la Méditerranée seront des bâtiments nationaux, propriété de l'Etat, ou des bâtiments frétés pour le compte de l'Etat, ils seront considérés et reçus comme vaisseaux de guerre dans les ports des deux pays où ils aborderont régulièrement ou accidentellement, et ils y jouiront des mêmes honneurs et privilèges.

Ces paquebots seront exempts dans lesdits ports, tant à leur entrée qu'à leur sortie, de tous droits de tonnage, de navigation et de port, à moins qu'ils ne prennent ou ne débarquent des marchandises, auquel cas ils payeront ces droits sur le même pied que les bâtiments nationaux. Ils ne pourront à aucun titre être détournés de leur destination, ni être sujets à saisie-arrêt, embargo ou arrêt de prince.

Art. 7. Les paquebots des deux administrations pourront embarquer ou débarquer dans les ports des deux Etats où ils aborderont soit régulièrement, soit accidentellement, des espèces et matières d'or ou d'argent, ainsi que des passagers de quelque nation qu'ils puissent être, avec leurs hardes ou effets personnels, sous la condition que les capitaines de ces paquebots se soumettront aux règlements sanitaires de police et de douane de ces ports, concernant l'entrée et la sortie des voyageurs. Toutefois, les passagers admis sur ces paquebots qui ne jugeraient pas à propos de descendre à terre pendant la relâche dans l'un des susdits ports, ne pourront, sous aucun prétexte, être enlevés du bord ni assujettis à aucune perquisition, ni soumis à la formalité du visa de leurs passeports.

Art. 8. Les paquebots des deux administrations pourront entrer dans les ports des Etats ou en sortir à toute heure du jour ou de la nuit. Ils pourront aussi, sans mouiller, s'ils le jugent convenable, envoyer ou faire prendre en rade ou à portée des ports la correspondance et les passagers.

Art. 9. En cas de relâche forcée d'un paquebot porteur de dépêches dans un port de l'un des deux Etats autre que celui où ce paquebot devait aborder, l'administration sur le territoire de laquelle ces dépêches auront été débarquées, devra employer les moyens les plus sûrs et les plus prompts pour les faire parvenir à destination.

Art. 10. Le gouvernement français se réserve la faculté pleine et entière de modifier, quand besoin sera, l'itinéraire ainsi que les jours et les heures du départ et de l'arrivée des paquebots qu'il pourra juger à propos d'entretenir ou de fréter pour opérer le transport des correspondances dans la Méditerranée.

Le Gouvernement sarde se réserve la même faculté à l'égard des paquebots qu'il pourra juger à propos d'entretenir ou de fréter pour assurer le transport des correspondances dans la Méditerranée.

Art. 11. En cas de sinistre ou d'avaries survenus dans le cours de leur navigation aux paquebots respectivement employés par les deux administrations au transport des correspondances dans la Méditerranée, les parties contractantes s'engagent à donner réciproquement à ces bâtiments tous les secours et l'assistance que leur position réclamera, et à faire fournir par leurs arsenaux, au prix des tarifs de ces établissements et pour autant qu'ils seront convenablement outillés, les réparations et remplacements des agrès ou machines avariées ou brisées.

Art. 12. En cas de guerre entre les deux nations, les paquebots des deux administrations continueront leur navigation, sans obstacle ni molestation, jusqu'à notification de la rupture des communications postales faite par l'un des deux Gouvernements; auquel cas il leur sera permis de retourner librement, et sous protection spéciale, dans leurs ports respectifs.

Art. 13. Il est défendu aux commandants des paquebots emplo-

yés au transport des dépêches respectives des deux administrations
de se charger d'aucune lettre en dehors de ces dépêches, excepté,
toutefois, celles de leurs Gouvernements. Ils veilleront à ce qu'il
ne soit pas transporté de lettres en fraude par leurs équipages ou
par les passagers, et ils dénonceront à qui de droit les infractions
qui pourront être commises.

Art. 14. Les prix de port dont l'administration des postes de
France et l'administration des postes sardes auront à se tenir
réciproquement compte sur les lettres que ces deux administrations se livreront de part et d'autre à découvert seront établis, lettre par lettre, d'après l'échelle de progression de poids
ci-après :

Seront considérées comme lettres simples celles dont le poids
n'excèdera pas sept grammes et demi;

Les lettres pesant de 7 grammes et demi à 15 grammes inclusivement supporteront deux fois le port de la lettre simple;

Celles de 15 à 22 grammes et demi inclusivement, trois fois le
port de la lettre simple; et ainsi de suite, en ajoutant de 7 grammes
et demi en 7 grammes et demi un port simple en sus.

Art. 15. Les personnes qui voudront envoyer des lettres ordinaires, c'est-à-dire, non chargées, soit de la France, de l'Algérie
et des parages de la Méditerranée où la France possède des établissements de poste pour les Etats-Sardes, soit des Etats-Sardes pour
la France, l'Algérie et les parages de la Méditerranée où la France
possède des établissements de poste, pourront, à leur choix, laisser
le port desdites lettres à la charge des destinataires ou payer ce
port d'avance jusqu'à destination.

Art. 16. Le prix du port des lettres ordinaires adressées de l'un
des deux Etats dans l'autre par la voie de terre (celles qui sont
mentionnées dans l'article 18 ci-après exceptées) sera de cinquante
centimes par lettre simple.

Ce prix sera réparti entre les administrations des postes des
deux pays dans la proportion de deux tiers au profit de l'administration des postes de France et d'un tiers au profit de l'administration des postes sardes.

Art. 17. Les lettres ordinaires adressées de l'un des deux Etats dans l'autre par la voie de mer supporteront en sus du prix de port fixé par l'article précédent, une taxe de voie de mer de vingt centimes par lettre simple.

Cette taxe sera perçue au profit ou pour le compte de celle des deux administrations qui supportera les frais du transport par mer desdites lettres.

18. Par exception aux dispositions de l'article 16 précédent, le prix du port des lettres ordinaires adressées de l'un des deux Etats dans l'autre sera réduit à vingt-cinq centimes par lettre simple, toutes les fois que la distance existant en ligne droite entre le bureau d'origine et le bureau de destination ne dépassera pas trente kilomètres.

Le produit résultant de la perception de ce port de vingt-cinq centimes sera partagé par moitié entre l'administration des postes de France et l'administration des postes sardes.

Art. 19. Les lettres des Etats-Sardes pour les parages de la Méditerranée où la France possède des établissements de poste, et, réciproquement, les lettres des parages de la Méditerranée où la France possède des établissements de poste à destination des Etats-Sardes, supporteront une taxe totale d'un franc par lettre simple, dont soixante et seize centimes de port de voie de mer.

Ce port de soixante et seize centimes sera perçu au profit ou pour le compte de celle des deux administrations qui supportera les frais du transport par mer desdites lettres. Quant aux vingt-quatre centimes restants, ils seront répartis entre ces deux administrations dans la proportion d'un tiers au profit de l'administration des postes de France et de deux tiers au profit de l'administration des postes sardes.

Art. 20. Les lettres expédiées à découvert par la voie des Etats-Sardes, soit de la France et de l'Algérie pour les pays mentionnés au tableau A annexé à la présente Convention, soit de ces mêmes pays pour la France et l'Algérie, seront échangées entre l'administration des postes de France et l'administration des postes sardes aux conditions énoncées dans ledit tableau.

Il est convenu que dans le cas où les conventions qui règlent les relations de la Sardaigne avec les pays étrangers portés au tableau

A susmentionné viendraient à être modifiées de manière à influer sur les conditions d'échange fixées par la présente Convention pour les correspondances transmises par la voie de la Sardaigne, ces modifications seront appliquées de plein droit auxdites correspondances.

Art. 21. Les lettres expédiées à découvert par la voie de la France, soit des pays mentionnés au tableau B annexé à la présente Convention pour les Etats-Sardes et le grand-Duché de Toscane, soit des Etats-Sardes et du Grand-Duché de Toscane pour ces mêmes pays, seront échangées entre l'administration des postes de France et l'administration des postes sardes aux conditions énoncées dans ledit tableau.

L'administration des postes de France et l'administration des postes sardes pourront, d'un commun accord, faire diriger par les paquebots naviguant entre les ports des deux Etats celles des lettres susmentionnées auxquelles cette direction serait avantageuse. Ces lettres supporteront alors, en sus des taxes portées au tableau B précité, la taxe de voie de mer prévue par l'article 17 de la présente Convention.

Dans le cas où les conventions qui règlent les relations de la France avec les pays étrangers portés au tableau B susmentionné viendraient à être modifiées de manière à influer sur les conditions d'échange fixées par la présente Convention pour les correspondances transmises par la voie de la France, ces modifications seront appliquées de plein droit auxdites correspondances.

22. Les lettres expédiées par la voie de la Sardaigne et de la France, soit de la République de Saint-Marin, du royaume des Deux-Siciles, des Etats-Pontificaux, des principautés de Bénévent et de Ponte-Corvo, du duché de Modène et du duché de Parme, pour les pays étrangers désignés dans le tableau C annexé à la présente Convention, soit de ces mêmes pays pour le royaume des Deux-Siciles, les Etats-Pontificaux, la République de Saint-Marin, les principautés de Bénévent et de Ponte-Corvo, le duché de Modène et le duché de Parme, seront échangées entre l'administration des postes de France et l'administration des postes sardes aux conditions énoncées dans ledit tableau.

Art. 23. L'administration des postes de France pourra livrer à l'administration des postes sardes des lettres chargées à destination tant des Etats-Sardes que du Grand-Duché de Toscane.

De son côté, l'administration des postes sardes pourra livrer à l'administration des postes de France des lettres chargées pour la France, l'Algérie, les parages de la Méditerranée où la France possède des établissements de poste, le grand-duché de Bade, la Bavière, la Prusse, la principauté de Birkenfeld, le duché d'Anhalt, le Wurtemberg, la Hesse-Electorale, les grands-duchés de Hesse-Darmstadt et de Saxe-Weimar-Eisenach, les duchés de Nassau, de Saxe-Cobourg-Gotha et de Saxe-Meiningen-Hildbourghaussen, les principautés de Hohenzollern, de Hesse-Hombourg, de Lippe, de Schwartzbourg-Roudolstadt et de Reuss, les villes libres de Francfort-sur-le-Mein, Brême, Hambourg et Lubeck, la Belgique, le grand-duché de Luxembourg, le royaume de Saxe, les grands-duchés de Mecklenbourg-Schwerin et de Mecklenbourg-Strélitz, le duché de Brunswick, le grand-duché d'Oldenbourg, le Hanovre, les Pays-Bas, la Grande-Bretagne, le Danemark, la Suède, la Norwége, la Russie, la Jamaïque, le Canada, le Nouveau-Brunswich, la Nouvelle-Ecosse, l'île du Prince-Edouard et Terre-Neuve.

Le port des lettres chargées devra toujours être acquitté d'avance jusqu'à destination; il sera double de celui des lettres ordinaires.

Art. 24. Dans le cas où quelque lettre chargée viendrait à être perdue, celle des deux administrations sur le territoire de laquelle la perte aura eu lieu, payera à l'autre administration, à titre de dédommagement, soit pour le destinataire, soit pour l'envoyeur, suivant le cas, une indemnité de cinquante francs, dans le délai de deux mois à dater du jour de la réclamation; mais il est entendu que les réclamations ne seront admises que dans les six mois qui suivront la date du dépôt ou de l'envoi des chargements : passé ce terme, les deux administrations ne seront tenues, l'une envers l'autre, à aucune indemnité.

Art. 25. La correspondance exclusivement relative aux différents services publics adressée d'un Etat dans l'autre, et dont la circulation en franchise aura été autorisée sur le territoire de l'Etat

auquel appartient le fonctionnaire ou l'autorité de qui émane cette
correspondance, sera transmise exempte de tout prix de port.

Si l'autorité ou le fonctionnaire à qui elle est adressée jouit pareillement de la franchise, elle sera délivrée sans taxe; dans le cas
contraire, cette correspondance ne sera passible que de la taxe
territoriale du pays de destination.

Art. 26. Les journaux, gazettes, ouvrages périodiques, livres
brochés, brochures, papiers de musique, catalogues, prospectus,
annonces et avis divers, imprimés, lithographiés ou autographiés,
publiés en France, en Algérie et dans les parages de la Méditerranée où la France entretient des bureaux de poste, qui seront
adressés dans les Etats-Sardes, et, réciproquement, les objets de
même nature publiés dans les Etats-Sardes qui seront adressés en
France, en Algérie, et dans les parages de la Méditerranée où la
France entretient des bureaux de poste, devront être affranchis,
de part et d'autre, jusqu'à destination.

Art. 27. La taxe d'affranchissement des journaux, gazettes et
ouvrages périodiques expédiés par la voie de terre, de France pour
les Etats-Sardes, et *vice versa*, sera perçue d'après les dimensions
reunies des feuillets composant chaque numéro du journal, de
gazette ou d'ouvrage périodique, sans égard au nombre ou au format de ces feuillets, à raison de 6 centimes par 72 décimètres
carrés ou fraction de 72 décimètres carrés.

La taxe d'affranchissement des livres brochés, brochures, papiers
de musique, catalogues, prospectus, annonces et avis divers imprimés, lithographiés ou autographiés, expédiés de France par la
voie de terre pour les Etats-Sardes, et *vice versa*, sera perçue
d'après les dimensions réunies des feuillets existant dans chaque
paquet portant une adresse particulière, à raison de six centimes
par 32 décimètres carrés ou fraction de 32 décimètres carrés.

Les taxes perçues, en vertu du présent article, sur les journaux,
et autres imprimés échangés, par la voie de terre, entre la France
et les Etats-Sardes, seront réparties entre les administrations des
postes des deux pays, dans la proportion de deux tiers au profit de
l'administration des postes de France et d'un tiers au profit de
l'administration des postes sardes.

Art. 28. La taxe d'affranchissement des journaux, gazettes, ouvrages périodiques, livres brochés, brochures, papiers de musique, catalogues, prospectus, annonces et avis divers, imprimés, lithographiés ou autographiés, échangés entre la France et les Etats-Sardes par la voie de mer, sera double de celle fixée par l'article 27 précédent.

La moitié de cette taxe sera prélevée par celle des deux administrations qui supportera les frais du transport par mer; quant à l'autre moitié, elle sera répartie entre les deux administrations d'après les bases fixées par l'article 27 précité.

Art. 29. La taxe d'affranchissement des journaux, gazettes et ouvrages périodiques expédiés des Etats-Sardes pour les parages de la Méditerranée où la France entretient des bureaux de poste, et *vice versa,* sera perçue d'après les dimensions réunies des feuillets composant chaque numéro de journal, de gazette ou d'ouvrage périodique, sans égard au nombre ou au format de ces feuillets, à raison de neuf centimes par 72 décimètres carrés ou fraction de 72 décimètres carrés.

La taxe d'affranchissement des livres brochés, brochures, papiers de musique, catalogues, prospectus, annonces et avis divers, imprimés, lithographiés ou autographiés, expédiés des Etats-Sardes pour les parages de la Méditerranée où la France entretient des bureaux de poste et *vice versa,* sera perçue d'après les dimensions réunies des feuillets existant dans chaque paquet portant une adresse particulière, à raison de neuf centimes par 32 décimètres carrés ou fraction de 32 décimètres carrés.

Les six neuvièmes des taxes perçues, en vertu du présent article, sur les journaux et autres imprimés expédiés des Etats-Sardes pour les parages de la Méditerranée où la France entretient des bureaux de poste, et *vice versa,* seront prélevés par celle des deux administrations qui supportera le frais du transport par mer desdits journaux et imprimés; quant aux trois neuvièmes restants, ils seront répartis entre les deux administrations, dans la proportion d'un neuvième au profit de l'administration des postes de France et de deux neuvièmes au profit de l'administration des postes sardes.

Art. 30. Les taxes revenant tant à l'administration des postes de France qu'à l'administration des postes sardes, sur les journaux, gazettes et ouvrages périodiques publiés dans l'un des deux Etats et adressés à quelque pays étranger que ce soit, par l'intermédiaire de l'autre Etat, seront perçues d'après les dimensions réunies des feuillets composant chaque numéro de journal, de gazette ou d'ouvrage périodique, conformément à l'échelle de progression ci après :

Seront considérés comme simples, les numéros dont les feuillets réunis n'excèderont pas soixante et douze décimètres carrés;

Les numéros dont les feuillets réunis présenteront une dimension de soixante et douze à cent quarante-quatre décimètres carrés payeront deux fois le port du numéro simple;

Ceux ayant une dimension totale de cent quarante-quatre à deux cent seize décimètres carrés payeront trois fois le port du numéro simple; et ainsi de suite, en ajoutant le port du numéro simple pour chaque soixante et douze décimètres carrés ou fraction de soixante et douze décimètres carrés.

Les taxes revenant tant à l'administration des postes de France qu'à l'administration des postes sardes, sur les livres brochés, brochures, papiers de musique, catalogues, prospectus, annonces et avis divers, imprimés, lithographiés ou autographiés, publiés dans l'un des deux Etats et adressés à quelque pays étranger que ce soit, par l'intermédiaire de l'autre Etat, seront perçues d'après les dimensions réunies des feuillets existant dans chaque paquet portant une adresse particulière, conformément à l'échelle de progression ci-après :

Seront considérés comme simples les paquets dont les feuillets réunis n'excèderont pas trente-deux décimètres carrés. Les paquets dont les feuillets réunis présenteront une dimension de trente-deux à soixante-quatre décimètres carrés payeront deux fois le port du paquet simple;

Et ainsi de suite, en ajoutant le port du paquet simple pour chaque trente-deux décimètres carrés ou fraction de trente-deux décimètres carrés.

34

Art. 31. Les taxes dont les deux administrations des postes de France et de Sardaigne auront à se tenir réciproquement compte sur les journaux et autres imprimés d'origine étrangère que chacune de ces deux administrations sera dans le cas de livrer à l'autre, seront calculées en raison du poids brut de chaque paquet portant une adresse particulière, conformément à l'échelle de progression ci-après :

Seront considérés comme simples les paquets dont le poids n'excèdera pas vingt-cinq grammes;

Les paquets pesant vingt-cinq à cinquante grammes payeront deux fois le port du paquet simple;

Ceux de cinquante à soixante et quinze grammes, trois fois le port du paquet simple, et ainsi de suite, en ajoutant de vingt-cinq grammes en vingt-cinq grammes un port simple en sus.

Art. 32. Les journaux et autres imprimés originaires de la France ou de l'Algérie qui seront livrés à l'administration des postes sardes pour être envoyés dans le duché de Parme, le duché de Modène, le grand-duché de Toscane, les Etats-Pontificaux, les principautés de Bénévent et de Ponte-Corvo et le royaume des Deux-Siciles, seront affranchis jusqu'à la frontière française et remis à l'administration des postes sardes exempts de tout prix de port.

Les objets de même nature expédiés des Etats de l'Italie précités pour la France et l'Algérie, par la voie de la Sardaigne, seront affranchis jusqu'à la frontière d'entrée des Etats-Sardes, et remis à l'administration des postes de France au prix de deux centimes par paquet simple.

Art. 33. Les journaux et autres imprimés expédiés à découvert, par la voie de la France, soit des pays empruntant l'intermédiaire des postes françaises pour les Etats-Sardes, les duchés de Parme et de Modène, le grand-duché de Toscane, les Etats-Pontificaux, les principautés de Bénévent et de Ponte-Corvo, et le royaume des Deux-Siciles, soit des Etats-Sardes, des duchés de Parme et de Modène, du grand-duché de Toscane, des Etats-Pontificaux, des principautés de Bénévent et de Ponte-Corvo, et du royaume des Deux-Siciles, pour les pays empruntant l'intermédiaire des postes françaises, seront échangés entre l'administration des postes de France et l'administration des postes sardes aux conditions énoncées dans le tableau D annexé à la présente Convention.

L'échange entre les deux administrations des postes de France et des Etats-Sardes des journaux et autres imprimés auxquels s'appliquent les dispositions du présent article ne pourra s'effectuer que par la voie de terre.

Art. 34. Pour jouir des modérations de port accordées par les articles 26, 27, 28, 29, 30, 31 et 32 précédents, aux journaux et autres imprimés, ces objets devront être mis sous bandes, non reliés, et ne contenir aucune écriture, chiffre ou signe quelconque à la main, si ce n'est la date et la signature. Les journaux et autres imprimés qui ne réuniraient pas ces conditions seront considérés comme lettres, et taxés en conséquence.

Il est entendu que les dispositions contenues dans les articles susmentionnés n'infirment en aucune manière le droit qu'ont les administrations des postes des deux pays de ne pas effectuer sur leurs territoires respectifs le transport et la distribution de ceux des objets désignés auxdits articles à l'égard desquels il n'aurait pas été satisfait aux lois, ordonnances ou décrets qui règlent les conditions de leur publication et de leur circulation, tant en France que dans les Etats-Sardes.

Art. 35. Il est formellement convenu entre les deux Parties contractantes que les lettres, journaux, gazettes et ouvrages périodiques que l'administration des postes de France et l'administration des postes sardes se livreront réciproquement affranchis jusqu'à destination, conformément aux dispositions de la présente Convention, ne pourront, sous aucun prétexte, et à quelque titre que ce soit, être frappés dans le pays de destination d'une taxe ou d'un droit quelconque à la charge des destinataires.

Art. 36. Le Gouvernement de Sa Majesté le roi de Sardaigne promet d'interposer ses bons offices auprès des gouvernements des duchés de Modène et de Parme, ou de tous autres dont les administrations de poste sont en relation avec celle de Sardaigne, afin d'obtenir, avec l'assentiment préalable de la France, en faveur des correspondances originaires de ces pays, et qui seront adressées, tant en France et en Algérie que dans les Etats auxquels l'administration des postes de France sert d'intermédiaire, et *vice versa*, l'affranchissement libre ou facultatif stipulé au profit des correspondances internationales par l'article 15 de la présente Convention.

Le Gouvernement français prend le même engagement envers celui de Sa Majesté le roi de Sardaigne à l'égard des correspondances originaires des pays dont les administrations de poste sont en relation avec l'administration des postes de France, et qui seront adressées tant dans les Etats-Sardes que dans les Etats auxquels l'administration des postes sardes sert d'intermédiaire , et *vice versa*.

Art. 37. Le Gouvernement français prend l'engagement d'accorder au Gouvernement sarde le transit en dépêches closes, sur le territoire français, des correspondances originaires des Etats-Sardes, ou passant par les Etats-Sardes, à destination des pays auxquels la France sert ou pourrait servir d'intermédiaire , et, réciproquement, de ces pays pour les Etats-Sardes et les Etats auxquels la Sardaigne sert ou pourrait servir d'intermédiaire.

L'administration des postes sardes payera à l'administration des postes de France, pour chaque kilomètre existant en ligne droite entre le point par lequel les dépêches closes entreront sur le territoire français et le point par où elles en sortiront , la somme de dix centimes par kilogramme de lettres , poids net, et d'un quart de centime par kilogramme de journaux et autres imprimés, aussi poids net, qui seront contenus dans ces dépêches.

Art. 38. Le Gouvernement sarde prend l'engagement d'accorder au Gouvernement français le transit en dépêches closes, sur le territoire sardé, des correspondances originaires de la France , ou passant par la France, à destination des pays auxquels les Etats-Sardes servent ou pourraient servir d'intermédiaire , et, réciproquement, de ces pays pour la France et les Etats auxquels la France sert ou pourrait servir d'intermédiaire.

L'administration des postes de France payera à l'administration des postes sardes, pour chaque kilomètre existant en ligne droite entre le point par lequel les dépêches closes entreront sur le territoire sarde et le point par où elles en sortiront, la somme de dix centimes par kilogramme de lettres, poids net, et d'un quart de centime par kilogramme de journaux et autres imprimés, aussi poids net, qui seront contenus dans ces dépêches.

Toutefois, les prix de transit que l'administration des postes de France aura à payer à l'office sarde pour les dépêches closes qu'elle voudrait échanger par l'intermédiaire de cet office tant avec l'administration des postes de Suisse qu'avec l'administration des postes autrichiennes, ne pourront en aucun cas excéder, savoir :

1° La somme de trois francs par kilogramme de lettres, poids net, et celle de vingt centimes par kilogramme de journaux et autres imprimés, aussi poids net, pour les dépêches échangées entre l'administration des postes de France et l'administration des postes de Suisse;

2° La somme de dix francs par kilogramme de lettres, poids net, et celle de trente-cinq centimes par kilogramme de journaux et autres imprimés, aussi poids net, pour les dépêches échangées entre l'administration des postes de France et l'administration des postes autrichiennes.

Art. 39. Le Gouvernement français s'engage à faire transporter en dépêches closes, par les paquebots-postes français naviguant dans la Méditerranée, les correspondances que les bureaux de poste établis dans les ports sardes où toucheront ces paquebots pourront avoir à échanger par cette voie, soit avec d'autres bureaux de poste du même Etat, soit avec les bureaux de poste établis dans les ports de la Toscane, des Etats-Pontificaux, du royaume des Deux-Siciles, de l'île de Malte et du royaume de Grèce.

L'administration des postes sardes payera à l'administration des postes de France, pour chaque kilomètre existant en ligne droite entre le port d'embarquement et le port de débarquement des dépêches auxquelles s'applique le présent article, la somme de dix centimes par kilogramme de lettres, poids net, et d'un quart de centime par kilogramme de journaux et autres imprimés, aussi poids net, qui seront contenus dans ces dépêches.

Art. 41. Il est entendu que le poids des correspondances de toute nature tombées en rebut, ainsi que celui des feuilles d'avis et autres pièces de comptabilité résultant de l'échange des correspondances transportées en dépêches closes par l'une des deux administrations pour le compte de l'autre, et qui sont mentionnées dans les articles 36, 37, 38 et 39 précédents, ne sera pas compris dans les pesées de lettres, journaux et imprimés de toute nature sur lesquels devront être assis les prix de transport fixés par lesdits articles.

Art. 42. Les administrations des postes de France et des Etats-Sardes dresseront chaque mois les comptes résultant de l'échange des correspondances transmises réciproquement par la voie de terre, et tous les trois mois, les comptes résultant de l'échange des correspondances transmises réciproquement par la voie de mer.

Les comptes mensuels et trimestriels ci-dessus désignés, après avoir été débattus et arrêtés contradictoirement par les deux administrations, seront soldés à la fin de chaque trimestre par l'administration qui sera reconnue redevable envers l'autre.

Art. 43. Les lettres ordinaires ou chargées, les journaux, gazettes, ouvrages périodiques et imprimés de toute nature, mal adressés ou mal dirigés, seront, sans aucun délai, réciproquement renvoyés par l'intermédiaire des bureaux d'échange respectifs, pour les poids et prix auxquels l'office envoyant aura livré ces objets en compte à l'autre office.

Les objets de même nature qui auront été adressés à des destinataires ayant changé de résidence seront respectivement livrés ou rendus chargés du port qui aurait dû être payé par les destinataires.

Art. 44. Les lettres ordinaires ou chargées, les journaux, gazettes, ouvrages périodiques et imprimés de toute nature, échangés à découvert entre les deux administrations des postes de France et des Etats-Sardes, qui seront tombés en rebut pour quelque cause que ce soit, devront être renvoyés, de part et d'autre, à la fin de chaque mois, et plus souvent, si faire se peut. Ceux de ces objets qui auront été livrés en compte seront rendus pour le prix pour lequel ils auront été originairement comptés par l'office envoyeur.

Ceux qui auront été livrés affranchis jusqu'à destination ou jusqu'à la frontière de l'office correspondant seront renvoyés sans taxe ni décompte.

Quant aux correspondances non affranchies tombées en rebut, qui auront été transportées en dépêches closes par l'une des deux administrations pour le compte de l'autre, elles seront admises pour les poids et prix pour lesquels elles auront été comprises dans les comptes des administrations respectives, sur de simples déclarations ou listes nominatives mises à l'appui des décomptes, lorsque les correspondances elles-mêmes ne pourront pas être produites par l'office qui aura à se prévaloir du montant de leur port vis-à-vis de l'office correspondant.

Art. 45. Les deux administrations des postes de France et de Sardaigne n'admettront à destination de l'un des deux pays, ou des pays qui empruntent leur intermédiaire, aucune lettre qui contiendrait soit de l'or ou de l'argent monnayé, soit des bijoux ou effets précieux, ou tout autre objet passible des droits de douane.

Art. 46. Afin de s'assurer réciproquement l'intégralité du produit des correspondances échangées entre les deux pays, les Gouvernements français et sarde s'engagent à empêcher, par tous les moyens qui sont en leur pouvoir, que ces correspondances ne passent par d'autres voies que par leurs postes respectives.

Art. 47. Tout capitaine de navire devant appareiller soit d'un des ports de France ou de l'Algérie pour les Etats-Sardes, soit d'un des ports des Etats-Sardes pour la France ou l'Algérie, sera tenu :

1° De déclarer au bureau de poste le jour et l'heure de son départ, le lieu de sa destination, ainsi que les lieux où il doit faire escale ;

2° De se charger des dépêches que ce bureau pourrait avoir à lui remettre.

Art. 48. La déclaration exigée par l'article précédent devra être faite deux jours au moins avant chaque départ, pour tous bâtiments ne faisant pas un service régulier.

Pour les bâtiments à départs périodiques et réguliers, il suffira d'une seule déclarations faisant connaître, une fois pour toutes, les jours et heures de départ et les lieux desservis par ces bâtiments.

Art. 49. Tout capitaine dont le navire devra appareiller pendant le jour sera tenu de se présenter au bureau de poste pour y recevoir ses dépêches, deux heures au plus tôt avant son départ.

Toutefois, dans les localités où l'organisation du service le permettra, l'administration des postes pourra faire remettre les dépêches à bord par ses propres agents.

Art. 50. Aucun navire du commerce devant partir soit d'un des ports de la France ou de l'Algérie pour les Etats-Sardes, soit d'un des ports des Etats-Sardes pour la France ou l'Algérie, ne pourra recevoir sa patente de santé ni le billet de sortie, si le capitaine ne présente aux autorités chargées de délivrer ces pièces un certificat du directeur ou du préposé des postes, constatant la remise des dépêches adressées au lieu de destination de ce navire, ou qu'on n'en avait pas à lui remettre.

Art. 51. Les dépêches expédiées de l'un des deux pays pour l'autre par un bâtiment du commerce devront être livrées au premier bateau de santé qui communiquera avec le bâtiment conducteur ou au bureau de santé qui recevra la première déclaration du capitaine, selon la pratique de chaque pays, de manière à ce qu'elles soient consignées dans le plus bref délai possible au bureau de poste du port d'arrivée.

Art. 52. Celle des deux administrations qui, conformément aux articles 4 et 5 de la présente convention, devra prendre à sa charge les frais résultant du transport par mer des dépêches adressées d'un pays dans l'autre au moyen d'un bâtiment du commerce, payera au capitaine de ce bâtiment dix centimes pour chaque lettre ou paquet, et cinq centimes pour chaque journal ou pour chaque paquet de tous autres imprimés contenus dans ces dépêches.

Art. 53. L'administration des postes de France et l'administration des postes sardes désigneront, d'un commun accord, les bureaux par lesquels devra avoir lieu l'échange des correspondances respectives. Elles règleront aussi la forme des comptes mentionnés dans l'article 42 précédent, la direction des correspondances transmises réciproquement, ainsi que toute autre mesure de détail ou d'ordre nécessaire pour assurer l'exécution des stipulations de la présente convention.

Il est entendu que les mesures désignées ci-dessus pourront être modifiées par les deux administrations toutes les fois que, d'un commun accord, ces deux administrations en reconnaîtront la nécessité.

Art. 54. La présente convention aura force et valeur à partir du jour dont les deux parties conviendront, dès que la promulgation en aura été faite d'après les lois particulières à chacun des deux Etats, et elle demeurera obligatoire, d'année en année, jusqu'à ce que l'une des deux parties contractantes ait annoncé à l'autre, mais un an à l'avance, son intention d'en faire cesser les effets.

Pendant cette dernière année, la convention continuera d'avoir son exécution pleine et entière, sans préjudice de la liquidation et du solde des comptes entre les administrations des postes des deux pays après l'expiration dudit terme.

Art. 55. La présente convention sera ratifiée et les ratifications en seront échangées aussitôt que faire se pourra.

En foi de quoi, les plénipotentiaires respectifs ont signé la présente convention et y ont apposé leurs cachets.

Fait à Paris, en double original, le neuvième jour du mois de novembre de l'an de grâce mil huit cent cinquante.

Signé Général DE LA HITTE.
Signé Comte DE PRALORMO (1).

(1) Suivent dans le *Bulletin]des lois* quatre tableaux; le premier indique les conditions auxquelles doivent être échangées entre l'administration des postes de France et l'administration des postes sardes, les lettres expédiées de France et d'Algérie pour les Etats de l'Italie méridionale et les pays d'outre mer par la voie des Etats-Sardes et vice versa. Le second, les conditions d'échange entre les deux administrations des lettres expédiées des pays auxquels la France sert d'intermédiaire pour les Etats-Sardes et le Grand-Duché de Toscane et réciproquement. Le troisième, les conditions d'échange des lettres expédiées par la voie de la France et de la Sardaigne des divers pays

SECTION VII.

CONVENTION TÉLÉGRAPHIQUE.

CONVENTION TÉLÉGRAPHIQUE INTERNATIONALE
*Conclue le 1er septembre 1858, entre la France, la Belgique,
les Pays-Bas, la Sardaigne et la Suisse.*

Sa Majesté l'Empereur des Français, Sa Majesté le Roi des Belges, Sa Majesté le Roi des Pays-Bas, Sa Majesté le Roi de Sardaigne et le Conseil fédéral suisse, désirant assurer aux correspondances télégraphiques les avantages d'un tarif uniforme, applicable à toutes les relations internationales, et apporter à la Convention spéciale conclue à Paris le 20 décembre 1855, à laquelle le gouvernement de Sa Majesté la reine d'Espagne a pris part, et à laquelle les gouvernements de Sa Majesté le roi des Pays-Bas et de Sa Majesté le roi de Portugal ont ultérieurement adhéré, les modifications dont l'expérience a fait connaître l'utilité, sont convenus de réviser ladite Convention, conformément au vœu inscrit à l'article 36, et ont, à cet effet, nommé pour plénipotentiaires :

(Suivent les noms).

Lesquels, après s'être communiqué leurs pouvoirs trouvés en bonne et due forme, sont convenus d'appliquer aux correspondances télégraphiques échangées entre les Etats respectifs, les dispositions ci-après :

auxquels la France sert d'intermédiaire, pour les duchés de Parme et de Modène, les Etats-Pontificaux, la République de Saint-Marin, le Royaume des Deux-Siciles, et les principautés de Ponte-Corvo et de Bénévent et vice versa. Le quatrième, les conditions d'échange entre les deux administrations postales, des journaux et autres imprimés expédiés à découvert par la voie de la France, des pays étrangers empruntant l'intermédiaire des postes françaises par les Etats-Sardes, les duchés de Parme et de Modène, le grand-duché de Toscane, les Etats-Pontificaux, la république de Saint-Marin, les principautés de Bénévent et de Ponte-Corvo, et le royaume des Deux-Siciles et vice versa.

Art. 1er. Tout individu aura le droit de se servir des télégraphes
électriques internationaux des Etats contractants ; mais chaque
gouvernement se réserve la faculté de faire constater l'identité de
tout expéditeur qui demandera la transmission d'une ou plusieurs
dépêches.

Art. 2. Le service des lignes télégraphiques sera soumis, en ce
qui concerne la transmission et la taxe des dépêches échangées
entre deux bureaux des Etats contractants, aux dispositions ci-
après ; chaque gouvernement se réservant expressément le droit
de régler à sa convenace le service et le tarif télégraphiques pour
les correspondances à transmettre dans les limites de ses propres
Etats, et restant, dans ce dernier cas, libre quant au choix des
appareils à employer. Chaque Etat reste également juge des mesures à prendre pour la sécurité des lignes et le contrôle des correspondances de toute nature.

Les dépêches internationales sont celles qui empruntent, pour
être transmises à destination, les lignes de deux au moins des
Etats contractants.

Néanmoins des traités particuliers pourront être conclus entre
deux Etats limitrophes pour l'échange de leurs dépêches respectives.

Art. 3. Les hautes parties contractantes prennent l'engagement
de se communiquer réciproquement tous les documents relatifs à
l'organisation et au service de leurs lignes télégraphiques, comme
aussi tout perfectionnement qui viendrait à avoir lieu dans le
service.

Chacune d'elles enverra à toutes les autres, savoir :

1° A la fin de chaque semestre, un état indiquant le nom des
stations, le nombre des fils et des appareils affectés à la correspondance d'Etat ou privée sur les diverses sections de son réseau.

2° Au commencement de chaque année, une carte résumant les
changements survenus à cet égard dans toute l'étendue de son réseau pendant la dernière période annuelle.

L'appareil *Morse* reste provisoirement adopté pour la transmission des correspondances internationales.

Art. 4. Chaque gouvernement conserve la faculté d'interrompre le service de la télégraphie internatiole pour un temps indéterminé, s'il le juge convenable, soit pour toutes les correspondances, soit seulement pour certaines natures de correspondances, soit enfin pour certaines lignes ; mais, aussitôt qu'un gouvernement aura adopté une mesure de ce genre, il devra en donner immédiatement connaissance par le télégraphe à tous les autres gouvernements cocontractants.

Si, par suite d'accidents, il survenait des interruptions totales ou partielles de quelque durée sur les lignes d'un des Etats contractants, ces interruptions devront être également signalées par le télégraphe aux autres gouvernements contractants.

Art. 5. Les Etats contractants déclarent n'accepter aucune responsabilité à raison du service de la correspondance internationale par la voie télégraphique.

Art. 6. Toute dépêche privée dont le contenu est contraire aux lois ou semble inadmissible au point de vue de la sûreté publique ou des bonnes mœurs, pourra être refusée par le bureau d'origine ou par le bureau de destination.

Le recours contre de semblables décisions sera adressé à l'administration centrale des stations où elles auront été prises, qui jugera sans appel.

Dans tous les cas, les administrations centrales télégraphiques de chaque Etat auront la faculté d'arrêter la transmission de toute dépêche qui leur paraîtrait offrir quelque danger.

Si le refus n'a lieu qu'après l'acceptation, l'expéditeur en sera informé sans retard.

Art. 7. La minute de la dépêche à transmettre devra être écrite lisiblement et en caractères que les appareils télégraphiques puissent facilement reproduire. Elle devra être rédigée avec clarté et dans un langage intelligible. Elle ne pourra renfermer ni combinaisons de mots, ni constructions inusitées, ni abréviations, ni ratures non approuvées.

En tête de la minute devra se trouver l'adresse et, s'il y a lieu, le mode de transport au delà du dernier bureau télégraphique, ensuite le texte, à la fin la signature. L'adresse devra indiquer le destinataire et sa résidence de manière à ne laisser aucun doute

L'expéditeur supportera les conséquences d'une adresse inexacte ou incomplète. Il ne pourra compléter après coup une adresse insuffisante qu'en présentant ou en payant une nouvelle dépêche.

L'expéditeur sera admis à faire ajouter à sa signature telle légalisation qu'il jugera convenable.

Art. 8. Les dépêches seront divisées en trois catégories, savoir :

1° Dépêches d'Etat, c'est-à-dire celles qui émaneront du Chef de l'Etat, des ministres, des commandants en chef des forces de terre ou de mer, et des agents diplomatiques ou consulaires des gouvernements qui auront pris part à la présente Convention , ou qui y auront ultérieurement adhéré.

Cet avantage de priorité et les autres privilèges ci-après consacrés en faveur des dépêches d'Etat, seront étendus de plein droit, mais sous réserve de réciprocité , aux dépêches d'Etat des pays avec lesquels l'une ou l'autre des parties contractantes aurait déjà conclu ou viendrait à conclure des conventions télégraphiques particulières.

Les dépêches des autres puissances seront considérées et traitées comme celle des particuliers.

2° Dépêches de service, c'est-à-dire celles exclusivement destinées au service des télégraphes internationaux ou relatives à des mesures urgentes ou à des accidents graves sur les chemins de fer.

3° Dépêches des particuliers.

Art. 9. La transmission des dépêches aura lieu dans l'ordre de leur remise par les expéditeurs, ou de leur arrivée aux stations intermédiaires ou de destination, en observant les règles de priorité ci-après :

1° Dépêches d'Etat ;

2° Dépêches de service ;

3° Dépêches des particuliers.

Une dépêche commencée ne pourra être interrompue , à moins qu'il n'y ait urgence extrême à transmettre une communication d'un rang supérieur.

Entre deux bureaux en relation immédiate, et quand il s'agira de dépêches du même rang , on passera ces dépêches dans l'ordre alternatif.

Il est bien entendu qu'une dépêche d'Etat ou de service n'est pas comptée dans l'ordre alternatif que devront suivre les dépêches privées entre deux bureaux correspondants.

Art. 10. Les dépêches d'Etat seront passibles des taxes ordinaires. Elles devront toujours être revêtues du timbre ou du cachet de l'expéditeur ; elles pourront être écrites en chiffres arabes ou en caractères alphabétiques faciles à reproduire par les appareils en usage ; mais elles seront toujours écrites en caractères romains dans les pays où ces caractères sont généralement employés. Elles seront transmises en lettres ou chiffres également en usage dans les bureaux télégraphiques.

La transmission des dépêches d'Etat sera de droit. Les bureaux télégraphiques n'auront aucun contrôle à exercer sur elles.

Art. 11. Les dépêches de service ne pourront être écrites en chiffres qu'autant qu'elles émaneront des chefs des administrations télégraphiques.

Art. 12. Les dépêches des particuliers seront rédigées au choix de l'expéditeur, en allemand, en anglais, en espagnol, en français, en hollandais, en italien ou en portugais.

Les bureaux admettant une autre langue seront spécialement désignés. L'emploi d'un chiffre secret sera interdit ; mais il sera permis de transmettre en chiffres seulement les cours de la bourse, des marchandises, etc., sauf les restrictions que chaque gouvernement jugera nécessaires pour prévenir les abus.

Les dépêches privées devront être écrites en caractères romains dans les pays où ces caractères sont généralement employés.

Art. 13. Lorsqu'une interruption dans les communications sera signalée après l'acceptation d'une dépêche, le bureau à partir duquel la transmission sera devenue impossible, mettra à la poste, et par lettre recommandée, une copie de la dépêche, ou la transmettra en service par le plus prochain convoi. Il s'adressera, suivant les circonstances, soit au bureau le plus rapproché en mesure de lui faire continuer la voie télégraphique, soit au bureau de destination, qui la traitera comme dépêche ordinaire. Aussitôt que la communication sera établie, la dépêche sera transmise de nouveau, au moyen du télégraphe, par le bureau qui en aura fait l'envoi par la poste ou par le chemin de fer. Ce bureau devra indiquer dans le préambule que cette dépêche est transmise par ampliation.

Art. 14. Les bureaux télégraphiques respectifs seront autorisés à recevoir les dépêches pour les localités situées en dehors des lignes télégraphiques.

Elles seront rendues à leur destination, soit par la poste, au moyen de lettres recommandées, soit par exprès, soit par estafette, au choix et à la demande de l'expéditeur.

Les télégraphes des chemins de fer, dont l'usage est autorisé, seront employés, le cas échéant, conformément aux prescriptions spéciales sur cette matière.

Les indications données par l'expéditeur pour le mode de transport d'une dépêche au delà des lignes télégraphiques devront être écrites sur la minute à la suite de l'adresse, et entreront dans le compte des mots taxés.

Lorsque le bureau destinataire n'aura reçu aucune indication sur le mode de transport, il emploiera la poste par lettre recommandée.

La taxe correspondante sera supposée perçue.

Art. 15. Les bureaux télégraphiques seront divisés, quant aux heures de service, en trois catégories, savoir : 1° Service permanent ; 2° Service de jour complet; 3° Service de jour limité.

Les bureaux de la première catégorie seront ouverts le jour et la nuit sans interruption.

Les heures du service de jour seront: 1° du 1er avril à la fin de septembre, depuis sept heures du matin jusqu'à neuf heures du soir; 2° du 1er octobre à la fin de mars, depuis huit heures du matin jusqu'à neuf heures du soir.

Les heures du service de jour limité seront pour tous les jours, fêtes comprises, autres que les dimanches, de neuf heures du matin à midi et de deux heures à sept heures du soir.

Les dimanches, le service aura lieu de deux heures à cinq heures du soir.

L'heure de tous les bureaux télégraphiques de chaque pays sera celle du temps moyen de la capitale de ce pays.

Art. 16. Dans les bureaux où le service ne sera pas permanent,

la transmission d'une dépêche commencée avant l'heure de fermeture sera achevée entre les deux bureaux où elle est engagée.

Le lendemain, à l'ouverture, le bureau où elle aura été déposée
devra la transmettre la première.

Les dépêches ne pourront être échangées pendant la nuit qu'entre les stations qui auront un service permanent.

Art. 17. Les hautes parties contractantes s'engagent à prendre
toutes, les mesures nécessaires pour assurer le secret des correspondances télégraphiques.

Art. 18. Les hautes parties contractantes adoptent, pour la formation des tarifs dont la réunion constituera le tarif international,
les bases dont la teneur suit, savoir :

BASES

PAR DISTANCE	Par mots	
	De 1 à 20 mots inclusi-vement	Taxe additionnelle pour chaque série de 10 mots ou fraction de série au-dessus de 10 mots indéfiniment.
	fr. c.	fr. c.
1re zone, de 1 à 100 kilomètres . . . ,	1 50	0 75
2e zone, au-dessus de 100 jusqu'à 250	3 00	1 50
3e zone, au-dessus de 250 jusqu'à 450	4 50	2 25
4e zone, au-dessus de 450 jusqu'à 700	6 00	3 00
5e zone, au-dessus de 700 jusqu'à 1000	7 50	3 75
Ainsi de suite , chaque zone excédant de 50 kilomètres la longueur de celle qui précède et le prix de la dépêche sim-ple augmenté du prix de chaque série de 10 mots en sus se multipliant par le nombre de zones		

Art. 19. Pour l'application des taxes, la distance parcourue sera comptée en ligne droite sur le territoire de chaque Etat, depuis le lieu de départ jusqu'au point de la frontière où elle arrivera, et de celui-ci au point de sa destination. Il en sera de même pour son transit de frontière à frontière.

Afin de rendre immuables les bases du tarif, les Etats contractants conviennent d'adopter un ou deux points d'entrée ou de sortie, déterminés d'un commun accord par les administrations intéressées.

Lorsque, par suite d'interruption ou d'encombrement des correspondances, les dépêches emprunteront les lignes d'un Etat non compris dans le parcours qui a servi de base à la taxe, l'office qui aura détourné la dépêche tiendra compte à cet Etat de la taxe d'une zone pour le transit, plus la taxe jusqu'à destination, à partir de la frontière qui suit, pour qu'il en tienne compte aux offices intéressés.

Art. 20. Les règles suivantes seront observées pour appliquer la taxe au nombre de mots :

1° La longueur de la dépêche simple est fixée à vingt mots.

2° Tout ce que l'expéditeur aura inscrit sur sa minute pour être transmis entrera dans le compte des mots.

3° Les mots réunis par un trait d'union ou séparés par une apostrophe compteront pour le nombre de mots qu'ils contiennent ; mais le maximum de longueur d'un mot sera fixé à sept syllabes; l'excédant sera compté pour un mot.

4° Les traits d'union, les apostrophes, les signes de ponctuation, les guillemets, les parenthèses et les alinéas ne seront pas comptés.

Les soulignés seront comptés pour deux mots. Tous les signes que l'appareil doit exprimer par des mots seront comptés pour le nombre de mots qui auront été employés à les exprimer.

5° Tout caractère isolé (lettre ou chiffre) comptera pour un mot.

6° Les nombres écrits en chiffres seront comptés pour autant de mots qu'ils contiendront de fois cinq chiffres, plus un mot pour l'excédant.

35

Les virgules qui séparent les chiffres, les barres de division, seront comptés pour un chiffre.

7° Dans les dépêches chiffrées, tous les chiffres et lettres, ainsi que les virgules et autres signés employés dans le texte chiffré, seront additionnés; le total, divisé par trois, donnera pour quotient le nombre de mots à taxer dans le texte chiffré; l'excédant sera compté pour un mot. Au nombre de mots du texte chiffré est ajouté le nombre de mots en langage ordinaire compté d'après la règle générale.

8° Seront comptés dans le nombre de mots taxés: l'adresse, les indications sur le mode de transport au delà des lignes télégraphiques (poste, exprès, estafette), la signature, la légalisation de la signature, et, en un mot, tout renseignement transmis par l'expéditeur.

9° Les noms propres des villes et des personnes, les noms de lieux, places, boulevards, etc., les titres, prénoms, particules et qualifications seront comptés pour le nombre de mots employés à les exprimer.

Le nom du bureau de départ, la date, l'heure et la minute du dépôt seront transmis d'office et inscrits sur la copie remise au destinataire.

Ces indications ne seront pas taxées, à moins que l'expéditeur, après les avoir écrites sur sa minute, n'en exige le maintien ; dans ce cas, la date et le lieu d'origine devront être transmis, et dans le préambule, comme service, et dans la dépêche, à la place où ils se trouvent sur la minute.

Art. 21. Les mots, nombres ou signes ajoutés par le bureau dans l'intérêt du service ne seront pas taxés.

Art. 22. Lorsque la dépêche pourra être transmise par plusieurs voies, les taxes seront calculées d'après la moins coûteuse, à moins que l'expéditeur n'en ait expressément désigné une autre.

Si, pour un motif quelconque, un office étranger fait suivre à une dépêche, sans qu'il en soit fait mention dans le préambule, la voie la plus chère, il ne pourra réclamer la différence de taxe à la station d'origine.

Si le bureau de départ sait, à l'instant de la présentation d'une dépêche, que la voie la moins coûteuse ou que celle désignée par l'expéditeur n'est pas libre par suite de dérangement, d'interruption ou d'encombrement, il doit en avertir le déposant, qui reste libre de choisir une autre voie en payant la taxe correspondante.

La transmission d'une dépêche par une voie insolite, ou s'écartant de la voie désignée par l'expéditeur, ne donnera pas droit au remboursement de la taxe.

Art. 23. Tout expéditeur qui exigera du bureau de destination l'accusé de réception de sa dépêche, payera, pour le recevoir, la somme qu'aurait coûté la transmission d'une dépêche simple pour le même parcours.

En pareil cas, la minute de la dépêche devra porter après le texte et avant la signature l'indication : *Accusé de réception payé.*

On entend par accusé de réception l'indication de l'heure de la remise de la dépêche à domicile.

Art. 24. L'expéditeur pourra demander que la dépêche expédiée soit collationnée, c'est-à-dire, répétée en entier par le bureau destinataire. Le collationnement sera taxé comme la dépêche elle-même.

Lorsque une dépêche devra être collationnée, la minute devra porter, après le texte et avant la signature, l'indication: *Collationnement payé.*

Dans ce cas, le collationnement devra toujours suivre la dépêche et se transmettre immédiatement après la réception de cette dépêche. On entend par collationnement le renvoi de la dépêche complète du bureau de destination au bureau expéditeur, avec remise au domicile de l'expéditeur d'une copie de la dépêche collationnée.

Art. 25. Le collationnement partiel, c'est-à-dire la répétition des mots importants des dépêches d'État ou des particuliers, sera obligatoire et non taxé.

Ce collationnement partiel se fera à la fin de la dépêche.

Pour les dépêches d'État ou des particuliers, les indications et les mots à collationner, c'est-à-dire à répéter après la transmission par le poste qui a reçu la dépêche, seront : le nombre de mots ou de groupes transmis, les noms propres de villes ou de personnes, les nombres écrits en lettres ou en chiffres , les groupes de lettres ou de chiffres.

La station qui recevra une dépêche aura le droit d'étendre ce collationnement, si elle le croit nécessaire.

Le collationnement devra toujours se faire sans abréviation.

Art. 26. L'expéditeur sera admis à payer la réponse à la dépêche qu'il présentera, en fixant à son gré le nombre de mots.

En pareil cas, la dépêche portera, après le texte et avant la signature, l'indication : *Réponse payée pour... mots.*

Si la réponse a moins de mots qu'il n'en a été payé, l'excédant ne sera pas restitué.

Si elle en a plus, elle sera considérée comme une nouvelle dépêche et devra être payée par celui qui présentera la réponse. Dans ce cas, la réponse payée d'avance sera remboursée.

Lorsque la réponse payée sera expédiée par une autre voie que celle qu'aura suivie la dépêche primitive, la différence de taxe sera supportée par l'office qui aura employé cette autre voie.

La réponse sera toujours portée en compte comme dépêche ordinaire de départ par l'office qui l'aura transmise. A cet effet, l'office d'origine qui aura perçu la somme déposée en portera le montant intégral au crédit de l'office expéditeur de la réponse. Ce dernier en tiendra compte aux gouvernements intéressés.

La réponse devra être précédée de l'indication: *Réponse payée à N.......* Cette indication n'entrera pas dans le compte des mots taxés.

Toute réponse qui ne sera pas présentée dans les huit jours qui suivront la date de la dépêche primitive ne sera pas acceptée comme réponse payée par le bureau chargé de l'expédier.

Si la réponse n'est pas arrivée dans les dix jours, ou si l'expéditeur de la réponse, dépassant le nombre de mots fixé par celui qui demande une réponse, a payé la dépêche, l'expéditeur de la demande pourra réclamer la taxe déposée.

Cinq jours en sus du premier délai de dix jours seront accordés pour réclamer la taxe déposée; après ce dernier délai, elle sera acquise à l'office d'origine.

Art. 27. Les dépêches qui doivent être communiquées ou déposées à des stations intermédiaires seront considérées et taxées comme autant de dépêches séparées, envoyées à chaque lieu de destination indiqué dans l'adresse.

Art. 28. Il sera payé, pour les dépêches dont il devra être délivré plusieurs copies dans un lieu de destination ou portées à plusieurs domiciles, un supplément de soixante-quinze centimes (0 fr. 75 cent.) pour chaque exemplaire à remettre en sus de la dépêche primitive; chacune de ces copies ne devra porter que l'adresse de la personne à qui elle est destinée, à moins que l'expéditeur n'ait demandé le contraire.

Art. 29. Toute dépêche pourra, avant sa mise en transmission, être retirée par l'expéditeur ou son délégué contre remise du récépissé qui lui aura été délivré.

En pareil cas, la taxe sera restituée sous déduction de soixante et quinze centimes.

Une transmission pourra être arrêtée, mais sans que la dépêche puisse être retirée du bureau.

On pourra aussi demander qu'une dépêche ne soit pas remise au destinataire, s'il en est encore temps. Le réclamant devra justifier de sa qualité d'expéditeur ou de sa délégation par ce dernier.

L'ordre d'arrêter ou de supprimer une dépêche en cours de transmission au bureau de départ, ne sera pas soumis à une taxe spéciale; mais la taxe première sera acquise aux gouvernements intéressés.

Par contre, la demande de ne point remettre une dépêche transmise devra se faire au moyen d'une nouvelle dépêche taxée et adressée par l'expéditeur au bureau destinataire.

La taxe de la dépêche primitive ne sera point restituée.

Art. 30. Les frais de transport des dépêches en dehors des lignes télégraphiques seront perçus au bureau de départ.

Pour le transport par lettre recommandée, la taxe sera uniformément de un franc (1 fr. 00 c.) pour toutes les destinations de l'Europe, et de deux francs cinquante centimes (2 fr. 50 c.) pour toutes les autres parties du monde.

Ces taxes sont applicables aux dépêches qui devront être déposées poste restante.

Quant aux transports par exprès dans un rayon maximum de quinze kilomètres (15 k.), il sera perçu uniformément pour chaque dépêche la somme de trois francs (3 fr. 00 c.).

Lorsque le transport devra avoir lieu par exprès ou estafette dans un rayon de plus de quinze kilomètres, le prix à déposer sera de quatre francs par myriamètre (4 fr. 00 c.).

Dans ce cas, le bureau destinataire informera le bureau d'origine par le télégraphe, et dans le plus bref délai possible, du montant des frais déboursés.

A défaut d'estafette, le bureau destinataire emploiera le moyen de transport le plus prompt dont il pourra disposer.

Art. 31. Lorsqu'une dépêche sera interceptée par l'un des motifs énoncés dans l'article 6, il ne sera restitué sur la taxe perçue que la somme payée pour la distance que la dépêche n'aurait pas parcourue.

Le remboursement intégral de la taxe aura lieu si la dépêche a été perdue, ou bien s'il est constaté qu'elle a été dénaturée au point de ne pouvoir remplir son objet, ou enfin, si elle est remise au destinataire plus tard qu'elle ne lui serait parvenue par la poste.

La réclamation devra être présentée dans les six mois qui suivent le jour de l'acceptation.

Les frais de restitution seront intégralement supportés par l'administration sur le territoire de laquelle la négligence ou l'erreur aura été commise.

La restitution des taxes de dépêches perdues, dénaturées ou retardées, pourra être refusée, si le fait est imputable aux télégraphes des chemins de fer ou aux lignes étrangères aux Etats contractants. Toutefois, dans ce dernier cas, l'administration en cause s'emploiera auprès des administrations étrangères pour obtenir le remboursement des taxes.

Les retards survenus dans le transport au delà des lignes télégraphiques, soit par la poste, soit par exprès, soit par estafette, ne donneront point lieu au remboursement de la taxe.

Art. 32. Lorsqu'une dépêche ne pourra être remise au destinataire, le bureau d'origine en sera prévenu par dépêche de service, ainsi que des motifs qui en ont empêché la remise. Il en informera l'expéditeur, s'il est possible.

Si le destinataire est inconnu, la dépêche sera annoncée au public par un avis affiché au bureau de destination. Elle sera anéantie au bout de six semaines, si le destinataire ne s'est pas présenté pour la réclamer.

La réclamation tardive ne sera pas notifiée au bureau d'origine par dépêche de service.

Art. 33. Les taxes perçues en moins, par erreur, pour les dépêches, devront être complétées par les expéditeurs.

Les taxes perçues en plus, par erreur, leur seront remboursées.

Art. 34. Lors de la liquidation des comptes, les erreurs dans le nombre des mots ne donneront pas lieu à des répétitions de taxes contre l'office expéditeur. Dans ce cas, les hautes parties contractantes accepteront, pour base de la taxe des dépêches, le nombre de mots indiqués par le bureau d'origine.

Art. 35. Dans les rapports internationaux, il n'y aura de franchise de taxe que pour les dépêches relatives au service des lignes télégraphiques.

Art. 36. Les minutes des dépêches présentées, les bandes de papier portant des signaux télégraphiques, et les copies de dépêches seront conservées au moins pendant une année. Après ce délai, on pourra les anéantir.

Art. 37. Les taxes prélevées sur chaque dépêche en raison de son parcours dans chaque Etat seront remboursées à chaque administration.

Le règlement réciproque des comptes aura lieu au plus tard à l'expiration de chaque mois. Le décompte et la liquidation du solde se feront à la fin de chaque trimestre.

Art. 38. Les droits perçus pour l'expédition de copies seront dévolus à l'office télégraphique sur le territoire duquel cette expédition aura été faite. Il en sera de même des taxes accessoires perçues pour le transport des dépêches au delà des bureaux télégraphiques.

Art. 39. Le solde résultant de la liquidation sera payé en monnaie courante dans l'Etat au profit duquel le solde sera établi.

Art. 40. Les Etats qui n'ont pas pris part à la présente convention seront admis, sur leur demande, à y adhérer.

Art. 41. Il est convenu que, dans le cas où l'expérience viendrait à signaler quelques inconvénients pratiques dans l'exécution de la présente convention, elle pourra être modifiée d'un commun accord. A cet effet, des conférences auront lieu, tous les deux ans, entre les délégués des Etats contractants, afin qu'ils puissent se communiquer réciproquement les modifications que l'expérience aurait rendues nécessaires d'apporter à la présente convention.

La première réunion aura lieu à Paris.

Art. 42. La présente convention sera mise à exécution le plus tôt que faire se pourra, et demeurera en vigueur pendant trois ans, à compter du jour de l'échange des ratifications.

Toutefois, les hautes parties contractantes pourront, d'un commun accord, en prolonger les effets au delà de ce terme.

Dans ce dernier cas, elle sera considérée comme étant en vigueur pour un temps indéterminé et jusqu'à l'expiration d'une année, à compter du jour où la dénonciation en sera faite.

Art. 43. A partir du jour de la mise à exécution de la présente convention, celle du 29 décembre 1855 sera abrogée.

Art. 44. La présente convention sera ratifiée, et les ratifications respectives seront échangées à Berne, dans le plus bref délai possible.

En foi de quoi, les plénipotentiaires respectifs l'ont signée et y ont apposé le cachet de leurs armes.

Fait à Berne, le 1ᵉʳ septembre de l'an de grâce 1858.

Signé SALIGNAC-FÉNÉLON.

Signé ALEXANDRE.

Signé MASUI.

Signé STARING.

Signé ingénieur GAETAN BONELLI.

Signé NAEFF.

Signé L. CURCHOD.

Par une déclaration signée le 7 janvier 1859 , entre la France et la Sardaigne, les deux gouvernements, **pour** faciliter les correspondances, ont arrêté les dispositions suivantes :

Toutes les fois que deux bureaux télégraphiques frontières ne seront pas éloignés l'un de l'autre de plus de 50 kilomètres en ligne directe, la taxe à appliquer aux dépêches de vingt mots pour le parcours sur les deux territoires voisins ne sera que de 1 franc 50 cent. Chaque série de dix mots ou fraction de série de dix mots en sus sera taxée suivant les règles établies par la convention signée à Berne le 1er septembre 1858.

Le montant de la taxe sera partagé par moitié entre les offices des deux pays contigus, sans égard à la différence réelle de parcours sur le territoire de chacun d'eux.

Le présent arrangement aura la même durée que la convention précitée du 1er septembre , et entrera en vigueur simultanément avec celle-ci.

FIN

TABLE.

—

FIN DE LA TABLE.